宰相易位、朝局生變、外戚入局……

在盛唐之前，忠奸難辨！

長安試政

範西園 著

名臣謝政，權臣上場！朝局未穩，帝意難測

這場盛世的序曲，
其實從第一步就埋下伏筆

目錄

楔子	昨日盛唐	005
第一章	公主爭春 ── 先天元年的長安春雨	007
第二章	盛世伊始 ── 走向開元繁華	037
第三章	征途萬里 ── 汗國、雪域與天朝	077
第四章	大明宮陰雲 ── 廟堂安逸生禍根	111
第五章	開邊未已 ── 黃金時代的餘暉	143
第六章	漁陽鼙鼓 ── 塞上驚天巨變	185
第七章	國破城孤 ── 帝國最黑暗的日子	237
第八章	兵臨天下 ── 帝國反擊戰	267
第九章	再造大唐 ── 劍外忽傳薊北收	307
第十章	帝國何去 ── 征西車馬羽書急	351

目錄

尾聲　盛世不再，舊人猶在 …………………………………… 383

本書部分參考書目 ………………………………………………… 387

附表　唐代前期大事年表 ………………………………………… 389

楔子
昨日盛唐

　　窮困潦倒地居住在成都城外那一方草廬的那些歲月裡，杜子美時常會回憶已經過去的那段日子，然後在秋風中乾一杯殘酒，淚溼滿襟。

　　在杜子美的記憶裡，那是一個太平的黃金時代。百姓們富足、安樂，國家強盛、廣袤，一切風調雨順，蒸蒸日上。

　　在這個已經立國一百餘年的大唐，好像眼前的這一切都可以天長地久地存在，因為帝國本身就是這一切得以永遠存在的最高保證。農戶們可以靠著自己的一雙手，透過勤勞耕作來養活一家子人；軍人們可以安心投身於萬里戎機，在帝國的邊疆征戰沙場，換取榮華和財富；士人們可以安心寫詩，然後靠著這些詩作干謁當下的權貴，為自己謀得報國之機。官吏們依靠著《開元律》、《唐六典》治理國家的庶政，讓官員、百姓們的行為都有規範、尺度和分寸。

　　在這個幅員遼闊的帝國裡，一切都依靠著大唐朝廷和那位至高無上的開元皇帝。這位皇帝統治天下數十年，有著無數的豐功偉業。百姓們相信，將來也會有另一位賢明的君王繼承皇位，並繼續治理這個龐大的帝國，維持它的穩定，原先的這個太平盛世不會有絲毫的改變。雖然帝國的遠征軍團還在邊疆，與遙遠的大食帝國交戰，但這畢竟是萬里之外的事情，沒有人相信，將來真的會有什麼戰爭、叛亂或其他天翻地覆的變化。

　　那是歷朝歷代最為樂觀、最富有理想主義的一代人。

　　憶昔開元全盛日，小邑猶藏萬家室。

　　稻米流脂粟米白，公私倉廩俱豐實。

楔子　昨日盛唐

> 九州道路無豺虎，遠行不勞吉日出。
> 齊紈魯縞車班班，男耕女桑不相失。
> 宮中聖人奏雲門，天下朋友皆膠漆。
> 百餘年間未災變，叔孫禮樂蕭何律。

長安城是大唐的都城，也是世界上有史以來最為富麗堂皇的城市。杜子美曾在長安流連多年，在朱雀門外的天街看慣了街上千車萬馬如流水、如游龍，人們摩肩接踵，笑顏逐開；在城南的觀音臺眺望城池，千家萬戶似圍棋局般布局，夜晚燈火點亮，便是萬家繁星；在上元佳節的夜晚，歌舞通宵達旦，燈火煙花匯成了一片星星點點的海洋；在開春的花朝時節，看官宦的車馬春遊曲江，遍目所見都是紅花綠柳，貴人們的儀仗簫鼓迴響，隨同他們一起去時，還能吃到翠色鍋子煲的駝峰羹。

那段盛世年華的一點一滴都是美好的回憶，如輔興坊的胡餅，麵脆油香；如花季時全城爭相欣賞的盛放牡丹，天香國色；如酒肆中游妓唱的〈梅花落〉，婉轉動人；如慶典之時才能見到的一曲〈霓裳羽衣舞〉，翩若游龍。

在那一場巨大的風暴將這個太平盛世擊碎之後，杜子美和其他人才終於明白，那個太平世界只不過是一座空中樓閣，任何變故都有可能將一切美好沖垮。但無論如何，那一段開元盛世，是帝國最為榮耀的一段歲月，也會永遠留在杜子美和他這一代人的記憶裡，並且透過他們筆下的詩篇，一代又一代地傳下去，讓每一代的唐人，都可以透過前人的筆觸，遐想那段歲月中的夢華。

歷史是民族的記憶，它會成為照亮人們前行的薪火，支撐這個民族砥礪而前，經過最為艱難的歲月，開創一段新的繁榮。

第一章

公主爭春 —— 先天元年的長安春雨

第一章　公主爭春─先天元年的長安春雨

01　食鹽戰爭

　　景雲二年（西元711年）的三月，河東蒲州。

　　太平公主的車駕一路東行，來到了這片巨大的鹽池。這片鹽池名為「解池」，是天下聞名的大鹽池。鹽是百姓們生計的必需品，也是朝廷重要的戰略物資，所以整片鹽池周遭都築上了城牆，重兵守衛著這一方碧如翠玉的池水。此時正值春季，鹽池中的工人們正將鹽水引入四周的畦壟裡，鹽水進入畦中，泛出了赤紅的顏色。這一汪汪鹽水，要靜靜地等待數月之久，直到夏秋之交，南風大起，才會最終結成一顆顆的大鹽。

　　「我們解鹽的品質天下無二，別處的池鹽，或者那些尋常海鹽，都不如我們解鹽這般好。是以京師、東都所供應的鹽，全是出自我們解池。」一路陪同太平公主的鹽池監帶著自豪向太平公主介紹，「公主請看，僅這一片畦池，一年就可以出產大鹽萬斛！」

　　聽著鹽池監的話，太平公主和一旁的蒲州刺史裴談不約而同地對望一眼。

　　他們的心裡都已經很快地算出了這筆帳。蒲州安邑、解縣大大小小的鹽池無數，統稱為「兩池」，自古以來就是天下最大的池鹽產區。大唐朝廷執政寬仁，自開國以來都沒有壟斷過食鹽的生產和販賣，所以鹽池所產既有官營之鹽，又有鹽戶自產自賣之鹽。但官鹽在品質、產量上都有優勢。一池之鹽就能出產萬斛，整個蒲州的鹽區，產量估摸著能有官鹽四五十萬石。此時的鹽價，大約是每斗十錢，那麼蒲州兩池之鹽，一年至少可以帶來四千萬錢，也就是四萬貫的收入。

　　在這個時代，鹽本身就意味著財富，很多不產鹽的地區，食鹽按兩、按搓計量，是可以買田買糧的強勢貨幣。有了財富為基礎，太平公主就可

以遊刃有餘地在朝堂上展開活動了。可如果僅僅如此，太平公主也無須如此在意，她早已經看到了這片鹽池對她來說更深一層的意義。那就是鹽這項物資本身對於這個帝國的影響。

無論平民百姓還是公卿望族，都是要吃鹽的。沒有了鹽吃，人就會沒有力氣。京師長安一旦缺鹽，就會百姓騷動，民怨四起。軍中一日停止了食鹽的配給，士兵就可能士氣喪盡，甚至有譁變的可能。

如今太平公主離開京師，安頓在蒲州的封地，長安城中不少人覺得她會就此失勢。但是太平公主並沒有這樣的擔心，蒲州離長安三百里，並不是一個很遠的距離。蒲州刺史裴談也是她的親信，她可以自由自在地在蒲州安頓下來，緊緊控制蒲州的鹽路，鞏固自己的這片小王國。而這一切，都可以成為她用來扳倒皇太子李隆基的籌碼。

太平公主出京，是景雲二年（西元711年）時唐廷的一件大事。

一年前的唐隆政變中，臨淄王李隆基與太平公主合謀，誅殺韋后、安樂公主一黨，相王李旦成功登上了帝位。李旦登基之後不久，就冊封擁戴有功的李隆基為太子。儲君之位確定，也讓朝中許多人暗自鬆了一口氣，慶幸這樣一來終於可以避免兄弟奪位的慘劇再次發生。李旦即位之後，啟用了一批能臣，大力整頓吏治，從選官錄用開始抓起，讓宋璟擔任吏部尚書，姚元崇擔任兵部尚書，分別整頓文臣武將的選拔考核，集中清理前朝留下的那些靠走後門上位的「斜封官」。革除中宗皇帝時期累積下的吏治弊端後，朝廷的風氣一下子換了個面貌。

兄弟之間的爭鬥雖然平息了，太子與太平公主的明爭暗鬥，卻漸漸鬧到了不可開交的程度。

太子李隆基是唐隆政變的最大功臣，透過統領北門的羽林萬騎，控制了宮城的治安駐防，成為太子之後，又有了東宮的官署班底，憑藉著自己強大的人格魅力得到了宰相姚元崇、宋璟等一批能臣的支持，成了名副其

第一章　公主爭春──先天元年的長安春雨

實的一顆冉冉升起的帝國新星。

而太平公主則同樣不可低估。在她的手上，掌握著丈夫武攸暨所帶來的武氏殘餘勢力，以及宰相竇懷貞等一部分關隴勛貴門閥的力量。她從武周時期就累積起的聲望與人脈，如今已經樹大根深，如同一汪寒潭一般深不可測。

太平公主原本是支持李隆基當太子的。她當初看李隆基年紀輕輕的，根基尚淺，一直都游離在頂層的權力圈之外，所以並不太放在心上。縱然李隆基在唐隆政變時調動了幾百羽林萬騎推翻了韋后的政權，可光憑武力成不了什麼氣候，她只是把李隆基當成是她和哥哥李旦之下的打手。相比於一直協助李旦辦事的皇長子李成器，太平公主還是更樂意看到李隆基當太子。但是漸漸地，太平公主發現自己錯了，她遠遠低估了她這位三姪子。她沒想到，李隆基當上太子才幾個月，就迅速地掌握了權力圈的規律，圓滑如姚元崇、方正如宋璟、老辣如張說，這些宰相們居然都被李隆基的英武所折服，甘願為他服務。

而且太子一黨的崛起，不僅損害了太平公主的利益，還是在刨皇帝的牆角。太平公主看得出，哥哥李旦也開始對太子有所疑慮了，畢竟支持太子的姚元崇等人都是宰相身分，要是宰相們都成了太子的羽翼，那皇帝如何保證自己的權威？

就是吃準了皇帝的這一點心病，太平公主每每向李旦進言，說朝廷眾臣都傾心於東宮。縱然李旦原本是心寬之人，也難免心生疑竇，猜忌起太子和朝臣們，為此他不止一次地敲打那些與太子比較親近的宰相們，虧得有郭元振等其他宰相一旁勸諫，這才沒把事情鬧大。

太平公主清楚，如果她再不採取一點雷霆手段，李隆基的勢力只會越來越壯大，對她的威脅也就越來越嚴重。所以她下定決心，勸說皇帝廢黜太子，另外選擇一個皇子作儲君，比如皇長子宋王李成器。作為李旦的嫡

長子，二十年前李旦第一次即位為帝時，他就是正牌皇太子，完全有資格成為天下的儲君。

一天朝會之後，太平公主在光範門內截住了散朝路上的宰相們，請他們上樓一敘。見宰相們齊聚，她丟擲了一個意見：太子既非嫡出，也非長子，無論是按照唐律還是宗法制，都不是最有資格的儲君，所以不如一起奏報皇帝，改換東宮的主人！

此話一出，宰相們全都大驚失色。她的話無疑是向所有人攤牌，要求宰相們公開站隊，服從她的，便站到她這裡，合力扳倒東宮。

然而，太平公主還是低估了李隆基在宰相們當中的影響力。最先表態的是宋璟，他義正詞嚴地說：「東宮太子有大功於天下，是宗廟社稷的正主，公主怎麼可以有這樣的動議？」一句反問，堵住了聚會中那些搖擺不定的宰相們，清楚地拒絕了太平公主的要求。

更讓人沒想到的是，光範門會面發生之後不久，皇帝忽然下詔，讓宋王李成器外出就任同州刺史，豳王李守禮就任豳州刺史。太子的弟弟岐王李隆範、薛王李隆業分別擔任東宮的左右衛率。李成器是李旦的嫡長子，李守禮是高宗皇帝的嫡長孫（李弘的長子），把他們外放出京，同時讓李隆範和李隆業擔任東宮衛的左右長官，就是為了打消天下人對太子之位的疑慮。

而太平公主則被下令外放，安置在蒲州。太子奉命監國，有權決定六品官員的任命及徒刑以下的判決。

原來，面對太平公主咄咄逼人的手段，姚元崇和宋璟一起上奏皇帝，要防止太平公主從中構陷，挑撥太子和兄弟間的關係。父子關係是李旦的軟肋，聽得姚元崇和宋璟的諫言，李旦毫不猶豫地答應了。對李成器兄弟和太平公主外放的建議，都是姚元崇和宋璟提出的。對於太平公主，姚、宋二人原本勸李旦將她安置在東都洛陽，只是李旦掛念兄妹之情，不忍心

和妹妹離得太遠，才把太平公主安排在了富庶並且離長安較近的蒲州。

得知真相的太平公主相當憤怒，在太平公主眼裡，這就是太子李隆基對她的宣戰，要把她請出長安的權力圈，發配到外地去。這位姪子也太猴急了些，還沒等到她的羽翼被翦除，就急不可耐地對本尊下手，也不看看自己是不是真的有這個能力。太平公主直接找上了門去，指著李隆基的鼻子痛罵。

太子李隆基這時也才感覺到了恐懼，大概他也明白，太子黨並沒有足夠的實力完全克制住太平公主的手下們。要是太平公主真的發動一場請命或者政變，迫使皇帝廢掉太子，也不是不可能的事情。考慮到這樣的情況，李隆基不得不向皇帝打報告，說姚元崇、宋璟離間姑姑和他們兄弟，請求皇帝將他們處以極刑。

從這裡也能看出李隆基的狼狽，為了保全自己，不得不戰術上放棄了一直力挺他的姚元崇和宋璟。雖然大家都知道，姚、宋不會真的因此被處死，但二人卻不得已被貶為申州刺史、楚州刺史。而原本已經下發的李成器與李守禮的外放任命，也隨之收回。

太平公主卻並沒有留在京師，而是選擇了繼續前往蒲州。她眼光毒辣，決定要行一招高明的以退為進，退居蒲州，和蒲州刺史裴談一道經營起了他們的大鹽礦。她到蒲州不久，又想辦法讓蒲州刺史兼任關內鹽池使，掌管整個關中與河東各大鹽池的鹽運。至此，她的勢力徹底掌握了食鹽這一項命脈資源。

掌握了鹽運，太平公主就好比掐住了整個長安城的喉嚨。

薑還是老的辣。雖然離開了京師，但她的勢力仍舊留著，並可以繼續左右朝堂的政局。而太子李隆基偷雞不成蝕把米，不僅在朝堂上失去了姚元崇、宋璟兩位重量級的宰相，而且一路潰退。因為原來主導選拔考核文武官員的姚、宋二人被貶，太子黨再也扛不住日益沉重的壓力，被迫提議

暫緩對斜封官的整治，讓太平公主所許下的那一大批斜封官繼續留在各處衙門中。剛剛開始有了一點眉目的吏治改革被迫夭折，官場上的風氣漸漸又重新回到了中宗時期的那一番景象。

在朝堂站穩了上風之後，太平公主繼續趁熱打鐵，把她的攻勢拓展到了李隆基的基本盤——軍隊。

她要用實際行動讓所有人看看，她太平公主的大腿究竟有多粗，拳頭究竟有多硬。

朔方軍，在長安城北方的靈州（今寧夏吳忠），自武周時期設立以來，一直是防備突厥南侵、保障長安城北境安全的一道屏障。自從府兵制崩壞以來，關中的府兵虛弱不堪，朔方軍也就成了長安城方圓八百里內最為強勁的一支軍事力量。當年的神龍政變時，張柬之等人看到鎮守朔方的姚元崇回到神都，才放心大膽地發動政變，武后的統治就此垮臺。此時的朔方道行軍大總管是年過七旬的老將唐休璟，一年前在太子安排之下，取代了太平公主手下的常元楷，主導朔方軍大權。對於太子一黨來說，朔方軍是他們的最終保障，萬一事有不測，大可以退到朔方，依託河西、安西的邊軍，以圖東山再起。

景雲二年（西元 711 年）的五月，朔方軍各處屯營炸開了鍋。唐休璟最不願意看到的景象發生了，士卒們聚集在帥帳的周圍，向他們的主將表示抗議。

一切都是因為這兩個月來，食鹽供應忽然停止了。唐軍歷來都奉行精兵策略，士卒的裝備、供養都是定員定額，一個士兵一年按規定可以領取一斗八升的鹽，按月供應。連戰馬也都配發馬鹽（也就是純度更差的牲畜用鹽），每匹馬每月供應九升馬鹽。可是如今這鹽卻斷了好幾個月，士卒們受不了吃那些沒鹽沒味的淡食，渾身不舒服，自然怨聲載道。此番他們的抗議若不能得到妥善解決，整個朔方軍都可能會有譁變崩潰的危險。

第一章　公主爭春─先天元年的長安春雨

但唐休璟有什麼辦法？朔方軍的軍鹽供應，都是來自關內鹽池使的統一調配，可是現任關內鹽池使裴談，手裡攬著河東、關中兩大鹽區的資源，但就是不給朔方軍調鹽。不僅朔方道沒有鹽，整個關中也面臨缺鹽的問題，好在京師的府庫裡還存著一些，暫時可以解決燃眉之急，但朔方軍卻陷入了困境。雖然靈州也有七大鹽池，但都以各種理由表示無法供鹽，朔方軍只能巴巴地看著。

意思再也明顯不過了，太平公主這是在宣示自己的力量，用赤裸裸的現實教育著長安城的達官顯貴們：就算她不在長安城，只要她跺一跺腳，長安城還是能抖上三抖。

見識過太平公主的威力之後，太子一黨終於屈服了。長安城裡的太子不得不服軟換回了鹽路的恢復，平復了這場食鹽危機。而整個長安城，也明白了誰才是真正的掌權者。

焦頭爛額的李隆基不得不上奏皇帝，請求讓位於宋王李成器。這個請求被皇帝駁回了，皇帝表示：三郎還是不錯的，可以繼續在太子之位上做下去。

李隆基轉而再次上奏，請求召太平公主回到京師來共理國政。

而這個請求，皇帝答應了。

對李旦來說，太平公主和李隆基都是他血脈相連的親人，誰也難以割捨。而作為大唐的皇帝，他要像皇帝應該做的那樣，小心地處理好二人之間的權力平衡。

皇帝與太子的關係，自古以來都是極為敏感並且難以處理的。尤其是像李隆基這樣英姿孔武的兒子，虧得有李旦這樣一個性格淡泊、權欲不強的父親，二人才相安無事到現在。要是換成那個性格雞賊又好猜忌的中宗李顯，早就對李隆基採取行動了。當初太平公主外放蒲州時，李旦就開始敲打太子這一邊，將姚元崇、宋璟一同貶官；而後，吏治改革計畫破產，

太平公主手下那些斜封官重新得勢，李旦為了穩住太子這一邊，下令將李隆基統領的羽林萬騎改為左右龍武軍，給了他們一個正式的名分；如今食鹽危機的爆發，宣告了太平公主徹底得勢，李旦便更加委以太平公主重任，透過她來牽制太子，防止三郎再起什麼波瀾。

於是，帶著耀眼的領袖光環，太平公主回到了長安城。

她首先做的就是恢復武氏陵墓為皇陵，安撫她和丈夫武攸暨手下的武氏一族；然後起用親信竇懷貞為宰相、御史大夫，管轄十名按察使，巡視天下各道，監察州縣官員。同時，太平公主還為她被太子在唐隆政變中所殺的閨蜜上官婉兒恢復了名譽，重新贈以昭容的名號。

朔方道行軍大總管唐休璟也被迫退休，換上了太平公主親近的解琬。

這一年的十月，皇帝李旦登上了承天門，召集宰相韋安石、郭元振、竇懷貞、李日知、張說等人宣布他的命令。面對唐廷的宰相們，李旦責備他們不夠稱職，導致天下水旱災害頻生，國庫日益枯竭。隨後將他們的宰相之位一併罷黜，換上了其他幾位得力人才擔任同中書門下三品。

而這一切，都是太平公主謀劃的意思，目的就是為了打壓宰相班底中親近太子的幾位大臣，然後藉參差之計，讓效忠於她的大臣擔任宰相。

至此，太平公主成了帝國的無冕之王。

02 太子黨與公主黨

自太平公主從蒲州回京之後，皇太子李隆基便陷入了越來越不利的處境之中。

這一年，雖然李隆基表面上仍舊波瀾不驚，與他那些南衙北衙的親信們商議時，始終保持著自信滿滿的樣子，但他心中的痛苦，卻瞞不過身邊

第一章　公主爭春──先天元年的長安春雨

貼身侍奉的僕從。

當下的問題，不僅是太子失勢和親信相繼被貶官、外放，還在於大唐復興的絕好希望，被姑母太平公主的黨羽們一手掐滅了。一年以前，所有人都希望李旦即位之後，可以一手掃除王朝的積弊，重新恢復貞觀、永徽的氣象，然而這一年來，在太平公主的主導之下，朝廷重新恢復了斜封官的職務，吏治再度紊亂；同時還花費數百萬錢緡，以為皇帝的兩位女兒修造觀宇為由頭，大興土木、逼奪民產。

李旦並不是昏君，相反是一個願意聽取逆耳忠言的好皇帝。但皇帝想勵精圖治，勢必要依靠優秀的團隊。取消斜封官、改革政治，都不是容易的事情，需要君臣勠力同心，一起克服重重阻礙。李隆基原本希望能協助皇帝，與朝中得力的宰相們一起完成，但沒想到的是，一場風波過後，自己和宰相們都被迫靠邊站，上臺的太平公主一黨，全是當前的利益既得者，他們自然不可能損害自己的蛋糕，來做「改革」這件吃力又不討好的事情。

一場改革才剛剛進行，就不幸胎死於腹中。大唐已經立國百年，上下數千年的歷史中，各個朝代延續到這一階段，往往都會面臨各式各樣的積弊，等待革除，因此也每每會出現許多目光遠大的改革者，而改革一旦進入「深水區」，就會遇到許多既得利益者的阻撓，如果無法克服阻撓者，改革就會失敗，王朝就會繼續帶著各式各樣的體制問題走向衰落，乃至滅亡。

從興起到衰亡，大多會經過兩百多年的時間，這就是所謂的「朝代循環」。

知我者，謂我心憂；

不知我者，謂我何求。

02　太子黨與公主黨

　　東宮內給事高力士並不知道什麼「朝代循環」，但他侍奉李隆基多年，自然真切地明白太子如今心中的憂慮和思量。

　　自李隆基還是臨淄王時，高力士就已經是李隆基身邊的得力宦官了。他是當年南蠻酋長馮盎的孫子，生長在嶺南蠻荒的高州。馮盎的子孫眾多，他只是繁多子孫之中並不太重要的一個，因此小時候被閹割之後當成一個貢品獻給了宮廷。這也許是最為悲慘的一個開局了，但不被家族看重的高力士卻被武則天看中，因為他機敏聰慧、俊美可人，武則天將他留在了身邊。後宮是所大學校，耳濡目染內廷的種種權謀機變，高力士早早地成熟了，後來因機緣巧合，他成了李隆基的侍從，也因此參與了唐隆政變。此時的高力士仍在歷史舞臺的幕後，做著為臨淄王府和南衙、北衙、各公主王府穿針引線的事情。政變成功之後，高力士因為有功被錄入太子內坊局，成了正五品的朝散大夫、內給事。

　　自大唐開國以來，太宗皇帝已經留下了不成文的慣例，宦官政務機構內侍省不設三品及以上官員，為的就是防止以往朝代出現的宦官專權的情況。儘管中宗皇帝時朝綱混亂，寵信很多宦官女史，但穿著緋紅色公服的五品以上宦官仍然沒有幾個。高力士成為內給事，是寥寥可數的緋衣內侍中的一個。

　　湧動的朝局，終於讓高力士置身於漩渦的中心。此時的太子李隆基，身邊到處都有人盯著，一旦出現什麼差錯，立馬會成為太平公主廢掉他太子之位的把柄。由於皇帝的疑慮和太平公主的打擊，北衙與南衙各軍的主帥全都由皇帝和太平公主的人占據，太子在朝中、軍中的親信也並不方便時常與太子聯繫。所以，聯繫東宮在長安城中各處勢力的重任，就交到了高力士的手上。他身負太子的使命，在左右羽林軍、左右龍武軍，內廷的祕書省、內侍省，以及外朝的尚書省、中書省、門下省之間悄然穿梭著。

　　他和太子李隆基，就像是影子與本尊。高力士小心地躲在幕後，充當

第一章　公主爭春──先天元年的長安春雨

著李隆基的影子，將太子的意志傳遞到京城內外。他們都在小心準備著，以防萬一的意外到來。

景雲三年（西元712年），因為要正式送金山公主北上與突厥和親，皇帝命令皇太子親自護送金山公主前往并州。和親雖是大事，但派一位親王護送就足夠了，而且更適合擔當護送使者的，應當是金山公主的生父宋王李成器才對。太子身負監國的重任，以往幾乎沒有太子親自護送和親的先例，這樣一來一去，少說也要大半年。留李成器在京中，卻將李隆基派到外地，不免令人浮想聯翩——明眼人不難看出，這次使命名為護送，實則是要將太子李隆基派到外地閒置一段時間。

半年多的時間，足夠完成改易皇儲的整個過程了。李隆基等人怎能容許這樣的事情發生？李隆基與高力士等人商議之後，做好了最壞情況的打算。如果情況惡化下去，那就只能以最暴力的手段來奪取朝廷的掌控權。

這幾年來，各方勢力都在小心避免著又一場玄武門之變的發生，可如若暴力的政變真的要發生，李隆基也不得不狠下心來完成這一切！

但天有不測風雲，再周密的計畫與安排，也無法預見遙不可測的星相。

這年七月，正是暑氣消散的流火時節，秋日夜空中，忽然現出了一顆巨大的彗星。彗星從西方的天際出現，拖著長長的彗尾，向著中央星域而去。

整個長安都被這一顆彗星驚動了，無數雙驚恐的眼神怔怔地望著西方的天際。

彗星是所有星象中最無法預測，最令人捉摸不定的星辰，因此也被星相家們視為災變、動亂的象徵。這顆彗星從西方出現，直接衝向天頂，穿過軒轅星，進入中央的太微垣。太微垣象徵天上的宮闕朝堂，彗星犯太微，也意味著不祥和災變將會禍亂天子的宮廷。如果再驚動大角星這顆北

方星空中最亮的星辰，則更預示著天王的帝廷將被侵犯。

而這顆彗星，偏生精準地落在了明亮的大角星附近。

太極宮裡，皇帝李旦也站在高處，抬頭望著滿天的星野。

占星師不久前已經彙報李旦，這次的彗星星相，讓大角星的天庭帝座及附近星辰全都移位，昭示著天意要除舊布新，皇太子當為天子！

這對於李旦來說，無異於當頭的一盆冷水。他登上帝位還不足三年，就出現了預示著「除舊布新」的星相，這難道是上天對他執政的通盤否定？李旦不禁猜想，這個占星術士也許有太平公主的授意，透過解讀這條星命，引起自己對皇太子李隆基的進一步猜忌。然而乾坤朗朗，天命昭昭，又豈能欺騙他人？彗星驚動太微，是上天再明顯不過的意旨。

自登位以後的這兩年多時間，李旦夾在親兒子與親妹妹之間左右為難，既想要排除阻礙、整頓朝綱，又想要鞏固權力，防止太子潛在的威脅。他原本並不貪戀自己的帝位，當初皇位之位三次擺在眼前，他都拱手讓出，這一次，他也不吝將皇位留給自己的兒子。只是身處在皇帝這一角色之中，就不得不防著自己的皇親對自己有什麼不軌之舉。

望著頭頂的星空，李旦有了一個大膽的想法：不如藉著這次星相，傳位於太子。

經歷了這麼多年的風風雨雨，李旦也已經看明白了，所謂皇帝之位，其實只是一個虛名，真正的權力，並不取決於是否坐在皇座之上。縱然他沒有皇位，只要他手裡還攥著人事、財政、賞罰大權，那他就仍掌握著最高的權力。

李旦所做的這個決定出乎了大多數人的意料。太平公主這一邊，高估了哥哥對帝位的欲望，原本希望透過占星術士的話挑撥皇帝與太子的關係，但誰想反倒推動李旦坐實了李隆基的名分，因此太平公主的黨羽們拚

第一章 公主爭春──先天元年的長安春雨

了命阻止皇帝禪位的決定；而李隆基這一邊，也同樣沒想到父親會不按常理出牌，先手一步將皇位讓了出來──可李隆基還沒有獲得實質的權力，拿了皇位在手，一樣也是燙手的山芋。

李隆基誠惶誠恐，飛馳進皇宮覲見李旦，伏在李旦面前，小心翼翼地推謝道：「臣功勞微末，實在沒想到陛下忽然要將大位傳給臣，敢問究竟是為何？」

李旦笑了笑說：「社稷之所以再次安定，朕之所以得到天下，都是你的功勞。如今帝座有災，所以將大位傳給你，以求轉禍為福，你就不要再有什麼疑慮了！」

太子再三推辭，終究拗不過心意已決的李旦，只能流著淚回了東宮。

八月初三，李旦正式將帝位傳給了太子李隆基，自己成了太上皇。但李旦也明確表示，他雖然成了太上皇，但仍然可以在軍國大政上發揮影響力，與皇帝兒子一同參詳。李隆基成為皇帝之後，三品以上官員的任免以及斷罪論刑之類的事情，最終仍然由太上皇李旦決定，除此以外的事情方才由皇帝來決定。

簡而言之，就是宰相的任免以及重要的殺伐決斷，最終由李旦拍板。只要李旦手裡還握著這些權力，他就仍然是實際上的帝王。

這下子，朝廷有了兩個皇帝，為了避免皇帝和太上皇分不清楚，有些事情就安排在了前頭：太上皇自稱曰「朕」，皇帝自稱曰「予」；太上皇五天一次在太極宮的正殿太極殿上朝，皇帝每天在太極宮的偏殿武德殿上朝；連這兩位下的命令也分了個高低尊卑，太上皇的命令稱為「誥」，皇帝的命令則稱為「敕」。

是年，改元為先天元年（西元 712 年）。

李旦忠厚了幾十年，終究還是顯露出了他老謀深算的一面。成了太上皇，掌握著中央王朝最為關鍵的兩項權力，就意味著他已經立於不敗之

地。李旦再也無須在小事上因為太平公主與李隆基的紛爭而左右為難了，不管他的兒子和他的妹妹鬥得怎樣昏天黑地，他都可以靜靜地看戲，等待勝出的那一方恭候在自己面前。

從東宮搬到了武德殿，高力士肩上的擔子並沒有輕鬆多少。雖然他的主子李隆基成了皇帝，但手中的權力卻並沒有因此增加多少，相反，皇帝身分反倒成了限制李隆基行動的累贅。

高力士是真心為了李隆基而憂心。他和李隆基都清楚，這一次表面上是東宮贏了，拿到了皇帝的大義名分，但實際上卻是太上皇李旦和太平公主勝出。太上皇掌握著宰相的任免權，還與太平公主越走越近，中書門下的七名宰相，除了魏知古、陸象先保持中立，其餘的竇懷貞、蕭至忠等五人，全都是太平公主的親信。朝中的文武大臣，一大半都依附在太平公主周圍，其中還包括京城的地方官、左右羽林、左右金吾等長安城裡關鍵的官員們。

中書令劉幽求同樣因為時局而心急如焚，在與右羽林將軍張暐密謀之後，劉幽求向李隆基祕密上奏，要拉動羽林軍誅殺太平公主，結果事情還沒談成，就被張暐檢舉給太平公主了。劉幽求因為這件事情被論罪處罰，可能會被處以極刑。但宰相的任免權在太上皇，刑罰處斷權也在太上皇，李隆基身為一國之君，只能苦苦央求為劉幽求減刑。

但更令高力士擔憂的是，李隆基目前面臨的最大問題，已經不是自己的人是否保得住、而是自己的這個天子之位是否能保得住的問題了。

劉幽求等人的密謀牽扯到了皇帝李隆基，在太平公主一黨的口中，皇帝在他姑姑的支持下登上皇位，卻反要謀害他的姑姑，此乃天大的「失德」之罪。

為什麼說謀害姑姑是天大的「失德」？那是因為要除掉太平公主，肯定會連帶波及到太上皇李旦，這是李旦絕對不能容忍的。既然太上皇手握

第一章　公主爭春─先天元年的長安春雨

著刑罰大權,那麼如果皇帝犯錯,太上皇是否有權處罰?要是皇帝不堪其任,乃至「失德」,太上皇是不是也有權廢掉李隆基的帝位呢?

這個問題,值得高力士等人一起好好考慮考慮,因為太平公主一黨已經籌謀起了這件事。

從各個來源傳來的情報都已經證實,太平公主一黨的謀劃已經到了極為緊迫的關頭,不只是高力士,還有中書侍郎王琚等李隆基的心腹大臣都進言認為,必須要趕緊有所行動,否則就來不及了。

而這個時候,因為太平公主一黨構陷而被免除宰相職位的尚書左丞張說,也從東都洛陽祕密地寄來了一把佩刀。這把佩刀的意思也很明顯,就是希望皇帝早做決斷,揮刀剷除太平公主的勢力。

可是太平公主的勢力早已經與太上皇李旦連為了一體,這把刀,真揮得下去嗎?

03　廢帝路線圖

按照太平公主的計畫,廢帝行動正在有條不紊地推進著。

太平公主首先爭取了太上皇李旦的支持。這一步很簡單,因為她的勢力和基本盤早已經與李旦交混在一起,難分你我,如果皇帝李隆基要動太平公主,勢必會傷及李旦的利益。劉幽求謀害太平公主事件,也讓原本想要坐山觀虎鬥──兩不相幫的李旦漸漸轉變了態度,開始越來越傾向於太平公主這一邊。畢竟新皇帝李隆基自繼位以來就想著要改革,和一直老成持重的李旦之間的分歧期越來越嚴重。

有了太上皇的站邊,接下來的一切就容易多了。

在太平公主的計畫中,下一步是要將皇帝請到京外去。自唐隆以來,

朝廷北方的邊患一直沒能解決，突厥、契丹、奚人時常進犯邊疆。自武周以來，唐廷的軍事力量也一直沒能重新振作，府兵制度行將崩潰，朝中大將青黃不接，問題十分嚴重。因此太上皇下詔，派遣皇帝巡視邊境，從西邊的河西、隴右開始，一路沿著邊境向東巡視，經過幽燕抵達渤海，一路查看防務，在巡行中選擇將帥、訓練士卒。這樣一路下來，少說也要一年的時間，這一年足夠太平公主與太上皇在京師一起操作，拔除皇帝留存的勢力。

畢竟離開了朝廷中樞的皇帝，僅僅是個普通人，好對付得很。

然而李隆基很快看出了這個圖謀，兩個月後，他宣布巡邊事宜改期，暫時將自己外出的事情停了下來，說什麼也不再出去了。不過這對太平公主來說也並非沒有收穫，李隆基原本留在北衙管理羽林飛騎、萬騎的親信葛福順和李仙鳧被調往邊境擔任邊軍的都督，準備皇帝的巡邊之事，只要巡邊這件事沒有完全終止，這二人就無法名正言順地調回來，李隆基在軍中也就失去了左膀右臂。

調虎離山之計不成，太平公主一黨又制定了甕中捉鱉之計：直接入宮，將皇帝廢黜。

自先天二年（西元713年）夏秋之際開始，左羽林大將軍常元楷、右羽林將軍李慈二人多次來到太平公主的私宅拜謁，謀劃闖宮廢帝的計畫。常元楷和李慈二人分掌左右羽林數萬大軍，是足以掌控宮禁的力量，縱使皇帝李隆基還控制著左右龍武軍（也就是左右萬騎），也未必是規模更大的羽林軍的對手。更何況，南衙的中書門下都已經被宰相竇懷貞、蕭至忠、岑羲等人控制，只等北衙的羽林軍控制住局面，中書門下便可調遣南衙諸衛兵接應，長安便可以輕輕鬆鬆地安定下來。

為了確保萬無一失，太平公主還與太上皇李旦商議，召朔方軍行軍大總管郭元振入朝，擔任宰相兼兵部尚書。這樣就可以確保南衙諸衛牢牢控

第一章　公主爭春—先天元年的長安春雨

制在他們手中的同時，在長安之外的朔方軍方面也加上一道保證。郭元振先前在韋后當政之時，一直堅定地與李旦、太平公主站在一起，是他們都能信賴的可靠之人。萬一李隆基兔子急了咬人，太平公主就立即讓郭元振調集朔方軍支援，護衛她和太上皇的安全。

畢竟在身經百戰的朔方軍面前，並未經歷過多大陣仗、只善於發動宮變的左右萬騎根本不是對手。

同時，太平公主還做了另一手安排。太極宮的宮人們也是太平公主的一大羽翼，如果透過這些宮女、閹人們直接除掉李隆基，就能更快捷方便地達成她的目的。於是太平公主密令負責皇帝飲食的宮女元氏，將毒藥加在皇帝李隆基日常服用的天麻粉當中。

如果元氏得手，那李隆基就將是五年裡第二位被毒死的皇帝。所幸天佑李隆基，這個陰謀輾轉被李隆基的死黨王琚知曉了，王琚聽聞之後，連忙入宮，阻止了元氏下毒。

然而下毒只是太平公主下的一招閒棋，真正謀定而後動的，是她在朝堂上的動作。

先天二年（西元713年）七月，太平公主進入太極宮，與哥哥李旦正式攤牌，請他廢黜皇帝，另立新君。如今的形勢也容不得李旦再繼續保持一碗水端平的姿態了。李旦對太平公主的提議不置可否，只是提出密召宰相們進宮商議此事。

太平公主需要的就是太上皇不置可否的態度，因為這本就是一種變相的站隊。

深夜裡，宰相們緊急祕密入宮，太平公主當著七位宰相的面宣布了她的提議：廢帝！

宰相當中有大半出自太平公主的門下，聽到這個提議，自然是舉雙手

贊同。但陸象先並不依附太平公主，堅持提出了異議：「公主認為帝位不應當廢嫡立庶，所以要廢黜當今皇帝。既然如此，當初的皇帝又是為何而立的？」

太平公主回道：「當初皇帝有功，所以立他。如今皇帝失德，自然應當廢掉。」

「皇帝當初因為有功而立，自然要有罪才當廢。如今從來沒有聽說皇帝犯下了什麼罪，那又談何廢立？」

陸象先一席話，據理力爭，邏輯合理。太平公主一時語塞，面帶慍色地扭頭，不理會陸象先，轉而問竇懷貞的意思。竇懷貞歷來都是太平公主的死黨，太平公主私下裡叫他「阿爹」，此時太平公主問話，自然是一口一個答應。

「如此便好，」聽了竇懷貞的附和，太平公主臉上恢復了優雅的微笑，「諸位相公，沒有別的意見了吧？」

宰相們面面相覷。這樣的場面，宰相們心裡已經明白，無論他們是否有人反對，太平公主已經決意要行廢帝之事，誰也無法阻止了。陸象先、魏知古兩位並不依附於公主、始終保持中立的宰相，情知此時他們反對也沒用，只好以沉默表示無聲的抗議。

忽然，一個聲音打破了沉默：「臣異議！」

從坐塌上站起來的，竟是兵部尚書郭元振。他幾十年來一直在邊關駐守一方，此時出將入相，進入政事堂擔任宰相不過幾日。太平公主和太上皇李旦引他進入兵部，是因為他們認為郭元振是自己人，視其為臂膀。可當別的大臣們在太平公主的威勢之下噤聲不語之時，出頭反對廢掉皇帝的卻正是這位郭元振。

郭元振幾十年名將之威，不止語氣、面容，全身上下都帶著不容壓迫

第一章　公主爭春──先天元年的長安春雨

的莊嚴，太平公主等人竟也無法在氣勢上壓過他。於是這場祕密舉行的御前會議，也就因此不了了之。宰相們在這次會議上沒有達成一致的意見，也就不能以太上皇的名義釋出廢立的誥令。

「今日所議之事，勢在必為。」太平公主冷冷地看著宰相們沉默的面容，「後日見分曉吧！」言罷，頭也不回地離開了議事殿。

這次會議並不成功，出乎太平公主的意料，她沒想到她和哥哥精心選中的郭元振竟然在廢帝一事上明確表示反對。不過也無須過於擔心，她依然可以藉助自己在長安城的各處勢力，精準地將李隆基身後的團體一舉摧垮。她立刻與親信們商議，讓常元楷、李慈帶領左右羽林軍嚴陣以待，準備突襲武德殿，俘虜皇帝李隆基和他的親信們。

這個突襲之日，選在了兩天後的七月初四。

但是，誰也沒有想到，在七月初三這一天，太平公主一黨忽然團滅了。

宰相會議上郭元振出言反對，讓太平公主透過法定程序實施廢帝的預想落了空，也帶給李隆基一個絕佳的希望。如果真的以太上皇的名義下令廢掉他這個皇帝之位，那無論在禮法還是道義上，李隆基都處在絕對的下風。只有李隆基還擁有皇帝的頭銜，他才能名正言順地對太平公主實施雷霆一擊！

會議剛剛散場，宰相魏知古立刻趕到了李隆基這裡，將會議的情況、連同太平公主的謀劃一五一十地告訴了他。

如同上一次的唐隆政變一樣，命運之神此刻再次眷顧了這位年輕的帝王。原本在皇帝與公主之爭中保持中立的魏知古，在關鍵時刻將會議的情報交給了李隆基。這次會議為李隆基爭取到了寶貴的時間，他要提前一步，趕在太平公主七月四日發動宮變之前行動。

七月二日，李隆基將郭元振以及他的弟弟岐王李範（李隆範因避諱而

改名)、薛王李業(李隆業因避諱而改名)請進了宮。這是定計的時刻,郭元振可以控制南衙諸位和朔方軍,岐王李範、薛王李業則分別擔任左右羽林大將軍,是左右羽林軍名義上的領袖。一同參加定計的,還有龍武將軍王毛仲、殿中少監姜晈、內給事高力士等人,李隆基在長安城中可以藉助的力量,全在此處了。

無論他們之前是否是自己的親信,李隆基只問了一個問題:如今,皇帝已經到了最危險的關頭,就問你們參不參與這次反擊?哪怕這次反擊不止針對太平公主,更多針對的是當今的太上皇。

包括郭元振在內的眾人,全都給予了肯定的回應。

如今的李隆基已經不是當初那個政壇新手了,他已經熟稔這一套權力遊戲中的內在邏輯。他清楚地知道,單單除滅一個太平公主無法讓他真正大權獨攬,因為真正掌握殺伐大權的其實是高居在太極殿的太上皇。如今唐廷內部的主要矛盾,不是皇帝與公主之間的利益衝突,而是勢力較弱卻雄心勃勃的皇帝、與退居皇位卻手握大權的太上皇之間不可調和的矛盾。

李隆基不想傷害他的父親,甚至不想殺害自己的親兄弟,但此刻已經容不得半點心軟,退一步就是死路,只能在這條權力的甬道上鐵了心往前。

04 我的死亡終止了長安城的漫天淫雨

每年七月,關中都會進入濛濛的雨季。天空陰雲瀰漫,時而下起細碎的雨。長安城的路面、牆垣都由夯土築就,下雨的時候,雖然城池中的排水系統可以發揮作用,將雨水排入沿街穿坊的溝渠,但路面難免變得泥濘不堪。

七月三日,間或有雨。李隆基帶著十餘名親信隨從等在了武德殿前。

第一章　公主爭春──先天元年的長安春雨

他們一起出武德門，入虔化門，一路向北，經過後宮的殿宇樓閣，來到了宮城北面的玄武門。此時龍武將軍王毛仲帶著禁軍三百人，已經從北苑的官馬坊閒廄中取得馬匹，等在了這裡。會合之後，他們一起進入了不遠處的羽林軍屯營之中。

守營的羽林軍將士猝不及防看見皇帝陛下帶頭入營，愣是不敢阻攔，於是李隆基等人直驅主將的營前。

「常元楷、李慈何在？」

左羽林大將軍常元楷、右羽林將軍李慈方才還在為明日闖入武德殿俘虜皇帝的行動做著最後籌劃，誰想李隆基已經等在了門外。毫無準備的他們還來不及反應，就被突然破門而入的禁軍將士控制住，拉到了李隆基的面前。

「奉太上皇誥，誅殺爾等，即刻處刑！」李隆基話音剛落，早已準備好的隨從親信快步上前，一人一刀，斬下了他們的頭顱。

王毛仲等龍武軍將士提著常元楷、李慈的首級，傳示羽林軍各個營盤，喝令道：「天子奉太上皇誥，誅滅叛黨，為首已經伏法，餘者如有奉命，一概不究！」聽聞皇帝親自駕臨羽林軍屯營、不由分說就殺了他們的主將，其餘羽林軍不敢再有動作。李隆基一向在左右羽林軍中有極好的名聲，此時命令到了，羽林將士大多也很樂意奉命執行。

左右羽林軍就此平定，加上原本就已經被李隆基統領於麾下的左右龍武軍，長安城所有北軍就此被李隆基完全控制。

李隆基留下一部分龍武軍在這裡整頓羽林兵馬，親自帶領其餘龍武軍往南再次進入宮禁，直奔太上皇寢居的方向。一路上，李隆基下令將士們鼓譟而前，高歌而進。

戰歌與鼓聲再次迴響在了太極宮城的上空。

百福殿內，李旦吃驚地聽著遠處的鼓譟聲。一個小內侍慌慌張張地跑進來，報告了皇帝率領龍武軍入宮的消息。正提筆準備寫字的李旦聽聞這個消息，心中一驚，手中的筆不禁掉落在了地上。

彈指一揮間，收服北軍，殺入宮禁，李隆基這小子呵，看來還是低估了他。

毫無準備的李旦只能在內侍、宮人們的護送下，向百福殿南邊的肅章門轉移。同時急召留守在內中書省的宰相們即刻前來，商議對策。

在肅章門城樓上苦等良久，李旦卻始終沒有等到他的宰相們到來。鼓譟聲漸漸地近了，皇帝李隆基和他的龍武軍士兵們彷彿故意放慢了腳步，要等李旦撤走，以避免像神龍政變中直接在武則天面前殺人的情況發生。李旦心中焦躁，只能繼續向南，冒著雨往宮城最南邊的承天門而去。

太極門旁的內中書省，是宰相和朝廷中樞的機要人員日常辦公的地方，歷來都是閒人莫入的靖肅之地。但在今天，延綿的秋雨下，全副武裝的龍武軍兵士們粗暴地闖入了這處帝國心臟。

太僕少卿李令問、內給事高力士為首，先衝進了四方館的內客省，將攀附於太平公主的中書舍人李猷、右散騎常侍賈膺福當場抓獲，拘押在一旁。然後繼續前進，進入中書省政事堂，將這裡的大小官員一應看管起來。

高力士環顧左右，忽然斷喝一聲，推開旁人，將躲在一旁角落裡的兩人揪了出來。這二人正是宰相蕭至忠和岑羲，方才聽聞皇帝率軍而至時，他們正在議事，來不及逃走，只得藏身在中書省辦公室內某處不起眼的地方。

「我等貴為宰相，豈容爾闖豎折辱？」蕭至忠、岑羲指著高力士的鼻子罵道，可還沒等繼續罵出口，高力士手中冰冷的利刃已經捅入了他們的胸膛。

第一章　公主爭春──先天元年的長安春雨

「奉太上皇誥，誅殺叛逆。」高力士看了蕭、岑二人的屍體一眼，低聲說道。他提著滴血的刀，眼裡帶著肅殺的寒意。

「宰相們何在？竇懷貞何在？郭元振何在？」承天門上，太上皇李旦苦苦等著，卻始終沒有等到奉詔而來的宰相們。而太平公主還在宮外，消息斷絕，不知這時的情況如何。他不知道，蕭至忠和岑羲此時已經變成了兩具正在變涼的屍體，而其餘的宰相們，全都已經撤離到了宮城外的中書外省。

除了一位宰相，那就是郭元振。

雨中，郭元振緩緩登上城樓，向著李旦行禮。

見到這位在西北、隴右坐鎮數十年，數度擊退吐蕃、突厥來犯之兵的名將，李旦微微安心了一點。「郭卿總算是來了。」李旦喜道，「宮中生了些變故，但無妨，局勢還在掌握中。朕已經令侍御史任知古在後宮調集衛士前來。也請郭卿即刻前往南衙，令南衙諸衛兵火速到承天門下集結，以備非常之事！」在李旦的料想中，南衙的十六衛應當還在自己控制之中，畢竟自武周時期，南衙的各位將軍們就聽從他的號令。郭元振作為兵部尚書，調集南衙兵合情合理，如果將南衙諸衛兵集中起來，再加上郭元振的朔方軍後援，定然可以乘勢反擊，撲滅李隆基的這次絕殺。

但是，郭元振卻搖了搖頭：「天子乃是奉了太上皇的誥令，誅殺作亂的竇懷貞等人，並無他意，望陛下莫要驚擾。」

李旦瞪大了眼睛，驚疑地看著郭元振。他沒想到的是，自己厚待了多年的這位宰相，此時居然站在了李隆基那一邊，而且還口口聲聲說李隆基是奉了自己的誥令行事──難道李旦自己還能在夢中發令，要李隆基帶兵入宮不成？

這時，馬蹄聲轟然作響，王琚、王守一等人已經帶著龍武軍鐵騎趕到

了承天門下。而李旦方才調遣出的任知古，這才領著東拼西湊召集到的數百名宿衛兵姍姍來遲，卻被龍武軍鐵騎擋在了遠處。方才李旦已經讓隨從放下了城關，龍武軍鐵騎知道太上皇正在城樓上，也不敢強攻，就這樣靜靜地等著。

宮城之外，一隊南衙衛兵也趕到了承天門前，大聲報告：南衙諸衛已然平定竇懷貞等亂黨。原來郭元振之前早已經在兵部和南衙諸衛做了相應安排，只是這番安排，奉的不是李旦和太平公主的命令，而是皇帝李隆基。

李旦內心的某一處地方在此時轟然塌陷。絕望如潮水一般衝進了胸腔，他沒想到自己小心處事這麼多年，竟然在此時翻了船，不僅敗給了自己的兒子，還敗在錯信了自己的手下。

不行！李旦不願意就這樣輸了，縱然大勢已無可挽回，也不能讓皇帝如此輕而易舉地獲勝……否則，史書上會怎麼記載他李旦？是愚蠢的失敗者？還是昏庸的君王？也許在他死後，大臣們會給他封一個差強人意的諡號，像他的哥哥中宗的諡號為「孝和」一樣，比如「孝穆」、「孝敬」、「孝順」……總之和太宗、高宗比起來，都不是什麼好詞。

於是他做了一個決定，他要從這座城樓上一躍而下！

跳下城樓，他可能會因此而殞命，但他有機會在眾人的心中、在世代流傳的歷史上留下一個壯烈的身影，而且還可以順帶報復一下兒子李隆基，讓他落下一個逼父自盡的惡名，永遠被釘在歷史的恥辱柱上！

李旦爬上城樓，準備在所有人眼前跳樓，就在此時，一隻粗壯的手臂拉住了他。郭元振攥著李旦的手，大聲說道：「陛下三思！」

不為自己想，不為自己的兒女們想，也要為大唐的社稷想想──若是這場宮變落得個太上皇跳樓自殺的下場，皇帝根基不穩，很可能會隨之產生新的動亂，到時候再加上吐蕃、突厥、契丹等強敵入侵，大唐隨時會

第一章　公主爭春—先天元年的長安春雨

有崩潰的危險！

郭元振的勸說打動了李旦的心，他沉吟良久，終於喟然長嘆一聲，放棄了自殺的念頭。他轉頭看著郭元振問道：「郭卿方才說的可是真的？皇帝只為誅殺竇懷貞一黨，別無他意？」他的語氣，終於鬆動了下來。

「別無他意。」

李旦大口喘息著，慢慢笑了起來，笑聲裡夾雜著無奈、懊悔、失落、欣慰，笑聲漸漸變響，在雨中傳得很遠很遠。周圍的從者、城下的將士們，都靜靜地看著這位放聲大笑的帝王。李旦笑了一會兒，終於定下了心神，整肅自己的衣冠之後說道：「也罷，那便打開城關，請皇帝上來吧！」

內侍們連忙奔下城樓，撤除了門關，前往城門內的龍武軍方向傳達太上皇的口諭。過不多時，遠處幾人幾騎冒著雨飛馳而來，當先的那個年輕人一身戎裝，英姿颯爽，意氣風發，正是李旦的好兒子、大唐帝國的皇帝李隆基。他是應該意氣風發一點了，因為在他前面等著的，是權力的巔峰、帝國的榮耀。

望著前方李隆基奔來的身影，李旦淡然笑著對郭元振說道：「這一回，郭卿確實是居功至偉，想來終究會得償所願了。」

「元振所做的這一切不是為了自己，而是為了大唐。」郭元振低聲答道，話語隨著秋風消散在雨中。

長安外郭城的街道上，左僕射竇懷貞獨自一人倉皇奔走著，他被大雨淋得溼透，猶如一條落水的老狗。他聽見了遠處的鐵蹄聲，大概是追來的禁軍，於是一個閃身，跨入街道旁的溝渠裡，三步並作兩步，躲進了溝渠的暗橋下。

事發之際，他還在中書省辦公理政，聽聞宮中生變，立刻聯繫太平公主，一邊差人前往南衙諸衛，召集駐守在皇城內的屯兵們，準備集結起

來,殺回宮城。但是沒想到南衙諸衛早已經得到了兵部尚書郭元振的指令,駐守不動,不管竇懷貞的人如何威逼利誘,都始終拒絕接受他的調遣。

很顯然,屯兵將士們清楚此時正在發生什麼事情,聽說宮中大勢已定,他們自然不會想要開罪當今的皇帝。

壞消息一個個傳來,一會兒說太平公主府邸被圍,太平公主逃出長安城,不知去向;一會兒說雍州府衙也被龍武軍控制;一會兒又說,連竇懷貞自己的府邸也被查抄了。竇懷貞終於明白大勢已去,只好喬裝改扮,逃出了皇城。

但長安城四處防守嚴密,竇懷貞又能逃到哪裡去?

溝渠中骯髒而潮溼,冷得讓人瑟瑟發抖,就在這裡,竇懷貞蜷縮著,用一根腰帶縊死了自己。

一樣徬徨失落的,還有太平公主。她帶著寥寥數名親隨,藉著特權打開了城門,一路向南,逃進了終南山裡。長安城都知道,公主在這裡有一片巨大的山莊,風景秀美,雕梁畫棟,裝潢陳設全都極盡奢華之能事。太平公主萬萬沒有想到,這片山莊竟然成了自己最後的庇護所。

公主當年欲占春,故將臺榭壓城闉。

欲知前面花多少,直到南山不屬人[01]。

這座山莊的馬匹、牛羊數不勝數,田產息錢數年不盡,但她又能怎麼樣?失去了權勢,失去了長安城,這一切都有如空中樓閣,脆弱易垮。

一天後的七月四日,原本是太平公主闖宮廢帝的行動之日,但一切都如此諷刺,這一天長安城傳來消息,太上皇已經下了誥令:「從今以後,軍國大事、政令刑罰,一切全都交由皇帝處分。」皇帝李隆基入住了李旦的百福殿,正式大權獨攬。太平公主明白,太上皇已經承認了自己的失敗,

---

[01] 韓愈〈遊太平公主山莊〉。

第一章　公主爭春──先天元年的長安春雨

並像當年的高祖李淵那樣被兒子軟禁起來、安心養老了。一切都無法挽回，她也是時候承認自己的失敗了。

她讓兒子薛崇簡先回長安，試探皇帝李隆基的口風。薛崇簡也算是李隆基當初在東宮的僚屬，關係一直不錯，雖然因為身為太平公主之子注定不可能成為李隆基的親信，但當初薛崇簡曾勸阻過太平公主的廢帝計畫，太上皇曾親眼見到他被太平公主搧了耳光。如今，也只能靠著這一段往事來求情了，希望李隆基能有一點勝利者的風度，稍稍網開一面。

薛崇簡求過了皇帝，又請來太上皇李旦來為公主求情，但皇帝的意思很簡單、很明確、也很堅決：太平公主必須死，但他允許太平公主保留臨死前的體面，並且也可以保留薛崇簡的官爵，延續她的血脈。

這一切太平公主都能理解。權力的遊戲，便是如此殘酷，如果她的闖宮廢帝行動成功，她自忖也不會輕易留下李隆基的性命，唐隆政變時，韋后也同樣廢為庶人後被不留情面地斬殺。推己及人，皇帝李隆基的這個答覆，已經非常地仁慈了。她不奢望皇帝能留下自己的性命，之所以讓薛崇簡去長安求情，也只是希望皇帝能念在薛崇簡當初的情義，放過她的兒子。

這一點，皇帝答應了。於是也到了她回去從容赴死的時候了。

七月七日，秋雨正纏綿，太平公主離開終南山的山莊，回到了長安城的府邸。她在平康坊的這處宅邸，如今已被抄沒乾淨，人們終於見到了她藏在府中堆積如山的錢財、珍寶、物產。她曾經的親信們也被抄了家，一戶就能查抄出數十萬緡錢。這等說來，她這些年的所作所為，也許真的錯了？結黨十餘年，富了寥寥數家腰包，虧空的卻是整個大唐。

希望從公主黨這裡查抄出的錢財，能填補如今朝廷日益空虛的國庫吧。此時長安城熱鬧非凡，此前一天，皇帝李隆基親自來到承天門樓上，宣布詔命，大赦天下。

她的勢力如今覆滅了，可在舊勢力的屍體上，能開出新的盛世之花。

太平公主聽著府邸外的喧鬧，從容飲下了鴆酒。

長安城的這場漫天淫雨，何時才是個頭呢？

先天政變，終於以太平公主一黨的覆滅、太上皇李旦的退隱、皇帝李隆基的全面勝利告終。皇帝懲治了太平公主一黨，重賞了功臣郭元振、高力士等人，拜張說為中書令，並召回了流放在外的劉幽求。

這一年，朝廷改元為「開元」，是年為開元元年（西元 713 年）。

一個新的時代，開始了。

這一年，在河南鞏縣，襄陽杜氏一家所生的一個男孩剛剛滿一歲，家裡為他取名叫：「杜甫」。一代詩聖杜子美，就這樣開啟了自己遭際不凡的一生。

第一章　公主爭春——先天元年的長安春雨

第二章
盛世伊始 —— 走向開元繁華

第二章　盛世伊始—走向開元繁華

01　驪山大閱兵

漫長而刺激的秋天過去了，十月的冬天，秋雨散去，大唐皇帝李隆基下詔，徵發天下精銳士卒二十萬，前往驪山講武，接受皇帝的檢閱。

這是一場盛大的閱兵式，除了駐守在邊塞防備外虜的邊兵，幾乎所有能調遣的府兵、城傍兵、蕃兵，或者全數、或者派遣部分代表團，奉詔趕到了臨潼的驪山腳下。人數雖然未必有二十萬之眾，但已經是空前的規模，各支軍隊的旌旗延綿五十餘里，行軍的鼓點、號角響徹了整片平原。

這是李隆基剛剛掌握大權之後的一次試水。經歷了多年的政變更迭、權力動盪之後，大唐尤需藉此大典鼓舞人心。更何況，李隆基也可以透過這次講武，確認軍隊對自己的忠誠度，測試如今大唐的實際國力。當然，二十萬人的講武，經費上不是一個小數目，既要籌措大軍的糧草，又要準備犒軍的錢帛。好在「公主跌倒，皇帝吃飽」，對太平公主一黨的抄家讓國庫獲得了大豐收，朝廷有這個實力準備這樣的一場講武。

策馬立於驪山上，李隆基帶著他的宰臣們一起舉目眺望。遠處的大軍一隊隊輪流駛過鑾駕面前，猶如一條長得看不到頭的蜿蜒巨龍，壯觀無比。

但是漸漸地，年輕的帝王忽然皺起了眉頭。

眼前的這條浩浩蕩蕩的閱兵陣容看起來確實氣勢磅礴，但是仔細看下去，李隆基和身旁的侍臣們都看出了問題。每一支方陣隊伍之間，甚至是隊伍之內，裝備、旗幟、服色全都參差不一。邊兵當中，下至嘴唇上沒長毛的娃娃，上至六七十歲的老頭，全都在隊伍裡。邊兵們好歹還有久經沙場的一股氣勢撐著，不至於太慘。而各地徵召來的府兵，則可以用慘不忍睹來形容。

按照唐初的軍制，府兵從各地富裕的良家子弟中選出，所以府兵們有足夠的財力準備他們需要自備的「隨身七事」，而鎧甲、陌刀等軍械，都由折衝府供應。可如今府兵又苦又累，待遇又差，成了被人鄙視的大頭兵，良家子弟全都不願意當這個差事，府兵兵員枯竭，青黃不接，士兵裝備老舊，甚至有的盔甲軍械還是武德、貞觀年間的古物。他們的方陣看起來也就自然破爛不堪，訓練程度也十分糟糕，如同一群拿著刀槍的流氓。

這就是大名鼎鼎的大唐府兵，當年在太宗、高宗年間縱橫天下、所向披靡的王師，如今卻變成了這番樣子！

早前就已經知道府兵制度崩壞，可是直到親眼看見這樣的軍容軍貌，李隆基才知道已經崩壞到了怎樣的程度。李隆基雷霆震怒，叫出了隨行的兵部尚書郭元振，責問為何軍容不整。

郭元振跪在御前，無言以對。李隆基下令要將郭元振斬於大纛之下。

宰相劉幽求、張說等人急了，郭元振在兩個月前的先天政變上立下了匡扶社稷的大功，怎麼可以將他輕易斬首？更何況，府兵的情況已經是公開的祕密，甚至無法把這個鍋甩給任何一個如今在世的人。

在劉幽求、張悅的求情之下，李隆基免除了郭元振的死罪，改為流放到新州。但如此嚴重的責任，終究需要有一個人背鍋，於是皇帝下令，將負責此次講武典禮的給事中、知禮儀事唐紹推下去問斬。

李隆基心中自然清楚，軍容不整、軍禮不肅既不能怪郭元振，也不是經辦人唐紹的錯。然而作為皇帝，他絕對不能只考慮眼前的事。這次講武，對他來說是一次立威，他只有將這個問題放大，才能樹立起自己在朝廷、各州縣與軍隊中的威望——連先天政變第一大功臣郭元振都因為軍容不整而差點被處斬，自然能夠實實在在地震懾一下驪山腳下的這些官員、將士們。

第二章　盛世伊始──走向開元繁華

這一舉動,一箭雙鵰,既成功地把權力過大、功高震主的郭元振降了罪,又於二十萬大軍之前示威整肅,使自武周以來漸弛之軍紀為之一振。

當然,這件事雖然被高高舉起,但還是得輕輕放下,李隆基原本想的是,象徵性地表示要處斬唐紹,等大臣們求情後便饒了他,耳提面命一番之後,此事就算過去了。誰知當李隆基聽了一會兒大臣們的求情,準備下令赦免唐紹之時,卻聽說唐紹已經被行刑完畢。

原來,奉命押唐紹出去的金吾衛將軍李邈與唐紹之間有過宿怨,此番拿到了唐紹,便二話不說地立刻行了刑。

唐紹是個直臣,多年以來累積下了很好的名聲。聽聞唐紹已死,李隆基痛心不已,將李邈罷官,下令永不錄用,廢棄終身。

但人死不能復生,人才死了就是死了,李隆基斷然不可能再讓唐紹死而復生。原本李隆基想在今日為他的臣下們立規矩,教一教他們如何做大唐的子民,卻沒想到,到頭來自己卻被大臣上了一課。

作為領袖,永遠不要低估人性,也永遠不要高估人性,這就是唐紹之死的教訓。

親自掌握朝廷大權之後,李隆基才發現做皇帝究竟有多難,尤其是做一個王朝中期的皇帝。

驪山閱兵之後,李隆基越發地感到可用之人不足。

郭元振流放新州之後,帝國的實權宰相就剩下了劉幽求、張說等人,這兩位宰相雖然都是李隆基多年以來的親信,但李隆基越來越發覺兩人的缺點。

如今的大唐,正處在越來越明顯的下坡路上,驪山閱兵的混亂就是帝國此時的一個縮影,帝國的稅賦、軍政、吏治等各項制度,都如方陣中那些老邁的府兵,千瘡百孔難以為繼。為今之計,只有繼續實施大刀闊斧的

改革，革除政令中的積弊。大海航行靠舵手，這件事情光靠李隆基不行，還需要有精明強幹的助手們，突破重重險灘和激流，讓載著大唐君臣的這艘大船繼續向前。

劉幽求固有一片忠誠，但性格急躁，處事偏激，難以應對仕途的繁複權衡。

而張說雖然與李隆基配合默契，還是一個文采斐然的文學大家，但卻和其他文學館出身的學士們有著同樣的問題，那就是擅長處理行政事務，卻不擅長解決技術性的問題。在權謀機變上游刃有餘，但在經濟、財稅、農政等專業性強的問題上卻能力有限。如果擔任宰相的話，可以在事情上精益求精，卻沒有足夠的能力與意志開創性地進行改革。

如今大唐的弊病，需要更合適的宰相來主政，並完成李隆基交辦的任務。

十月十四日，驪山大閱兵結束之後，皇帝李隆基的車駕來到不遠處的渭川，進行一年一度的會獵。但隨行的宰臣們還在為了郭元振的革職流放、唐紹的問罪處斬而心有餘悸。而且這番事情發生之後，誰來填補郭元振留下的首相空缺，也成了他們關心的一大問題。

會獵的空檔，殿中監姜皎求見皇帝，面帶喜色地啟奏道：「陛下一直想要一個合適的人選來擔任河東總管。如今臣總算是找到了。」

李隆基自然問：「誰呢？若是姜監推薦得當，朕會有萬金之賜。」

「回陛下，便是同州刺史姚元崇啊！」姜皎答道，「姚元崇乃是文武全才，實在是河東總管的不二人選。」他還想繼續說下去，卻抬頭撞見了皇帝冰冷的眼神。

「讓姚元崇去河東，想必這是張說的意思。」皇帝的語氣平淡如水，卻不怒自威，讓姜皎聽了如墜冰窟，「你怎得要當面欺瞞朕，其罪當死。」姜

皎聽了，嚇得撲通一聲跪下，一個勁叩首謝罪。

姚元崇與張說雖然都是李隆基一直以來的支持者，但他們之間的宿怨卻幾乎是化解不了的，這也就是為什麼宰相張說想要讓姚元崇擔任河東總管，阻止他繼任郭元振留下的空缺。他們是兩種不同的人，各自的出身、經歷、交友圈，決定了他們必將會繼續對立下去。張說是文人出身，自小精通經史子集、詩詞歌賦，從武則天所養的那群文學館學士中起步，久在朝中典掌文翰，與同僚結為所謂「文學派」，特點是視野廣、站位高、但缺乏基層經驗。姚崇則相反，他二十歲以前還沒讀過多少書，他的為官經驗是在基層做了幾十年地方官累積起來的，像他這樣的官員，朝中稱之為「吏能派」，他們在實戰中累積下大量行政經驗，鍛鍊出了極為務實的作風和強悍的問題處理能力。

簡而言之，姚元崇是出色的技術官僚，而此時的李隆基正需要這樣的人。一年前，姚元崇因為勸諫得罪了太平公主，不得不讓李隆基棄車保帥，將他和宋璟外放擔任刺史。大權獨攬之後，李隆基便打算召姚元崇入京擔任宰相，但一直遭到張說的反對，張說甚至不惜出來彈劾姚元崇。此時李隆基聽聞張說、姜皎設計阻止姚元崇入朝的計倆，反倒因此下定了決心，遂下令：讓姚元崇立刻從同州快馬過來！

02 救時宰相

渭川之上，當姚元崇奉命趕到時，皇帝的狩獵還沒有結束。皇帝見姚元崇趕來，沒有和他做過多的客套，只是問道：「姚卿會打獵麼？」

「臣年輕時，打獵乃是小菜一碟。如今雖已荒廢，人也老了，但是說到騎馬射箭，照樣還是一碟小菜。」姚元崇的回答也是毫不謙虛。

說起來，打獵是姚元崇的拿手本領。二十歲之前，姚元崇走的是體育

特長生路線，一直勤習武藝，最大的愛好就是騎馬打獵，十里八鄉的野鹿、獐鼠，一見姚元崇就抱頭鼠竄。只是二十歲之後，姚元崇收了心，決定要步入仕途，因此發奮讀書，這才有了後來的成就。他和過去的很多大唐宰相一樣，從來不是簡單的文臣，而是出將入相，能文能武，在河北、朔方等地都有領兵的經驗。

他與皇帝一拍即合，僕從們放出獵狗，吹響鷹哨，他們一起騎馬追逐狡兔，弓馬嫻熟的他連連彎弓搭箭，箭無虛發，很快就取得了豐碩的戰果，讓皇帝心滿意足地達成了獵獲目標。皇帝心滿意足，提前滿載而歸，在歸途中對姚元崇說道：「朕好久沒有見到姚卿了，路上可能有事要找你，姚卿可以同宰相們一起隨行。」

姚元崇躬身領命，彷彿絲毫沒有看見宰相班列前張說鐵青著的臉。

他們一路沿著渭川返回皇帝的行轅。姚元崇是中書門下的老資歷了，如今的宰相們，很多都是他的老部下，但他還是小心地與張說等宰相們保持著距離，慢慢地便與宰相們的車駕漸行漸遠，等到姚元崇再跟上的時候，卻發現皇帝正在路邊駐馬等待著他。「姚卿為何落後了？」皇帝問道。

「臣官位低微，與宰相們同行並不合適。」

「這有什麼問題？朕現在便拜卿為兵部尚書，同中書門下平章事。」皇帝滿不在乎地揮手說道。

皇帝當場任命宰相，這可是了不得的大事，一旁的侍臣們聽得瞪大了眼睛，但姚元崇卻沒有太大的反應，沒有推辭，也沒有拜謝。如此反常的應對，連皇帝自己都感覺到有些詫異。他們一路繼續前行，終於抵達皇帝的行轅，安頓了下來。這一天的狩獵收穫頗豐，車馬勞頓卻也不小，皇帝與宰臣們一同在大帳裡稍作休憩。大唐朝廷歷來優待宰輔，皇帝賜下坐席，與宰相們一同在帳內落座。

這時，姚元崇並沒有坐下，而是跪在了皇帝面前：「適才臣之所以不

拜謝,是因為有十件大事上奏陛下,若是陛下不允,不能施行,臣不敢奉詔就任。」

皇帝與宰相之間,很少行跪拜禮,姚崇在御前跪奏,足以顯出他這一番啟奏的隆重。「一件件說吧,朕量力而行,看看是否可以應允。」皇帝說道。

「第一件事,改變從武后當政以來,朝廷用酷吏刑法治理天下的方針,改用仁義之道來施政,可否?」

這個請求,幾乎說出了天下士人的心聲,神龍以來,雖然李唐光復,但原本的特務政治、酷吏政治仍舊實施著。此時姚元崇提出終止這樣的統治,這也是皇帝所想之事,於是皇帝答道:「有姚公在,須得如此。」一口答應了下來。

「第二件事,自從當年朝廷在大非川、青海等地慘敗以來,軍事一直處於下風,卻從來沒有真正對這些年的窮兵黷武有所反思。臣請陛下答允,三十年內不求開邊之攻,可否?」

「這件事,也可答允。」

「第三件事,自武后臨朝以來,朝廷對外的喉舌之任,都被閹宦所包攬,臣請陛下答允,宦官不得干涉政事,可否?」

「這件事情也是我一直想做的,自然可以。」皇帝點頭。

「第四、第五件事,多年以來,武氏親族占據朝中要職,而後韋庶人、安樂公主、太平公主當權,違規引入了大量斜封墨敕的後門官員,導致吏治紊亂,臣請陛下答允,皇親國戚不得擔任中樞官員,凡是斜封墨敕、候補待闕、編制以外的官員,全都免官罷職,可否?」

「這也是朕素來之志。」

「第六件事,這些年來的親近佞臣,縱然違反憲綱律令,卻逍遙法

外,臣請陛下答允,嚴格執法處刑,可否?」

「這也是朕切齒已久的恨事。」皇帝說道。

姚元崇每說一件,皇帝便答允一件,大帳中的侍臣們側耳聽著,他們心中也明白,這就是姚元崇的施政方針,也是大唐接下來政治改革的關鍵要點。

第七件事,為了防止豪族貴戚巧立名目,壓榨民脂民膏,自此以後,除了法定的租、庸、調之外,不得設立其他名目。

第八件事,停止自武后以來大肆興造佛寺、道觀的風氣,凡是寺觀宮殿,全部停止修建。

第九件事,自之前大臣因勸諫而獲罪以後,朝廷言路閉塞,自此以後,凡是朝中臣子,都可以犯顏直諫。

第十件事,為了防止外戚、後宮把持朝政的事情再度發生,朝廷要將這些年的歷史如實地記載於史冊之中,用為殷鑑,萬代效法。

十件事情說完,皇帝已經激動地留下了淚水,「這些事,都是我刻骨銘心想要去做的,自然都同意。」姚元崇這十件事,所言無不切中皇帝的下懷,彷彿是皇帝把自己的意志透過姚元崇之口說出來一般。見皇帝全部答允,姚元崇於是再次拜了兩拜說道:「陛下如此,天下幸甚!天下幸甚!」

「萬歲!萬歲!萬歲!」姚元崇與宰相們一齊拜道,不少人已經感極而泣。姚元崇心裡清楚,這是李隆基時代的開端,也是他姚元崇千載一遇的施展抱負之日。從這十件事開始,大唐就要在他的輔佐之下,重新走向輝煌。

這一年的冬天,皇帝李隆基在大臣們的請求下加尊號為「開元神武皇帝」,然後正式下詔改元為開元,姚元崇因為要避皇帝「開元」的諱稱,所

第二章　盛世伊始──走向開元繁華

以改名為姚崇。姚崇先是擔任兵部尚書，然後擠走了一直與他不合的張說，因而又兼任了紫微令（中書令），成了當朝名副其實的首相。自此，姚崇憑藉老成幹練，總攬宰相群務。

當然，姚崇提出的這十件事，雖然是本朝主要的治國方針，但也並不完全像姚崇所請求的那樣，禁止所有宦官參與朝政。比如知內侍省事的高力士，仍舊在李隆基的安排下，管理著內臣團隊，並繼續擔任右監門將軍。皇帝在內廷發出的機要指令，也還是由高力士負責傳話給中書門下的姚崇等外朝宰臣們。

對此，深諳吏事的姚崇默契地接受了，而高力士自然也是心知肚明。

高力士也許是朝廷內外最懂皇帝心意的人了。他知道，皇帝李隆基雖然是個重情重義之人──這個特質也許與他的父祖血脈相承，但原生家庭帶給他的影響太大了，自小成長於險惡的環境，李隆基看透了人性，從骨子裡就是一個悲觀主義者。他雖然有足夠的帝王胸襟給宰相們機會放手一搏，但卻無法真正相信任何人。他自始至終，都是在用冷靜到接近冷酷的頭腦，計算著朝廷上下的一切。

善於計算是皇帝的基本素養，並不是什麼壞事，皇帝之間的差距，在於各自的格局。格局小了，就變得多疑且雞賊，比如李隆基的伯父中宗李顯；格局大了，那就是雄才而偉略，比如李隆基的曾祖父太宗李世民。而李隆基就是這樣一個雄猜的帝王，雖然冷血，但卻帶著人情味。

對待他的父親和兄弟們，李隆基始終給予極高的優待：太上皇李旦在失去權力之後仍然極具尊榮，包括嫡長兄李成器（已改名為李憲）在內的兄弟們安享榮華富貴。但卻極力避免給予他們任何一點權力，從而有一丁點機會成為他的威脅。比如姚崇只是向皇帝報告了一句「張說曾祕密乘車去了岐王家裡」，張說於是就被李隆基外遷做了地方官，岐王李隆範（已改名為李範）不久後也遷居洛陽，遠離了長安城的權力場。畢竟張說善於

權謀，岐王李範素有聲望，李隆基雖然相信他們，卻也不得不提防他們。

連李隆基的舊識、在先天政變時立下策劃之功的中書侍郎王琚，也因為被人說了一句「有縱橫詭譎之才，難以在承平年代安穩下來」（這句話多半是姚崇的意思），開始被李隆基漸漸疏遠。

至於皇子們，雖然如今最年長的鄫王李琮、鄭王李瑛只有十來歲，但李隆基已經立下了規矩，皇子們幼時可以住在後宮，長大之後，則必須出宮集中居住，由專人看管，杜絕他們參與政事的可能。

也正是出於平衡朝政的考慮，李隆基並沒有如當初答應的那樣禁止宦官干涉朝政，相反他大力重用了高力士等人，究其原因是要讓宦官們形成內廷勢力，牽制外朝的宰相們。

高力士明白自己的角色和定位，所以他願意接下皇帝的任務，成為皇帝與外朝宰相們之間的黏合劑。

姚崇成為首相之後，做的頭一件事便是整頓吏治。他得到皇帝的支持之後，一刀切地罷黜了斜封墨敕的員外官員。數千名斜封官、員外官一朝罷免，這本是震動朝野的大事，但姚崇終究是那個姚崇，如此一件大事，被他處理得波瀾不驚，沒有弄出任何水花，這讓高力士也不得不佩服。姚崇深諳人事，藉著皇帝新政之威，大刀闊斧擺平了斜封官們之後，自然也要給剩下的官員們一點甜頭。於是接下來他又上奏皇帝，打算提拔一批低階的郎吏，幫助官員們建立升遷管道，安撫這些人惴惴不安的心情。

但這件事情，恰恰是皇帝所敏感的。在皇帝看來，姚崇這一把操作，就是先藉著皇帝免官，又以姚崇自己的名義為一些人加官，這難道不是讓他李隆基做惡人，姚崇卻做了好人？所以姚崇接連的請示，皇帝始終沒有批准。姚崇索性在朝議會上，把序進郎吏這件事的可行性、必要性，當著朝臣們的面，一五一十地說給李隆基聽。

但李隆基只是答應了聽勸諫，卻沒說過要聽進去。姚崇講話的時候，

第二章　盛世伊始——走向開元繁華

李隆基全程仰著頭，看著頭頂的殿屋房梁發呆。姚崇再三啟奏，李隆基總是不予回應。

朝臣們看著姚崇，姚崇則看著御座上的李隆基，臉上現出了恐懼的神情。皇帝不回應宰相的發言，意味著什麼？心思細膩如姚崇，已經想到了一百種可能的後果。

高力士在一旁看在眼裡，罷朝之後，等朝臣們退走，他對李隆基勸道：「陛下剛剛總理萬機，宰相有事啟奏，本應當面明確事情是否可行，怎可對其置之不理呢？」

這句話提醒了李隆基，他沉吟了一會兒回道：「朕任命姚崇執政，他只要把國家大事奏報給朕一起商議便可，至於那些低階的郎吏升遷這些事情，難道還要一件件地報告給朕嗎？」

高力士聽得出，李隆基的這番話是有思量的，話中的意思，既是明確支持姚崇的決定，又是向大臣們的一種宣示，告訴大家朝廷政務已經委託給了姚崇，自己垂拱而治。於是高力士前往政事堂，把李隆基的話原原本本地轉述給了姚崇和其他宰臣們，這才讓姚崇轉憂為喜，和其他宰臣們一起佩服起皇帝的格局與氣魄。

這件事情，是開元初年君臣相得的縮影。原本姚崇用來收攬人心的手段，被皇帝巧妙化解，讓天下人對皇帝更加佩服。姚崇也得以在皇帝的支持下放手大膽地做，逐步穿越大唐帝國體制改革的深水區。而這其中，同樣也離不開宦官高力士的調節與緩衝。

高手過招，勢均力敵，政局才因此變得平衡而穩固。

開元初年，過得並不順利。

自驪山講武以後，關中等地爆發了瘟疫，連皇帝都受到了感染。

太平公主的死真的終止了長安城的秋雨，自先天二年（西元 713 年）

秋天到開元二年（西元714年）的正月，關中雨雪全無，旱情嚴重。而後的幾年裡，關東與關中的水災與旱災也是反覆不斷。所謂旱極而蝗，大旱之後，常常伴隨著蝗災，開元三年（西元715年）六月的關東諸州便出現了大規模的蝗蟲，所幸姚崇派人撲殺，災情有所緩解。但是這場蝗災，卻是一場更大的蝗災的預熱，蝗蟲們在地底所產的蟲卵，在乾旱的天氣作用之下，於第二年成功孵化出了數目更為驚人的蝗群。開元四年（西元716年）夏天，山東、河南、河北再次爆發了罕見的大蝗災，蝗蟲如黑雲一般遮天蔽日，所過之處，糧食顆粒無收。

相比起來，水災、旱災尚且有部分莊稼可以倖免，但蝗災卻不一樣，那些個頭不大的蝗蟲聚集在一起，外貌、習性會忽然大變，變得貪食而且暴躁，牠們聚在一塊的時候，不僅田地裡的禾苗被啃食得乾乾淨淨，蓄養的牛羊也會被噬咬而死。整個州縣無一倖免。要是在前朝遇上了蝗災，難保不會出現人吃人的場面。

蝗蟲的起因捉摸不定，人們不明白為什麼好端端地會突然有數不清的蝗蟲從地底下冒出來，化為遮天蔽日的蝗災，往往將其歸結為超自然的因素。山東州縣的百姓們認為，蝗蟲來自於天神的意志，因此將蝗神供奉起來，虔誠祭拜。每當蝗群經過，便在旁邊的田埂上設下祭品，焚香膜拜，絲毫不敢捕殺。

好在姚崇執政以來，恢復了唐初的常平倉，關東州縣的倉廩中尚有餘糧，官府和富戶開倉賑濟之後，總算是沒怎麼出現人吃人的情況。

可災情應當如何賑濟，也是朝廷議論紛紛的問題。按照儒家的論點，災者，天之譴也。按照天人感應的理論，天上降下的災害是因為人君的失德，失德在哪裡，朝臣們不敢說，只敢私下裡談論。至於災情，很多人認為，蝗災既然是天災，除之不盡，人力無法克服，那就不應該捕殺蝗蟲、觸犯神靈。

第二章　盛世伊始──走向開元繁華

在議論面前，連皇帝李隆基也猶豫了。

但在朝廷當中，要說務實敢為，姚崇稱第二，那就沒人敢稱第一。防災滅蝗是一項技術工作，而姚崇就恰巧略懂一點。他在各地州府任官多年，治蝗方面已經總結出了經驗。因為蝗蟲有趨光的特性，只要晚上點起一片火，就能吸引周圍的蝗蟲，人們便可以在蝗蟲飛向火光時，在火堆邊挖抗，然後用土填埋。這個方法他讓人使用過，屢試不爽。所以他堅決提出要有效控制災情，唯有滅蝗這條路。「要是殺蝗蟲會有禍端，便全都降在我姚崇身上好了！」

被捕獲的蝗蟲無法在地底下產卵，來年也就不會再有新的一波蝗災。在姚崇的指揮安排之下，這場蝗災終於過去了，關東也沒有發生更為嚴重的饑荒。

中書門下都知道了姚崇強大的理政能力。只要有姚崇在，唐廷決策中樞日益複雜的政務工作就會如同一臺精密的機器一樣運轉。姚崇一日不在，朝廷中樞便可能會出亂子。要是姚崇十日不在，那整個中書門下就會亂了套。

有一次姚崇因為兒子去世，請了十幾天的假，原先的政務都交給宰相盧懷慎代為處理，盧懷慎雖然是清官，但卻處理不了如此多的政務，案卷終於堆積如山，甚至驚動了皇帝。等到姚崇回來，只見他坐在案頭前，三下兩下便處理好了堆積如山的文件。

看著眼前被處理得清清爽爽的案卷，姚崇自感十分滿意，問身邊的紫薇舍人齊澣：「你來說一說，我擔任宰相，可以同哪些人相比？」齊澣沉吟著沒有回答，姚崇卻早已把想好的答案說了出來，「同管仲、晏嬰相比如何？」

這麼問，確實有些膨脹了，姚崇卻並不覺得託大，他不敢和李斯、諸葛亮等開創了一代功業的賢相相比，甚至也沒有和房玄齡、杜如晦這些開

國宰相們相比，僅僅只是自比了管仲、晏嬰，他們中興了齊國，姚崇中興的卻是整個大唐，這麼比，姚崇覺得理所當然，甚至還有些謙虛了。

但齊澣是個耿直的漢子，直接回答道：「管仲、晏嬰所制定的政令，雖然不能長期適用、傳至後世，但起碼他們在世之時，國家始終奉行著他們的政令制度。但姚公制定的制度，卻一直在變化，看起來尚不如他們吧！」

這話有些刺耳，但姚崇不以為意：「既然這樣，那我算是什麼程度的宰相？」

齊澣看著姚崇，意味深長地回答道：「姚公可以說是一位，救時宰相。」

姚崇聽了，爽朗地大笑起來，放下手中的筆說道：「甚好，做一個救時宰相，不也很難得嗎？」

他心裡也清楚自己的能力，作為一個職業官僚，姚崇這些年整頓了吏治，又抗擊了災情疫情，還解決了寺廟僧侶過多的問題，為百姓減輕了身上的稅負勞役，讓大唐的行政中樞重新高效地運轉了起來，這些都是他完成的善莫大焉之事，也正好是皇帝李隆基重掌大權、整頓朝綱之際所需要的。但是，大唐的開元朝應當是怎樣的氣象、帝國如何建立起新的輝煌，這些問題，姚崇沒有回答，也沒有能力回答。

歸根到底，他只是一個能救一時之急的宰相而已。

03　武周之路，還是貞觀之道？

姚崇當政，救了大唐的一時之急，但並沒有達到李隆基的期望，這些年姚崇的執政，只是處理了多年來積弊的表面問題，根本的制度問題並沒有得到解決。歸根到底，姚崇擅長的是「權變」，卻並不擅長「守恆」，他

第二章 盛世伊始——走向開元繁華

的施政方針會隨著情況的變化而隨時調整,導致了執政三年多時間,卻仍然沒能明確開元朝的基本政策路線。

武周以來,宰相越來越多,政事堂人滿為患,這些宰相相互掣肘,導致朝廷中樞運轉低效。李隆基吸取了這個教訓,不僅減少了宰相的數量,還在姚崇任相之後,遵從他的意思,將與姚崇有矛盾的先天政變功臣張說、劉幽求等人全都調出中書,把可能與姚崇相關或者拖累的因素全都解決了,就是為了讓姚崇執政時能放心大膽地做。但姚崇交出的答卷卻只是堪堪差強人意,功勞雖然不少,卻沒有達到李隆基的期望。當初在渭川會獵時,姚崇進言十條政要,本身都是十分務實又具體的政策。可就連這些政策,姚崇都沒有自始至終地奉行。

如今的大唐在姚崇的執政下,總算是從下坡路上被拽了回來,但軍制、財政等爛攤子仍然沒有收拾,更重要的是,開元一朝的基本治國方針仍舊沒有定下來。

所謂路線,如今來看不外乎兩條。

第一條,是開創了唐初幾十年輝煌的「貞觀故事」。太宗李世民當年以德治天下,虛心納諫,廣開言路,留下了一代佳話。時移世易,貞觀之治已經是一百年前的事情,但那一朝的君臣相諧、開誠布公,幾乎是所有士人們所神往的理想時代,人們傳頌著貞觀時的一些君臣軼事,後來就被修文館學士吳兢編寫成了《貞觀政要》。但是,貞觀之治太難得了,這樣相互信任、相互真誠的君臣關係,千百年來也就出過這麼寥寥一兩次。不是人人都像太宗皇帝那樣英明神武,只是談上幾句話,就能讓李靖、尉遲敬德、魏徵這些轉投來的「貳臣」五體投地。

貞觀故事,本質上是虛君實相、群臣諫議,皇帝不參與具體政務,權力委任給有能力的大臣,一切政事開誠布公。這一套機制,自太宗駕崩後就實施不下去了,高宗李治雖有能力,卻駕馭不了宰相長孫無忌等人,只

03 武周之路，還是貞觀之道？

能不停打壓宰相們，並和武則天搞出了內廷，大事小事都留在小圈子裡商議，以此牽制外朝的大臣。

而這正是第二條道路，也就是如今仍在遵行延續的「則天故事」。武則天治理天下時，君臣之間的利益衝突日漸增大，為了對付宰相、大臣們背地裡的那些小心思、小算盤，武則天用酷吏震懾，用特務監視，靠著恐懼、威嚇統攝朝綱。朝中大事，由皇帝和少數近臣在小房間裡商議確定，有時候連宰相都未必知情，這也是武則天摸索出的一套御下的權術——要讓外界覺得皇帝神祕莫測，這樣才能累積起臣下的敬畏之心。

但天下大事，怎麼可以全部在密室裡商量出來？這樣做確實能讓大臣更加敬畏皇帝，但武周以來日益荒廢糜爛的政局，也蓋因於此。

恢復貞觀之道，是李隆基年少時就立下的志向，可再造一個貞觀之治，要靠君臣合力才能解決。李隆基將大權委任給了首相姚崇，但姚崇此人，卻是從武周時代成長起來的大臣，經歷的全是「則天故事」的洗禮，培養出了權變詭譎的個人風格。這樣的風格，自然無法配合李隆基走上他所期待的貞觀之道。

開元四年（西元716年），李隆基考察本年度新選拔的縣令，召集所有新任縣令到宣政殿上，答題考試，讓他們每人以治理百姓為題試做策論，結果大量官員答題不合格。這讓李隆基大為不滿，下令將吏部侍郎盧從願貶官出京，但最應為這件事承擔責任的，是首相姚崇。李隆基把選官之權委派給姚崇主導的政府，出了這樣的問題，姚崇自然難辭其咎。

這也讓李隆基下了更換宰相的決心。

幾個月後，姚崇的兩個兒子，光祿少卿姚彝和宗正少卿姚異因為收受禮物的問題被牽連入獄。恰逢特赦，李隆基赦免了同案的其他幾個人，卻沒有赦免姚崇的兩個兒子。姚崇是明白人，自然懂了李隆基這麼做的意思，立刻提出辭去宰相職務，並推薦廣州都督宋璟代替自己做宰相。

第二章 盛世伊始—走向開元繁華

　　姚崇擔任首相三年多，對於天下百姓是有功勞的，他的功績放在大唐一百多年的歷史上，恐怕只有房杜、魏徵、王珪這種程度的宰相才能比一比，李隆基清楚、也自然會給予優待。他批准了姚崇的辭官請求，並封姚崇為開府儀同三司，也就是榮譽宰相頭銜，讓他作為朝廷大事的資政顧問，仍舊五天一次地參加朝會。同時李隆基也聽從了姚崇的建議，命宋璟回京接替姚崇的職務。

　　自武周以來，姚崇從相位上去了又回，三起三落。六十九歲的姚崇此時還不知道，這是他最後一次擔任宰相，自此以後，他將不可復返地告別歷史的舞臺。

　　宋璟比姚崇小了十歲，相比於姚崇的權變詭譎，宋璟的性格更加方正嚴謹，原則性更強，雖然也是武周朝拔擢升遷的官員，但是他為人處世的這種端方正派，卻儼然有一股貞觀之風。姚崇的推薦可以說是慧眼識人，一眼看出了皇帝的想法，將對的人才在對的時機推薦給了對的人。如果說姚崇是開元朝的房玄齡，那麼宋璟就是開元朝的魏徵，能用他守法持正的為政風格，讓大唐重新回到貞觀之道上來。

　　且宋璟與姚崇一樣，皆由下層歷練而起，務實持重，較諸徒工辭翰之士，更能解決實際政務。景雲年間宋璟曾經在幽州鎮守，屢次擊退來犯的契丹人，對於朝廷此時在軍制、財政方面的積弊一清二楚，正好可以回來幫助皇帝，推進朝廷這方面的改革。

　　對皇帝李隆基來說，宋璟這個人的性格過於嚴謹，只要是他所堅持的事情，就算是李隆基也改變不了。所以李隆基對宋璟是既尊敬又忌憚，不過他也知道宋璟是最合適的宰相人選，所以繼續保持著對首相大臣應有的尊重，對宋璟言聽計從，儘管他心裡並不是太喜歡這個宰相人選。

　　宋璟擔任宰相之後，立刻請奏皇帝李隆基，恢復了高宗時逐步廢弛的諫議制度，從此以後，除了那些確實涉及朝廷機密的事情之外，其餘大小

事都不能從內殿的祕密小會議通過,而是必須要讓諫官、史官共同參加,經過充分的廷議討論之後方能決定。

諫官參加廷議,是為了讓他們提出不同意見。真理越辯越明,只有讓各方面的意見充分地碰撞,才能最終做出最為合理、可行的決策。

而史官參加廷議,同樣是早已有之的一項慣例,這是為了讓這些討論能記錄在檔案中,便於後人評說。只有皇帝和宰相們知道他們的意見、決定會成為後世品評議論的依據,他們在做決策時才會更為謹慎,以免稍不留神就被後人唾罵。

後世西方崇尚的民主與共和,其中的精髓在於防止權力因為不受控制而肆意妄為,因此要讓權力得到監督和制約。貞觀、開元朝的諫議制度,讓史官監督、諫官制衡,其實一定程度上防止了行政大權的肆意妄為。但是權力連接著人的欲望,制約權力何其困難?

更何況,皇帝接受宋璟的這項改革,其實也是為了方便自己控制宰相們,好讓皇帝超脫在宰相和諫官的相互制約之上,進一步鞏固至高無上的君權。

宋璟擔任首相的幾年時間裡,並沒有什麼出彩的政績。但這並不是因為宋璟的執政能力不行,而是因為在治理這個龐大的帝國中可能遇到的風險,早在它們還只是一些小問題時,就已經被宋璟注意到,並且化解了。既然那些風險因素在沒有發展成大問題時,就已經被解決了,那就自然沒有什麼可以大書特書的事情了。

善戰者無赫赫之功,就是這個道理。

宋璟在各地擔任地方官時也是如此。宋璟在時,百姓們沒有察覺他的特別,直到宋璟離任之後,百姓們才意識到宋璟為官的好處。就像春天一樣,人們聽不見它來到的腳步,但一眨眼就春暖花開。宋璟「有腳陽春」的美稱便因此得來。而皇帝給予厚望的改革工作,宋璟也在潤物細無聲地實施著。

第二章　盛世伊始──走向開元繁華

　　朝廷當下最為緊迫的改革，就是府兵問題。府兵制的崩壞，從高宗末年開始就現出端倪，武周年間則更為嚴重。到了開元年間，不僅是關東、江南，甚至關隴開國功勳派系的底盤關中地區，府兵也已經基本不能使用，驪山大閱兵則更加暴露出了府兵們不能行軍打仗的問題。此時的大唐，只能依靠常年駐守在邊塞的邊兵，以及從當地的番人、胡人部落招募的「城傍」部隊。等到這一代邊兵老去、兵源青黃不接的時候，邊兵也有可能面臨兵源枯竭的問題。

　　治理府兵崩壞，一般的解決方法是招募職業軍人（也就是募兵）來補充軍隊，這也是最為簡單明瞭的一種方式。但宋璟卻不這麼看。募兵雖然可以得到更加充分的訓練，但也要耗費更多的錢糧。雖然如今大唐有錢，可長此以往，募兵帶來的財政壓力勢必會影響大唐未來的發展。

　　所以，要論王朝的長期永續發展，就應該繼續維繫府兵制度，將它好好改良，適應如今大唐在邊疆四處的戰事。好在皇帝當初答應了姚崇，三十年內不開打邊境戰事，於是大唐就有了更多的時間。

　　府兵制度執行到現在出現了不少問題，最主要的原因在於府兵們壓力太大，又要援助邊境，又要幫本地名門望族做各式各樣的雜活，令人難以忍受。宋璟於是下令減少府兵們的負擔，此後每六年集會閱兵一次。久而久之，希望能幫助府兵們拾回戰爭的榮譽感，重新成為一代強軍。

　　另一個緊迫的問題，是金融問題，更直白地說，是市面上的「惡錢」問題。

　　惡錢，是對市場上流行的私鑄劣幣的統稱。中國古代以銅錢為貨幣之後，由於人心貪婪，私鑄銅錢的情況屢禁不絕，大量摻雜了鉛、錫的劣幣在市場上流行。而底層普通百姓是銅錢這種小額貨幣的主要使用者，出售貨物的時候惡錢當好錢用，購買貨物的時候惡錢卻貶值，好錢兌換惡錢的比例有時高達一比五，如此一出一入，對底層普通百姓的生活影響尤其嚴重。

「劣幣驅逐良幣」也是經濟學中的一種規律。惡錢價值越是低廉,人們就越不願意使用原本的良幣,反而會更願意使用粗製濫造的惡錢。

橫行的惡錢歷來被朝廷禁止,但鑄造錢幣不是一般人想得那麼簡單。誰在鑄錢?不是躲在深山老林裡的平頭百姓,而是頭頂著各種封爵的達官貴人們。阻止惡錢,那就是斷他們財路,他們勢必會想盡辦法阻撓。朝廷從高宗以來就多次禁止,可還是無法阻止惡錢的流通。要是繼續放任惡錢流行,不僅會傷害百姓們的利益,還會影響整個帝國以租稅、勞役、物調為基礎的財政稅收體系。

宋璟不僅懂軍事,還懂一點金融,知道強制打擊惡錢無濟於事。開元初年禁止惡錢,採取的是遇到惡錢一律沒收歸公的方式,普通百姓和小商家的利益受到政策影響,索性選擇不做生意了,因此物價動搖,商業交易被迫停止。而宋璟從國庫中拿出五萬貫銅錢,平價收購市面上的物資,平抑物價、增加銅錢流通量。一年後,宋璟還準備了十萬石糧食,用來換取百姓手中的惡錢,收回的惡錢直接銷毀。就這樣,長安等地的貨幣市場在朝廷的政策調整之下,終於穩定了下來。

但是帝國太過龐大了。宋璟主導的調控政策並不能完全杜絕惡錢在全國的影響。錢幣依靠的是銅礦的產出,本身流通並不是很方便,民間的交易往往是用米、絹帛來代替貨幣。特別是諸如巴蜀、嶺南之類的銅礦稀缺地區,銅錢原本就少,良幣往往就更少,市面上的錢不可避免地被惡錢充斥。

府兵的改革同樣出現了一些小狀況。唐廷下令減少府兵的操演之後,不少地方的折衝府因為少了演習環節,難以對所屬的府兵進行管理,兵源反倒進一步變少了,乃至於充當京城宿衛的南衙府兵也出現了徵不到兵的問題。

這些都是改革推行中常常會發生的情況,既然朝廷計劃很長一段時間

之內不大動干戈，帝國的防禦就還不會出現捉襟見肘的情況。如果再假以宋璟時日，無論是軍事改革還是金融改革，大機率都能夠循序漸進地得到解決。

只可惜，皇帝李隆基等不了那麼久了。

04 宋璟的倒臺

開元四年（西元 716 年），一條爆炸性的消息從北方傳來：突厥汗國的默啜可汗被殺了！

默啜可汗狡猾得如同草原上的狼王，從武周時代到睿宗時代（太上皇李旦於開元三年駕崩，廟號睿宗），屢屢率領突厥人大舉犯邊，又適時地收手賺取唐廷的賞賜，他總是能用最巧妙的方法從帝國賺取好處，氣憤的武則天毫無辦法，只能單方面把默啜改名為「斬啜」，來平息自己的無能狂怒。二十年來，默啜對於唐廷一直是大魔王一般的角色，唐廷只能靠議和穩定北方，小心地處理著與突厥之間的關係。

開元朝的默啜可汗已經衰老了。草原上沒有恩義，始終奉行弱肉強食的法則，誰強大了就臣服於誰，誰衰落了就一起擁上去踩幾腳，當年頡利可汗時的東突厥與夷男可汗時的薛延陀都是這樣的下場。當草原各部落感覺到了默啜可汗的衰老時，便開始蠢蠢欲動起來，縱然默啜仍然用以往的強人手段鎮壓，卻已是力不從心。帝國下屬的葛邏祿、突騎施等部，紛紛開始向唐廷丟擲橄欖枝，準備投向大唐的懷抱。

而默啜也察覺到了汗國各處的不穩，於是拖著自己老邁的身軀，率領大軍巡視草原各部。這一趟巡視，他從陰山腳下的可汗王庭出發，先是到阿爾泰山附近鎮壓了準備投靠唐廷的葛邏祿等部，然後跨越萬里，從大西北到大東北，橫跨整個蒙古高原，前往呼倫貝爾大草原附近的拔野古部落。

草原的邏輯簡單粗暴，所謂「巡視」，就是靠武力對各個部落重新壓服一遍。當默啜率領大軍來到拔野古部時，立刻大打了一仗，大破拔野古軍。

大勝之後，默啜指揮麾下各部軍隊四處搜索潰兵，搶掠拔野古部（活動範圍在今呼倫貝爾草原一帶）的牛羊財物，自己則率領親隨踏上歸途，返回漠南的可汗王庭。默啜千算萬算，卻沒有算到自己在路上遇到了拔野古部的潰兵，猝不及防地被突然出現的潰兵收了人頭。當時大武軍（今山西馬邑）小將郝靈荃正好奉命出使突厥軍中，於是拔野古人便將默啜的首級獻給了郝靈荃。郝靈荃帶領他們一起返回唐廷覆命。

突厥汗國在默啜在世時就已經行將崩潰，這樣的崩潰因為這一場意外的刺殺提前到來了，不過就連大唐的君臣們也沒有想到，默啜會以如此意外而且窩囊的方式死亡。

突厥汗國的崩潰，立刻讓中央帝國的北方出現了權力真空，奚、契丹、拔野古等東北部族首先請求內附，向唐廷尋求庇護。

契丹、奚人在太宗、高宗兩代曾經為大唐的對外擴張出力很多，此時重新歸附唐廷，也是一個不錯的外交機遇。但東北各部落的內附，只不過是他們想要藉助大唐的力量、在北方局勢不穩的時候尋得一個保護傘，同時尋找機會擴充自己實力的伎倆而已。如果北方的局勢重新安定下來，他們大有可能也會和之前一樣，繼續找機會南下「打草谷」。

所以奉行休養生息政策的姚崇等主政宰相，對北方局勢採取了冷處理，並沒有趁機擴張。

這位草原梟雄的死，看似是一個「黑天鵝事件」，實際上意外之中也有必然。

斬殺默啜的行動，基本可以認定是唐廷的情報人員與拔野古潰兵合作的結果，如果沒有「恰好」出使突厥的郝靈荃的安排，默啜一行根本不可

第二章　盛世伊始─走向開元繁華

能會如此巧合地遇到「恰好」等在路邊小樹林裡的拔野古潰兵。

成功策劃了刺殺行動的郝靈荃，自以為立下了不世之功，卻不知道，這場行動已經觸動了唐廷中樞的敏感神經。自姚崇以來，唐廷已經定下了休養生息，不主動發動外戰的國策。這一政策對天下的生民百姓是大大地有利，卻不受邊軍們的歡迎。對邊軍來說，不發動外戰，就是斷了他們打仗立功、升官發財的機會。姚崇任相以來，大唐已經基本度過了困難期，不少的邊軍將領們已經開始躍躍欲試，想要征戰沙場了。

而這個時候，擔任大武軍小將的郝靈荃策劃了這出行動，正好給了大唐一個趁機開始對外擴張的好機會。這不能不讓朝廷中樞的宰相們懷疑，以郝靈荃為代表的邊軍將領是故意如此，為了裹挾整個朝廷進入開往北方的戰車。

所謂「下克上」就是如此，下層的軍隊趁機會挑起戰端，讓整個國家進入戰爭。

所以朝廷對於郝靈荃的功勞出人意料地冷淡。這些年來，朝廷曾有過公開許諾，誰能誅滅默啜，朝廷必有重賞。拿到敵酋的首級，獎賞一個諸衛將軍的官職不為過吧？但是對於邊軍的這種擅自行動，要是真的重賞了，那就等於助長了這種「下克上」的風氣，鼓勵更多的邊疆軍鎮貪功冒進。於是宋璟就任首相之後，為了防止好事之人仿效郝靈荃這樣的行動，將郝靈荃的表彰狠狠地拖了一段時間，直到一年多之後，才勉強封賞給郝靈荃一個郎將的職位。

畢竟宋璟知道，皇帝李隆基雖然答應了休養生息的國策，但骨子裡和他的祖宗們一樣，都是好大喜功，想要建功立業的君王。如今的改革剛進行到一半，大唐需要更長時間穩定的環境，來完成貞觀之治那樣的偉業。

如果沒有宋璟的冷處理，皇帝肯定會在武將和邊軍的鼓動之下展開對突厥的戰事，休養不到數年的大唐就會重開戰火。所幸這場原本一觸即發

04　宋璟的倒臺

的大規模北伐，在宋璟的主導下消弭於無形。

這對於百姓來說是一場幸事，但對郝靈荃就不是了。如果戰事重開，郝靈荃就有機會平步青雲，可是如今卻只封了個郎將。他在突厥各部安排下的耳目，原本可以像當年太宗北伐突厥那樣發揮策應作用，立下蓋世功勳，此刻也失去了發揮作用的機會。數年之功，廢於一旦，受到沉重打擊的郝靈荃只有慟哭，不久之後便鬱鬱而終。

而唐廷君臣們也眼睜睜地看著突厥汗國經過了默啜被殺的混亂之後，在突厥小殺（後稱「毗伽可汗」）和闕特勤的治理下，又重新穩定了下來。

郝靈荃逝世的消息從塞上傳到了長安，聞者不免扼腕。皇帝知道這個消息後，並沒有說什麼，但心裡卻留下了一道過不去的坎。這一道檻，最終也成了宋璟罷相的伏筆。

宋璟擔任宰相的四年，嚴謹而又堅決地推行著改革，得罪了朝廷中的大部分人。他雖然和姚崇一樣，熟稔政務，長於治事，骨子裡卻終究是個理想主義者，既然認準了要恢復貞觀之道，他就要一絲不苟地再造一個初唐氣象。

改革就會得罪人。他重新整頓府兵制度，便讓原來驅使府兵做私工的本地豪強怨聲載道；他禁除惡錢，整頓金融，便與那些偷著依靠惡錢牟利的權貴們結了梁子；他整頓吏治，罷免一批不稱職的官員，便得罪了這些被罷官人員的整個交友圈；他要消除地方政府和朝廷官員之間的勾結腐敗，禁止地方州府一年一度的朝集使向相關部門行賄，便同時得罪了中央和地方兩邊的官吏們。

開元八年（西元720年），正逢春旱，人們都說這是旱魃在作怪。宮裡於是請來了巫師跳旱魃戲，想要袚除作怪的旱魃。巫師跳起了大神，當著皇帝李隆基的面，在鼓點聲中手舞足蹈，彷彿是旱魃顯靈。宮人們問他：「旱魃，旱魃，誰讓你將災禍降下人間？」

第二章　盛世伊始—走向開元繁華

「顯靈」了的旱魃答道：「相公造下不少冤獄，所以我旱魃不得不來人間降災。」

這一切自然是有人排練出的好戲，李隆基也看得明明白白，但卻沒有提出異議，默認了大神的這一套說法。李隆基是何等英武之人，自然曉得這所謂「顯靈」的旱魃所說的話多半是無稽之談，但宋璟得罪的人太多卻是事實。改革沒有不得罪人的，尤其是宋璟主導的這場改革更為艱難。宋璟才五十七歲，還是年富力強的年紀，他需要的是李隆基的支持，只要李隆基繼續支持宋璟改革，那假以時日，這場改革未必不能成功。

只是李隆基已經不願意再給宋璟更多時間了。

李隆基等不及了，他當上皇帝已經快十年了，雖然他此時仍然年輕，但李唐歷代皇室遺傳了先天的疾病，壽命大多不超過五十五歲。李隆基已經年近四十歲，人生中又有幾個十年？宋璟的改革也許成效明顯，但若是真像當初所說，三數十年不開戰事，李隆基能不能活那麼久都是個問題。李隆基等不及了，此時的大唐強敵環伺，北有突厥，西有吐蕃，他要用成效更快的方法完成富國強兵，然後發動大唐的戰爭機器，平定四方！

他已經錯過了默啜被殺時北伐突厥的大好機會，難道還要繼續錯過一個又一個征伐四方的機遇嗎？

不久前，吐蕃又派遣使者入朝，請求唐玄宗親筆簽署兩國和解的誓文，玄宗沒有同意，說：「兩國和解的盟誓去年就已簽訂了，倘若守信並非出自內心，多次立誓又能有什麼用處呢！」這其實是個明顯的訊號，預示著李隆基在軍國大事上的思路，已經從韜光養晦開始轉向更為強硬的立場。

如果是姚崇，也許會立刻敏感地察覺到上意，然後主動辭職，體面地離開相位。但宋璟卻有自己的堅持，他堅持推進著改革，哪怕朝野已經察覺出了皇帝對宰相的不滿，不少人開始拒絕配合，滿是怨言。他用最後的一點時間完善現在的府兵制度，針對府兵勞役過長、六十歲才解除兵役的

情況，制定了縮短服役年限的政策。

這是宋璟為重振府兵的另一準備，只可惜，他沒有時間再繼續下去了。

開元八年（西元720年）的二月，李隆基最終下令，鑑於宋璟和另一位宰相蘇頲主導的金融貨幣政策導致民間怨聲載道，特將二人一併罷免，宋璟改任開府儀同三司。蘇頲則罷為禮部尚書，後改任益州大都督府長史，調往巴蜀之地。

雖然和姚崇一樣擔任開府儀同三司，但宋璟是罷官改授的官職，離任得非常狼狽。

接替宋璟職位的，是中書侍郎張嘉貞和黃門侍郎源乾曜，二人分別擔任中書令和侍中，主掌中書門下。這兩位的特點就是善於為官，懂得怎樣執政才能盡量不得罪人。一年後，并州長史、天兵節度大使張說也重新回京，擔任兵部尚書、同中書門下三品。張說與張嘉貞一樣，走的是出將入相的道路，從鎮守北疆的天兵軍節度使出發，入朝擔任宰相。當初張說因為姚崇而外放到邊軍之中，多年來一直負責河東軍鎮的軍政大權，在建功立業方面雄心勃勃，是朝廷鷹派中的鷹派。

皇帝有併吞四夷之志，已經是朝野皆知、再明白不過的事情了。

劍南道上，被罷相的蘇頲一行望著成都而去。

蘇頲與宋璟是一同被罷相的，他被降職為禮部尚書，隨後又改任益州大都督府長史，從長安前往成都任職。從長安到四川要經過艱險的蜀道，蘇頲遭逢貶官，壯志未酬，心中自然鬱鬱不樂。他沿途所寫的詩作裡，也透著一股蕭瑟的味道：

憧憧往復還，心注思逾切。

冉冉年將病，力困衰急竭。

這時，一個身著布衣的年輕人在路邊攔住了蘇頲的車馬，年輕人手捧

第二章　盛世伊始──走向開元繁華

書稿，向車中的蘇頲恭敬地行禮。蘇頲在車中問道：「後生何人，在此干謁？」這個時代，「干謁」這種方式已經蔚然成風，還沒有成名的年輕人往往會尋找機會拜見有名的前輩，請求他們品評舉薦，因此蘇頲也不以為意。

「晚生李白，乃綿州一介布衣，投刺於長史駕前。」年輕人行禮之後，抬起眼來，目光清澈而又深邃。

一代詩仙李白，就這樣遇到了他人生中第一位貴人。

05　宰相們打了起來

孟浩然拜見張說，是在開元五年（西元 717 年）秋天的岳州。

在洞庭湖畔的岳陽樓前，孟浩然見到了這位他仰慕已久的大人物。此時的張說是孟浩然等年輕一輩的偶像，他既是匡復社稷的功臣，又是名滿天下的文學大家。因為與宰相姚崇不和，先被貶為河北道按察使，不久又再次被貶為岳州刺史，此時正陷入人生的谷底。

張說豐神俊朗，優雅而從容，客氣地接受了孟浩然的謁見。在張說面前，孟浩然誠惶誠恐地獻上了自己的干謁詩。

八月湖水平，涵虛混太清。
氣蒸雲夢澤，波撼岳陽城。
欲濟無舟楫，端居恥聖明。
坐觀垂釣者，空有羨魚情。

孟浩然的這首詩，著實打動了張說。在整個岳州城中，也許孟浩然是最懂張說心情的人。這首干謁詩，看起來是訴說著孟浩然自己一腔抱負想要施展的心情，可再仔細體會，卻又像是在與張說共情，為張說鳴著不

05　宰相們打了起來

平。好像在說張說有經綸濟世之才，卻沒有舟楫可以兼濟天下，只能謫居在岳州，垂釣於湖邊。

如果如今的天子是聖明之君，那也要為大賢張說的下野而感到羞恥啊。

而孟浩然，彷彿是坐觀這垂釣之人的旁觀者，空有羨魚之情。臨淵羨魚，不如退而結網，孟浩然這是在悄然提醒張說，退居岳州，也要記得結下自己的那張「網」。

看了孟浩然獻上的這首〈望洞庭湖贈張丞相〉，張說撫鬚微笑，既是為這首詩高超的文才而稱許，也為在偏遠的岳州也能收穫知音而欣喜。岳州不是張說的久居之地，他的才華與抱負，應當施展在狼煙四起的沙場、在刀光劍影的朝堂。

兩年之後，張說就任天兵軍節度使，鎮守北疆。又過了兩年，他再次被召回朝廷中樞，就任宰相。

但孟浩然沒有想到的是，他滿心希望自己能在張說重回朝堂之後，得到仕途上的機會，卻不知道，他這首〈望洞庭湖贈張丞相〉流傳得越廣，張說就越不可能將孟浩然留在身邊。要是張說舉薦或者啟用孟浩然，不就明擺著告訴世人，他同意孟浩然詩中的這句「端居恥聖明」了嗎？皇帝會怎麼想？

多年以後，孟浩然反覆央求，終於勉強求得張說的一個舉薦，謁見了皇帝李隆基。皇帝讓孟浩然誦讀自己的著作，孟浩然背誦起了〈歲暮歸終南山〉。當皇帝聽到「不才明主棄，多病故人疏」這一句時，怫然不悅，說道：「卿不直接來求朕，難道還要說是朕棄用了孟卿嗎？那孟卿何不再作一首『氣蒸雲夢澤，波動岳陽城』？」

原來皇帝早就聽說過孟浩然的那首詩了。也許，當初皇帝讀到那句

第二章　盛世伊始—走向開元繁華

「欲濟無舟楫，端居恥聖明」時，心裡早已經將孟浩然的仕途判了死刑。

開元九年（西元721年），張說入朝為相，此時的朝政和姚崇宋璟兩位賢相主政時相比，政策上已經轉了一個大彎。

皇帝雄才大略，像極了當年的太宗皇帝，但在施政風格上卻有著明顯的區別。他比太宗李世民更加現實，更近乎一個目標主義者，講求的是用最節約的資源，最短的時間週期，達成目標效益的最大化。

李隆基有併吞四夷之志，那就需要盡快地富國強兵，而強兵的前提同樣是要做好經濟，讓國庫盡快充盈起來。原來的宋璟、蘇頲這一屆宰相，是從貨幣政策方面做起，打擊那些製造惡錢的豪強貴族，從而穩定物價，啟用經濟。可這個方法收效太慢了，不能讓唐廷快速地擴充財政收入，皇帝需要更直接、更迅速地解決財政問題。朝廷以農立國，是因為帝國的稅收主要來自農戶。以農戶為主體的租庸調維持著整個帝國的運行，朝廷因此建立了嚴格的戶籍管理制度，治理天下的編戶齊民。

可是最近幾十年來，行政綱紀廢弛，又有各地的地主豪強兼併，導致農戶私逃，流失嚴重，近幾十年來新開墾的農田也不能如實進入官府的田冊。農戶們有的去別的地方偷偷開墾一塊地，自己謀生計，有的去地主家做佃戶，總之脫離了原來的戶籍，官府管不著。如此一來，朝廷可以徵收稅賦的戶口就少了，租稅收不上來，勞役徵發不足，帝國就缺乏足夠的動員能力，大唐就會因此而衰落。

因此最直接的辦法就是清理逃戶，重新將應該承擔租庸調的農戶、農田統計進來。此時，一位財稅天才出現在了皇帝的視野裡，他就是監察御史宇文融。宇文融曾上書李隆基，建議檢括逃戶，增加租賦收入。這個提議正中李隆基的下懷，便立刻讓他做出一套方案。宇文融信手拈來，十二天之後便完成了整整一套括戶計畫和方針，頒行於天下，並首先在京師附近施行。不逾數月，宇文融推行的括戶之策在關中大行，成效昭然。

05　宰相們打了起來

而召回張說擔任兵部尚書兼宰相，皇帝也有著非常明確的目的，那就是由張說來負責強兵之策。

李隆基清楚，一年前被罷相的宋璟也清楚，府兵制已經爛了。只是宋璟的想法更具理想主義，他看到了府兵制的好處，認為應該把這個制度剔除爛瘡，讓它重新煥發生機。而要重新恢復府兵制的活力，就要保持一個強大而又健康的富農階級，讓他們源源不斷地輸送優質的府兵。所以宋璟革除弊政，打擊豪強，希望能花一代人時間，培養出新一代的府兵。只可惜，打擊豪強得罪人太多，宋璟得不到皇帝的支持，最終黯然離場。

而李隆基的想法更為現實，府兵制的爛瘡既然惡化了，動手術太難，那就從新的地方尋找優質的士兵。府兵枯竭，那就另外招募一批，只不過原來的府兵自己準備基本裝備，而募兵則由朝廷提供裝備、並發薪資。這些都沒什麼，反正朝廷如今有錢，募兵的開支，大唐付得起。

開元十年（西元722年），張說兼任朔方道節度大使，奉命代表朝廷巡視邊防，在順便剿滅了一波反叛的胡人後，又肩負起改革邊軍的重任。他自己就做過幾年邊將，對邊軍中的那些花花腸子知曉得一清二楚。吃空餉是這些邊軍將領們的普遍現象，幾乎已成為不成文的潛規則。此時各個邊境軍鎮的邊兵們加起來據說有六十萬，但實際上能有三分之二就已經不錯了。那些差額大多都是邊將們預留出來冒領軍餉用的。剩下真有其人的那些府兵們，很多也被將領們差遣著做他們的私活。

於是在朔方鎮，張說二話不說，上奏皇帝，裁撤邊軍二十萬！

一下子裁軍二十萬，連留守長安的宰相們都深感震驚。張嘉貞等幾個宰相們想著，真要裁這麼多人，且不說邊防的壓力是不是會增大，光是這二十萬人如何安置都是一個問題。二十萬邊兵復員轉業，朝廷沒有這麼大能力來安排呀。要是處理不好，二十萬復員軍人很可能立馬變成二十萬叛軍！

第二章　盛世伊始──走向開元繁華

可是張說卻堅持這麼做，他上書皇帝，說願意以全家百餘口人的性命來做擔保，保證裁軍之後不會召來賊寇。

只有邊將才制得住邊將。張說清楚邊將們的那些小伎倆，他製作好的裁軍名冊，針對的就是邊將們留下的那些用來吃空餉的名額。當然，張說也不能直接斷了邊將們的致富之路，還是留了一部分讓他們自己過日子。其餘的裁軍名額，在張說的安排之下，亦設法調停折衷，以最小的動靜，裁撤了最多的邊軍。

裁好了軍，張說便返回京師長安，修改條令，釋出通告，重金招募能夠長期在軍中當值的宿衛。由於待遇優厚，短短不到十天便招募到了精兵十三萬，充為京城南衙諸衛的兵源，號為「長從宿衛」。為了和飛騎、萬騎等北衙兵一樣叫著方便，不久之後這些長從宿衛就有了新的名字——彍騎。

而募兵的費用，就是從裁軍後節省下的軍費裡支出的。

張說這一吐一納，操作行雲流水。長安城一直以來面臨的禁軍兵力枯竭的問題，就在張說主導的軍事改革之下，暫時被戰術性地解決了。

張說帶著榮耀的光環回到長安，等待他的是更高的榮華與富貴。然而時隔數年再次成為炙手可熱之相，坐在政事堂裡開會的張說卻怎麼也高興不起來。

政事堂是宰相們議事的地方，只要職事官銜裡帶著「同平政事」，有參加政事堂開會的資格，那就是當朝的宰相。姚崇、宋璟雖然高居「開府儀同三司」，但按照規定不用參加政事堂的會議，也就同樣不能算作宰相。不過所有宰相中，正牌宰相還得屬尚書省、中書省、門下省的長官，由於尚書省的長官尚書令、左右僕射原來的權力太大，朝廷如今已經基本不再設立，所以當朝宰相居首位的，自然是中書門下的長官——中書令和侍中。所以，中書令張嘉貞、侍中源乾曜的地位，自然要高於兵部尚書、同

05　宰相們打了起來

中書門下三品的張說。

張嘉貞當年只不過是張說的一個手下，如今官位在張說之上，卻絲毫不知道對張說客氣一下，這讓張說十分不滿。

得罪誰都可以，最怕得罪文人。張嘉貞傷害了張說的驕傲，張說自然要和張嘉貞過不去。一來二去，朝政上不免針鋒相對起來。

廣州都督裴伷先因為犯罪而下獄，皇帝便與宰相們開會討論如何處置。張嘉貞建議，對裴伷先施以杖刑。張嘉貞熟悉人事規則，又是朝廷首相，他的意見一般就是最終意見，其他宰相大多不會多說什麼。但是這一回，張說站起來反對了：「自古以來，刑不上大夫，是因為士可殺不可辱。如果皇帝隨便就可以杖責身邊的朝臣，那近臣們就會沒有廉恥之心。」

張說的話是有道理的，如果士大夫可以被隨意體罰，毫無尊嚴可言，那就會墮落成一幫阿諛之輩。話說到這裡，意思已經很明確了，但張說沒有停下來，繼續向張嘉貞開火：「聽說臣當初外出北巡的時候，姜皎也被杖責，他作為有功之臣，可以殺、可以流放，奈何要像僕役一樣對待他？陛下又怎可再犯和上次一樣的錯呢？」姜皎是張說的死黨，當初在驪山講武時開口勸皇帝任姚崇為河東地方官的也是他，一年前他被張嘉貞等人排擠貶官，這也是張說與張嘉貞交惡的導火線。

皇帝聽了張說的話，連連點頭稱是，而一旁的張嘉貞，臉上陰晴不定，紅一陣白一陣。

退朝之後，張嘉貞有些不悅地對張說道：「剛才為何把事情說得如此嚴重？」

張說冷冷地回答：「宰相，運氣好了便能當上。可要是連大臣都會被體罰，恐怕我們日後也有這樣的危險。我這話是為了天下的士君子說的。」

這一句「宰相運氣好了便能當上」，分明是說給張嘉貞聽的，但張嘉貞卻無言以對。

第二章　盛世伊始—走向開元繁華

當初敗給了姚崇之後，張說吸取失敗的教訓，對張嘉貞小心翼翼地應對。張嘉貞本人為官廉潔，但是有一個死穴——他的弟弟張嘉佑。父親早亡，兄弟二人自小相依為命，張嘉貞最捨不得的就是這位弟弟。而張說找到了張嘉佑受賄貪汙的罪行，將張嘉佑依法查辦。

張嘉貞有了弟弟這個把柄在張說的手上，只得放下面子求張說網開一面，張說答應了這個請求，但有一個條件，就是張嘉貞自己難辭其咎，得去向皇帝請罪。

於是，張嘉貞穿著素服，前往皇帝殿前請罪。

而皇帝那邊，張說亦事先聯絡妥當，張嘉貞被下令撤掉宰相之位，貶官為幽州刺史。原來的首相中書令的職位則由張說繼任。直到這時，張嘉貞才意識到自己受到了張說的愚弄。

一年後，皇帝在中書省設宴，與宰相們把酒言歡時，想到了張嘉貞，於是也將張嘉貞請了過來。張嘉貞赴宴之後，一眼就看到了對面春風得意、喜氣洋洋的張說，一時間怒從心頭起，惡向膽邊生，藉著酒勁，指著張說的鼻子罵了起來。

潑婦罵街，姿態不雅；文人罵街，倒別有一番趣味。張嘉貞將張說從頭罵到尾，狗血淋頭卻不帶髒字，連話也不重樣。張說也不是能忍的人，當面回敬了幾句。張嘉貞管不得這麼多，掄起袖子就和張說打了起來。要不是源乾曜等人極力排解勸架，這二位就要破了相了。

場面已經完全失控，只有皇帝李隆基坐在主席之上，饒有興致地看著張說與張嘉貞的紛爭。對他來說，宰相們過於團結，或者過於不團結，都不是什麼好事，也許只有大致保持一團和氣，偶爾來個小插曲，才是最好的。

張說如今為帝所倚重，皇帝尚需仰賴其富國強兵，所以也就任由他偶爾任性一把了。只是張說雖然是個宰相，肚子裡卻不能撐船。除了他歷來

交好的那一幫死黨,張說和朝中許多人關係都處不好,包括財稅專家宇文融。張說主政後的朝廷,時常出現宰相之間的內鬥。

要說張說最討厭的,自然是當初把他打成落水狗的姚崇。張說對他這位老對手怨念極深,可惜張說剛剛當上宰相之後,姚崇便不幸病逝,絲毫不給張說留下乘勝追擊的機會。

姚崇臨死時,囑咐兒子道:「我死之後,張說出於禮節,一定會來弔唁。你們可將我收藏的珍寶器皿全部陳列出來,他最喜愛這類東西。如果他看都不看,那你們就會有危險了;如果他看了,你們就將他喜歡的送給他,並請他為我撰寫神道碑。你們得到碑文後,馬上謄寫,呈報皇帝後立即雕刻。張說一定會後悔,必會索回碑文,你們就告訴他已經呈報皇帝。」姚崇死後,張說果然跟他料想的一樣,為他寫了碑文,給他很高的評價,但隨即後悔,派人索回,說是需要修改。姚崇之子告訴來人,碑文已通過皇帝審閱。張說知道後,懊悔道:「死去的姚崇還能算計活著的張說,直到今天我才知道自己的才能不如他!」

和那位救時宰相姚崇相比,張說確實不如,不僅才能不如,連當宰相的格局也不如。張說主政的時代,朝廷漸漸偏離了姚崇宋璟為相時的道路,越來越追求短期的收益,而這終究會讓大唐付出慘痛的代價。

06 通往泰山的歷史之巔

那是開元十二年(西元 724 年)的東都洛陽尚善坊,十三歲的杜甫在岐王宅裡第一次聽見了李龜年的音樂。

李龜年是開元朝有名的樂工,如今已經名滿天下,歌唱、作曲、篳篥、羯鼓,每樣都是一絕,洛陽城的達官貴人們,都爭相邀請李龜年去他

們府上做客。而岐王李範則是眾多支持者中最為顯赫的一個。當今天子善待自己的兄弟，即使是當年一度被太平公主準備立為新君的寧王李憲，天子也始終保持著優待。作為當今天子的親弟弟，又在當年先天政變時站在了天子這一邊，岐王李範自然是皇帝身邊的紅人。再加上他對文學藝術愛好廣泛，風度翩翩，善於交際，如果有評選的話，岐王絕對是當今大唐最受歡迎的人之一。

杜甫雖年紀尚輕，因出身顯赫，早隨長輩往來於王侯官宦之間，憑藉出眾文才，為洛陽名士所推重，連李邕亦深加讚譽。這一次，他更是得到了機會，隨鄭州刺史崔尚、豫州刺史魏啟心一起，出席了岐王在洛陽尚善坊府邸裡的私宴。也是在這場宴席之上，一同受邀的李龜年乘興把酒放歌一曲，眾人屏息凝神側耳聽。他的嗓音高亢優美，一曲唱罷，餘音繞梁。

在最頂級的社交場所，聽到了最頂級的樂師獻上的最頂級的演出，杜甫心中舒暢，大覺不虛此行。

這是杜甫最為天真激揚的一段歲月，他十四歲時所寫下的詩句，也許多年以後不忍卒讀，不能與日後的名篇同日而語，但只有在這樣一個年歲，他才有著最為純粹、最為熾熱的赤子之心。那時的他天才、早熟，而且充滿了自信，覺得未來的一切盡在掌握，絲毫不知道等待著他的坎坷命運。

往昔十四五，出遊翰墨場。

斯文崔魏徒，以我似班揚。

洛陽的日子漫長而又充裕，杜甫盤桓在岐王李範的宅邸、名臣崔滌的門堂，耳邊繚繞著的，是李龜年的歌聲，羯鼓隆咚，篳篥嗚咽，伴隨著他度過這段金色的歲月。也就在這個時候，他從崔尚、魏啟心這裡聽聞了皇帝準備東巡泰山的消息。

自姚崇、宋璟兩位相公執政以來，大唐步入了復興的快車道，雖然旱災蝗災依舊頻仍，但朝廷上下萬眾一心，最終戰勝災害，百姓安定，經濟

迅速發展，國庫日益充盈。從普通的士族文人，到高高在上的天子本人，都欣喜地看到，這是一個可以媲美當年太宗貞觀治世的「開元之治」。既然是盛世，自然有盛世應有的氣象，雖然此時北方的突厥，西方的吐蕃仍舊威脅著這個帝國，但是邊疆基本不再有武周時那樣的邊防壓力，也沒有人否認大唐是如今當之無愧的天下第一大國，連遙遠的大食國都遣使朝貢，拜倒在天子腳下。

不久之前將張嘉貞擠出朝堂的中書令張說帶領百官們紛紛建議，請求皇帝再次東封泰山。

封禪，是皇帝的最高榮譽，除了本朝的高宗皇帝之外，只有秦皇漢武等寥寥幾位著名帝王封禪過泰山。在泰山之上告祭天帝，不是任何一位皇帝都有資格的，只有處在太平之世，四海穩固，國力強盛的帝王，方才可以。在宰相張說等朝廷大臣們看來，如今的開元之治，早已符合封禪的標準。這年十二月，天子駕臨洛陽，張說等人再次上表封禪，終於得到了天子的欣然同意，下詔開元十三年（西元725年），在東嶽泰山舉行封禪大典。

這場大典要籌備整整一年時間，之所以要這麼久，是因為這並非一場簡單的典禮，而是一場高規格的國際峰會。參加封禪的除了朝廷文武百官、孔子及上古帝王後裔、各州朝集使、諸多賢良儒生名流，還有各個等級的藩國、友邦，這其中既有高麗、百濟、內附突厥諸王這些已經成為朝廷內臣的首領，還有日本、新羅、靺鞨等唐廷屬國的代表，又有大食、謝䫻等西域諸國，契丹王、奚王、突厥頡利發等不在大唐疆域內的朝貢國，聲勢上雖比上一次高宗乾封元年的封禪略有不及，可總得來說也是濟濟滿堂。與杜甫交好的崔尚、魏啟心作為地方的朝集使，也要一同隨皇帝前往泰山。

這一番盛大的氣象，極大震撼了少年杜甫的內心──那些萬里之外的大國領袖，竟然在天子的一封詔書之下，全都不畏路遠地來到了大唐的東

第二章 盛世伊始——走向開元繁華

都。這是何等的國威？又是何等的氣派？只恨自己還太年輕，不能趕緊報效國家，建功立業。

開元十三年（西元 725 年）十月的冬天，杜甫和洛陽城的所有士人、百姓們一樣，圍聚在了紫微宮外的天街兩側。這一天，天子帶著文武百官、皇親國戚和各族酋長從宮裡出發了。天子儀仗華麗而莊嚴，駿馬、衛士、旌旗、鼓樂，將這一場出行渲染得無比隆重。杜甫和其他沿街觀看的人們，都發自內心地歡呼著，敬祝天子一行封禪成功。

這支前往泰山的儀仗浩浩蕩蕩，延綿數十里，有關部門備好了一路上的後勤保障物資，人畜蔽野，數百里絡繹不絕。

杜甫望著這片浩蕩的儀仗，內心暗暗地勉勵自己，早日登上廟堂，兼濟天下。多年以後，當杜甫流落在四川的草堂回顧過去之時，才發現帝國的危機早已埋藏在這片盛世的祥和之下。

在此刻杜甫所瞻仰的儀仗之中，盛唐時期的另一位詩人，正隨同岐王李範的車馬一同行進著。

王維也是岐王李範的坐上之客，此時的他二十四歲，已經中了進士，擔任太樂丞，負責典禮上的樂舞籌備。他將跟隨天子車駕一起前往泰山，見證這場將在山巔上舉行的盛大典禮。

十一月初六，車駕抵達了泰山，皇帝親自帶領宰相張說等少數幾人騎馬登上泰山，而其餘隨從官員全都留在谷口。宰相張說喜歡搞小團體，有機會一起登山的，全都是張說所親近的官吏，之後這些人全都從低階官吏一直升到了五品。王維等其他隨行人員沒有親近宰相大人的機會，只得到小小的一點賞賜，而普通的士兵們，甚至只授予勳階，沒有財物獎賞。

一場大盛會，就這樣遭到了京城內外的官吏、士卒們的怨恨與不滿。

千里之外的蜀中，同樣二十四歲的李白此時正配著三尺長劍，登上去往遠方的船隻。

天子東封泰山的詔書對於天下的熱血青年來說，彷彿是一封召集令，召喚著他們前來參加這場盛會。就像一千多年後的二十一世紀，人們萬眾矚目的北京奧運會一般，成了一個時代的象徵，也成了一代人的記憶。

李白雖然出生在西域的碎葉城，但自小遷入蜀中居住，自他記事起，就沒有離開過四川這一片四面環山的土地。這裡號稱天府之國，有養人的山水，怡人的氣候，適合遊子在此終老。但李白的心中卻裝著更廣闊的天地，他的夢想是成為蓋聶那樣的俠士，仗劍行走天涯；或者像司馬相如那樣，靠文章詩文名動於世。

四年前的開元八年（西元720年），李白干謁了罷相入蜀為官的蘇頲，隨後得到了蘇頲的認可，蘇頲向其他蜀中官員們大力推薦，稱讚李白資質超拔，文章清新秀麗，頗具神韻，日後必成大器。這之後，蘇頲便成了李白的人生導師，在他的指點下，李白脫去了原來的青澀，開始真正邁入一代名家的行列，也正是因為蘇頲的教導，李白認識了那個更廣闊的世界。

他聽說泰山在東海之濱，高達千丈，直聳入雲。又有蓬萊仙山，在虛無縹緲之間，住著神人和仙子。聽聞這些新奇的見聞，李白的世界驟然開闊。他開始想著，若是時來運轉，遭逢機遇，他也可以進入廟堂，成就一番功業。而蜀地狹小，裝不下李白這麼多的夢想。如今天子封禪、天下各國之人雲集泰山的消息，正好給了李白一個去往遠方的理由。

士生則桑弧蓬矢，射乎四方，故大丈夫必有四方之志。乃仗劍去國，辭親遠遊。南窮蒼梧，東涉溟海。

雖然這一趟，李白因為流連於沿途的景色，最終並沒有去成泰山，但也算是成功邁出了走向天下的第一步。

他的船從錦官城成都出發，途經岷江、渝州進入長江，一路順流而下，穿越險峻而又湍急的長江三峽，終於抵達了荊門，霎時間視野驟然開

第二章　盛世伊始──走向開元繁華

朗，李白這時欣喜地意識到，他們終於走出了重巒疊嶂的巴蜀，到達了一馬平川的荊湖地區。

山隨平野盡，江入大荒流，眼前是一望無垠的廣袤大平原，他眺望前方，青空中的明月將白色的光灑遍這片蜿蜒曲折、緩慢流淌著的長江水，還有蒼莽開闊的大片川澤、草原、田地。夜色中，遠處巨大而翻捲的雲朵有如一座層層高聳的空中閣樓，彷彿有古老的神祇藏身其中。這樣神奇而又絢麗的景色，彷彿是冥冥中上天賜給他的預兆。望著眼前的這一切，李白的心變得開闊了起來。

也就在這片荊楚之地，李白結識了好友孟浩然，這位失意的詩人恰好在帝都尋求機會失敗，被皇帝數落後黯然在此處遊蕩。有才華的人天生就容易相互吸引，李白和孟浩然就這樣相見如故。幾年後，李白還將遇見王維、結識杜甫，這一切都彷彿上天注定，是命運將這些文壇的星宿們彼此相連。

第三章

征途萬里 —— 汗國、雪域與天朝

第三章　征途萬里—汗國、雪域與天朝

01　闕特勤的告誡

　　開元十三年（西元 725 年）的春天，乾燥的寒風捲襲著沙塵，在塞北的曠原上呼嘯而過。

　　「如今我大唐天子下詔，將有事於泰山，這可是難得一見的盛事。四夷之中，突厥為大，我朝顧念突厥歷來的忠心，邀請貴部從封泰山，共襄盛舉。若是小殺不能參加，也可派一位大臣一同參加，我朝歡迎之至。」說話的，是大唐攝鴻臚卿袁振，他在突厥可汗帳前的一席話語，倒是不卑不亢。

　　可汗的牙帳裡擺著酒宴，分主次環坐三人，一起招待著大唐的使節。為首的，就是被袁振稱為「小殺」的突厥毗伽可汗，兩邊則是突厥汗國的兩位頭號重臣──闕特勤和暾欲谷。突厥汗國自默啜被殺之後，就是由這三人重新平定亂局，再次統領漠北各部，還與唐廷打得互有勝負。此番開元皇帝決定東封泰山，為了穩住突厥，特地拋下了以往的恩怨，召諭突厥一同從封泰山，只要突厥參加了封禪，其他北方各部首領自然也會紛紛到來。

　　小殺聽罷先不說話，舉杯與使節、闕特勤、暾欲谷共飲了一杯酒，然後沉吟著緩緩說道：「天子相邀，我們突厥人自然是要回應的。」

　　「如此甚好。」袁振應道。

　　「只是……我歷來有塊心病，非上使不能解決啊！」小殺看著面前的唐使，意味深長地說道，「吐蕃人，是狗種，而我突厥人，是狼種。奚人、契丹人，過去也是我突厥人卑賤的奴僕。他們都可以娶到大唐的公主做妻，而我突厥前後多次向大唐皇帝求婚，皇帝唯獨不許我們，這是為何？」

　　他說的都是事實，娶得大唐的公主，對於每個部族來說都是值得吹噓

的榮耀，貞觀年間薛延陀真珠可汗不惜耗盡國力，卻求大唐的公主而不得。從當年大唐初建開始，突厥就多次請求，甚至在睿宗景雲年間已經定好了要將金山公主出嫁，但陰差陽錯，百年來歷代突厥可汗（包括太宗手下的傀儡可汗李思摩）愣是沒有娶到過一位大唐的公主，這讓突厥的歷代可汗們都頗為懊惱。開元皇帝李隆基主政之後，還故意安排了一位比郡主還要低的縣主嫁給默啜的兒子，以此羞辱默啜。憤怒的默啜舉兵南侵報復，卻被唐軍輕易擊潰，不可一世的默啜面對這樣的情況，也是毫無脾氣。

見對面唐使不答，小殺的話緩和了一些，「我也知道，你們大唐皇帝每次與外蕃和親時，出嫁的公主都不是皇帝的親生女兒，可我們也不要求真假，只要能求到一位公主就行。免得我突厥次次都求不到，在其他蕃族面前沒有面子！」

話都說到這分上了，袁振也不得不答應道：「我朝尚公主一事，自非小事。可汗既然如此說，袁振願意為可汗求奏天子，力請天子允諾可汗的請求。」

和親的事情，袁振便代表唐廷應承了下來。大事情既然已經談定，氣氛總算輕鬆了下來，歌舞聲中，帳中賓主觥籌交錯，乳羊乳牛已經烤好，空氣裡瀰漫著誘人的肉香。小殺藉著酒興，指了指阿史德頡利發，讓他代表可汗前往唐廷朝貢。大家一番飲酒作樂，最終全都盡興而歸。

這次會面，既讓唐廷滿意地得到了突厥參加封禪的承諾，也讓小殺自己了了一樁願望。他擔任突厥的可汗已經八年了，但這個汗國自默啜死後，形勢始終不太穩定，連突厥人都稱呼自己「小殺」而非「大可汗」（「殺」是草原部族中的一個將領職位）。若能得到大唐的一個公主，那就等於得到了唐廷的認可，小殺也能名正言順繼續穩固地擔當這個毗伽可汗。

送走了唐使，其餘陪同的突厥將領們也醉著酒散去，偌大的牙帳裡，

第三章　征途萬里—汗國、雪域與天朝

只剩下了小殺、闕特勤、暾欲谷，寥寥三人。他們一言不發，沉默著繼續飲酒。

「可汗不會真信了那唐朝人說的話吧？」一直冷眼應對酒席的闕特勤這時打破了沉默。他是小殺的弟弟，此時封為左賢王，掌管著汗國的兵馬。就連突厥以外的鐵勒人、契丹人都知道，闕特勤歷來就對大唐懷抱敵意。

「信又如何？不信又如何？」

闕特勤激動起來：「他們唐朝人歷來狡詐，我們受騙得還不夠多嗎？」

「那也由不得我們，這次我們還是得相信唐朝人！」七十多歲的暾欲谷這時開口道，他是突厥汗國的第一謀臣，說的話自然擲地有聲。此時突厥各部人心不一，如果得不到唐朝的支持，那整個汗國就有再度解體的危險。

「我們當初就是因為不得不相信唐朝人，才輸掉了一切！」闕特勤針鋒相對。

小殺抬起雙手，止住了二人的爭吵：「你們的意思，我心裡全明白。暾欲谷說得對，為了突厥的未來，我們必須要唐朝做我們的朋友，不管他們是不是真的真心。只不過，他們以前做過的事情，我們也都一樣記在心裡，不會忘記！」

北境永不遺忘！三個人的心中，也許都是這樣想著。

漠北的草原人不會輕易遺忘，他們需要記住的東西不多，只要刻在石頭上，縱使過了一千多年，也不會被風沙所磨滅。

小殺始終記得當年阿史那氏、阿史德氏祖輩們的遭遇。四十多年前，突厥的可汗阿史那伏念，還有大將阿史德溫傅重新舉起突厥的大旗時，因為得到了唐將裴行儉的許諾，保他們的性命安全，所以投降大唐，隨著裴行儉前往長安。結果大唐卻因為宰相裴炎的反對，拒絕認可裴行儉當時的

承諾，直接將伏念、溫傅斬首於長安。

這對於東突厥各部來說，無疑於晴天霹靂，堂堂天朝上國，雖然嘴裡說著仁義禮智信，卻輕易地背信棄義，做下如此事情。這意味著大唐在突厥人心目中已經失去了信用，人們再也難以完全相信大唐的許諾了。

後來的骨咄祿靠著區區十七人起家，最終得到突厥各部的支持，席捲了整個漠北，終於讓突厥汗國成功復國。骨咄祿的弟弟默啜，更是兼具狡猾與殘忍，將武周朝廷玩弄於股掌之間，幾次攻入河北，擄掠大批人畜財物。只可惜，大唐復辟，經歷了一段時間動盪不定的局勢之後，又在開元皇帝的勵精圖治之下取得了中興，開始積極地對突厥展開防禦和封鎖，成功收復了安西四鎮，將突厥重新趕回了漠北。而晚年的默啜，只能靠殘暴的淫威震懾越來越動盪不穩的屬國，自己最終在唐朝與拔野古策劃的陰謀下不幸遇刺，一命嗚呼，留下了一個瀕臨崩潰的突厥汗國。

此時繼位的，是默啜的兒子小可汗，可他卻根本不能統御各部。突厥這時候已經分崩離析，屬下的鐵勒人、突騎施、契丹等部全都改為歸附大唐。連突厥本族的內部，也有種種的不穩因素。

就在這個危急時刻，一位突厥人的英雄站了出來，他就是骨咄祿的兒子——闕特勤。

突厥人與唐人不同，歷來是兄終弟及，而非父死子繼。上一任可汗骨咄祿死了，便由他的弟弟默啜繼位為可汗。按照這個道理，兄弟間傳好了一輪，便應當由長兄的長子繼位，在下一輩的兄弟間傳位才是。闕特勤作為骨咄祿的兒子，比默啜的兒子小可汗更有資格坐在可汗的牙帳裡，因此他殺掉小可汗，控制了突厥。草原上的爭鬥往往更為殘酷，闕特勤勝利之後，便將默啜的兒子們、親信們通通殺了個乾淨。

闕特勤是個坦蕩的人，殘忍但卻講原則。他認為有人比他更有資格當可汗，所以堅持把可汗之位讓給了哥哥默矩，也就是小殺，小殺也堅決要

第三章　征途萬里──汗國、雪域與天朝

把位子讓給闕特勤，但闕特勤沒有接受，於是小殺便成了毗伽可汗。而闕特勤則成為突厥最重要的大將，負責統領突厥各部軍隊。

草原的祭壇上燃燒著熊熊的聖火。闕特勤身著白衣，為小殺戴上了飛鳥的黃金冠冕。這尊冠冕鑲嵌著十二顆寶石，在忍冬草花紋當中雕刻著一隻展翅的神鳥。突厥人信奉祆教，也就是來自波斯的拜火教，神鳥是拜火教教義中鬥戰神的象徵，所以小殺的王冠和闕特勤的頭冠上，都雕刻著神鳥，他們希望神鳥能捲起戰神之火，護佑他們走向新的勝利。

小殺和闕特勤上位之後，依然沒能阻止突厥分崩離析的步伐。闕特勤擅長的是戰場，對於如何懷柔各部、玩政治遊戲，顯然是外行。於是小殺決定啟用另一位老臣，足智多謀的暾欲谷。

暾欲谷已經七十多歲了，但依然精神矍鑠。阿史德氏歷來是阿史那氏的好夥伴，暾欲谷作為阿史德氏後人，這些年為默啜出過不少力，但因為女兒嫁給了小殺，才靠這層關係倖免於闕特勤的大清洗。暾欲谷自小在漠南生活，像很多投降唐朝的突厥人一樣接受著大唐的庇護，他是阿史德家的男子，也成了前往大唐的質子。從唐人這裡，暾欲谷學到了最先進的知識，習得了唐人的機智和狡獪。

時代不同了，草原上突厥鐵騎所向無敵的歲月，已經回不去了。鐵勒人的回紇、僕固等部，還有契丹、突騎施、拔野古，都是強而有力的競爭者，更不要提雪域高原上那個強大的吐蕃帝國了。對於重建的突厥來說，最重要的問題是如何活下去。

當小殺在闕特勤的幫助下，好不容易集結突厥直屬的部族，準備再進一步奪回那些投靠大唐的契丹、拔野古等部族時，暾欲谷前來勸阻：「當今的唐朝皇帝英明神武，大唐國勢強盛，我們不可以輕舉妄動。而且突厥各部剛剛聚集到一起，力量還很疲弱，姑且需要再休養幾年，然後才能觀察大唐的變化，伺機出動。」

這個提醒非常及時，如果沒有暾欲谷的謀劃，也許剛團結起來的突厥就要再次一頭撞上大唐這駕鋼鐵戰車，然後頭破血流了。這也讓小殺意識到了他這位岳父的獨特智慧，漸漸地開始將暾欲谷視為最重要的謀臣，而突厥族內除了阿史那王族之外最強大的阿史德氏，也透過暾欲谷的關係與可汗緊緊地連繫在了一起。

汗國新時代的三大勢力就這樣形成了。但這時的小殺沒有意識到，他們這三大勢力創造的，只是夕陽日下的突厥汗國最後的輝煌。

小殺迎娶大唐公主的殷切希望，最終沒有得到大唐皇帝的首肯。

他派往大唐的阿史德頡利發隨同皇帝封禪了泰山，送了聘禮，鴻臚卿袁振也踐行許諾，為突厥說了話。但突厥的頡利發卻和以往的使者一樣，得到了拒絕的答覆。以往幾次皇帝不許和親的藉口是聘禮準備得不夠，而這次皇帝的態度客氣了些，賞賜了頡利發不少的財物，十分被突厥的誠意打動，然後拒絕了這個請求。

也許小殺和暾欲谷早已經猜到了這個結果。大唐可以將公主許給契丹，許給吐蕃，如有必要，甚至可能會願意許給住在極北鳥不拉屎之地的點戛斯，但就是不會許給阿史那氏的子孫。大唐的公主，是強者對弱者的恩典，而不是競爭對手間的妥協。只要突厥一日有稱霸漠北之心，那大唐就絕不可能將公主許給突厥。

但突厥與大唐之間的關係終究還是得到了緩和。此時的唐廷與吐蕃之間，正圍繞著河西之地激烈地交戰，也正需要與突厥之間保持緩和的關係。

開元十九年（西元731年），突厥三大勢力之一的闕特勤死去了，他沒能像一個英雄那樣死在戰場，而是死在了穹廬暖帳中的臥床上。大唐皇帝派遣使者前去弔喪，還派工匠為他立下了一座紀念碑。

西鄰處月之郊，受屠耆之宏任，以親我有唐也。我是用嘉爾誠績，大開恩信。而遙圖不騫，促景俄盡，永言悼惜，疚於朕心。且特勤，可汗之

第三章　征途萬里—汗國、雪域與天朝

弟也，可汗，猶朕之子也。父子之義，既在敦崇；兄弟之親，得無連類。俱為子愛，再感深情。是用故製作豐碑，發揮遐徽，使千古之下，休光日新。詞曰：

沙塞之國，丁零之鄉。雄武鬱起，於爾先祖。

爾君克長，載赫殊方。爾道克順，謀親我唐。

孰謂若人，罔保延長。高碑山立，垂裕無疆。

鬱督軍山，這座藍突厥信仰的聖山之下，大唐的工匠樹立起漢白玉的石碑，刻上了皇帝御賜的碑文，讚美著突厥對大唐的忠誠，以及大唐對突厥如父親般慈愛的情誼。

小殺默然望著這座巨大的豐碑，心中滿是複雜的情感。一百多年前，大唐的開國皇帝曾經對突厥稱臣，太宗也與突利可汗約為兄弟。可如今，在皇帝賜下的碑文裡，卻如慈父般稱讚著突厥，美美地說，可汗就像是皇帝的好兒子。開元皇帝不過四十多歲，被這位比自己小十來歲的唐朝皇帝認作兒子，小殺的心中百感交集。

當年那個擁有全大陸地表最強戰力的突厥汗國，已經漸漸淡出了草原牧民們的記憶。甚至連汗國核心部族——阿史那氏的藍突厥族人，也理所當然地覺得大唐才是他們唯一能依靠的爸爸。北境永不遺忘，也許是一句笑談，誰會記得自己爺爺的爺爺輩發生的事情呢？一些事情過了一百年，如果沒能寫在紙上、刻在石頭上，就只能成為老牧民在篝火邊對兒孫們所講述的荒誕不經的傳說。

於是小殺做了一個決定，在皇帝御製的闕特勤碑的背面，刻下突厥人自己的故事，好讓漠北之人記住它，不要遺忘。

小殺令人用突厥的如尼文刻下他要告訴現在和未來突厥部族的話：

我，像天一般的，以及由天所生的突厥毗伽可汗，此時繼承了君主之位。你們得完全聽從我的話，首先是你們這些人，我的兄弟們，我的孩子

們，以及我的族人和普通民眾，還有你們，右方的失畢們、伯克們，左方的達干們、梅錄們和伯克們，還有你們，三十姓大小部族，以及你們，九姓烏古斯與普通民眾。務必好好地記住我的這些話，專心地聽著！

讓你們聽著，不要忘記！不要忘記突厥人過去的輝煌，也不要忘記突厥人過去、現在和未來的敵人。

我們稱他們為「桃花石」，也就是大唐。這個稱謂從何而來，人們也不記得了，也許是來自千年以前的大漢帝國，又也許是來自兩百年前北魏的拓跋氏。桃花石就是大唐，是大漢，是華夏，是中國，從極東之地的渤海、靺鞨，到極西之地的大食、羅馬，都流傳著關於桃花石帝國的威名。

唐人的話語始終甜蜜，唐人的物品始終精美。利用甜蜜的話語和精美的物品進行欺騙，唐人便以這種方式令遠方的民族接近他們。當一個部落如此接近他們居住之後，唐人便萌生惡意。

唐人不讓真正聰明的人和真正勇敢的人獲得發展。如若有人犯了錯，唐人絕不赦免任何他人，從其直系親屬，直到氏族、部落。你們這些突厥人啊，曾因受其甜蜜話語和精美物品之惑，大批人遭到殺害。啊，突厥人，你們將要死亡！如果你們試圖移居到南方的總材山區及吐葛爾統平原，突厥人啊，你們便將死亡！

我對你們所說的一切話，都已記錄在此不朽之石上。請閱讀這些文字，並從中獲得教益！忠誠的突厥大眾與首領們，始終服從君主的伯克們，你們會背叛嗎？

小殺下令刻下的這些文字，就這樣刻在了闕特勤碑的南面，拷問著每一個閱讀碑文的人。周圍的牧民和來往的商隊常常從這裡經過，有認識的，便會讀一讀這裡的文字。傲慢的唐人並沒有仔細讀一讀皇帝御製石碑的背後所刻下的突厥文，還以為這是皇帝所寫碑文的突厥文譯文。

這塊石碑就這樣孤獨地矗立著，歷經著風沙和雨雪，直到突厥、大唐全都成了過往的歷史，直到連石碑上所刻的文字都已被人們淡忘。

第三章　征途萬里—汗國、雪域與天朝

02　鞏筆驛驚變

開元十五年（西元 727 年）九月，涼州（今甘肅武威）城頭上，駐守在此的河西節度使王君㚟眉頭緊鎖，在城頭眺望著遠處天空飄起的黑色狼煙。

幾天之前，吐蕃大軍突然出現在瓜州，趁城中不備一舉攻占了這座邊防重鎮，河西告急。周圍的烽燧紛紛點起狼煙示警，自西向東，一路將警報傳到了涼州城，一時間狼煙四起，邊關告急。從傳回涼州的情報看，情況十分不妙，領軍的大將是吐蕃權臣悉諾邏恭祿，又有斥候來報說，在河西走廊以南，還發現了吐蕃贊普的王旗。這次攻打瓜州，吐蕃很可能是派出了傾國之兵，悉諾邏恭祿在前面突擊，吐蕃贊普親自坐鎮後方，要真是如此，那有危險的就不只是瓜州，還有沙州（今甘肅敦煌）、甘州（今甘肅酒泉）、甚至涼州本城，都有可能成為吐蕃下一個攻擊目標。

悉諾邏恭祿是王君㚟的老對手了。一年之前，他率領大軍進攻甘州，被王君㚟趁其疲憊抄斷了後路。王君㚟先派人燒掉了沿途的牧草，因此當悉諾邏恭祿撤軍到大非川時，馬匹已經損失了過半。唐軍乘勝追擊，打了一個漂亮的勝仗。此番悉諾邏恭祿再次進犯河西，想來也是為了一雪前恥。

河西諸將一起拜見王君㚟，請求出戰。瓜州是河西走廊的咽喉，更是王君㚟的老家，他的父親就在瓜州城裡，此時可能已經成了吐蕃人的俘虜。王君㚟想到這裡，已是心憂如焚。

但是他不能輕易出戰。吐蕃人多勢眾，如果此時貿然出擊，很有可能會被鑽漏洞。士卒無謂死傷不說，可能連涼州本城都會不保。王君㚟知道，此時的最佳對策只有嚴令各州加緊防禦。河西在大唐的經營下，已經建成了穩固的防禦體系，吐蕃人攻陷一個瓜州，並不足以撼動大唐在河西的力量。而若倉促應戰，卻有可能導致整個河西防禦的崩潰。

被吐蕃放出來逃回瓜州的僧人們集體向節度使請願：「將軍平常都說，要以忠勇報效國家，今日為何不前去和吐蕃人一決高下？」可王君㚟心裡清楚，河西的僧人們不知多少都和信仰佛教的吐蕃人穿一條褲子，這些被吐蕃人放出來的和尚之所以這麼賣力地勸唐軍出戰，目的不言自明。

如今他唯一擔心的，就是瓜州城中的百姓以及被吐蕃人俘虜的年邁的父親。如果王君㚟還是原來那樣的一介武夫，他會立刻跨上馬，挺槍前往瓜州。可他現在是整個河西的節度使，主掌一方軍政大權，肩負數萬將士的性命，此時最忌諱的，就是魯莽行事。

在城牆上眺望著西方的殘陽落日，王君㚟流著淚下令：「不許出戰！」

王君㚟的決定是正確的，吐蕃兵力之強遠遠超乎想像。在吐蕃贊普墀祖德贊坐鎮之下，幾乎動用了所有可以徵調之兵。

在玉門關，吐蕃人久攻不下，便掘開河水，引滾滾洪流衝向玉門軍城，決山衝浪。但這座城池一直牢牢地掌握在唐軍手中，吐蕃人最終沒能攻陷這座關隘。

河西兵力不足，唯有在王君㚟的指揮之下積極防守。吐蕃人雖然最初趁唐軍措手不及攻下了瓜州城，但隨後的進軍步履艱難。唐軍狡猾地沒有出戰，讓吐蕃人的計畫落了空。悉諾邏恭祿派部將們攻打周邊的縣城，而唐軍有了防備，城池便不可能再讓吐蕃人如此輕易攻下，悉諾邏恭祿圍困常樂縣十多天，最終沒能破城，只能率軍離開。

吐蕃軍雖然撤除了對瓜州周邊城池的圍困，卻仍盤踞在瓜州城附近。王君㚟腦子裡緊繃的一根弦半點不能放鬆。他知道，情況沒有好轉，反而越來越不妙。四處傳來的情報都在證實一個結論：吐蕃人正醞釀著一個巨大的陰謀。

一個重要線索就是，河西之地的鐵勒人部落開始有了倒向吐蕃的跡象。

第三章 征途萬里──汗國、雪域與天朝

當年突厥汗國的默啜崛起後，奪占了鐵勒人的牧場。於是鐵勒部落的回紇、契苾、思結、渾四個部落穿越騰格里沙漠，移居到了甘州和涼州一帶。唐廷設立了瀚海、賀蘭等幾個羈縻州，安置這些部眾。王君㚟還沒有成為河西節度使時，曾是河西節度使郭知運的副手，負責聯繫甘涼之間的鐵勒人，對這些鐵勒部落的酋長老爺們再了解不過了。他們傲慢、自負，又膽小、精明，多年來夾在大唐、突厥等幾個大勢力之間，已經訓練出了弱者的智慧和警覺。如今突厥汗國已經隨著默啜的死逐漸式微，吐蕃崛起成為可以與大唐相抗衡的帝國，要是吐蕃人一拉攏，過去口口聲聲宣誓效忠大唐的鐵勒部落老爺們，自然又會恢復他們左右逢源、腳踏兩船的習性來。

更何況鐵勒各部居住在甘涼之間，生活條件惡劣，多年來與河西的唐人都因為爭奪水源、土地而矛盾重重。此時吐蕃人向他們許諾一些好處，鐵勒部落自然願意為了吐蕃人畫的餅，鋌而走險試一試。

王君㚟知道問題的嚴重性。如果鐵勒人與吐蕃私自結盟，對唐軍反戈一擊，那大唐就會後院起火，河西的防禦體系就有崩潰的危險。大敵當前，千鈞一髮，容不得一絲猶豫！王君㚟立刻採取雷霆手段，派人控制了回紇、契苾等四個部落的首領。大唐的節度使，在轄區內有專掌刑罰之權，就算回紇承宗、契苾承明等人是羈縻州的都督，節度使一樣可以賞罰。王君㚟下令將鐵勒人的首領們看押起來，交給法司論罪。

而鐵勒人對王君㚟不滿，偷偷地去向天子告狀，還設法透過天子的老朋友、散騎常侍李令問向天子求情。王君㚟針鋒相對，同樣寫了奏表，透過郵驛火速傳書洛陽，報告鐵勒人的叛亂計畫。朝廷聞訊，迅速派宦官前來調查，吐蕃大軍當前，朝廷支持了王君㚟的處理方法，將回紇承宗、契苾承明等四個部落的首領全部流放到嶺南去支持帝國的南方建設。

一場鐵勒人的陰謀，就這樣被王君㚟解決在了搖籃裡。

02 翟筆驛驚變

在鐵勒部落這裡沒有占得便宜,但吐蕃人並不氣餒,他們在北方還有更大的動作。

吐蕃歷來都有一個大膽的設想,就是聯合北方的突厥,加上西域的突騎施,一起組成反唐聯盟,一西一北對帝國形成一道鉗形攻勢。武周時期吐蕃就曾經向默啜提議過,但是後來由於陷入內亂,在武周朝一系列的外交操作之下,被遏止了與突厥的聯盟。隨後唐廷與吐蕃握手言和,金城公主入藏和親,唐蕃之間度過了一段和平時期。如今開元朝唐蕃再次交惡,吐蕃與突厥的聯合再次被提上了議程。

這一年來,吐蕃與突厥的使節來往明顯更為頻繁,雙方的使者屢屢祕密經過河西,他們之間有什麼商議,王君㚟都不得而知。直到前不久,毗伽可汗小殺派遣梅錄啜入貢,將吐蕃寫給突厥的國書獻給了唐廷,這才真相大白。吐蕃在國書裡寫得清清楚楚,雙方聯合入侵大唐,共同攻擊河西之地,瓜分勝利果實。

毗伽可汗是個明白人,他對突厥的國力拿捏得清楚,也清楚地知道突厥需要的是什麼。靠著這次向唐廷彙報的功勞,突厥得到唐廷的允諾,在河套北岸唐突邊境的西受降城打開了貿易市場,朝廷每年拿出數十萬匹絲絹與突厥交易,突厥換得了他們緊缺的生活用品,而大唐則得到了突厥的良種戰馬。

但從王君㚟這邊得到的情報看,問題卻沒這麼簡單。突厥雖然把吐蕃人的國書獻給了唐廷,但是兩邊的往來卻絲毫沒有中斷,似乎依然醞釀著一齣好戲。

時間到了閏九月,吐蕃人占領瓜州已有一個多月。涼州的斥候突然來報,吐蕃的密使又一次出現在了甘涼一帶,帶著一隊人馬悄悄往突厥而去。對於這樣的偷雞行為,王君㚟絕不能容忍,他立刻點起一隊精銳騎兵,留下麾下判官牛仙客代理涼州政務,自己親自帶兵,迅速前往肅州(今酒泉

第三章　征途萬里—汗國、雪域與天朝

一帶），在前往突厥的必經之路上截擊吐蕃密使。

伏擊戰取得了成功，一隊吐蕃騎隊均被唐軍殲滅。只是王君㚟沒有獲得文書——看來吐蕃人這次學乖了，為了防止國書再被截獲，傳信全都透過使者的一張嘴。這讓此次截擊的意義大大下降，沒有獲得吐蕃勾通突厥的確鑿證據，這次出擊的戰果只是一場普通的小戰鬥勝利而已。王君㚟有些懊喪，但軍情緊張，不容停留，結束戰鬥之後他馬不停蹄地撤回涼州。他們沒有休息，披星戴月連夜回程，到達甘州南部的鞏筆驛時也沒有停留，而是繼續向前。

正當此時，王君㚟忽然感覺到一絲不安，殺氣正從遠處瀰漫過來。

只聽呼哨聲大作，大隊人馬從鞏筆驛的驛站之中闖了出來，衝向唐軍騎隊。

是鐵勒人！王君㚟縱橫沙場數十年，縱然是和平時期，依然枕戈待旦。從前方馬隊的蹄聲和呼哨聲中，王君㚟立刻分辨出了來者是誰。鐵勒人為何來此？又欲以何為？無數疑竇閃現在王君㚟的腦海之中。他大聲下令部下擺出防禦陣型。但是唐軍此時旅途勞頓，加之猝不及防，鐵勒人瞬間衝進唐軍騎陣，奪下了王君㚟的節度使旌節。判官宋貞要保護旗幟，也被鐵勒人一刀砍死。

一個鐵勒人下馬剖開宋貞的胸膛，取出血淋淋的心臟，怒叫道：「你就是罪魁禍首！」

王君㚟看到眼前的鐵勒人，一下認了出來：「護輸！你來此作甚！」

眼前的鐵勒人，正是原瀚海大都督回紇承宗部下司馬回紇護輸。回紇承宗因為密謀叛亂被流放嶺南之後，唐廷更換了回紇人的首領，護輸因為是回紇承宗的死黨而被一起撤職。看見眼前的回紇護輸，王君㚟心裡恍然大悟，護輸叛亂了，在吐蕃人的引誘和因回紇承宗而起的私怨之下，他藉著王君㚟截擊吐蕃使節之際，埋伏在了這條回城的要道上。

也許從吐蕃密使出現，到回紇護輸偷襲，整場戲都是吐蕃人與回紇部聯手策劃的陰謀，就為了截殺他這位大唐的河西節度使！

王君㚟帶領剩下的數十名唐軍騎兵，結成陣形。從早上一直殺到傍晚，他們拚死抵抗，然而護輸有備而來，人數眾多，左右唐軍最終全部戰死。

戰場之上，終於只剩下了王君㚟一人。他手持陌刀，用自己最後的力氣拚死殺敵，全然不顧身上早已傷痕累累。回紇人包圍住王君㚟，看著他徒勞地揮砍。大唐的節度使，絕不是輕易屈服之人。王君㚟這個名震河西的虎將是土生土長的河西人，他從一介草根到投身於軍旅，也曾受盡鐵勒四部的白眼與鄙夷，這時他要用最後的勇武，證明自己身負的榮耀。

最後的一絲力氣也隨著傷口流出的血液而耗盡了，王君㚟拄著刀不住地喘息。回紇護輸提著刀走上前來，看著站也站不穩的王君㚟，兩人沉默地對視一眼，隨後護輸按住王君㚟的頭顱，切斷了他的喉嚨。

鞏筆驛事變，河西節度使王君㚟被殺，這件事情震動了整個河西與隴右。回紇人勾結吐蕃，殺死唐將，性質極為惡劣。附近的一些州縣，已經出現百姓聽聞消息紛紛收拾行李逃難的情況。護輸帶著王君㚟的屍體前往吐蕃覆命，中途卻被涼州兵追上，護輸丟掉了王君㚟的屍體，自己脫身遠逃。

而唐廷為了穩定河西的局勢，最終對回紇部採取了安撫的措施。護輸既然已逃走，就不再與回紇部有關，之前王君㚟對回紇等部的處罰，也被唐廷部分地翻了案。整件事情被定性為王君㚟出於一己私怨對鐵勒四部的報復。王君㚟將鮮血灑在這片土地上，可朝廷卻沒有給他應有的榮譽，人們責備他，冠上有勇無謀的帽子，怪他因為父親被吐蕃人控制而不敢攻擊瓜州城，還怪他因為貪功冒進、擅自出城追擊吐蕃使節。

王君㚟終究是草根出身，在朝廷沒有關係背景，只是一個空有一腔血

第三章　征途萬里—汗國、雪域與天朝

勇的武夫罷了。

前往涼州的路上，新任兵部尚書、河西節度使、判涼州事蕭嵩匆匆而行，趕去赴任。作為原來的朔方節度使，蕭嵩此時臨危受命，是為了穩住因為王君㚟之死而變得越發危險的河西局勢。

在蕭嵩身邊，有一個年輕人，名叫王忠嗣，此人是日後威震天下的大唐名將。此時他才二十一歲，父親是已故的邊將王海賓，十三年前，王海賓為了抵抗進犯的吐蕃大軍，戰死在隴右。那時的王忠嗣才九歲，因為失去了父親，被開元皇帝收養在宮中，精心教育，並賜了「忠嗣」的名字，以表彰他父親的壯舉。這些年來，王忠嗣受命駐守邊關，跟隨名將蕭嵩一同歷練。

「如今蕃賊作亂河西，若你為將，當如何應對？」蕭嵩問道。

「假若我有幸為將，唯有先安民心，再定外虜。選用得力的官員，修繕邊防，整編百姓，讓他們重新回歸產業。如今河西的兵力不足，當初王君㚟將軍不敢救援瓜州，也是因為擔心兵力不足的緣故。為今之計，最好能利用他們的內部矛盾，製造內亂暫時平息吐蕃的威脅。」年輕人答道。

蕭嵩認可了這個策略，他任用王君㚟舊部牛仙客，調入刑部員外郎裴寬，讓他們共同執掌河西的政務，逐漸將人心離散的河西穩定了下來。

而此時的吐蕃境內，有關宰相悉諾邏恭祿的流言飛速地傳播著，小道消息說，悉諾邏恭祿已經與新任河西節度使達成密約，並威脅吐蕃內部。

悉諾邏恭祿出身在吐蕃的韋氏家族。韋氏乃吐蕃的傳統望族，勢力極大，一度到了威脅贊普王權的地位。悉諾邏恭祿長期領兵在外，更是贊普墀祖德贊的一塊心病。年輕的墀祖德贊志向越來越大，他無法忍受悉諾邏恭祿的大權獨攬，於是和外戚尚氏家族結成聯盟，一起聯合誅殺了宰相悉諾邏恭祿。

消息傳到了涼州，蕭嵩和王忠嗣終於鬆了口氣。悉諾邏恭祿被殺，吐蕃又將陷入一段時間的內部紛爭，這也給了大唐寶貴的喘息之機。

已故節度使王君㚟的英靈，也算是得到了告慰。

將軍百戰身名裂。

向河梁、回頭萬里，故人長絕。

03　天朝與雪國的外交鬥法

大唐與吐蕃戰爭的不可避免，肇因於雙方對於彼此力量的恐懼。

泰西之地一個名叫修昔底德的歷史學家有過這樣一個理論：一個帝國在面對另一個國家崛起時，會不可避免地進入戰爭。因為對霸權地位的爭奪，是一場勝者通吃、輸者清零的遊戲，注定會有一場分出勝負的戰爭。人們把這個理論稱為「修昔底德陷阱」，從古到今，各個國家在爭霸的舞臺上相繼登場，沒有一個可以避免戰爭。

吐蕃是青藏高原上前所未有的大國，它依靠這個時代溫暖的氣候，迅速在雪域高原崛起、擴張，成為一個強大的國家，擁有上千萬人口，四十七萬大軍，在兵力上幾乎與大唐相當。這樣一個國家的崛起，勢必要與大陸東部擔任領袖的大唐產生衝突，從而掉入到這個所謂的「修昔底德陷阱」當中。

沒有人說得清楚，在唐蕃和親、經過了長達二十年的和平時期之後，兩國為何又會再次走向衝突和對抗。開元皇帝李隆基雖然有吞併四夷之志，喜好邊功，但並不是狂熱的好戰分子，如果不是吐蕃屢次襲擊大唐的州縣，讓大唐境內的百姓和屬國們苦不堪言，唐廷其實也不願意耗費大量人力財力，出兵到荒涼的青藏高原上作戰。

第三章　征途萬里—汗國、雪域與天朝

但對於吐蕃來說，大唐的存在本身就是對自己的一個威脅。吐蕃所處的青藏高原，歷來物產匱乏，因此不得不持續不斷地擴張，向周圍的富庶地區進攻。可每當吐蕃擴張到一處，就會發現大唐的勢力早已延伸到了這裡。往東，吐蕃會遇上大唐的隴西、劍南軍鎮；往北，吐蕃會遇上大唐的河西以及安西都護府；往西，越過蔥嶺（帕米爾高原），會遇上勃律、于闐等大唐屬國。甚至再往南，吐蕃都能和大唐在天竺的那些藩屬國打上照面。在這樣的情況下，只要吐蕃想繼續擴張，與唐廷的衝突就在所難免。

開元初年，吐蕃首先嘗試的發展路線是「東出」方案，也就是經過青海，圖謀大唐的隴西、劍南。開元二年（西元714年），吐蕃十萬大軍從青海出發，經過蘭州，攻打臨洮。遭到了唐將薛訥（薛仁貴之子）、郭知運的迎頭痛擊。大來谷一戰，太僕少卿王晙率領兩千人大破吐蕃主力。而吐蕃撤軍的路上，又遭到了豐安軍使王海賓的阻擊，損失慘重，數萬士卒戰死或者被俘。王海賓，也就是王忠嗣的父親，就是在這場戰役中陣亡的。

大來谷一戰意味著吐蕃向東擴張的方案破產，大唐也靠這場戰役穩住了邊疆的防禦，為姚崇、宋璟的改革帶來了數年的穩定時間。

東出路線行不通，吐蕃休整了幾年之後，嘗試起了更為簡單的「南下」方案，打算翻越喜馬拉雅山脈，把南方的天竺各國併入版圖。天竺各國恰好是大唐勢力的薄弱地帶。八十多年前的貞觀末年，在王玄策向吐蕃、泥婆羅借兵攻滅了戒日王朝之後，就鮮有大唐的旗幟出現在這裡，但西天竺、南天竺等國始終保持著對唐廷的朝貢。面對吐蕃的南下，南天竺遣使朝貢唐廷，說願意用戰象和兵馬討伐吐蕃。唐廷於是在南天竺設立懷德軍，抵抗吐蕃南下。

不過，天竺各國的戰鬥力有限，吐蕃最終成功地進入了印度地區，占領了大片富饒的恆河平原的土地。但懷德軍的存在對於吐蕃來說始終是個牽制，限制著它在印度洋沿岸的擴張。

吐蕃一直在進行的還有「北上」方案，也就是翻越祁連山、崑崙山，進取大唐的河西、安西。這條路線曾是當初高宗、武周時期吐蕃進攻的重點，唐廷在西域設的安西四鎮一度被吐蕃所攻陷。好在武周時期，安西四鎮被王孝傑成功收復，郭元振鎮守安西四鎮多年，終於牢牢地守住了這片大唐的土地。到了開元年間，大唐在安西已經建立了多道防線，從外圍的龜茲、疏勒、焉耆、于闐等屬國的僕從軍，到駐守在伊州、西州、庭州的兩萬唐軍，還有安西都護府兩萬四千人的核心戰力，整個安西地區兵力達到了十餘萬，足以抵禦吐蕃傾國之兵來犯。

開元十五年（西元727年），吐蕃大舉進攻瓜州，並串聯回紇護輸等鐵勒人的不穩定勢力，謀殺了河西節度使王君㚟，希望透過進攻河西切斷安西與大唐內地的聯繫。在新主掌河西的蕭嵩、王忠嗣的經營下，唐廷在河西也加強了防禦，吐蕃最終也沒能在河西占到便宜。

幾條路都走不通，吐蕃剩下的只有最後的「西進」方案：通過西邊的蔥嶺，將西域諸國納入自己的勢力範圍。大唐在東邊，吐蕃便向西擴張，把整個西域拿將下來！

要通過蔥嶺進入西域，首當其衝的就是蔥嶺上的勃律國（今喀什米爾地區東部）。勃律位於吐蕃前往安西四鎮的要衝，歷來臣服於唐廷。在西域諸國中，勃律國尤其重要，是大唐在蔥嶺的西大門。吐蕃想通過蔥嶺，勢必要對勃律國開刀。

感覺到前面吐蕃國的威脅，勃律更進一步抱住了唐朝這條大腿。勃律王多次親自跑到長安朝見天子，表達自己的忠心，還以對待父親的禮節敬拜大唐天子。唐廷此時也需要勃律國為安西守好大門，於是像對南天竺的懷德軍一樣，賜給勃律國軍隊唐軍的番號，將其改編成為綏遠軍，由安西都護府排程、防禦吐蕃。

吐蕃也針鋒相對，透過扶持勃律國內部的內亂勢力，成功將勃律國分

第三章　征途萬里—汗國、雪域與天朝

為大勃律和小勃律，大勃律倒向了吐蕃，而原來的勃律國王沒謹忙變成了小勃律國王，只留下北邊殘餘的半壁江山，實力大大減損。

開元十年（西元 722 年），吐蕃大軍壓境，入侵小勃律，奪取小勃律九城，正式拉開了「西進」的序幕。吐蕃還對自己的行為做了解釋，他們不是要占領小勃律，而是借道去打安西四鎮而已。小勃律國王沒謹忙大概也知道「假途滅虢」的道理，激烈地抵抗，並向唐廷求救，安西都護府張嵩緊急下令，由駐軍在疏勒（今新疆喀什疏勒縣）的張思禮發兵四千，火速馳援，與小勃律沒謹忙的軍隊合力夾擊吐蕃，終於大敗吐蕃軍。

為了進一步遏制吐蕃在蔥嶺一帶的行動，唐廷加緊在蔥嶺諸國展開外交活動，準備在這裡形成一道遏制吐蕃西進的封鎖線。

箇失密國，後世稱之為「喀什米爾」，位於群山之中，易守難攻；謝䫻國，在如今阿富汗的東南，兵民強悍而驍勇。這些國家聯合起來，背靠大唐的安西都護府，抵抗著吐蕃的兵鋒。他們甚至計劃把和親吐蕃的大唐金城公主迎接到箇失密來，免得她遭受吐蕃人的白眼。

這個外交網路還在一點一點地擴大，像護蜜國（今阿富汗東北）等原本親附於吐蕃的國家，也開始倒向了唐廷。

面對唐廷的外交攻勢，吐蕃也不是吃素的，直接丟出了一個重磅炸彈——突騎施被吐蕃策反了。

突騎施曾經是西突厥的別部，當年靠幫助大唐痛打西突厥崛起於西域。到了開元年間，突騎施正逢一代雄主蘇祿在位，果斷地宣布與後突厥汗國的默啜可汗脫離關係，進入大唐的懷抱。唐廷知道蘇祿是個狡詐的奸雄，但又不得不借助突騎施的力量對抗突厥和吐蕃，因此十分客氣地對待突騎施，封蘇祿為可汗，將大唐在中亞的重鎮碎葉城交給了突騎施，讓他們為大唐防守西北大門，順帶防備西邊大食國的東擴。開元十年（西元 722 年），唐廷還與突騎施和親，將皇帝的遠方表姪阿史那懷道的女兒封為

交河公主，嫁給了蘇祿。

　　誰知蘇祿野心挺大，不光娶了交河公主，還娶了吐蕃贊普、突厥可汗的女兒，坐擁三位大國公主，蘇祿靠著實力成了人生贏家。

　　三位公主，同時都是「可汗夫人」，這在唐廷看來是極為過分的一件事情。大唐的公主是何等金貴？為了一個並沒有皇室血統的「公主」，那麼多國家求而不得，一些小國家甚至連開口求親的勇氣都沒有。嫁女是強者的恩賜，大唐的公主不管嫁到哪裡，歷來都是正妻的身分，如今在他蘇祿家裡，卻和突厥、吐蕃的女人地位平等？

　　而蘇祿也算得精明，他判斷，與吐蕃結盟更有利於自己，畢竟突騎施與吐蕃沒有什麼利益衝突，他們只要一起反唐，就有機會共同瓜分大唐的安西。開元十五年（西元 727 年）那場吐蕃大舉進攻瓜州、河西的戰爭，就是吐蕃與突騎施共同策應的結果。

　　就這樣，大唐與吐蕃你來我往，在外交戰線上打得難解難分。整個歐亞大陸，也因為這兩大勢力的紛爭形成了不同的陣營。一邊是抗蕃同盟，一邊是反唐戰線，雙方打得不可開交。

　　開元二十年（西元 732 年），大唐與吐蕃協商決定，兩國以青海湖東邊的赤嶺為界，雙方約為甥舅之國，罷兵休戰，握手言和。

　　就像是第二次世界大戰之後，兩大陣營轉入冷戰一般，唐蕃休戰之後，雖然停止了正面對抗，但爭鬥一刻也沒停下，只是從熱戰轉為了冷戰而已。

　　吐蕃仍舊打著小勃律的主意，想要打通這條關鍵通道。而大唐則加緊策劃著更大的外交攻勢。大唐安西都護府的使節正跨越高原與荒漠，前往更遙遠的大食國，尋求外交的聯合。他們計劃與大食國一起東西夾攻，肢解蘇祿的突騎施汗國。

第三章 征途萬里—汗國、雪域與天朝

大食是西方大國,據說有著不亞於大唐的實力。一百多年前,麥加的先知創立了清真教,隨後他的繼承者,四大哈里發,手持彎刀四處征戰,將先知的教義透過他們的征服傳遍各方。如今的大食是一個橫跨三大洲的大帝國,進入了倭馬亞王朝,唐人稱之為「白衣大食」,大唐已經與他們打過不少交道,當年天子封禪泰山,就有大食國使者參加。

人們能隱約地猜到,大食國是個令人敬佩並警惕的對手,但在此時,大唐將與大食暫時聯合,一起對付共同的敵人。

開元二十三年(西元735年),碎葉城。蘇祿佝僂著身子,在城上探出頭眺望著。遠處煙塵滾滾,殺聲震天,那是大唐北庭都護蓋嘉運的大軍,他們正沿著碎葉川西進,消滅了所有試圖阻擋唐軍兵鋒的突騎施軍隊,逼近了碎葉城下。

這一次,唐軍真的來了。安西、北庭兩路唐軍聯合出動,南北夾擊,將突騎施打得大敗。

幾個月後,大食軍隊也如約而至,抵達了突騎施西境的吐火羅。蘇祿沒有辦法,為免兩線作戰,只能向唐廷遣使請求和談,自己則親自率領精騎渡過阿姆河,前往西境防禦大食。第二年,大食與突騎施在喀里斯坦展開決戰,蘇祿慘敗,僅以身免。

蘇祿已經老了,幾年前他不幸中風,雖然救回了一條命,卻廢掉了一隻手。和蘇祿的身體一樣,他的突騎施汗國也已是強弩之末。他已經無力控制這個汗國了,蘇祿原本的部下們,漸漸地不再聽命於他,甚至不願意稍微隱藏一下他們的反叛之心。而蘇祿則毫無辦法,只能任由整個突騎施汗國走向分裂。

開元二十六年(西元738年),一代梟雄蘇祿可汗死在了突騎施首領莫賀達干、都摩支的叛亂中,而突騎施部也在不久之後被北庭都護府所平定。此時距離初代突騎施王崛起於西域,不過短短四十八年。

漫漫歷史長路上，許多國家或者王朝都像突騎施一樣，興盛一時，卻又如流星般迅速隕落。上下數千年，唯有華夏依然屹立於東方。

玄宗朝唐蕃戰爭示意圖

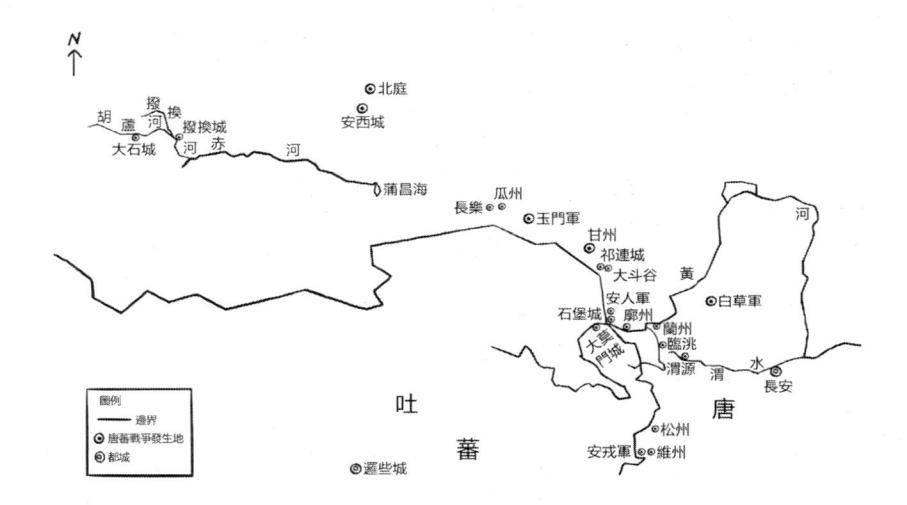

04 狼種突厥衰亡錄

安祿山一直覺得，他的生日有特殊的意義，它昭示著自己肩負某種上天賦予的使命。

長安三年（西元 703 年），癸卯，元月一日，安祿山出生在一個突厥族的小部落。他不知道自己的父親是誰，只知道是一個粟特族的胡人。漠北到處遊蕩著這樣的胡人，他們來這裡行商，還將拜火的祆教傳入突厥地區——在安祿山出生的這個部落，所有的突厥族人都皈依了拜火教，信奉光明之神阿胡拉・馬茲達，安祿山的母親就是拜火教的巫女。也許有一個粟特人傳教行商到此，與安祿山的母親、這個部落的巫女相處了一段時

第三章　征途萬里—汗國、雪域與天朝

光之後，生下了他。然後粟特人離開了，留下了安祿山這個胡人之種。

母親最初為他取的名字叫阿犖山，安祿山是後來他前往大唐後按照讀音自己改的漢名。

阿犖山，拜火教中的神祇化身，是戰無不勝的鬥戰神，也是光明的象徵。母親曾向阿犖山祈禱，然後生下了他。又因為安祿山出生在元月一日這個特殊又有紀念意義的日子，母親堅信他是光明之神的化身，將順承阿胡拉‧馬茲達的意旨，開創一個新的時代，一個光明的時代。

安祿山也和他母親一樣，單純而幼稚地相信著。

傳說中，突厥人最早的阿史那氏祖先曾被仇人滅族。最後僅存的阿史那氏是一個男孩，被丟棄在草原上，是一隻母狼養大了他。阿史那男孩與母狼交合，生下了十個孩子，後來就成了十姓突厥。拜火教的祭司說，那隻母狼是騰格里降下的使者，而騰格里就是上天，就是光明之神阿胡拉‧馬茲達。

只可惜，那個能開啟新時代的光明之神化身，並不是突厥狼種，而是一個流淌著粟特人血液的雜胡。

頂著「雜胡野種」的名頭，安祿山在部落族人的奚落中度過了他的少年時代。長大之後，他早早地逃離了他的家鄉，毫無留戀。寧可跟著商人做買賣，也不願意留在突厥的部落裡。

突厥是注定不可能再復興的了。經歷了一百多年，內部已經失去凝聚力，變成了一盤散沙。當國中央王朝在武周革命時暴露了它的脆弱，突厥各部的貴族們認為有機可乘，才在默啜的暴力之下扭成了一條繩子。如今大唐有一代英主開元皇帝在位，國力蒸蒸日上，突厥的貴族們討不到半點好處，自然不可遏止地鬆塌下來。

開元二十年（西元732年），安祿山在偷羊時被當地人抓住，送交給了

幽州節度使張守珪。按照唐律，外邦的蕃族犯罪有獨特的規定：如果犯罪之人和受害之人來自同一個蕃族，那就按照本族的法律處理；如果不是，那就按照大唐的律法論處。可唐律在安祿山這個雜種身上卻遇到了難題，安祿山畢竟是通曉六國語言的商人，他巧舌如簧地論起了律法——安祿山算哪個蕃族？突厥，還是粟特？抑或是別的胡族？倘若沒辦法說清楚他的屬籍，便難以明確處罰應該適用的法律。

幽州節度使張守珪是個武人，沒有坐下來研究唐律漏洞的閒工夫，他很快不耐煩起來，便擺擺手，下令將安祿山直接亂棍打死。

這就是安祿山這樣的雜胡所面對的現實，在唐朝的官老爺眼裡，這個肥胖的胡人雜種和螻蟻沒什麼區別。安祿山這時才著急起來，他不能在這個時候被打死，尤其不能這樣不明不白地死。不知從哪裡生出了勇氣，安祿山大聲道：「大夫難道不想消滅蕃族麼？為何要打殺祿山？」

這股臨危不懼的氣勢，讓張守珪略微感到驚異。他仔細端詳起安祿山來，看他身體肥圓，但卻俊秀白淨，是個靈活的胖子。這樣的身板，倒是個從軍的好胚子。

從此，安祿山便在幽州節度使麾下做起事來，此時的他不會想到，有朝一日他也會成為幽州節度使，而且真的改變了歷史。

誰說混血兒不可以成為未來的王呢？當年突厥王族阿史那氏的祖先，不也一樣嗎？

在安祿山認真地做著張守珪的乾兒子，全心全意為大唐肅清契丹人的騷擾的時候，突厥汗國也在無聲地走向崩潰。

暾欲谷和闕特勤的相繼去世，讓小殺彷彿失去了左膀右臂。一直以來，突厥汗國的軍威都由闕特勤支撐著，如今闕特勤一死，汗國中的許多部族又開始蠢蠢欲動。不論是突厥各部與鐵勒人之間，還是十姓突厥內部

的各個部落之間，都是矛盾重重，內亂一觸即發。

歸根到底，還是草原太過於貧瘠，能養活的人口太少了。以往的東突厥、薛延陀之所以興盛，是因為那些雄才大略的可汗能帶著各部落出去闖蕩，去搜刮鐵勒人的牛羊，去長城邊上劫掠漢人的村莊，去參加對外戰爭獲得戰利品。可是如今，大唐封鎖了邊關，只在幾個地方開設権場，允許貿易。唐人雖然不喜歡造長城，但是他們在邊疆沿線設立了嚴密的烽燧系統，突厥人只要一出來尋找地方劫掠，就有烽燧示警、邊兵防禦，將國境線看得死死的。

經歷了姚崇、宋璟、張說三屆宰相團隊之後，大唐的國防體系終於完成了基本改革。雖然沒能恢復貞觀之治時那樣高效的府兵制，但開元朝的君臣靠著修修補補，總算是建立起了一套新的軍事制度。原來耕戰合一的府兵，被招募僱傭的團兵替代。為了更有效地應對距離國都萬里之遙的邊關軍情，唐廷在邊關劃分出了一個個軍區，設立節度使，總攬軍政大權。從遼東到安西、劍南，唐廷設立了十大節度使。這讓唐軍可以更為靈活機動地應對日益複雜的邊防軍情。

在這種情況下，突厥人的財路斷了，他們只能在有限的牧場上游牧刨食，草場變得僧多粥少，只能日益相爭，越來越絕望。

開元二十二年（西元734年）十二月，寒冬降臨了草原。每當冬天到來，各部就會出現吃的問題。冬天的草原被冰雪覆蓋，沒辦法放牧，有些貧窮的牧民便會因沒有食物，三三兩兩地餓死。由於這些年唐廷專門設立了「防秋兵」，防止吐蕃、突厥等游牧部落趁著秋天草長馬肥之際侵擾邊境，突厥各部失去了一項重要的收入來源，因此越發地貧困，牧民到了冬天餓死的情況也隨之變得更加嚴重。

開元九節度示意圖

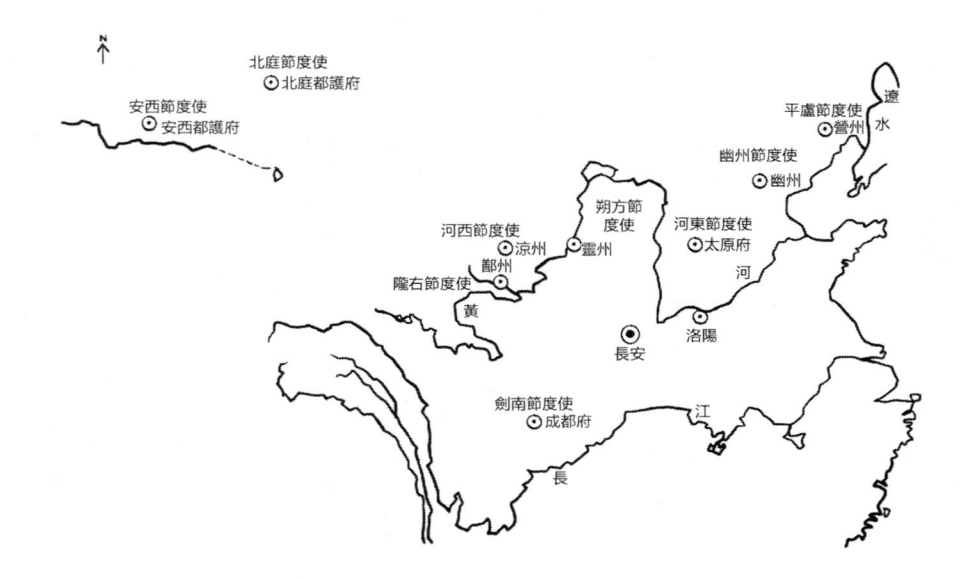

當小殺正籌謀汗國的生計之際，他卻突然口吐白沫，腹痛如刀絞——他中毒了，汗國內部圖謀不軌的人終於出手，對他下了毒，要置他於死地。

也許是劑量下得不夠，小殺雖然痛苦不堪，卻沒有立刻死亡。劇痛之中，他的心卻雪片一般明亮，他顫抖著叫出了那個下毒之人：「是梅錄啜！殺了他！」

此刻汗國風雨飄搖，要是可汗死了，誰最得利？不是小殺的那些族兄族弟，阿史那氏的藍突厥貴族雖然一樣心懷異心，但不會在此時對同樣姓阿史那氏的可汗動手。真正將會得利的，是梅錄啜，以及梅錄啜背後的阿史德氏！小殺娶的是暾欲谷的女兒，所以他的兒子們的母親是阿史德氏，一旦小殺死了，兒子繼位，年幼的可汗必然受制於阿史德氏的母族。到那個時候，整個汗國便被梅錄啜以及他所在的阿史德部控制了！

突厥之興，成也阿史德氏，敗也阿史德氏。當初是阿史那氏的突厥可

第三章　征途萬里─汗國、雪域與天朝

汗聯合阿史德氏，才縱橫草原、統一了漠北各部。歷代的阿史德氏貴族，如阿史德溫傅、阿史德元珍、暾欲谷，都是歷代可汗最倚重的人。如今阿史德氏卻在突厥各部最動盪的時刻，背叛了阿史那氏的可汗，在阿史那氏的背後捅了一刀。

小殺在臨死之前，派兵誅殺了梅錄啜和他的部下，但他沒辦法再繼續追究下去了。阿史那氏、阿史德氏原本是一體的，誅滅所有阿史德，不僅會波及他的妻子、兒子，連突厥汗國也將不復存在。

帶著無比的悲涼與痛苦，後突厥汗國的毗伽可汗嚥下了最後一口氣。

毗伽可汗死後，兒子伊然可汗在阿史德氏的擁立之下繼位，大權掌握在毗伽可汗的妻子阿史德可敦手中。也許是身體一直不好，或者年紀太大難以控制，伊然可汗很快就病逝了，可汗之位便傳給了弟弟，也就是登利可汗。此時可汗的周圍，已經全是阿史德氏的勢力。

登利可汗，或者可以稱為「騰格里可汗」，正是當年鐵勒諸部擁立太宗皇帝為「天可汗」時的尊號。可是此「天可汗」已非彼「天可汗」，登利可汗時的突厥汗國，已經無可挽回地四分五裂。可汗王庭內部，阿史德氏與阿史那氏已經公開決裂，登利可汗分別擔任左殺、右殺的叔父與阿史德氏鬥得不可開交；整個汗國之內，鐵勒九姓也各自為政。

大勢已去了。

在草原的西端，鄂爾渾河畔，骨力裴羅指揮著回紇部眾搭起了牙帳與穹廬。他為這裡取名叫斡耳朵八里，漢文的意思是「黑虎城」。從此之後，他的回紇部將以這裡為大本營，它將會變成一座雄偉的城池，一個屬於回紇人的王庭。

回紇部與突厥一樣，出於十姓烏古斯各部的鐵勒人。但和信仰拜火教的突厥人不同，他們信仰的是尊奉明尊的摩尼教（也就是明教）。而摩尼

教是拜火教的異端。突厥人不會想到，有朝一日，這些異端的回紇人，也將崛起成為足以與他們抗衡的一個草原強部。

骨力裴羅是回紇承宗的兒子，當年他的父親還是回紇部首領、大唐的瀚海都督時，被河西節度使王君㚟抓住，流放到了萬里之外的嶺南，引起回紇全族的震驚。骨力裴羅跟著兄長護輸，在吐蕃人的支持下截殺了王君㚟，成功地為父親報了仇。但代價也十分慘烈，他和護輸不得不流亡到漠北，投靠了突厥汗國。

這十年來，骨力裴羅歷經了千辛萬苦，才將留在漠北的回紇族人收羅到一起，並抵擋住了別的部落的襲擊。護輸也在這期間死去。但風雨之後總算有天晴的一天，突厥人內亂了，不再有能力統治漠北草原。而回紇部也在他的治理下變得越來越強大。

未來的漠北，將是回紇人的天下。

05　最後的突厥可汗

長安城的酒肆裡，一如既往地喧鬧。高鼻深目的胡姬挽著袖子，風姿翩翩地穿梭在酒桌之間，為客人們添酒加菜。有從西域回來的行商，唾沫橫飛地講述著他們這一路上有趣的見聞，當他們講到突騎施汗國一朝被滅，蘇祿身首異處之時，酒肆中的人們高聲喝采。

一個潦倒的中年人縮在角落裡，一邊喝著酒，一邊聽著他們的故事。他叫李白，是一個從四川來的詩人。此時的他來長安已經多年，雖然在賓朋的席位上廣受歡迎，但是輾轉拜謁，卻沒有找到什麼出將入相的門路。四處碰壁，心中鬱悶，李白只能把心情寄託在杯中之酒上。

這個長安城不知承載著多少人的夢想，有人一朝得勢，揮金如土，也

第三章　征途萬里—汗國、雪域與天朝

有人失魂落魄，漂泊無依。李白行走在長安西市的坊巷裡，銀鞍白馬、簪花佩玉的少年們在他的身旁穿梭而過。他也曾如這些少年一般意氣風發，而如今的李白，心中雖仍有一顆少年之心，但身體卻已不再是少年了。

五陵年少金市東，銀鞍白馬度春風。

落花踏盡遊何處，笑入胡姬酒肆中。

跟隨著前面嬉遊的少年們，李白一起進入了胡姬的酒肆。胡人在西市的酒肆，歷來大受長安百姓們的歡迎，一直門庭若市。酒肆中有各式各樣的娛樂活動，粟特族的胡姬時而招呼延攬來往的顧客，時而就著樂師的鼓點節奏，即興跳一場胡旋舞，引得周圍酒客們的滿堂喝采。此時，酒客們的注意力全在談論塞外邊區的戰事上，如今大唐屢戰屢勝，萬里之外的戰事每每成為長安百姓們的熱門話題。

聽到興起時，李白忽然大笑起來，起身手握酒杯，大聲地吟唱：

五月天山雪，無花只有寒。笛中聞折柳，春色未曾看。

曉戰隨金鼓，宵眠抱玉鞍。願將腰下劍，直為斬樓蘭。

長笑著，他將杯中酒一飲而盡。抬頭望見了周圍人們驚異的目光，李白笑道：「諸位，我新作的這首〈塞下曲〉，聽起來如何？」

眾目睽睽，無人應答。李白不以為意，從懷中摸出幾個開元通寶，一字排放在桌上，拿起身邊的劍，轉身離開。

據說李白是隴西李氏之後，出生在遙遠的碎葉城，但自從記事開始，他就沒有踏足過西域，那些大漠的風沙，沖天的蒼鷹，隆隆的金鼓轟，都只是李白醉後抑或夢裡所見到的情形。李白毫不隱藏自己遠大的夢想，若有朝一日，長風破浪會有時，他定要仗劍橫行，直掛雲帆濟滄海。

好男兒，便去安西！那裡長空萬里，是施展抱負的大好時機！

開元二十九年（西元 741 年），左羽林軍上將軍王忠嗣升任朔方節

05 最後的突厥可汗

度使，不久之後又兼任靈州都督。此時的他，勛官已經是從三品的雲麾將軍。

十餘年的從軍經歷，能讓一個在宮廷錦衣玉食的少年，成長為歷經風霜、慣看沙場秋風的名將。天子當年的許諾終於應驗了，作為忠烈之後，王忠嗣成了十大節度使之一，執掌一方軍政大權。

繼任節度使之後不久，奚人大舉南下，王忠嗣率軍迎頭抵禦，在桑乾河與奚人首領奚怒皆交戰，三戰三捷，凱旋而歸。

這場戰爭除了大破奚怒皆之外，王忠嗣還探聽到了突厥內亂的消息。

自毗伽可汗死後，突厥陷入內亂。阿史德氏與阿史那氏終於明刀明槍地打了起來，先是被阿史德氏控制的登利可汗設局誘殺了他阿史那氏的叔父，然後是統領突厥本部右翼部眾的右殺被當場斬首，部眾被阿史德氏接管。叔叔左殺不能答應，於是率軍直接攻打可汗牙帳，大敗阿史德氏，殺死登利可汗，立了毗伽可汗另一個兒子為新的可汗。

打敗了阿史德氏，阿史那氏內部又內訌起來。另一位阿史那氏的骨咄葉護發起兵變，殺死了左殺和新的可汗，又立了毗伽可汗的另一個兒子，骨咄葉護還不過癮，不久之後直接殺了新可汗，自立為可汗。

可憐毗伽可汗的兩個小兒子，先後被迫做了幾天的傀儡可汗就被殺死，甚至沒有在史書上留下他們的名字。

而經歷了數次兵變的突厥汗國已經無比羸弱，終於引來了原本突厥汗國所統屬的其他部落的反噬。拔悉蜜、回紇、葛邏祿三部共同發兵，在唐廷派出的使者的支持下，擊殺了骨咄葉護。汗國需要一個新的阿史那氏可汗，所以三部共同擁戴屬於阿史那氏旁支的拔悉蜜部酋長做了可汗，是為頡跌伊施可汗。回紇的骨力裴羅、葛邏祿部酋長，分別擔任左右葉護，也就是地位僅次於可汗的人。

第三章　征途萬里—汗國、雪域與天朝

突厥本部的阿史那氏殘餘被擊敗後，自然不服頡跌伊施可汗，自行擁立了闕特勤的兒子為可汗，是為烏蘇米施可汗。這時唐廷下令，讓烏蘇米施可汗率領突厥殘部舉族內附，接受大唐的整編管理，而王忠嗣也率軍北上，屯兵於磧口。

兜兜轉轉，歷史的聚光燈終於再次照在武川鎮的故地上。在這片土地上，曾經生活過關隴門閥的先祖，又在貞觀三年（西元629年）時，見證了李靖李衛公率軍大破頡利可汗的傳奇一戰。

然而王忠嗣留在了磧口，沒有繼續北上。既是出於他用兵的謹慎，也是因為他自成一派的經驗。他要以威懾為主，伺機出擊，以最低的代價，取得最大的戰果。

果然，不久之後，聽聞王忠嗣大軍壓境，烏蘇米施可汗不得不派人請降，王忠嗣立刻答應，定下日子，要求烏蘇米施可汗率領部眾南下匯合。另一邊，他卻早已準備好了殺招，當烏蘇米施可汗猶豫著是不是要南下的時候，拔悉蜜、回紇、葛邏祿的大軍已經到達他們這裡，並發動了攻擊。烏蘇米施可汗連忙撤退，而此時王忠嗣早已透過間諜查知了突厥人撤退的路線，並穩穩當當地等在了他們的必經之路上。

這一戰，王忠嗣俘虜了剩下的突厥殘部，並帶走了整個突厥本部右翼，大勝而歸。

突厥本部整整一半的部眾，包括突厥汗國原本的西葉護阿布思、烏蘇米施可汗之子葛臘哆，以及原來的伊然可汗、登利可汗等人的勢力，一共五六千帳，數萬人馬，全都相繼離開突厥，歸附唐廷。剩下的左翼部眾，有的被拔悉蜜、回紇、葛邏祿收編，有的逃散在外，有的跟著烏蘇米施可汗繼續流亡，偌大的一個突厥部，就這樣衰微了。

月黑雁飛高，單于夜遁逃。

欲將輕騎逐，大雪滿弓刀。

烏蘇米施可汗在兩年後被拔悉蜜部的頡跌伊施可汗捉住砍了頭，首級被送到長安，成了李唐皇室太廟的又一件收藏品。

突厥失去可汗之後，立了烏蘇米施的弟弟白眉特勤鶻隴匐為可汗，是為白眉可汗。但屢戰屢敗的白眉可汗已難有人信服，於是突厥又一次陷入了大亂。王忠嗣看準時機再次出擊，抵達漠北深處的薩合內山，與突厥剩下的左翼交戰，再一次擊破了阿波達干十一部。此時的突厥，已是山窮水盡，再也沒有一點希望了。

天寶四載（西元745年），距離最初伊利可汗擊敗柔然人，建立突厥汗國，已經過去了兩百年。突厥最後一任可汗白眉可汗在敗退之中被回紇人追上，四周都是回紇汗國的大軍。回紇葉護骨力裴羅此時已經被唐廷冊封為漠北草原上新的可汗，他的汗號是「骨咄祿毗伽闕」，也許是要用汗號來祈願這三位過往的突厥英主能夠賜給回紇人新的力量。

白眉可汗的身邊，人馬寥落，部眾早已散盡。

他最後一次向騰格里、向祆神阿胡拉・馬茲達、向阿舉山祈禱，而後力戰、被擒、身首異處。威震天下的突厥汗國的最後一任可汗就這樣鬱鬱死去。他的首級被回紇骨咄祿毗伽闕可汗收下，送到長安的唐廷，再次成了李唐太廟的收藏品。

這一年，毗伽可汗的可敦（妻子）阿史德氏率領殘餘的部眾向大唐投誠，宣告了突厥部落的消亡。

同樣是這一年，突厥與粟特人的混血兒安祿山擔任范陽節度使，兼任河北採訪使、平盧節度使，成了朝廷軍界的紅人。

我們或許可以設想，突厥汗國滅亡之後，盛唐的詩人杜甫在他曾逡巡過的長安城中的酒肆裡，會遇見這樣一位來自北方的旅人。

旅人說，在漠北的草原深處，有突厥人的鬱督軍神山，大山高約萬

仞，直穿入雲。神山之下，有一塊巨大的石碑，孤獨地聳立於荒草之間。石碑前立著突厥人墓碑前都有的殺人石，殺的人越多，石人就立得越多。這塊巨大石碑前的石人分列兩旁，排成了長長的佇列。

看那石碑上還刻著字句：

我，像天一般的突厥毗伽可汗，是右方的失畢、伯克們，左方的達干、梅錄、伯克們、九姓烏古斯以及民眾們的萬王之王。

向東到達日出之處，向南到達日中之處，向西遠抵日落之處，向北到達午夜之處，都是臣服於我的地方。

我受上天恩寵，強者盡皆臣服。

除了石碑與石人之外，天地間蕩然無物。

廢墟四周，唯餘青草離離，荒原莽莽。

寂寞荒涼，伸展四方。

第四章

大明宮陰雲 —— 廟堂安逸生禍根

第四章　大明宮陰雲──廟堂安逸生禍根

01　李林甫升遷記

　　三百年後，有一個叫司馬光的人在一部名叫《資治通鑑》的歷史長卷開篇說道，人們把那些比自己更強的人統稱為「賢人」，但卻總是分不清，他們究竟強在哪裡，不只是分不清，而且看不明白。所以人們要麼盲目地仿效強者們，要麼狂妄自大到以為自己和強者們同屬一個等級。那麼這些賢人們究竟強在哪裡呢？司馬光給出了他的答案：一個人之所以有過人之處，大抵是因為他們在「才」或者「德」方面，比普通人高上一點點。

　　所謂的「才」，是聰察強毅，是有所作為，是準確地應對問題、分析問題、解決問題的能力，是為了達到目的而採取各種有效的手段。

　　所謂的「德」，是正直中和，是有所不為，是在任何事情上堅守著善良中庸的底線，是對公道綱常的一種堅持，是對天理與生民的一息善念。

　　世上絕大多數人其實都是普通人，德與才都普普通通，而在德與才兩個指標上都修練到近乎滿格之人，那就是聖人了。這樣的人實在太少，大唐開國百餘年，能達到這個標準的只有寥寥數人而已。德勝於才，那就是君子；才勝於德，那就是小人。歷來都是君子少，小人多，開元朝的歷任宰相中，除了宋璟、張九齡可以稱得上是德勝於才的君子之外，其餘的幾位，甚至是姚崇、張說，都只能被歸在小人一列。

　　按照司馬光的這一套評判標準，說別人是小人，其實並不是完全的諷刺，至少他們不是才與德都無一出眾的愚人，而是在某些方面極強的有才之人，只不過他們的德操無法駕馭他們的才能，導致他們在解決一個個問題的同時，反倒帶來更多其他的問題，最終將整個局面變得更壞。

　　而李林甫，就是這樣一個才華橫溢的小人。

　　李林甫是李唐宗室的遠支，原本不具有什麼特別顯赫的地位。眾所周知，李唐皇室混有胡族血統，自稱出自高貴的隴西李氏，但實際上是硬生

生地給自己臉上貼金。若不是自太宗以來的歷任皇帝孜孜以求地搞姓氏門第排名，強行將宗室列為姓氏第一位，那些高門大戶其實對宗室子弟並不感冒，尤其是像李林甫這樣的旁系宗親。

那時的李林甫，活脫脫是京城裡的一票侃爺飛鷹走狗的長安少年。出身於地位不高的門庭，只能想方設法地在那些高門大戶之間走動，李林甫就這樣練就了一身油嘴滑舌的本領，雖然不學無術，但吃遍四方，到處都能玩得轉。那些高門大戶的長輩同伴們也不太看得起他，動輒直呼他的小名「哥奴」，李林甫也不生氣，就這樣樂呵呵地答應著。

真正讓李林甫擁有人際關係資源的，是他的母親一族的親戚們。李林甫的舅舅姜皎，是天子在臨淄王府時的死黨，先天政變時的功臣，官至祕書監。姜皎本人運氣不太好，當年驪山演武時因為引薦姚崇一事觸怒了天子，隨後坐上冷板凳，後來因為宰相張嘉貞的排擠，被流放嶺南。但姜皎的姻親源乾曜官居侍中，李林甫藉著這麼一層關係，慢慢地升遷了上來，成了從四品的國子監司業，也就是國家教育總署的副總長。

四十多歲，當上了從四品的官職，身穿緋紅朝服，這是那些普通人想也不敢想的成就。但對於李林甫來說，一切才剛剛開始。

在四十三歲那一年，李林甫遇上了他的貴人，御史中丞宇文融。宇文融雖然也是一個同樣從四品的御史中丞，可是李林甫的從四品與這個從四品，不能同日而語。

宇文融是整個朝堂財稅制度改革的靈魂人物，他以一個御史臺監察官的身分，主掌括戶括田，幾年時間裡，宇文融的團隊清理逃戶，重新編制田冊，讓全國總戶數增加了上百萬戶。戶口人丁不僅帶來了人力資源，還增加了朝廷的稅賦收入，使朝廷收入達到百分之十以上的成長。

這個成就讓宇文融瞬間成為天子身邊的紅人，大唐此時正與吐蕃、突騎施對抗，軍費是最緊迫的問題，宇文融的括戶成果一下解決了唐廷因對

第四章　大明宮陰雲—廟堂安逸生禍根

外戰爭、募兵制改革而產生的財政赤字問題，簡直是雪中送炭。天子特地允許宇文融獨立行事，直接向天子彙報工作，還可以直接向州縣發號施令。宇文融的權力急遽擴張，超脫於三省六部之外，連宰相們都要看宇文融的臉色行事。這個時候宇文融是不是個從四品的御史中丞已經不重要了，因為他到哪裡，哪裡就是權力部門。

在二人的接觸中，李林甫的價值終於被宇文融發現了。宇文融此時正需要一個朝堂上的盟友，以應對首相張說越來越濃重的敵意。而李林甫擁有敏銳的政治嗅覺、強大的溝通能力、高超的理政水準、最重要的是他和宇文融一樣都是精緻冷酷的利己主義者，懂得如何審時度勢。這讓他和宇文融一拍即合。

開元十四年（西元 726 年），李林甫加入宇文融團隊，擔任御史中丞。而他新官上任第一件事，就是同宇文融一起彈劾張說，狀告他私自請術士觀察星象，還徇私舞弊、收受賄賂、生活作風奢侈。

他們選的時機很好，正是張說入住中書門下擔任首相的第四年。從姚崇、宋璟，到張嘉貞、張說，每一屆主政的宰相都沒有超過四年，這已經漸漸成了天子統御百官的一項手段，他不能讓宰相們久居相位，羽翼過於豐滿，甚至成為皇帝權力的一個威脅。如今張說也到了「四年之癢」的時候，他負責的軍制改革差不多完成了，天子也就順勢而為，下令將張說「雙規」，移交到御史臺，由宰相源乾曜負責立案調查。

張說雖然算是文壇大家，但也是私德不足之人，平常不知得罪了多少人。此時痛打落水狗的時候到了，李林甫、宇文融的種種指控，全被一一查證屬實。最重要的罪狀，就是那條「私自觀察星象」，這可是圖謀不軌的一大行為，當年的李義府就是栽在了這一條上，最終流放嶺南，不明不白地被人害了。

關鍵時刻，還是張說的哥哥張光出來向天子求情，甚至當場割掉了自

己的一隻耳朵，為張說鳴冤。而高力士探視張說之後，又不失時機地講了張說在獄中的悽慘狀態，勾起了天子的惻隱之心，回想起張說原本的功勞——十四年前，是張說從洛陽送來了自己的佩刀，宣示要與他站在一起，對抗太平公主。那副同仇敵愾的樣子，如今依然歷歷在目。天子終於原諒了張說，只是免去了張說中書令的職務，不再讓他擔任宰相。

在朝堂上，宇文融和張說是死對頭，但李林甫卻不是。宇文融擔心張說重新復位為宰相，便繼續加緊彈劾。都說過猶不及，宇文融越是串聯同僚一起詆毀張說，天子就越是忌憚，擔心宇文融結黨。看宇文融的括戶工作也進行得差不多了，恰逢魏州發大水，需要有個能臣前去處理，皇帝便把宇文融外放，讓他到黃河邊修大壩救災去了。而其他涉事之人，天子也都沒有放過，六十歲的張說被勒令退休，其他參與彈劾的大臣也紛紛被免職。

宇文融被調走，而李林甫卻在這件事情上平穩降落，沒有受到任何牽連。不僅如此，他還一路升遷，先後擔任刑部侍郎、禮部侍郎。他是個天生的技術型官僚，到哪裡都能把事情做得井然有序，而且還極善於做人，從京城各司的同僚，到宮中的內官、宮人，全是他籠絡的對象，更不用說逢年過節送禮、碰了面噓寒問暖了。

人們都說，李哥奴的這張嘴，就像抹了蜜一樣。

靠著這張小甜嘴，李林甫收穫了一大波粉絲，而這些，都將成為日後的資本。

相比之下，旁邊的宇文融做得就差一些了。

外放魏州之後，宇文融的能力再次顯現，他成功帶領官府和百姓們抗擊了黃河大水，還順便打通了永濟渠、通濟渠的漕運物流線，藉著洪水帶來的淤泥，重新開墾稻田，增加了百姓的收入和朝廷的田稅。不僅如此，他還藉著朝廷賑災的物資撥款，透過漕運做了幾筆跨州貿易，賺了不少

第四章　大明宮陰雲─廟堂安逸生禍根

錢。結果整個抗擊災情的過程中，朝廷不僅沒有損耗錢糧，反倒還賺了一筆。

宇文融在賑災過程中，靈活運用朝廷所撥之款，善於調度財用，完成了一次周轉，令災事得以化解。因功績卓著，再度入朝，在開元十七年（西元729年）升任宰相。居相位後，他依然處事縝密，迅速整飭政局，令百官各司其職。

宇文融這個人脾氣急、話多，做事也不夠謹慎。他多年來雖然辦事雷厲風行，但因此得罪了很多人。他想要整頓各部門、提高行政效率，可是太急躁了，結果反而弄得大家怨聲載道。於是他當宰相只撐了九十九天，就被罷免，貶去做汝州刺史。此後仕途再也沒能翻身。一年之後，又有人告發他在黃河救災時貪污了大量賑款，證據確鑿，讓他徹底失勢。

這件事情，恐怕連檢舉人都不免佩服宇文融。這位財政天才，不單單是用救災撥款做貿易，成功使得朝廷撥款回本，並轉虧為盈，他自己竟然還順道吞了一筆錢，由此可見，他經營這筆撥款的投資報酬率有多麼可觀。但是宇文融空有這般天才的能力，卻因為私德不足，最終身敗名裂。他被判貪汙，流配崖州（今海南島），最終死在了前往海南島的路上。

才勝德者為小人，司馬光誠不我欺。

李林甫並沒有因為宇文融的事受牽連，照樣微笑面對每一個人，讓每個人如沐春風。他還找到了別人都沒有的祕密大後臺，在那位神祕貴人的支持下，李林甫越發受到天子的看重。他結好宦官與妃嬪們，因此對皇帝每天說了什麼、關心什麼事一清二楚，這讓他每次奏對之時，都能恰到好處地說出皇帝喜歡的答案。

開元二十一年（西元733年），李林甫擢升為黃門侍郎，踏上了開往宰相之位的直通車。第二年，李林甫被拜為禮部尚書、同中書門下三品，加銀青光祿大夫，與侍中裴耀卿、中書令張九齡一同擔任宰相。

從一個長安惡少年，到執掌大權的當朝宰相，李林甫終於如願以償地得到了他想要的權勢，不過，他的路還很長，更多的機會在後面等著他。

　　也就在這一年，一場震動朝野的大案拉開了帷幕。

02 太子，天下最難的職業

　　開元二十三年（西元735年）時，李隆基在位已經二十四年了，正正好，和他的曾祖父太宗李世民在位的時間差不多。這時他剛剛五十歲，也和太宗駕崩時的歲數差不了多少（太宗死時五十一歲）。太宗這一系的子孫大多患有遺傳性的高血壓病，壽命並不算長，活過六十歲的人寥寥可數。

　　如果李隆基在這一年龍馭殯天，那他也許可以成為古往今來最賢明的皇帝之一，他也不可能被追諡為「玄宗」這樣的廟號，也許叫「宣宗神武皇帝」也說不定，所謂「秦皇漢武」，稍遜風騷，都不如他們這個「唐文唐武」組合！他宣宗武皇帝李隆基，與太宗文皇帝李世民，也許就能一文一武，並立成為大唐泱泱數百年的兩大巨星。

　　只是他天賦膂力，骨相健全，氣血充盈，居帝位再二十年，亦非難事。皇帝久居大位，最痛苦的也許就是太子了。從開元三年（西元715年）郢王李瑛被冊立為太子起，他已經做了二十年的太子。誰都知道，太子不容易做，既要抵禦來自後宮和朝堂上的明槍暗箭，還要小心翼翼地防止皇帝爸爸的猜忌，這二十年，太子李瑛如履薄冰，也許他以為二十年馬上要到頭了，但他不知道，二十年之後，還有下一個二十年。

　　在生兒子造人方面，李隆基絲毫不輸給高祖皇帝李淵。他精力旺盛，前前後後一共生了三十多個兒子，二十九個女兒。為了有效地杜絕前代帝

第四章　大明宮陰雲—廟堂安逸生禍根

王可能出現的奪嫡情況，李隆基參考過去把兄弟宗王集中安置在五王宅裡的做法，在大明宮以南的永興坊和永寧坊，將長大成人的皇子們集中安置起來，安排宦官嚴格管理，禁止皇子們結交朝臣，杜絕任何皇位問題上的不穩定因素。

隨著兒子們逐漸長大，皇子集中居住區也成就了規模，被長安人稱之為「十王宅」。到了開元二十三年（西元735年），搬入的皇子還在變多，「十王宅」已經擴充成了「十六王宅」。

李隆基與皇后的夫妻生活並不協調，一直沒有產下過嫡子。所以太子只有在他的各個年長庶子們當中選擇。在養大的庶子們中，李瑛最年長，於是便立他為太子。對於太子，李隆基的管理之嚴格同樣遠超前代。李隆基自己也是從太子之位過來的，對太子在東宮和一班大臣們關著門策劃的那些小計倆，心裡一清二楚。所以他明確規定太子不要住在東宮了，改住皇帝寢殿外面的別院裡，日日不離皇帝左右。美其名曰「親自培養」，實際上是不給太子任何培植親信的機會。

這番操作下來，大唐太子這個原本就最悲催職業，這下更加辛苦了，被皇帝「關心」得喘不過氣來。更關鍵的是，李瑛還得比他的前任們更要小心，畢竟前代的太子們作為中宮之子，名正言順，而李瑛的生母，卻是個妓女出身。

李隆基擔任潞州別駕時，風流倜儻，瀟灑又多情，看中了當時還是一名歌妓的趙氏，納入房中，然後生下了李瑛。趙氏後來成了趙麗妃，雖然出身低賤，但才藝與外貌俱佳，一時也十分得寵。

但是，情況從武婕妤入宮之後開始出現了變化。

那一年，又一個武氏的女兒入宮成了后妃。武婕妤是武攸止的女兒，武則天的姪孫女，亭亭玉立的樣子，恍惚中讓人彷彿看到了當年那個明豔不可方物的武昭儀，讓能歌善舞的趙麗妃、端莊大方的皇甫德儀等一干後

宮嬪妃全都黯然失色。她性格乖巧，智商情商俱佳，很快得到了李隆基的寵幸。

武婕妤有著和武則天類似的容貌，也有著與武則天類似的野心。她不甘於一直做皇帝的側室，而是要做後宮之主，讓自己的兒子繼承皇帝之位。她在後宮的日子，是活脫脫的一部打怪升級史。她首先的目標是潛邸寵妃趙麗妃、皇甫德儀與劉才人，這幾位跟了皇帝二十多年，已經是三四十歲的中年女人了，保養得再好，也比不上年輕漂亮的武婕妤。在武婕妤面前，三位后妃全部失寵。

寵冠後宮的武婕妤，下一個目標就是王皇后。王皇后可不是尋常女子，她是先天政變的參與者，是像長孫皇后、武則天那樣的皇帝內助，要取代她可不是那麼容易的。武婕妤瞅準了王皇后與皇帝之間因為色衰愛弛而產生的矛盾，恰到好處地挑撥。長此以往，李隆基與王皇后口角不斷，三十年的夫妻，最終變得相看兩厭。

開元十二年（西元 724 年），王皇后被揭發在宮裡舉行厭勝之類的巫術，李隆基親自追查，發現了王皇后私自佩戴的刻有李隆基生辰八字的霹靂木。王皇后說，這塊符厭，原本是一個和尚製作，保佑皇后早生貴子所用的。可王皇后五十歲的人了，已經接近了更年期，又與皇帝缺乏同房機會，怎麼可能再早生貴子？王皇后是李隆基還是臨淄王時的原配，家室、門第並不顯赫，經此一事，王皇后被廢為庶人，不久之後便鬱鬱而終。

王皇后被廢，李隆基便想要立武婕妤為后。可是經歷了武氏與韋氏之亂，武婕妤的姓氏在朝臣們心中實在過於敏感。武氏這些年在百姓們心中也被貼上了「亂國」的標籤，雖然武周之後，朝中不知多少人與武氏聯姻，具有武氏血統的貴族不知凡幾，但再度出現一位「武皇后」，卻是大臣們無法接受的。在朝臣們的反對之下，李隆基終究放棄了立武婕妤為皇后的動議，而是封她為武惠妃，在宮中享受皇后禮節。

第四章　大明宮陰雲─廟堂安逸生禍根

武惠妃雖然沒有如願以償地成為皇后，但也得到了皇后一般的實質待遇，剩下的事情，就是讓他的兒子成為帝國的繼承人了。

她與李隆基在這幾年裡連生兩個兒子，一個女兒，然而全都不幸夭折，所幸第四個孩子是個男孩，因為擔心這位幼小孱弱的「十八郎」（他是皇帝的第十八個兒子）再度夭折，於是放在寧王李憲的邸宅裡撫養。說來奇怪，從這個男孩開始，武惠妃接下來生的幾個孩子全都平安地長大了。開元十三年（西元725年），十八郎入宮居住，封為壽王。李隆基和武惠妃夫婦對這個孩子寄託了太多的情感，十八郎也成了宮中最受寵的孩子。

看著十八郎一天天長大，武惠妃要開始為兒子的未來考慮考慮了──其實不用考慮別的，只要幫這個兒子清除他路上的障礙就可以了。而這個障礙，自然是太子李瑛。

這個時候，外朝的一位大臣透過她熟悉的宦官傳來了話，說願意傾盡全力保護壽王。這位大臣就是李林甫。

透過從後宮各處打聽到的消息，李林甫判斷出了皇帝心中廢黜太子的想法。只有利己主義者才會最懂得另一個利己主義者的內心，當今皇帝是從武周時期的血雨腥風裡過來的，任何可能威脅到他的人，他都會以最快、最狠的方式將其除去。

皇帝李隆基和他的父親睿宗，多年來一直父慈子孝，但當睿宗和太平公主一起，動了廢掉李隆基的想法時，李隆基二話不說發動了先天政變，讓睿宗徹底退出歷史舞臺，退居閒逸，不再過問朝政。

李隆基和他的兄弟們，在商議立儲時謙遜相讓，創下一段佳話，後來他們也都相敬如賓，相親相愛，可李隆基對兄弟們雖是榮華富貴地養著，卻不給他們任何參與政事的機會。當愛好交友的岐王李範開始結交朝臣時，李隆基立刻毫不留情地處理了那些大臣，斷了岐王培養政治勢力的可能。

同樣的道理，當太子李瑛年歲漸長，開始有了一些政治資源之後，便成了李隆基皇位的一個潛在威脅。在這種情況下，哪怕太子只有百分之一謀逆的可能，李隆基也絕不會姑息。

這就是李林甫站在壽王李琩這一邊的原因。

說起來，李林甫和武惠妃有著千絲萬縷的關係。武惠妃的堂姐，也就是武三思的女兒，嫁給了侍中裴光庭為妻，這位宰相夫人，同時還是李林甫的情人。透過這層情人關係，李林甫贏得了武惠妃的青睞。此時李林甫託人帶話許諾，讓武惠妃信心大振，從此之後，她便成了李林甫的後臺。她可以為李林甫提供各種幫助，包括推薦他成為宰相，而李林甫要做的，就是幫她扶助壽王。

03 「三庶人事件」背後的宮鬥大戲

開元二十四年（西元 736 年）的冬天，太子李瑛和皇甫德儀的兒子鄂王李瑤、劉才人的兒子光王李琚一起在十六王宅中小聚，抱怨著母親失寵、武惠妃當道的事情。這個消息馬上被武惠妃知曉，武惠妃立刻來到李隆基處，哭著報告說：「太子私下結交黨羽，不僅要謀害我們母子，還要指斥天子之尊……」

結交黨羽，是李隆基的一塊逆鱗，太子做這種事情最不能容忍。太子這二十年來雖然沒有做錯什麼事情，但與李隆基的小矛盾卻也不少，李隆基早就想另立儲君了。如今聽說太子和兄弟們私下密談，就更坐實了他們別有心思的事實，李隆基立刻召來宰相們，商議廢太子之事。

當朝首相張九齡立刻反對：「太子等三位皇子都已經長大成年，沒有什麼大的過失，怎可以一下子因為一條沒有根據的舉報，憑一時喜好隨意

第四章 大明宮陰雲—廟堂安逸生禍根

廢掉呢？況且太子之位，是天下之本，不可以輕易動搖，若陛下一定要這麼做，臣不敢奉詔！」

這一番話句句刺耳，李隆基登時不開心了。可張九齡就是這麼一個脾氣，他有著士大夫的耿直，以前也常常犯顏直諫。自張說為相以後，李隆基的權威越來越高，朝中原本的那股勸諫之風漸漸地便不復當初了，只有張九齡這樣的直臣，還保留著一股貞觀之風。他是文壇領袖，在朝野威望極高，李隆基尊敬他的風骨，確實也不敢輕易懟回去。

太子問題極為敏感，張九齡反對之後李隆基的表情又極為難看，幾位宰相都沉默著，沒有繼續發言。連一向嘴甜的李林甫，這次也是一言不發。這場議事最終不歡而散，李隆基自己也猶豫未決。

散會之後，皇帝和宰相們離場。而李林甫卻沒有散去，留住了一位相熟的宦官，打聽這件事情的前因後果。方才事情倉促，他對武惠妃在御前哭訴的那些故事一概不知，如今知曉了，這才開口說道：「此乃主上的家事，又何必去問外人！」笑了笑，走了。

李林甫知道，宮中沒有祕密，他這句話不久之後便會傳進皇帝的耳朵裡。而皇帝聽後，自然會知道這句話的分量。

永徽六年（西元 655 年），高宗皇帝準備廢掉王皇后，改立武則天為后時，受到長孫無忌、褚遂良的宰相團隊的集體反對。在這個時候，英國公李勣說出了這句關鍵的話：「此陛下家事，何必更問外人。」這句話成了高宗的一顆定心丸，最終讓他下決心立武則天為后。如今，李林甫將這句話原封不動地傳給皇帝，皇帝自然知道永徽朝這件舊事，也自然會明白李林甫的心意。李林甫總是能在最恰當的時機，說出皇帝最想聽的話，這次也不例外。

李林甫的聰明之處在於，他並不會說服皇帝去做一件事情，而是說合適的話，幫助皇帝自己去下決心。武惠妃的告狀，皇帝未必真的相信太子

是要和兩個弟弟結黨謀逆，但如若皇帝下決心要廢掉太子，那太子是不是真的結黨謀逆，已經不重要了。

但是這一次，李林甫失算了，第二天的御前會議上，張九齡報告皇帝，昨天有一位後宮的貴人，支人來給張九齡傳話，說什麼「要廢太子，便一定會立新太子，張公如果能幫忙，便能久居在相位上」。

此話一出，連皇帝李隆基也驚得變了臉色。

張九齡的話，沒有指名道姓是哪位後宮的貴人，但只要動腦子想想就知道，一定是武惠妃。沒有證人證據，只靠張九齡一張嘴，但大家都知道張九齡堂堂宰相，正人君子，從不屑於說謊，他既然這麼說，就一定不會造假。

李林甫聽了也不禁暗自氣惱。武惠妃竟如此沉不住氣，還想要用名利來引誘張九齡？也不想想張九齡是誰，是用名利便可以引誘的那種人嗎？他知道，此時殿上張九齡的這一席話，已經意味著這場事件的終結。

經過這件事情，李林甫也想清楚了，為今之計，他要先將張九齡這個絆腳石挪走，然後才能兌現給武惠妃的諾言，如願幫助壽王取得太子之位。

李林甫與張九齡之間的梁子，從李林甫升任宰相時便結下了。當初皇帝準備任命李林甫為宰相，徵求中書令張九齡的意見，張九齡回答說：「宰相一身繫國家之安危，陛下如果任命李林甫為宰相，恐怕以後要成為國家的禍患。」這句話很快就透過宮人傳到了李林甫的耳中，李林甫拜相之後，雖然惱恨張九齡當初的話，但因為張九齡誰朝中首相，與皇帝正處於關係的蜜月期，所以不得不對張九齡笑臉相迎。

張九齡是直臣，歷來按照自己的原則與理念說話行事，他想要的是實現利濟蒼生、致君堯舜上的理想；李林甫是「曲臣」，歷來按照皇帝的喜好與心意說話行事，他想要的是獲得更多權力，實現利益最大化。他們一個是高尚的理想主義者，一個是冷酷的現實主義者，兩者自然不能相容，也

第四章　大明宮陰雲—廟堂安逸生禍根

必定會在朝堂上有個你死我活。

而皇帝雖然需要張九齡這樣的直臣，但心中難免更喜歡李林甫這樣的「曲臣」，這並不完全因為李林甫善於拍自己的馬屁，而是他作為天下的最高主宰，需要像李林甫這樣有能力但卻不講原則（或者說完全以皇帝的要求為原則）的小人，將他的意志貫徹到施政的各方面上。

當年河西節度使王君㚟手下的牛仙客，此時已經成了朔方節度使。皇帝看重牛仙客善於經營的能力，想要調他來朝廷擔任工部尚書，負責重大工程的修造。但是對這個任命，張九齡提出堅決反對，理由是牛仙客是邊將出身，才學德行不堪擔任尚書這個職位，被任命為尚書有辱於朝廷。張九齡的話頗有些分量，李隆基便退而求其次，想先為牛仙客封爵，累積一定的聲望之後，再讓他入朝為官。

皇帝妥協，張九齡卻不會輕易妥協，他說，牛仙客作為區區邊將，不配封爵。

李隆基沉默不語。話不投機半句多，再說一句也是多餘。

但李林甫卻對牛仙客的任命表示了贊同，他對李隆基說：「牛仙客既然有宰相之才，當尚書又會怎樣？張九齡一介書生，看不清大事體。」

這話讓李隆基笑逐顏開，第二天再次宣布要加封牛仙客的決定。張九齡還是那個觀點，再次提出反對。這時，壓抑已久的李隆基終於爆發了，勃然大怒道：「事情以後便全由你來定吧！」

這是天子少有的一次動怒，張九齡連忙叩首道：「陛下不察臣的愚昧，讓臣忝居相位，事有不妥，臣不敢不盡言。」

李隆基冷笑道：「你嫌棄牛仙客寒微，那你又出自哪個門第？」

氣氛瞬時降到了冰點。天子這話實在太重了，問他張九齡是什麼出身，無異於人身攻擊。張九齡是寒門出身，靠著科舉入仕才一步步成為文壇領

袖，而且他是嶺南人，在以北方人為主體的朝廷中是個十足的異類。從地域角度看，牛仙客這個西北人，在地域鄙視鏈上倒還處於張九齡的上方。天子一向尊敬張九齡這樣的文學之士，如今公然挑出這層歧視問題，足可見他心中對張九齡的不滿。

但問題只要涉及張九齡的原則，他便一步也不退縮。只見張九齡昂然道：「臣是嶺南蠻荒之地的微賤之人，比不上牛仙客生於中原。但臣畢竟出入臺閣多年，而牛仙客這樣目不知書的邊地小官，若予以大任，恐怕難服眾望。」

李隆基聽了再也控制不住表情，拂袖而去。

退朝之後，李林甫不失時機地說道：「只要有才能，何必一定要通曉詩文？天子重用一個臣子，天經地義，又有何不可？」

這番話再一次正中李隆基下懷。如今的大唐，各項政務日益複雜，奉行理想主義的施政原則過於困難，事實證明李隆基「務實為上」的施政方式取得了不凡的效果，開元之治大獲成功，國家進入盛世。李隆基倦了，他受夠了宋璟、張九齡這樣的君子，是時候用一用小人了。

擔任宰相以來，李林甫堅持不懈地在李隆基身邊旁敲側擊，核心就是一句話：張九齡的主張都是書生之見，老成謀國之臣不當如此。

這句話看似理性、中立、客觀，但實際上包含了一個默認的帽子，就是：不可以有書生之見。

但書生之見，錯了嗎？古往今來，就是那些在李林甫之輩口中的「書生」們，堅守著道義的底線，縱然是到了至暗時刻，依然堅持不屈，守護著真正的文明。只可惜，李隆基不需要這樣的「書生之見」，他想找的是更符合如今大唐需要的才能之臣，打造更加富強的「開元盛世」，幫助他開著帝國的鋼鐵戰車征服四方。

張九齡最終被時代拋棄了。開元二十四年（西元736年），張九齡罷相，

第四章　大明宮陰雲—廟堂安逸生禍根

改任沒有實權的右丞相，李林甫繼任中書令，成了皇帝之下最有實權的人。

張九齡罷相半年之後，因被同僚牽連而被貶為荊州長史。就在他被貶出京的第二天，武惠妃的女婿楊洄再次上告太子李瑛三兄弟密謀。而此時，已經沒有下一個張九齡願意站在公理的角度上與皇帝據理力爭了。新任的宰相牛仙客，作為李林甫一手扶持進政事堂的副手，一心鋪在業務上，關於朝政只是李林甫的應聲蟲而已。而李隆基徵詢李林甫的意見時，李林甫還是那句話：「此乃陛下家事，不是臣等所能干涉的。」

宰相的這個態度，才是李隆基最希望的態度。李隆基當日下令：廢太子李瑛、鄂王李瑤、光王李琚為庶人。不久之後，將三個兒子賜死在了京城東部的館驛中。

皇帝一天之內殺死了自己的三個兒子，這個事件實在太過於駭人聽聞。但在這個從玄武門之變開始就養成了「優良傳統」的李唐皇室中，這一切就見怪不怪了。只有士族和百姓們為這「三庶人」感到可惜，不免一聲嘆息。

這一切正中李林甫的下懷，他什麼都沒有說，但卻幫忙完成了這一切。只待壽王李瑁繼位為太子，然後成為下一任皇帝，他的地位便會越來越穩固。這一切環環相扣，都在李林甫的算計之中。

李林甫嘴甜如蜜，但腹中卻全是殺人的刀子，真可謂一個「口蜜腹劍」之人。

04　楊家有女初長成

皇帝一天之內殺掉了三個親生兒子，武惠妃也震驚不已。

她原本也許只想自己的設計成功，廢太子李瑛等人被廢為庶人，然後

被幽禁起來，從此退出皇子的角逐——就像當初的廢太子李承乾、章懷太子李賢一樣。但武惠妃沒想到，皇帝竟然如此心狠手辣，自己的親生兒子說殺便殺，不留任何情面。她怕了，真的怕了，她害怕一切失去控制。皇帝此番能殺掉李瑛，以後情況變了，會不會翻臉殺掉她的兒？

這之後，武惠妃患上了癔症，一病不起，就在「三庶人」被殺的當年十二月去世，至死也沒有看見兒子李瑁成為太子的樣子，年僅三十八歲。

就算是和後宮之人相比，武惠妃也算得上是個狡詐的女子了，但對她的兒女們來說，卻是一個無微不至的母親。她為兒子李瑁張羅物色好了她所能做的一切，安排好了李瑁在外朝可以倚仗的盟友，也就是宰相李林甫；安排好了娶親的人生大事——弘農楊氏的女兒，官宦世家，怎麼看都是一門好親；她死了以後，也許能被皇帝追諡為皇后，這樣的話，李瑁就成了皇帝第一個嫡子，更是為李瑁名正言順成為太子添磚加瓦。

說起來，她的兒媳，壽王妃楊氏，倒真是個天生麗質的女子，讓她越看越喜歡。希望楊氏能為李瑁多生幾個兒子，只可惜，她肯定看不到了……

皇帝李隆基為他寵愛的武惠妃準備了盛大的葬禮，並追諡為順貞皇后，葬在他的陵寢。等李隆基駕崩之後，他們將以夫妻的身分一起長眠在同一個陵墓之中。

在順貞皇后的靈前，李隆基感慨萬千。這時，他看見了壽王妃楊氏，披著斬衰之服，梨花帶雨般地哭著，李隆基堅硬的胸膛裡，有某處細小的心弦忽然撥動了一聲，發出了細微的輕響。

自武氏死後，李隆基因為兒子與愛妃的相繼離世，終日鬱鬱寡歡。曾經滄海難為水，除卻巫山不是雲，後宮中如此多的妃嬪佳麗，如今卻沒有一個稱得上他的心意。開元二十六年（西元738年），李隆基已經五十三歲了，也許是繼承了武則天基因的緣故，他的頭髮依然烏黑，精力依舊旺盛，仍有著揮發不去的權欲和興致。他覺得自己並不老，他還是當年那個

第四章　大明宮陰雲—廟堂安逸生禍根

縱馬放歌、風流倜儻的男人，而花前、月下、琴心、劍膽，又怎能沒有美人相伴？

天下的秀麗少女，紛紛被送入大明宮，但李隆基都不滿意。他的心中有個念頭，時而閃過，然後久久繚繞不去。

壽王妃，楊氏，小字玉環。

精通音律，擅歌舞，善彈琵琶。

膚白而貌美，性感而圓潤，完全長在了李隆基的審美標準上。

回眸一笑百媚生，六宮粉黛無顏色。

只可惜……

後宮之人，不少已經猜出了李隆基的心意。他是生殺予奪的皇帝，有了這樣一番心意，自然有人費盡心機地為他實現那個大膽的想法。不就是民間百姓所說的亂倫醜行嗎？李唐皇室內外，這些年做的那些超乎倫理道德之事還少嗎？更何況宮裡養著這麼多倫理道學家，自然能想出最好的方法來解釋。而且壽王李瑁似乎還很願意配合，他繫著希望，倘若捨了壽王妃討取皇帝的歡心，也許龍顏大悅之下，就能將太子許給他。

於是壽王妃楊氏被接進了宮，先是侍奉天子盡孝，然後安排楊氏出家，以為皇帝生母竇太后祈福為名，敕書認證她為女道士，道號「太真」。既然出了家，那便和原來的丈夫脫離了關係，從此之後再做什麼，即便是嫁給別人，也與原來的夫家沒有關係。接下來，再為壽王安排一門新的親事，有了新的壽王妃，人們便會漸漸淡忘原來那個。到那個時候，一切就大功告成了。

接下來的事情，就不需要其他人知曉了。什麼春寒賜浴華清池，溫泉水滑洗凝脂。什麼侍兒扶起嬌無力，始是新承恩澤時。只要帷幕一拉，宮門一閉，此間的歡樂，便不足為外人道也。

04　楊家有女初長成

　　世上本沒有什麼事，故意裝聾作啞、當成一切正常的人多了，便彷彿真的什麼事情都沒有發生。

　　延英殿裡，高力士侍立在皇帝的身側，面前是當朝的宰相們。自皇帝搬入大明宮以來，日常都在延英殿裡處理國政。這裡距離宰相們辦公的中書門下比較近，宰相們有事彙報，或者皇帝要召見宰相們，都可以在殿中商議。

　　宰相們的會議，如今基本上是中書令李林甫的一言堂，李林甫回答著皇帝的問話，代表宰相們向皇帝報告工作，其餘牛仙客等人，都只是李林甫身邊的一個陪襯而已。沒辦法，能者多勞，李林甫的話，皇帝最愛聽，於是漸漸地，宰相當中只有李林甫說話的分了。

　　這幾番奏對，李林甫都提出了一件事，那就是儘早立太子。李林甫自然是主張立壽王李瑁的，因為壽王的母親武氏已經追諡為皇后，那壽王便是嫡子身分，按照慣例，是最有資格的。但李林甫說得小心，尤其注意不提壽王的嫡子身分，當今的皇帝不是嫡子，因而對這個問題極為敏感，自然是不說為好。

　　最近皇帝氣色越來越好了，今天心情也不錯，臉色紅潤有光澤，還笑口常開。李隆基笑咪咪地聽完了李林甫的諫言，點了點頭，表示自己聽進去了，會再考慮。這幾次李林甫諫言立太子，皇帝都是這個態度。宰相的彙報與諫言完成了，便向皇帝拜了拜，準備離去。

　　「李卿覺得，忠王如何？」皇帝忽然用一種漫不經心的語氣問道，彷彿只是下班工夫隨口一句的閒聊。

　　李林甫身子微微一頓，眼光裡機鋒一閃：「忠王在邊疆立了不少功勳，受將士愛戴，往後當可成為一方良將。」忠王李璵是皇帝第三子，如今最為年長，但他生母早死，在朝中沒什麼根基，只是掛名過單于大都護的官職，遙領諸將擊敗契丹、奚人來犯之兵。這些年圍繞皇儲之位，興起過多

第四章　大明宮陰雲—廟堂安逸生禍根

次明爭暗鬥，但卻很少有人注意到忠王，也沒想過要把他視為對手。

皇帝微笑著點頭，不再多言。這段對話再簡單不過，簡單到連修起居注的起居舍人都不會把它記錄到皇帝的實錄之中。

但高力士此時已經聽出了皇帝的心意。那邊的李林甫同樣也聽出來了。

李林甫等人告退之後，皇帝陷入了沉思，一改方才的笑容，目光漸漸凝重了起來。

「大家（宮人們對皇帝的稱呼）似乎有心事？」高力士終於問出了他應該問的問題，「老奴敢問其故？」

皇帝看了高力士一眼說道：「你是我家的老奴了，我如今在想什麼，你難道還揣度不出來麼？」

「得非是儲君之位還沒定下的緣故嗎？」

「然也。」

高力士深吸一口氣，他知道他接下來的話將徹底轉變朝局，還會讓他陷入一個個難測的漩渦之中。只見高力士一字一句地說：「大家何必為了這件事情虛勞聖心？只要推最年長的那位郎君，立為太子，還有誰再敢來爭奪？」

皇帝聽了，終於爽朗地笑了：「你說得好！你說得好！」心中再無疑慮。

其實，高力士不過是說出了李隆基心裡的話而已。李林甫多次反覆建議皇帝立壽王李瑁為太子，這已經注定了李瑁將與太子之位無緣。這一次李林甫少有地沒有沉住氣，主動表態站在壽王這一邊（也有不得不公開站隊的原因），不免讓皇帝擔憂起宰相與壽王走得過近，皇帝自然難以忍受。而忠王李璵能力合格，卻勢單力孤，連生母都已經不在人世，皇帝暫時不用擔心他的威脅。兩相比較之下，儲君之位自然是非忠王莫屬了。

當然，這裡也許還有一層皇帝無法開口的原因——原來的壽王妃楊

氏玉環，如今已經成了道姑太真。雖然安排太真入宮為妃的計畫正在按部就班地進行著，沒有任何問題，但若是壽王真的成了太子，也可能會讓皇帝的心裡有疙瘩。

幾天之後，皇帝下詔，正式立忠王李璵為太子。

而高力士在皇帝面前所說的話，不久被李林甫得知。他與李林甫之間的矛盾恩怨，也就在這裡埋下了伏筆。

人們沒有說錯，李林甫是一個口有蜜，腹有劍之人，當面猶如春天一般溫暖，背後猶如冬天一般冷酷。在宰相之位上，他不斷排除異己，鞏固自己的地位，直至自己的宰相地位無人可以撼動。

對待新任太子，李林甫也是如此。李林甫當時擁護壽王為太子，自然是得罪了李亨（忠王李璵改名為李亨）。從此李林甫害怕太子李亨報復，常常尋找機會陷害李亨。但凡太子這邊有一點風吹草動，李林甫便立刻讓人向皇帝彙報，想盡一切方法置太子於死地。

而這一切，正中皇帝的下懷。他最擔心的事情，就是宰臣們與太子走到一起，威脅皇權。此時相府與東宮勢同水火，雙方自然會想方設法地爭取皇帝的支持，從而壓倒對方。

權力的交接，在古代無論中外都是一個重大且艱難的命題。唐朝的皇位在父子之間繼承，並以宗法禮制為保障，已經盡了最大的可能確保皇權交接的穩定。但實際上，皇帝傳位於太子的過程中，分寸拿捏依然極其敏感。太子看得太緊不行，畢竟遲早有一天要繼承皇位，若是不提前加以鍛鍊、累積資歷，到時候驟然登位，難免要被那些野心勃勃的權臣所把持，影響李唐的社稷；太子管得太鬆也不行，一不留神就會權重難控，反過來威脅皇帝的權力，尤其是對李隆基這個以太子身分取代父親權力的異類來說，自己的太子就更是要警惕的人了。

第四章　大明宮陰雲—廟堂安逸生禍根

如今便好了，權相與太子互相制約，互相盯緊。皇帝什麼也不用做，便能把宰相、太子兩大勢力牢牢地控制在自己手裡。李林甫從此不敢懈怠政事，太子那邊又有李林甫的人全方位、狗仔隊式地盯著，這就方便控制得多了。

而李隆基自己呢？他老了，要花更多的時間頤養天年，同楊太真一起度過幸福的老年時光。既然如此，國事有李林甫盯著，他自己就輕鬆多了。

開元二十九年（西元741年），李隆基在位已經三十年，開元盛世依舊持續著。這一年，李隆基的兄弟邠王李守禮、寧王李憲相繼去世，與李隆基同輩的兄弟們，到此已經基本全部凋零了。李隆基向來優待他的兄弟們（當然是在他們不會威脅自己權力的情況下），回憶起他們過往的崢嶸歲月，心中也不免悽愴。自己的皇位原本就是嫡長兄寧王李憲讓給他的，這一點李隆基始終心存感激，他下令追贈兄長為「讓皇帝」，以帝王之禮安葬，還拿出自己的天子衣袍為李憲入殮。其餘幾位逝世的兄弟，他也一一追贈為太子。

兄弟們只剩下他一個人了，李隆基感慨萬千。這三十年來，他該為這個帝國做的事情，已經做得差不多了，帝國轉型成功，在新的常態之下繼續運轉。國事有李林甫和太子相互制衡著管理，大體不用他多加操心。現在到了他可以休息休息的時候了。

整個冬天，李隆基帶著楊太真一起，在驪山的華清宮泡著溫泉度過。新春之際，他的御駕返回長安，在興慶宮（原本隆慶坊的臨淄王宅已經改造為興慶宮）的勤政務本樓，接受群臣的朝賀，並且大赦天下，下令改元。

新的一年，便是天寶元年（西元742年）。

和前代帝王們相比，李隆基算是一個超長待機的帝王。而在超長待機的李隆基之下，李林甫也神奇地度過了宰相任期的四年之癢，進入了他的長時間待機。

05 極樂的盛宴

大唐天寶元年（西元742年），經歷了三十年的開元之治，大唐國勢空前強盛，疆土縱橫萬里，遠邁漢朝。天下聲教所被之地三百三十一州，另有八百羈縻州，由唐廷直接任免當地蕃族酋長，並由十大節度使、經略使管理。邊疆軍力極其強大，各鎮邊兵四十九萬人，可以與契丹、突厥、突騎施、大食、吐蕃等各異族同時開戰且毫無壓力。天下戶口八百五十二萬戶，實際控制在冊的人口共四千八百九十萬人。

李白在這一年再次來到了長安，這座曾經讓他傷心的城池。他曾在這裡盤桓數年，出入權貴的門庭，卻始終沒能謀取到一展抱負的機會，最終感慨著「行路難，行路難」，黯然離開了長安。此時皇帝頒下詔書，不管是無官無爵的白丁、還是離職公務員，只要精通儒學、文章，或者軍事、武藝，皆可推薦進入朝廷。

李白抱著試一試的想法，再度來此。

長安是個名利場，是個銷金窟，故地重來，李白卻發現，在這裡並沒有一個真正交心的朋友。好友孟浩然已經在兩年前逝世，其他的幾位朋友，比如王昌齡，全都各有官職，或任職在外。在長安城中，他認識很多人，比如在詩壇和他一樣頗有名氣的王維王摩詰，剛好在外任職期滿，此時正在長安。但對王維這位名門之後、京圈闊少、李林甫等一眾權貴的座上客，李白從見了第一面起就知道自己與他氣味不和。

李白無比懷念他在江南涇縣的那位好朋友汪倫，沒有長安城門閥圈子裡那樣的虛偽巧飾與矯揉造作，只有他喜歡的純真與真摯。回想起他離開涇縣準備前往長安時，汪倫跟著他的行舟，在岸邊一路踏歌相送，李白的眼眶不禁溼潤起來。桃花潭水深千尺，不及汪倫送我情。可是這樣的友情，長安城裡並不存在。

第四章　大明宮陰雲—廟堂安逸生禍根

在長安，誰人識得李白？

李白寄身在道觀紫極宮中，百無聊賴地度過多日。正當他無聊之際，命運卻偏偏選擇在此時眷顧。在這處道觀，他遇上了當朝祕書監賀知章，兩人交談起來，竟一見如故。賀知章已經八十餘歲了，不僅受皇帝尊重，還是德高望重的詩壇名宿，他和李白一樣崇尚逍遙的道術，因緣際會，他們得以在這座道觀相遇。當賀知章讀到李白所寫的〈蜀道難〉時，驚喜地稱讚道：「足下不是尋常之人，乃是天上的謫仙耶！」

李白好飲酒，賀知章也好飲酒。他們當即相攜去了酒肆，讓酒家燙好熱酒，開懷暢飲。可直到酒家上前詢問時，他們均才意識到兩人都沒帶錢。李白身無分文，而賀知章如此身分，自然沒有自己隨身帶錢的習慣。兩大文豪，如此窘境，他們卻不覺尷尬，開懷大笑起來。賀知章摸了摸身上，解下腰佩的魚袋放在桌上：「店家，你看這小金魚可值得酒錢？」

魚袋乃是五品以上朝廷命官才有的信物，憑著魚袋方可出入宮禁，而其中最尊貴的，是三品以上穿紫衣的官員方有資格佩戴的金魚袋。武周時，曾一度改魚袋為龜袋，李唐復辟之後，又重新改為魚袋。他們一個布衣中年，一個年邁老頭，連酒家也沒想到，這二人竟持有如此尊貴之物，一時間怔怔地不敢接。

一旁的李白開懷地笑著：「主人何為言少錢，徑須沽取對君酌！賀監，請進酒！」舉起酒樽，逕自先乾為敬。

那一個晚上，二人都喝了很多，喝到兩人酩酊大醉。李白在酒肆的桌前沉沉睡去，賀知章則被人扶上馬，瞇著醉眼，搖搖晃晃地前行，像是踩著小舟一般，漸漸隱去在長安深藍色的月夜裡。多年以後，李白將這件事告訴他的好朋友杜甫，杜甫將其寫在了自己的詩中。

知章騎馬似乘船，眼花落井水底眠。

……

李白斗酒詩百篇，長安市上酒家眠。

天子呼來不上船，自稱臣是酒中仙。

那是最好的時代，世間最富才華的人們，在這座萬國朝拜的偉大城市之中，發生著各式各樣的故事。只是當杜甫再追憶時，這個時代已經隨著天寶的狼煙，不復存在了。

結識了賀知章之後，李白才擁有了真正的機會。他被賀知章舉薦給天子，而天子也讀過李白的詩，當即下令召見。

那是在興慶宮的花萼相輝樓，李白到來時，天子下了步輦，親自步行下殿迎接，請李白坐在七寶床上，賜下酒宴款待。李白沒想到，自己的詩名雖未幫他換來等量的財富，卻幫助他俘獲了一眾讀者的心。席間，天子親自為李白調製羹湯，對李白說：「卿為一介布衣，朕卻聽聞卿的大名。若非你詩名遠播，又怎會有今日的會面？」

當今天子是一個極富才華之人，精通音律，他在北苑的梨園親自設立了皇家管絃樂團、皇家歌舞團，並親自領之，凡音律節奏皆由天子裁度。在筵席之上，天子還命令管絃樂團奏響了他親自譜寫的〈霓裳羽衣曲〉，引得楊太真芳心大悅。

此時的李白躊躇滿志，希望借天子的賞識獲得他想要的機會。但他並不知道，他其實就如同這首〈霓裳羽衣曲〉，以及那些梨園子弟一樣，只不過是皇帝娛樂自我、取得楊太真歡心的珍玩而已。

這一次李白被封為翰林供奉。他本以為這個職位與當初張說、張九齡曾擔任的翰林供奉一樣，是負責執掌機密文書的重要職位。卻不知道此時的「翰林供奉」已經和當年有天壤之別，如今只不過是皇帝供奉的一位才藝人事，是皇帝的弄臣，偶爾朝廷的對外文書文采不足，方才需要翰林供奉出馬，為文字添筆潤色。

第四章　大明宮陰雲──廟堂安逸生禍根

李白大部分時候面對的都是這樣的任務：每每皇帝娛樂至某處，詩興大發，卻苦於辭藻不足、無法描繪心中的詩情畫意之際，便會召來李白，請他面對此情此景，賦詩一首。

皇帝與楊太真濃情蜜意之時，看到春暖花開，宮中景致宜人，於是便找來李白，請他快快賦詩，皇帝命題，要求詩中有花開，有柳綠，有金殿，有鴛鴦，還要有美女。李白便寫下一首〈宮中行樂詞〉：

柳色黃金嫩，梨花白雪香。玉樓巢翡翠，金殿鎖鴛鴦。

選妓隨雕輦，徵歌出洞房。宮中誰第一，飛燕在昭陽。

皇帝與楊太真遊覽到興慶宮沉香亭，見花開時節，落英繽紛，大為賞心悅目，於是又找來李白，請他即興寫下〈清平調〉的歌詞，交由梨園團隊彈唱。要求歌詞之中有風，有月，有花，有美女。李白於是信手寫就清平調之詩詞：

雲想衣裳花想容，春風拂檻露華濃。

若非群玉山頭見，會向瑤臺月下逢。

〈清平調〉一連三首，無不是大師級水準，既描繪了風花雪月，又讚頌了美人楊玉環。皇帝與楊太真聽了，都是眉開眼笑，連勝誇讚。

李白終於過上了富貴榮華的生活，作為首席宮廷文人、皇帝寵臣，他獲得了極其優厚的待遇。但李白的心中卻並不開心，因為這一切並不是他想要的。在翰林院的這些日子，他對開元天寶盛世的想像幻滅了。

何謂治世？難道不是皇帝勵精圖治，百官兢兢業業，朝中群賢滿堂，百姓夜不閉戶嗎？可是如今他親眼看見的大唐朝，為何不是這樣？

都說當今皇帝是不世出的聖人，開元之治三十年，意氣風發。可他卻看見，皇帝整日流連於聲色犬馬，與楊太真芙蓉帳暖度春宵，沉迷在一片歌舞昇平之中。他對國事只有一個要求，那便是別出問題，多立功勞，他

只要結果，不再關心過程。什麼民間的疾苦、邊關的安危，他只是聽聽，卻並不想過多關心。

朝中大政都由李林甫一手把持，中書門下就是他的一言堂。此時的副相李適之，根本不是李林甫的對手。李白聽說，李林甫心胸狹窄，口蜜腹劍，凡是朝中有人的才華與能力冒出頭來，可能有希望成為未來的宰相，李林甫便不遺餘力地打壓，並想盡辦法將其調到外地，或者強制免官、退休。

而皇帝的寵妃楊太真，不久之後正式成了皇帝的妃子，是為「楊貴妃」。她所受的寵愛，宮中無人能及，連身為冠軍大將軍、右監門大將軍、渤海郡公的宦官高力士，都要在楊貴妃出行時為她牽馬墜鐙，專門為楊貴妃織繡衣服的工匠多達七百人。她喜歡吃一種叫做「荔支」（即荔枝）的水果，這種水果李白在蜀中見過，中原卻沒有，因為它難於保存，又只能生長在南方。於是每年夏天荔支成熟時，皇帝便命人將荔支從南方用驛馬飛馳送來，走最快的郵驛通道，保證送到長安時，荔支仍然鮮紅肥美，色味不變。為了這一口荔支，朝廷每年不知要花費多少運送經費。

更令李白看清這個「盛世」真面目的，是百姓們的生活。開元朝以前，府兵制仍在，朝廷軍費所需不多，一年只要兩百萬便可。然而到了天寶年間，邊兵全都用錢糧招募，衣物軍資等全都由政府出錢，所以每年的軍費一下子增加了十倍左右。而這些軍費最終都要由百姓們承擔。尤其是關中地區，是隴西、河西、西域、朔方等幾個重要軍區的總後方，後勤軍資供應壓力極大，為關中百姓們帶來了沉重的負擔。而李林甫主掌的政府，非但沒有下措施緩解，還因為顧著皇帝的喜好、避免宮中缺少供奉而移駕洛陽，反倒加重了長安附近各州縣的稅賦，讓本已疲憊不堪的百姓更是雪上加霜。

如今的長安城也許還能繼續維持繁華的景象，但是長安之外，關中州

第四章 大明宮陰雲—廟堂安逸生禍根

縣的經濟已經快要被軍事拖垮了。

天寶二年（西元 743 年），皇帝在城北禁苑的望春樓設下盛大的宴會。

望春樓的東邊，是剛剛花費巨大人力挖開的深潭，用來聚集江、淮地區的運糧船隻，接受天下各州送來的供奉。朝廷新的財政能手韋堅，如今是江、淮南租庸等使，頗善討皇帝的歡心，他讓人集結數百艘新船停在望春樓下，每艘船上都寫著各郡的名稱，並陳列本郡所產的珍寶名物。陝縣縣尉崔成甫身穿半臂錦衣與袒胸露身的鈌胯綠衫，頭上繞著紅色抹額，在最前面的一艘船上高唱〈得寶歌〉。此時望春樓下花團錦簇，數百美女盛裝出場，在一旁齊聲合唱。韋堅則在當中，跪著將各州所獻奇珍異寶、以及一百個裝滿了花色珍饌的象牙盤一一獻給樓上的天子。

天下承平百年，全社會的財富累積遠超貞觀、永徽年間。如此盛世，物華天寶，不僅要載歌載舞，還要加餐。

這場盛筵持續了一整天，長安城的百姓全來圍觀，深潭周圍人山人海，共同分享盛世的極樂。

而李白也被邀請到了望春樓上即興賦詩。樓內絲竹聲聲入耳，座上賓客無不是達官顯貴，但李白卻並不開心。他寧願與賀知章等飲中八仙一起，聚在長安偏僻的酒坊裡醉個痛快，好過此時被當成吉祥物，奉命寫一些應景的太平歌詞。

長安一片月，萬戶搗衣聲。

秋風吹不盡，總是玉關情。

何日平胡虜，良人罷遠征。

醉酒的李白曼聲吟哦著。這首〈子夜吳歌〉的曲調悲婉，在這極樂之宴上顯得格格不入。而詩中流露出的厭戰情緒，更是對如今時局的諷刺。

搗衣，就是將粗麻葛衣反覆捶打上漿，讓粗糙刺人的衣料變得柔軟可

以穿著。如今的望春樓外遍是奇珍異寶，樓裡的貴人與歌女，身上的絲綢柔軟順滑。而邊關的將士們卻正在忍受著塞外的風沙，整個長安的平民百姓，還在為他們趕製急需的衣料，徹夜不能休息。這樣的日子，何時才是結束？

皇帝聽著李白的歌聲，眼睛裡露出了微妙的神情。

但皇帝仍舊沉浸在盛世的得意之中。李白在翰林院的同事們，也滿腦子都是用歌頌歌舞昇平來討得龍心大悅。

有些翰林們，不僅僅滿足於寫一些歌頌盛世輝煌的文章，開始在一些小細節上做起了文章。他們翻著典籍，《爾雅・釋天》有載：「夏日歲，商日祀，周日年，唐虞日載。」如今大唐盛世，足可以與典籍中夏商周三代，甚至堯舜時期那個輝煌昌明的理想社會相媲美。如今的國號是唐，帝堯時的國號也是唐；如今天下太平，帝堯時也是如此；那麼，既然帝堯時稱「年」為「載」，如今的大唐有一位同樣英明神武的天子，自然也應該稱為「載」，來體現如今的繁榮盛世。

於是群臣慫恿皇帝下詔，將天寶三年改為天寶三載，從此稱「年」為「載」，直至大唐千秋萬載。

這一年，皇帝李隆基還有一個大膽的想法：他要效法堯舜的聖人們，垂拱而治，將國家大政全都委託給李林甫來處理。他從容地對高力士說：「朕不出長安城巡狩已將近十年（長安的糧食已經充足了），天下沒有讓人憂愁的大事，朕想高居在上，不管大事，把政事都委託給李林甫處理，你以為如何？」

歷來說話小心從不犯衝的高力士，這次的回答忽然激烈起來：「先不說春巡秋狩是自古以來的祖制；國家大權不能隨便委託給他人。若是委託給他人，等這個人威勢形成以後，誰還敢非議於他？」

第四章　大明宮陰雲─廟堂安逸生禍根

　　將國事委託給李林甫的想法，是李隆基動了一番腦筋的，皇帝負責彰顯權威，而宰相負責具體施政，這可是有些類似於後世內閣制的「先進」理念，李隆基也有這個自信，能在委政於李林甫的同時，穩穩地駕馭住他。可這一切，高力士無法接受，他不能看著那個原本英明勤政的李三郎一步步懈怠下去，在消極怠工的邊緣遊走。所以對於這個想法，就算是觸得李隆基龍顏大怒，高力士也一定要說。

　　果然，李隆基臉色一沉，高力士知道，這是皇帝動怒前的徵兆，於是跪下頓首言道：「臣狂疾，說了胡話，其罪當死！」

　　雖然動怒，高力士勸阻時所說的後果卻實實在在點醒了李隆基。

　　「你說的都是忠言，又有何罪？」皇帝說道。

　　他下令再擺宴席，邀請左右一同飲酒，也算是對高力士的一種安慰。在席上，李隆基再度表揚了高力士公忠體國之心，左右近臣們聽了，全都高呼萬歲，頌揚皇帝的聖明。

　　但高力士明白，過去那個真正聖明決斷的一代英主，已經完完全全地變了，變成了他所不認識的樣子。高力士也下了決心，從此以後再也不輕易向皇帝獻上什麼關於國事的建議了。

　　「李白怎麼還沒來？李白呢！讓他來作詩！」藉著酒勁，皇帝在高高的坐席上，面帶慍色地大聲叫著。

　　長安城的某個角落，李白醉意朦朧，在小河邊酣睡著，縱使中官反覆催促，李白依然閉目不言。

　　方才他喝了一頓酣暢淋漓的酒，作了幾首發自內心的酣暢淋漓的詩，還下了一個酣暢淋漓的決心。

　　人生在世不如意，明朝散髮弄扁舟。如果富貴榮華讓他心中不喜，那要這些又有何用？

皇帝的決定下來了，對李白酒後抗旨的行為，算是保持了較為忍耐的寬容。翰林供奉原本就是皇帝的弄臣，沒有散官品階，因此撤職的流程簡單而隨意，皇帝送給李白一些金子，禮送他出翰林院，離開長安。

這也遂了李白的心意——若不能施展抱負，那不如退而求其次，讓自己自由而舒坦。

賀知章也在這一年請求退休致仕，返回故鄉。在回鄉的路上，賀知章寫下了那首不無悲愴的詩句：「兒童相見不相識，笑問客從何處來。」未幾病逝，年八十六歲。長安城一時傳為佳話的「飲中八仙」，伴隨著賀知章、李白的離開，盛況也不復存在。

在洛陽，同樣四處干謁、滿懷抱負的杜甫遇見了被賜金放還的李白。這是他們人生中的第一次見面，他們還相約一年以後在汴州見面，一起求仙問道。古往今來最偉大的兩位詩人，終於歷史性地相逢了。

只是當時的人們並不在乎這件事情。

對於皇帝李隆基來說，李白的離開只不過是失去了一個弄臣而已。失去了一個弄臣，他還有其他很多個。

如今皇帝最寵愛的弄臣，是駐守幽燕的范陽節度使安祿山。天寶二年（743年）時安祿山進京，李隆基驚喜地發現，這個在邊關戰功赫赫、殺伐果決的名將，竟然有十分幽默的一面。安祿山在御前對答如流，言語幽默，常常引得他和楊太真開懷大笑。宴飲之時，安祿山常常跳舞助興，這個三百多斤的胖子竟然出奇地靈活，上下自如地跳著胡旋舞，旋轉跳躍不停歇。

李隆基多才多藝，是曲藝界的祖師爺，他一眼就發現了安祿山喜劇大師的特質。按照現代喜劇理論，幽默喜劇是錯位的藝術，讓特定的人物在特定的環境中與客觀現實、與他人的關係發生錯位，表現出一種令人意外

第四章　大明宮陰雲——廟堂安逸生禍根

的反常和不協調，從而使人發笑。這一特質，在安祿山的表演中展現得淋漓盡致，這個外表肥胖、孔武、殺氣騰騰的武人，展現出他詼諧、靈活、滑稽的一面時，這種身分的錯位自然引得滿堂大笑。

更關鍵的是，安祿山情商極高，說話討喜。當李隆基指著安祿山碩大的肚子說：「你這胡人肚子裡裝著什麼東西，怎麼這麼大？」安祿山則一臉嚴肅，鄭重其事地答道：「沒有別的東西，除了一顆赤膽忠心。」

這回答，幽默而熨帖，滿分。

李隆基曾讓安祿山去見太子，安祿山見後不禮拜。左右的人催促他禮拜，安祿山卻站立著說：「我是胡人，不懂得朝廷中的禮儀，不知道太子是什麼官？」玄宗說：「太子就是將來的皇上，朕去世之後，代朕做君王統治你的就是他。」安祿山說：「我愚蠢淺陋，過去只知有陛下一人，不知還有太子。」

一個邊關守將，說出這樣討好皇帝得罪太子的話來，更讓李隆基覺得舒心。這樣的良將兼弄臣，比那個空有文才與傲骨的李白，不知高到哪裡去了。

於是，在安祿山又一次進京面聖時，李隆基開心地招待了他，在勤政務本樓又一次擺下盛筵，包括宰相在內的百官都在下層的廳堂，唯獨樓上的御座之前，設了一個以金雞為飾的坐障，讓安祿山就坐，捲開簾幕，與皇上面對面吃飯。這樣的恩寵，朝中幾乎無人能及。

眼看他起高樓，眼看他宴賓客，極樂的盛宴一輪又一輪，皇帝與群臣一道安享著盛世的榮光。

第五章

開邊未已 ── 黃金時代的餘暉

第五章　開邊未已──黃金時代的餘暉

01　石堡城，石堡城

　　開元二十九年（西元 741 年）十二月二十八日，深冬的大雪覆蓋著整座石堡城。

　　臨近新年，寒冷刺骨的城寨裡也微微有了些節日的暖意。振武軍使讓人殺豬犒勞將士，一股久違的淡淡肉香飄散在這片荒涼的山頂上。

　　石堡城建立在赤嶺山口的一座高山之上，在山頂可以一眼看到遠處的赤嶺山口，向東還能控制藥水河的水道。這裡奇峰怪石林立，除了一面可以略微通行，有條蜿蜒曲折的小徑通向山頂之外，其他幾面都是懸崖峭壁，因此易守難攻。開元二十年（西元 732 年），大唐與吐蕃達成協議，以赤嶺為界，兩國罷兵休戰。從此石堡城就成了唐蕃邊界上的一處重要堡壘。

　　由於建在山頂，氣候極其寒冷，一年中大多數時間都被冰雪覆蓋。也只有年節的這幾天，才能讓守軍稍稍開心一下，忘卻戍邊的苦寒。城寨中的這些士卒們，有的是開元十年（西元 722 年）宰相張說主政時募得的那一批邊兵，有的是更早徵募到的軍士，那時他們還是生龍活虎的長征勇士，如今征戰二三十年，歷經風霜，早已經白了頭髮。習慣了邊塞艱苦的軍旅生活，而一年一度的除夕年節也算是苦中作樂了。

　　但振武軍使的心中，卻有著不祥的預感。

　　自這年六月，吐蕃四十萬大軍再度來犯，攻打石堡城南一百多里外的承風堡，西入長寧橋，被渾崖峰騎將臧希液率領五千唐軍成功擊破。四十萬大軍，是吐蕃的傾國之兵，經過一場小規模戰役便輕易退走，顯然不太可能。振武軍使曾反覆傳信給戰區總指揮──河西、隴右節度使蓋嘉運，請他派兵增援石堡城，為石堡城加強防禦。如今石堡城上只有數百守軍，若是碰上吐蕃大舉來犯，縱使能依靠關隘據險防禦，卻仍不能免於被

01 石堡城，石堡城

包餃子的下場。

防禦靠的不是一處要塞據點的死守，而是多個據點之間相互照應、配合，既要提前預警，又要及時增援，從而形成一整個積極的防守體系。而此時石堡城附近的幾處軍屯防守薄弱，每年秋天被徵發前來增援的「防秋兵」年關之際返回內地，兵力更是捉襟見肘。振武軍使多次向節度使蓋嘉運請求，卻均未得到理睬。

他在山頂眺望遠方的夜空，四處的山巒與城障靜默著，一片祥和——幸好石堡城不是最前線，若是吐蕃人真的來襲，前方的城堡或烽燧應當會有所預警。

風向變化，他忽然聞到空氣裡有一股特殊的味道。是血腥味！這氣味太熟悉了，從軍之人都能辨識出這種所謂的「殺氣」。在打掃戰場、清理屍體時，總是能聞到這股刺鼻且腥臭的氣味，一場戰鬥之後，士卒們沾血的鎧甲、皮靴甚至刀鞘上，這股味道一直揮散不去，數月之後方才略不可聞。他馬上意識到，有人在逼近，是剛剛經歷過一場廝殺的敵軍！

「蕃賊！蕃賊來犯！」瞭望的老戍卒大聲嘶吼，敲響示警的梆子，而一枝羽箭在這時直射而來，插入了他的喉嚨。

唐軍這才發現，大隊吐蕃人馬已經布滿了這條蜿蜒的山道。

這是一場徹頭徹尾的偷襲。吐蕃軍突破赤嶺山口，以迅雷不及掩耳之勢攻破了達化縣（今青海尖扎縣附近），為了防止石堡城守軍提前得知消息，他們屠殺了整個達化縣，不讓一個活口逃往石堡城報信。當晚，他們摸黑上山，趁著守軍歡度新年時的麻痺，襲擊了石堡城。

石堡城，失陷！

石堡城失陷的消息幾天後傳至長安，朝野震動，皇帝震怒。

皇帝剛剛下令改元「天寶」，表示天下安定，開元之治大功告成，石

第五章　開邊未已—黃金時代的餘暉

堡城就來了這麼一齣，這不是打臉嗎？更不要提這件事情為唐廷既定的整體外交與軍事布局造成了多嚴重的衝擊了。

自開元初年以來，吐蕃一直是唐朝最主要的敵人。面對這個強大的對手，唐廷的策略是：全面封鎖，逐步圍困。沿著吐蕃的勢力邊界，唐朝鋪設了一張龐大的戰略包圍網：從安西諸國，到西域的大食、蔥嶺一帶的諸國，以及喜馬拉雅山以南的天竺諸國，還有西南邊境的各部族，唐廷把這些吐蕃的鄰邦拉進同一陣線，一起牽制吐蕃的擴張。如今，這張包圍網已經快要完成──吐蕃的盟友突騎施正被唐軍與大食合擊，原先依附吐蕃的護蜜等國也紛紛倒向唐朝，封鎖吐蕃的計畫眼看就要成功了。

沒想到，這新年一過，石堡城丟了。

這一城一池的奪占和失陷，決定了唐蕃兩方誰能在青海、隴右占據主動權。吐蕃得到了石堡城，意味著吐蕃退可以穩穩地守在赤嶺一線過年，進可穿越天險，進入大唐的隴右道。

唐廷在隴右苦心構築的防線，崩塌了極其重要的一角。

而這一切，河西、隴右節度使蓋嘉運應當負首要責任，是他過於自大，自恃原本在安西立下的邊功，忽視了赤嶺一線的防禦，最終導致喪失要塞，攻守易勢。皇帝李隆基的雷霆之怒傾瀉在了蓋嘉運身上，蓋嘉運被撤職查辦，從此在歷史的舞臺中消失了。

繼任隴右節度使的，是皇甫惟明，此時吐蕃步步緊逼，向著赤嶺以東出發。皇甫惟明到任之後，果斷率軍迎擊，在青海大獲全勝，還挑掉了吐蕃贊普之子琅支都，總算是穩定了唐蕃邊境。可赤嶺山口的石堡城被吐蕃占據，吐蕃依然隨時可能會入侵。唐廷對皇甫惟明下了指示，要隴右軍速速奪回石堡城。

天寶四載（西元745年），準備妥當的皇甫惟明，終於率軍向石堡城發起進攻。

此時在石堡城，吐蕃軍早已有所準備。山頂的城寨雖然只能容下不足一千守軍駐紮，駐軍有限，但在石堡城周圍設立了多個據點，只要接到信號，便可隨時趕來救援，與石堡城守軍裡應外合。當皇甫惟明指揮大軍列隊登上石堡城的山道，準備進攻高如鐵刃的城堡時，滾木和巨石從石堡城的堞牆內如暴風雨般襲來，最先頭的唐軍將士被木樁和石塊砸中，紛紛跌落下險峻的山崖。

　　四處的吐蕃援軍趕來，抄略唐軍的後路，前後夾攻，殺聲四起。

　　再不退軍，唐軍就有全軍覆沒的危險了。皇甫惟明只得率領主力撤退，留下副將褚誗殿後。撤軍的路上，皇甫惟明回頭望向褚誗的後軍，只見殿後的唐軍結陣迎戰，為友軍爭取撤退的時間。吐蕃騎兵策馬呼嘯，向唐軍軍陣發起攻擊。沖垮幾次，副將褚誗等人便重新結陣幾次，反覆數次，殿後的唐軍越來越少，直至被大隊吐蕃軍海浪般的陣勢衝沒。

　　唐軍奪回石堡城的努力宣告失敗，副將褚誗也在此戰中壯烈犧牲。

　　第一次進攻石堡城失敗，副將戰死，但皇甫惟明的指揮卻沒有太大問題，也對吐蕃軍造成了極大的傷害。問題在於唐廷低估了吐蕃在這座要塞上的投入，他們沒想到吐蕃人下了血本要在此死守，只依靠隴右道區區一個軍區的兵力，是不足以攻克重兵把守的防禦體系的。

　　天寶五載（西元746年）的新春，皇甫惟明被加封為河西節度使，入朝彙報，同時一起商議下一步策略。

　　但是，回到長安之後所看到的一切，卻讓皇甫惟明大為震撼。在繁華的長安城裡，達官貴人們安享著富貴榮華，將士們拚死殺敵的軍功，只是長安城的高官們爭權奪利的籌碼。而在李林甫的專權之下，六部、九寺、五監等朝廷各個衙門，無不唯李林甫的馬首是瞻，皇甫惟明想要朝廷的各臺省為隴右戰事提供更多的錢糧支持，但是沒有李林甫的首肯，得到的只有推諉與卸責。

第五章　開邊未已—黃金時代的餘暉

　　將士們為之賣命的，竟是這樣一群顢頇的權貴？皇甫唯明不能接受，也不願意看到這個事實。他在拜見皇帝的間隙中，藉機勸說皇帝要考慮李林甫專權的後果。

　　可是皇甫唯明沒有料到，他還是低估了這個李哥奴。幾天之後，他被京兆府的法曹抓進了監獄，罪名是與負責財政的大臣韋堅合謀，要立太子為帝。原來李林甫得知皇甫唯明勸說皇帝除掉自己，便先下手為強，早一步檢舉皇甫唯明和韋堅陰謀作亂。因為有人看到皇甫唯明在這年的上元節，借太子李亨出遊之際，與太子祕密會面，之後又和韋堅會面。靠著這些證據，李林甫向皇帝檢舉皇甫唯明和韋堅密謀篡立太子為帝。

　　京兆府的大牢裡，一方節度使大將被京兆府法曹吉溫吊起來毒打，忍受不了痛苦，最終承認了李林甫的指控。

　　皇甫唯明和韋堅，一個是控制河西、隴右兩道十五萬大軍的邊關主帥，一個是手握朝廷財富祕鑰的財政大員，兩廂聯手，就是李林甫的威脅，如若他們與太子扯上關係，則會成為皇帝的安全隱患。李林甫利用這一層關係，成功挑起了皇帝的怡心，將自己的兩大政敵同時扳倒。

　　上元節的六天後，皇甫唯明和韋堅雙雙被罷免。皇帝還另外下了一道詔書，要求百官以此二人為戒。

　　重臣與太子走太近，是李隆基的一塊逆鱗，容不得半點心軟。皇甫唯明和韋堅雖然都是能臣，李隆基也相信他們不會真做出要立太子為帝的事，但他們與太子私下密會卻是板上釘釘的事實。對於這樣的行為，李隆基一向是零容忍，一經發現，立刻嚴查。

　　不過，李隆基畢竟是「不世出的英主」，和這些人事問題相比，他更關注的還是石堡城。

　　拿不下石堡城，天子李隆基臉上無光。天寶四載之時，天下大定，國家鼎盛，他已經處於半退休狀態，本該是志得意滿、頤養天年之時，可石

堡城的失守，卻讓他心中如鯁在喉，難以釋懷。

不是才剛剛說了，大唐天威，望之而披靡嗎？若真是如此，為何卻連一座小小的城堡都攻克不下來？

這座石堡城，李隆基是鐵了心要打下來的。

而皇甫唯明被罷免之後，如今的大唐，誰最有將才，誰最適合擔任這個任務的主帥呢？放眼望去，大唐此時的名將並不少，除了遠在安西，短時間內不能調至隴右的安西節度使高仙芝之外，有能力和級別指揮大兵團作戰的將領中，最突出的是兩位將帥——河東、朔方節度使王忠嗣，以及范陽、平盧節度使安祿山。但安祿山出身於東北邊鎮軍，和以隴右、河西為代表的西北邊鎮軍素來不睦。而王忠嗣曾追隨蕭嵩，在河西、隴右做了十多年，與西北邊鎮軍交情甚深，因此成了隴右節度使的最佳人選。

同時，王忠嗣少年時曾養在宮中，與當時還是忠王的太子交情很好。後來李隆基大力打擊了太子，但也不想和兒子搞得太僵，所以再度任用一個太子兒時的舊識，也算是讓緊張不已的太子稍微寬一寬心。

但李隆基最終的命令卻讓朝中都吃了一驚：王忠嗣以朔方、河東節度使的身分再兼任隴右、河西節度使。

自天寶以來，唐朝邊境十大節度使已經基本形成，每個節度使之下，掌握著數州之地，他們與太宗時臨時設立的「某某道行軍大總管」不同，是長期駐守在這裡的邊帥。一開始，節度使像原來的行軍總管那樣，只管軍權，不負責行政，但面對邊關日益複雜的局面，後來被賦予了調動州縣、掌管賞罰的權力，而朝廷則捏著邊軍的財權。漸漸地，節度使又兼任了本道的度支使，管財務；同時又兼任營田使，管屯田供糧。於是，節度使不再因為後勤問題而被同僚掣肘，終於完全掌握了邊境地區的軍政大權。

「軍鎮」就這樣誕生了，一切都是為了更便捷地處理日益複雜的邊防問題。

第五章　開邊未已——黃金時代的餘暉

此時的王忠嗣，同時成為河東、朔方、隴右、河西四大軍鎮的主帥，控制著東至雁門關，西至玉門關的萬里邊疆。大唐最強的四大軍鎮，共計二十六萬七千邊軍，都在他的掌握之中。

02　哥舒夜帶刀

王忠嗣高調上任四鎮節度使，讓李林甫心中有些沉重。王忠嗣與吐蕃戰於青海、積石，盡皆大獲全勝，還出擊吐谷渾部，俘虜了整整一個墨離軍的部落，滿載而歸。長安這邊聽聞捷報，人們全都歡欣鼓舞，只有李林甫一個人開心不起來。

按照慣例，駐守邊關的將帥如果功勳卓著，便應當及時入朝擔任宰相，所謂「出將入相」就是這個意思。這不單單是一種表彰和榮譽，其實也是為了未雨綢繆，防止邊帥在軍中時間太長，根基太深，使邊軍演變成邊帥的私人武裝。

天寶六載（西元747年）時，李林甫擔任宰相已經十年了，十年的超長待機，熬垮了張九齡、李適之等幾個競爭對手，穩穩地把屁股釘在了宰相板凳上。平心而論，李林甫的宰相是稱職的，維持著龐大的朝廷運作，在創下一次次軍事外交勝利的同時，還讓朝廷國庫日益充盈，這便是過人之能。不僅如此，李林甫還修繕了《唐律》，並主導編寫了《唐六典》，讓朝廷的行政始終維持在高效運轉的程度。

如今，王忠嗣已經是四鎮節度使了，再跨前一步，就是入朝擔任宰相，說不定憑王忠嗣與太子的少時舊誼，可以輕輕鬆鬆地成為朝廷的紅人。

這大概是李林甫能預測到的最壞情況了，他要盡可能地避免這種情況的發生。他隨時緊盯，等著皇帝與王忠嗣之間產生間隙。

對於王忠嗣來說，天子有如他的繼父。是天子在王忠嗣生父戰死之後，將他接進宮裡悉心撫養。但王忠嗣與天子之間，終究是會產生矛盾的，因為他們一開始就是不同的兩種人。

天子要打下石堡城，補回隴右防禦中缺失的那一塊拼圖，同時也要向吐蕃人證明大唐的實力，告訴大唐的敵人，唐軍可以攻破他們所能抵達的任何地方，只要他們想這麼做。於是天子開始催促王忠嗣盡快出兵進攻石堡城。

王忠嗣這時提出了反對。他過去曾親自登上過石堡城，他知道，石堡城原本就易守難攻，如今吐蕃又以舉國之力防守，想要徹底攻克，不死傷數萬人是不可能打下來的。所以王忠嗣上書勸阻天子的決定。如果攻下石堡城的得利甚至還不如攻下它所要花費的損耗，那還不如暫且厲兵秣馬，等到有機可乘時再奪取不遲。按照他的計畫，只要經過幾次野戰，消耗吐蕃人的有生力量，讓吐蕃人無法承受防守石堡城所要付出的代價，那石堡城就一定會回歸大唐的手上。

被澆了盆冷水的天子十分不快。攻占石堡城是天寶初年唐廷君臣下達的決定，怎會因為王忠嗣一句勸說就改變策略？

這時，將軍董延光站了出來，表示不需要王忠嗣出兵，他願意為君分憂，領兵出戰。

天子大喜，當即同意，並下詔要求王忠嗣分兵相助。

朝廷有令，王忠嗣不得不奉行。然而董延光率軍抵達後，獅子開口般地要兵要糧，王忠嗣好歹是坐鎮邊關的統率，自然容不得董延光騎在頭上，僅僅只配合完成一些分內之事。對董延光過分的要求，王忠嗣則不予理睬。即便如此，他也將隴右道數萬野戰軍交給了董延光來指揮。

董延光的大軍浩浩蕩蕩地開往石堡城，王忠嗣在遠處冷眼望著這一切。

第五章　開邊未已─黃金時代的餘暉

　　一旁的河西兵馬使李光弼說道：「董延光上次要求河西調運數萬緞絹帛作為軍資，我已按大夫的命令（唐時軍中稱呼主帥為大夫），沒有幫他配送。聽說董延光因為這件事情大發雷霆。」

　　「我等只是奉朝廷命令配合，如今兵馬、糧草都已經撥給他了，其餘的事情，便由董延光自己去解決吧。」王忠嗣說道。

　　李光弼問道：「大夫因為愛護士卒，所以不想成全董延光的功勞。雖然大夫派兵前去助戰，但其實是在阻撓，不想讓董延光成功吧？」

　　「何以知之？」

　　「末將斗膽一猜。如今借了董延光數萬兵馬，卻不給他們準備犒賞用的軍資，士卒們怎麼可能賣命去打仗？」李光弼道，「末將擔心，要是董延光此去無功而返，天子會怪罪於大夫。如今軍中物資充實，為何要留下這數萬緞絹帛，而冒著被進讒言的危險呢？」

　　「如今要派出數萬人與吐蕃爭奪一座城池，得到了它，我們未必能決勝；而失去它，也不會真的危害於國家，所以我不願意做這種事情。」王忠嗣看著遠去的人馬，目光深邃，「要是我被天子怪罪，多半是貶回長安，做宮廷宿衛官，再嚴重也不過是外放到雲貴黔中那一帶做做長史罷了。我王忠嗣，豈是靠數萬人的性命來保全自己官職之人？」

　　「大夫……」李光弼聽得激動，說不出話來。

　　「李將軍，我知道你確實是為我著想。只是我心意已決，你便別再多說了吧！」王忠嗣拍了拍李光弼的肩膀道。

　　「原本是擔心大夫的事情會有所牽連，所以不敢不說。如今才知道大夫真正的用意，光弼遠遠不如，佩服之至。」李光弼拜了一拜，快步而出。只有王忠嗣孤獨地看著遠方，心中想著事情。

　　這一次，要對不起宮中那位如父親一般的天子了。在宮中由天子下詔

撫養的那幾年，王忠嗣讀了聖賢之書，知道了君子有所為，有所不為，如今遇上了有所不為之事，他必定會堅持到底。

董延光的進攻不出所料地失敗了，士卒們因為沒有被許諾過賞賜，所以沒多少人願意出死力進攻這座鳥不拉屎的城堡。不論董延光如何驅策，唐軍只是象徵性地攻擊了一下便敗下陣來。石堡城仍舊被吐蕃人牢牢地守著，但幸運的是，慘烈的攻堅戰並沒有發生，唐軍也沒有多大的傷亡。而王忠嗣在不久之後收到了朝廷的敕文，要求他即刻返回長安，入朝覆命。

王忠嗣一到長安，立刻被關押了起來。

原來，惱羞成怒的董延光向朝廷告狀，說王忠嗣阻撓軍計，引得皇帝雷霆震怒。而李林甫則不失時機地讓人添油加醋地上告說，王忠嗣從小在宮中長大，與太子關係密切，這次為了保存實力而不配合董延光的進軍，必然是因為要擁兵自重，尊奉太子。作為手握重兵的主帥，這是極為嚴重的指控，並且直指天子的軟肋。於是王忠嗣被交付御史臺、刑部、大理寺三司會審，嚴加拷問。

同時，朝廷以雷霆手段處理了王忠嗣回朝後的隴右軍鎮，原本單擔任副指揮官的李光弼，因為是王忠嗣親信而被擱置一旁。朝廷火線提拔了以驍勇聞名的大鬥軍副使哥舒翰，繼任隴右節度使。

朝廷任命哥舒翰為節度使，抵達隴右後即刻前往華清宮拜見天子，這個消息，連哥舒翰自己都沒有預料到。王忠嗣鎮守邊關多年，深受士卒們的愛戴，如今被關押革職，在軍中自然引起了不小的震動，連哥舒翰都震驚不已。但君命不可違，哥舒翰只能下令穩住三軍，自己匆匆前往長安。

他和同袍們聽說了王忠嗣與李光弼的對話，明白了王忠嗣的良苦用心。主帥的一己善念保住了數萬人的性命，所有人都感動不已。他雖出身於突騎施別部，但也是讀過《左傳》、《漢書》的人，知曉人間的大義。他當初蒙王忠嗣的賞識，從一員普通胡將成長起來，到被委以重任，如今主

第五章　開邊未已—黃金時代的餘暉

帥如此，他怎能不捨了性命去營救？

入朝時，曾有人勸他帶上金銀財物打點各處解救王忠嗣。但哥舒翰拒絕了，倘若天下還存著一絲正道，王忠嗣必然不會受冤而死；倘若這個天下連一點正道都不再有了，靠賄賂救出王忠嗣還有什麼意義呢？反倒會讓王忠嗣的壯舉變成一個諷刺的笑話。

哥舒翰拜見皇帝時，正好遇上三法司上奏對王忠嗣的處理意見。刑部、御史臺、大理寺一致認為，王忠嗣通謀叛逆，其罪當誅。皇帝問哥舒翰的意見，哥舒翰的回答也很明確：「王將軍冤枉，請陛下明察。」

皇帝沒有回應，哥舒翰便繼續陳說王忠嗣的冤屈，並表示他願意拿自己的官爵為王忠嗣贖罪。

朝廷剛剛任命哥舒翰為節度使，哥舒翰卻要拿官爵來替逆臣贖罪，豈不是兒戲？饒是哥舒翰剛剛得寵，皇帝沒有當場發作，只轉身拂袖而去。

君子有所為，有所不為。王忠嗣當初踐行了有所不為，此時此刻，哥舒翰也到了有所為之時了。他跟著皇帝的步伐，一路叩頭尾隨，大聲呼喊王忠嗣的冤屈，聲淚俱下。一路跟了數百步，終於感動了皇帝，讓他停住了腳步。

其實皇帝心裡知道，太子一直跟著他在深宮裡，哪裡會有與外臣通謀的機會？他是想追究王忠嗣消極怠工之罪罷了。皇帝御宇三十多年，一套帝王心術運用得已是爐火純青，哥舒翰如此請求，倒不妨做一個順水人情，進而拿住哥舒翰的要害，讓他甘心受皇帝驅策。

只聽皇帝用威嚴的聲音說道：「朕可以不殺王忠嗣，讓他出京做漢陽太守。但朕要從哥舒卿這裡要一樣東西，可否？」

「不知陛下所欲何物？」哥舒翰問道。

「石堡城。朕要哥舒卿取來石堡城！」皇帝的語氣，不容頂撞。

面對這樣的情形，哥舒翰已經沒有拒絕的餘地。

車轔轔，馬蕭蕭，行人弓箭各在腰。

咸陽橋頭，一隊隊壯丁浩浩蕩蕩地出城，向著西邊的隴右出發。那是朝廷徵募的又一批兵士，說是徵募，不如說是強行招攬。官府有命，枷鎖在手，那些只知道面朝黃土背朝天地刨食的農夫們，又怎麼敢拒絕？

杜甫在一邊遠遠地看著。這一年，他來到了長安。因為皇帝詔天下「通一藝者」到長安應試，杜甫也參加了考試。然而，由於權相李林甫編導了一場「野無遺賢」的鬧劇，參加考試的士子全部落選，包括杜甫在內。隨後的日子，杜甫只能在長安城四處遊蕩，正值朝廷徵發攻打青海石堡城的丁壯，這幾天，杜甫見了不知多少的悲歡離合。

這些新兵們有的只有十幾歲，雖然朝廷明文規定，男子二十三歲方才算是成年丁壯，適合徵發兵役，但實際上官府並不完全按這個標準執行，有些嘴上剛剛長毛，稚氣未脫的少年，也充在隊伍中，一臉茫然地跟著隊伍前進。而他們的父母、親人都沿途相送，有的老母親拉著兒子的衣服，不捨得兒子離開。

不知是誰第一個哭了起來，情緒迅速被感染，沿途的人們哭聲四起，向四周的天際飄散。

誰能知道這一次是不是生離死別呢？這些年戍邊的年輕人，如今又回來了幾個？軍鎮的很多邊將們為了隱瞞戰爭損失，故意不報告傷亡，很多人家的兒子，就這樣不明不白地戰死在了幾千里外的邊疆。

邊庭流血成海水，武皇開邊意未已。

君不聞漢家山東二百州，千村萬落生荊杞。

縱有健婦把鋤犁，禾生隴畝無東西。

想到這裡，杜甫只有一聲嘆息。關中的漢子是天下最好的農民，他們

第五章　開邊未已──黃金時代的餘暉

勤勞刻苦，純樸開朗，任勞任怨。他們原本可以靠自己一雙勤勞的手，收穫豐盛的莊稼，吃飽穿暖地度過一生。可是因為戰爭，他們卻被迫遠赴他鄉，到一個從來沒有去過的地方拋灑自己的熱血。而正因為他們能吃苦，於是被殘暴不仁的邊將們當作犬馬一般地驅使，直到耗盡最後的體力。

這幾年，朝廷的戍邊強度越來越大，戰爭也越來越殘酷。第一次攻打石堡城，唐軍死傷慘重。如今新任隴右節度使哥舒翰，耗費了大量的人力物力，在青海新築了神威軍城和應龍城，矛頭直指石堡城，新的戰爭一觸即發，到那個時候，不知又要有多少年輕人死在青海的莽莽高原上。

君不見青海頭，古來白骨無人收。

新鬼煩冤舊鬼哭，天陰雨溼聲啾啾。

天寶八載（西元 749 年）的夏天，大軍集結在了石堡城下。

築好了神威軍城和應龍城，修補了河源地區的防禦之後，哥舒翰認為時機已經成熟，便正式調動大軍準備總攻。這是一場浩大的集結，不僅有哥舒翰隴右本部的三萬野戰軍，還有河西軍鎮和突厥阿布思部的數萬人馬，加上從朔方、河東等軍區調來的援軍，一共六萬三千人，相當於兩個軍區所有的野戰兵力。

哥舒翰答應了天子要拿下石堡城，所以石堡城志在必得。

總攻命令下達，大軍的偏師在山下列陣，阻擋從四面八方而來的吐蕃援軍，主力則鉚足了勁上山，沿著唯一的一條曲折山路，攻上山頂，誓要拿下石堡城！

滾木、飛石、羽箭如雨點一般傾瀉下來，唐軍傷亡慘重。

哥舒翰叫來了負責攻城的裨將高秀巖與張守瑜，責問為何攻克不了。兩位裨將的聲音已經帶上了哭腔：「蕃賊早有準備，弟兄們損失太慘了。」

「你們打不下來，那我現在便斬了你們！」哥舒翰厲聲道。

02　哥舒夜帶刀

高、張二人慌忙跪地：「三日之內，必可破城！」

唐軍殺紅了眼睛，對面的吐蕃軍也殺紅了眼睛，雙方在這座小小的山口激烈廝殺，血流成河。

那是一個沒有月亮的黑夜，天空澄澈，看得見漫天的銀河。北斗七星高懸，泛著紅色的光，有如泣血。

三日之期馬上就要到了，石堡城仍舊負隅頑抗。哥舒翰提著刀來到山下，他要親自上陣，主導最後的總攻。他下令，要不惜一切代價攻下這座城寨。

「大夫三思！若是再打下去，我軍就要損失過萬了！」副將勸道。

「何止過萬。」哥舒翰陰沉著眼睛看著山頂的城寨，這座城，已經有太多人為之流血了，當初王忠嗣將軍苦心避免的損失，到底不可挽回地發生了。如今容不得再猶豫，只要一個心軟，上萬將士包括王忠嗣將軍的犧牲，便會變得沒有任何意義。他再次重複自己的命令：「下令全軍，不惜一切代價，攻下石堡城！」

待了片刻，傳令兵大聲叫著：「諾——」轉身通報全軍。

哥舒翰拔刀出鞘，走上了石堡城的山路。這一刻，他不是一個人，他化身成了血手的殺神，這個無月之夜，他拔刀的身影終將會成為無數人的噩夢。多年以後，哥舒翰已經身歿，隴右、青海的邊民們依然會拿哥舒翰的名字嚇唬調皮的小兒。牧民們的詩不會騙人，他們的歌謠裡，留存著石堡城最為恐怖的記憶。

北斗七星高，哥舒夜帶刀。

至今窺牧馬，不敢過臨洮。

石堡城終於如期被攻陷。唐軍死傷數萬，一如當年王忠嗣的預言。

當然，吐蕃也在此戰中付出了慘痛的代價，精銳部隊鐵刃悉諾羅等

第五章　開邊未已—黃金時代的餘暉

四百人被唐軍俘虜，其餘死傷也達數萬。朝廷在石堡城設立了神武軍，牢牢地駐守在這座屍橫遍野的城寨。不久，哥舒翰又派人於赤嶺西部開墾屯田，並派遣了二千犯罪充軍的士卒去守衛青海湖龍駒島的應龍城。但是，幾個月之後的冬天，青海湖結冰封凍以後，吐蕃大軍來攻，守衛應龍城的士卒再度被全部消滅。

哥舒翰因為這次功勳得到了皇帝的讚賞，加封為特進、鴻臚員外卿、加攝御史大夫，不久之後，又加封開府儀同三司，相當於當初衛國公李靖的封官。

只是那個「血手人屠」的烙印，永遠抹不去了。

南方的吳中下起了一場大雪。石堡城的消息也傳到了這裡，傳到了在此雲遊的李白耳中。一個有雪的寒夜裡，李白一人獨酌，大醉了一場，酒醉中，他在詩裡寫道：

君不能學哥舒，橫行青海夜帶刀，西屠石堡取紫袍。

如果盛世的功業，是伏屍數萬成就戰神之名，倒不如吟詩作賦北窗裡，舉杯與長夜和明月相伴。那血染的軍功究竟又有什麼意義？

03　高仙芝的遠征

高仙芝已經快要不記得，這是他征戰西域的第幾年。天寶十載（西元751年）他正率領唐軍在怛羅斯河畔的原野上列陣，嚴陣以待。唐軍的前方，黑色的旗幟如浪一般翻滾著，十萬大軍正在匯聚起來。

黑色的旗幟，黑衣的大食。大唐帝國的安西軍，終於和強大的黑衣大食阿巴斯王朝，正式相遇並交鋒了。和過去與大唐聯合絞殺了突騎施的白衣大食（阿拉伯帝國倭馬亞王朝）相比，黑衣大食的兵力更強，而且更為

勇悍。短短一年時間便從呼羅珊（今伊朗北部）崛起，吞滅了白衣大食的大部分領地，快速進入極盛時期。

這一次行軍，高仙芝只是要追擊逃竄的石國王子，根本沒有預料到要和黑衣大食交手。但黑衣大食還是來了，石國王子勾連了中亞地區的昭武九姓，還引來了大食的援軍，在怛羅斯城附近截住高仙芝的唐軍，一場惡戰在所難免。

在錯誤的時間，錯誤的地點，兩個錯誤的對手意外地相遇。

事情還要從高仙芝征戰西域一開始說起。

天寶六載（西元747年），安西副都護、都知兵馬使、充四鎮節度副使高仙芝受命擔任行營節度使，作為安西軍的前方行營總指揮官，出征小勃律。

這是大唐針對吐蕃的鉗形攻勢中的一部分。此時在隴右、青海，剛剛就任隴右節度使的哥舒翰正率軍與吐蕃在赤嶺一線艱難地拉鋸，慘烈的石堡城攻防戰也在醞釀之中。唐廷對吐蕃正下著一盤廣闊的大棋，安西都護府的任務，就是策應青海的攻勢，向吐蕃的西側出擊，翻越雄偉的蔥嶺，阻斷吐蕃通往中亞的道路。

幾年前，一直倚靠大唐的小勃律被吐蕃攻占。吐蕃隨即將公主下嫁給小勃律王蘇失利，藉此排除親唐勢力，扶植親吐蕃派系，全面介入並控制了小勃律的政局。以大小勃律為橋頭堡，吐蕃最終打通了蔥嶺之路。這一局勢是唐廷無法接受的，高仙芝於危急之際奉命，率領一萬精銳唐軍出征小勃律。

西方古時有名將漢尼拔，率軍翻越阿爾卑斯山，直通羅馬帝國後方，堪稱軍事奇蹟。而高仙芝前往小勃律之路，同樣不遑多讓。此役，萬餘唐軍精銳要跨過地勢凶險的蔥嶺，也就是帕米爾高原，翻越群山深谷，極寒與缺氧無時無刻不在威脅著每一個踏上這片土地的人。高山之中條件惡

第五章　開邊未已—黃金時代的餘暉

劣,缺乏補給,即使在現代軍事體制下,也是一件極為困難的任務。但高仙芝依託唐軍的後勤機制,竟然奇蹟般地克服了一切問題。

在高仙芝的指揮下,唐軍整個行軍過程精準得如同時刻表一般。萬餘唐軍就如一柄鋒利的手術刀,從安西四鎮出發,七十餘日後到達蔥嶺守捉城,然後悄無聲息地越過蔥嶺,翻過主峰海拔超過七公里的青嶺,又行軍四十餘日之後,囤軍特勒滿川(今塔吉克境內)。

完成行軍,只是整個軍事行動的第一步,之後還有更為艱鉅的任務,那就是消滅小勃律境內的吐蕃駐軍。此時高仙芝事先派出的斥候已經將軍情摸清,有一個好消息,一個壞消息。

壞消息是:吐蕃守軍非常地強大。特勒滿川前,是天險連雲堡,連雲堡上駐紮著一千吐蕃軍。連雲堡易守難攻,不僅山勢險峻,城下還有一條娑勒川攔路,正逢夏天,冰川融化,水漲難以渡過。更嚴峻的是,連雲堡山下十五里的山寨中,還有一萬餘吐蕃軍作為策應,一旦連雲堡告急即可發兵支援。

好消息是:蔥嶺一路惡劣的環境也隱蔽了唐軍蹤跡,駐紮在勃律境內的吐蕃守軍幾乎對高仙芝麾下萬餘唐軍步騎的動作一無所知。只是唐軍不可能永遠隱瞞蹤跡,唐軍已在連雲堡不遠處,吐蕃的哨探隨時都可能偵察到唐軍的蹤跡。

綜合敵情,高仙芝果斷決定發動奇襲,利用雙方戰場情報的時間差,趁吐蕃軍不備,迅速攻占連雲堡。他下令每人帶上三天的乾糧,趁清早渡河,強攻連雲堡。

水這麼深還要渡河,難不成是瘋了?將士們驚訝之餘,卻因著高仙芝的威望,將信將疑地遵從。唐軍第二天天還沒大亮時來到河邊,殺牛祭旗,強渡河水。冥冥之中似有天助,過河之時,河水竟然只堪堪沒過馬腹,唐軍全員騎馬過河,輕輕鬆鬆地便渡過了娑勒川。

婆勒川之所以在豐水期，是因為夏季的冰川融水。清晨之時溫度不高，冰川融化不快，河水不深，便於渡河。高仙芝最擔心的，其實是唐軍渡河到一半時吐蕃人突襲，如今見唐軍全部渡河列陣，於是大喜，下令攻城。

山頂之上，吐蕃人這時才發覺唐軍的到來，急忙吹響號角。

「高陵、李嗣業，帶領陌刀隊攻城！」高仙芝下令道，「中午前，必須破城！」

陌刀隊是大唐最精銳的重灌步兵。此次唐軍雖然全部騎馬，但攻堅之時，陌刀兵依然下馬步戰。高陵、李嗣業均是身經百戰的猛將，當先呼喝，陌刀兵士列成方陣，登城而上。只見山頂的滾石、木塊紛紛而下，遮蔽了整片天空，郎將李嗣業手持一桿大旗，率先登上城樓，與守軍展開激戰。從辰時到巳時，兩個多小時的時間，成功擊破城中守軍，然後乘勝追擊，擊破無險可守的南寨守軍，連雲堡據崖傍水的地勢優勢此時卻成了吐蕃軍的噩夢，十萬吐蕃大軍在奔逃的過程中傾軋踩踏，墜入懸崖溺死河中者十之八九。

這一戰，吐蕃守軍基本全軍覆沒，唐軍斬首五千餘級，俘虜千餘人，拔除了吐蕃在婆勒城外的重要軍事據點。

這是一場極為漂亮的攻堅戰，但唐軍來不及慶祝，因為如今只是剛剛攻破了吐蕃在小勃律的駐軍，婆夷水對岸的吐蕃援軍得知唐軍來犯，便會立刻發兵前來。時機稍縱即逝，高仙芝果斷下令，將傷員、弱卒、高原反應患者三千人留在連雲堡，自己親率主力，快速向阿弩越城進軍。

這次行軍，高仙芝冒著極大的風險，因為他們對一百多里外的阿弩越城、以及小勃律都城孽多城的情況一無所知，要是吐蕃大軍在阿弩越城以逸待勞等著他們，那唐軍便有全軍覆沒的危險。隨軍監軍的宦官邊令誠帶著三千人留在連雲堡，就是為了不把雞蛋放在同一個籃子裡，萬一高仙芝

第五章 開邊未已──黃金時代的餘暉

的主力大軍覆滅，邊令誠至少還可以維持住現有的勝利果實。

所幸的是，高仙芝通過坦駒嶺，到達阿弩越城不遠處時，前面並沒有吐蕃邊軍的身影，而阿弩越城的守軍沒有戰鬥意志，開城投降了唐軍。剛剛進城，高仙芝不顧全軍人困馬乏，立刻令將軍席元慶率領一千餘名騎兵繼續先行，要在最快時間之內，迫降小勃律君臣。

一切的關鍵，都在六十里外的一座藤橋上。娑夷水，又稱弱水，險峻而湍急，傳說中連一片羽毛都漂不起來。水上一座一箭之遠的藤橋，是小勃律通往吐蕃的唯一之路，吐蕃曾以借道為名騙取小勃律修築此橋。席元慶要趕在吐蕃大軍到來之前，占領孽多城，並且砍斷娑夷水上的藤橋，阻止對岸吐蕃大軍的到來。

席元慶奔行六十里，一路安撫百姓，逮捕吐蕃所扶持的貴族，終於抵達孽多城，在當天的傍晚時分，斬斷了娑夷水上的這座藤橋。

藤橋剛剛被砍斷，吐蕃的大軍就到達了河水對岸。

吐蕃派來的援軍被擋在弱水河畔，在援軍無望的情況下，小勃律國國王及其妻吐蕃公主率眾投降。唐軍重新控制小勃律，被俘虜的小勃律王和吐蕃公主重新恢復了對唐廷的忠誠，在高仙芝的帶領下，一路前往長安「朝聖」了。

憑藉戰功，高仙芝加封安西四鎮節度使，主掌安西軍政。從這以後，高仙芝開始了橫行西域的日子。

天寶八載（西元749年），在小勃律一戰中吃了虧的吐蕃，又扶持揭師國，企圖困死小勃律的大唐駐軍。高仙芝的做法也很簡單，就是繼續打，打到敵人不敢打為止。一場中亞大戰，高仙芝率軍大破揭師國、吐蕃以及突騎施聯軍，俘虜揭師國王勃特沒、突騎施可汗以及吐蕃酋長。

天寶九載（西元750年），高仙芝藉口石國對大唐使者無禮，率軍兩萬討伐石國。石國君臣不敢應戰，請求投降，高仙芝原本允諾，但隨後反

悔，率軍血洗了石國，擄掠金銀財寶無數。

對任何企圖與大唐唱反調的西域屬國，高仙芝都是毫不猶豫地率軍撲滅。再加上他性格中殘忍與貪婪的一面，每一次征戰，都帶來了殘酷的殺伐與肆意的掠奪。終於，高仙芝在西域的殘暴統治引來了昭武九姓的公憤。石國國王被高仙芝俘虜後，石國王子逃到了九姓胡人那裡，將高仙芝的種種殘忍行徑，以及背信棄義的行為公之於眾，引起了昭武九姓的集體抗議。他們商議著，要對大唐施以反擊，謀劃攻陷大唐的安西四鎮。

當然，他們自知力量弱小，於是引來了一位強力援軍——黑衣大食。

大食曾與唐廷聯合絞殺了突騎施的蘇祿可汗，其後白衣大食被黑衣大食所取代，新掌權的阿巴斯家族，對唐廷還沒有足夠的認知。聽聞昭武九姓求援，便派出數萬大軍，前往怛羅斯城。就在怛羅斯城外不遠處的怛羅斯河畔，大食軍與昭武九姓匯合，兵力近十萬人，在曠野之上遇到高仙芝的安西軍與僕從軍三萬人。雙方不由分說，列陣展開了決戰。

戰鬥持續了五天，三萬唐軍對陣大食與昭武九姓聯軍，竟不分勝負。唐軍重步兵方陣戰法嚴謹，面對數量眾多的敵軍，倒也不吃力。正當唐軍重整隊形，準備再戰之時，唐軍陣營中的葛邏祿人宣布倒戈，與大食軍一起夾攻唐軍。

唐軍猝不及防，本來已經捉襟見肘的兵力，此時更處於弱勢，最後終於釀成慘敗。而與唐軍一起出征的拔汗那等昭武部落軍，也一起借勢倒戈。方才還並肩作戰的友軍，此刻已成了敵人，唐軍終於全線崩潰，死傷無數。高仙芝只能帶著數千人撤出了戰場。

縱橫沙場十餘年，高仙芝未嘗過敗績。怛羅斯之戰的失敗，高仙芝怎麼都無法接受。他向碎葉城方向退卻，準備收拾兵馬，重新作戰。

這時，一同敗退的李嗣業勸道：「我軍孤軍深入，又無援軍，形勢凶險。而大食就算得勝，中亞諸國依然會親附我軍，可我軍若是戰敗，他們

便真的沒機會依附大唐了！還是先行撤退為好！」

高仙芝怒道：「你不過是一員戰將，懂些什麼？明日再戰，便可以得勝。」

他已經算好了破敵之計，可是卻從來沒有算過自己方才一戰為什麼會輸。是因為葛邏祿人的叛變嗎？自然不是這麼簡單。這幾年高仙芝四處征戰，用武力壓服西域諸國，儘管他打贏了每一場戰鬥，可最終輸掉的卻是整個戰爭！只會靠著大唐的強大軍力用武力鎮壓別人，卻從來不懂得如何安撫各個屬國，這才是高仙芝失敗的真正原因。

李嗣業駁道：「愚者千慮，或有一得，如今情勢危急，斷然不可再戰了！」

高仙芝沉思良久，終於接受了李嗣業的意見。

大唐與黑衣大食的交鋒，最終以唐軍的戰敗而宣告結束。但這場戰爭之後，雙方在中亞平靜了下來，沒有再起爭端。雙方都在這場戰役中驚訝地發覺了對方的強大。怛羅斯城或許就是雙方擴張的極限了，大唐無力繼續向西，黑衣大食也無力再向東突破大唐的安西。

而高仙芝的殘暴政策也被重新檢討，高仙芝被解職，回京擔任右金吾衛大將軍，安西四鎮節度使改由安西行軍司馬封常清擔任。

此刻，高仙芝和封常清，都不知道自己未來的人生歸宿在哪裡。

04　一個小舅子引發的血案

安祿山低著頭，誠惶誠恐地站著，活像是一個接受先生訓話的學童。這副樣子，誰也無法將他和一個坐鎮幽燕的一方名將聯想在一起。

每次來到李林甫的府邸，安祿山都如臨大敵，他在朝中天不怕，地不

怕，連太子都不放在眼裡，唯獨怕這位當朝宰相。此時在會客廳堂裡，李林甫一雙綠豆一般的眼睛像是一把細小而鋒利的刀，遊走在安祿山的全身，彷彿隨時會忽然一刀，從安祿山肥碩的身軀上剜下一塊肉來。

這座廳堂形似彎彎的偃月，朝中之人都稱之為「月堂」。據說李林甫每次構陷大臣，都要在這月堂中苦思中傷之法。如果他高興地走出來，那就意味著被構陷的人要家破人亡。雖然這只是圈子裡暗暗相傳的「都市傳奇」，但每當安祿山進入這座月堂面見李林甫，心中總不免有一股寒意襲來。來到這個廳堂，安祿山才知道什麼是宰相的威嚴。當他第一次來這裡時，見到朝廷的二號人物王鉷帶領其他群臣，卑躬屈膝地拜見李林甫，不由得驚駭莫名。在宮裡面見皇帝老爺時都大刺刺、不太講禮數的安祿山，從此看見李林甫就立刻畢恭畢敬。

安祿山擁有從底層一路爬摸滾打的經驗，任何人都能被他一眼看透，哪怕是高高在上的皇帝，他也能一眼就抓住那一綹好大喜功的龍鬚。靠著他逢迎拍馬的功夫，安祿山這些年深受皇帝寵信，還得到了在勤政樓上坐金雞障與皇帝一起吃飯的尊榮。可對李林甫，安祿山卻始終測不出他的城府。

他之所以懼怕李林甫，是因為李林甫和他是同一種人，而且比他更為狡獪、奸詐、詭計多端。每次安祿山與李林甫交談，李林甫總是能一言點破安祿山的那些小心思，就算李林甫從來沒有去過幽燕，也總是能靠揣摩心思、分析推理，從安祿山彙報他在平盧、范陽軍鎮的工作中抽絲剝繭，猜出真實的用意。

「為了抵禦契丹、奚族入寇，祿山已經摸索出了應對之法，在薊州城北建造雄武城，透過要塞，將賊人牢牢擋在外頭。」安祿山彙報著他修築雄武城的功績。

「甚好，修了雄武城，貯藏好了兵器錢糧，范陽鎮定然實力大增，不

第五章　開邊未已─黃金時代的餘暉

遜於西北邊鎮了。」李林甫的話依然如蜂蜜一般甜，但卻一語點破了安祿山修築雄武城是為了壯大自己實力的小算盤。

「國家大事，祿山不敢不盡心。只是修造雄武城時，朝廷明明已經下令讓王忠嗣調遣一部分河東軍士來協助，可那王忠嗣卻只是做個樣子，派人來雄武城工地轉了一圈，祿山還沒看到人影，王忠嗣就讓他們收兵回河東了。這不是有意要抗旨麼？」安祿山只能把話題往別的地方引，他知道李林甫素來忌憚王忠嗣，這時編派王忠嗣的不是，也算是投李林甫所好。

「王忠嗣在隴右屢屢不行聖意，朝中多有人彈奏。此人甚是居功自傲，還多次向朝廷指摘你的不是，還說你要趁機將他的河東軍留下，圖謀自大，必定要造反。若不是我壓著，這等無稽之談便要放到朝堂上議論了。」李林甫隨口說道，看起來平淡隨意，但又一次點明了安祿山的意圖，讓安祿山聽得心驚膽顫。

安祿山每一句話，李林甫都能輕易看出他背後的意思，所謂屬性壓制，也不過如此了。好在安祿山和李林甫暫時利益一致，李林甫需要安祿山留在邊關的軍鎮，畢竟安祿山是不懂文墨的胡人，不可能出將入相，入朝威脅李林甫的地位，同時他也需要安祿山的東北邊鎮軍制衡以王忠嗣為代表的西北邊鎮軍。安祿山雖然在皇帝和楊太真面前是個搞笑的傻子，但在業務方面卻是一流，他在東北的軍鎮裡，三天兩頭出門打契丹人，時不時地就有大捷上報，讓李林甫十分滿意，皇帝也因而有了將西北邊鎮軍打散重組的底氣，徹掉王忠嗣的官職，另換外族將領安思順（安祿山族兄）、哥舒翰繼任節度使。邊關將帥幾年來悉數換血，大多換成了安祿山這樣的胡人，因此也就不再有邊軍將帥入朝為相的可能了。

而安祿山的好處也少不了，他得到了朝廷的免死鐵券，雖然開國以來得到鐵券之人從來沒有真正使用過鐵券，但這至少代表著一種超出一般邊鎮軍將的特殊地位；同時還兼任了河北道採訪處置使，整個河北道都在安

祿山的管理之下。

他們兩人因利而合，幾年來相安無事，可他們彼此都心知肚明，小人以利相交，利盡則散。當安祿山找到了對自己更有利的門路，自然就會無情地拋棄李林甫。

在這鐵打的中書門下，宰相一直流水般輪換，唯獨李林甫坐鎮了十餘年。可天下沒有不散的筵席，誰都看得出來，李林甫遲早會垮臺的，他主政的這些年，朝中只留下了趨吉避凶、不講原則的小人，一幫精緻的利己主義者，他們一邊找著新的門路，一邊繼續奉承逢迎著李林甫，想要在樹倒猢猻散之前，為自己謀得更多的利益。

現在，安祿山狐狸一般的嗅覺敏銳地發現，牆倒眾人推的時候快來了。

天寶九載（西元750年），宮中發生了一件不大不小的事情——楊貴妃再次被送出宮，遣回了娘家。

楊貴妃，也就是楊太真。自從天寶四載（西元745年）加封貴妃之後，她就是後宮位分最高之人，實際的後宮之主。所謂「後宮佳麗三千人，三千寵愛在一身」，楊貴妃寵冠後宮，讓六十多歲的皇帝李隆基煥發了第二春，每每的賞賜都不計其數。

皇帝年少時便風流倜儻，身邊不乏美女佳麗。之所以垂青於這位來自蜀地的小女人，原因之一固然是楊貴妃本人的容色，恰好契合皇帝的審美喜好。可皇帝什麼樣的女人沒見過？自然不會單單因為楊貴妃的美貌而如此痴狂。和很多「霸道總裁愛上我」的故事有些相像，後宮妃嬪們，每一個都想盡了辦法來吸引皇帝的注意，可皇帝就是看準了楊貴妃，她有著少女的天真爛漫，又有著小女人的刁蠻任性，她的一顰一笑，都是那麼楚楚動人，皇帝喜愛她，也許就是因為她與那些始終把自己包裝成端莊賢淑「人設」的其他嬪妃不同，是一個情感純粹的「人」。

宮人們不敢相信，皇帝和楊貴妃在一起，彷彿過起了尋常夫妻般的生

活。他們時而吵架拌嘴，時而恩愛甜蜜。楊貴妃嬌蠻而善妒，甚至有時候皇帝生了氣，楊貴妃依然不依不饒。有一次皇帝動怒，直接把楊貴妃送回了娘家。宮人們本以為楊貴妃會因此失寵，卻沒想到，這麼大年紀的皇帝，在送走了楊貴妃之後，竟然像是少年郎失了戀一般茶飯不思，還把氣撒在內侍們身上，最後還是把楊貴妃接了回來。

楊貴妃的三個姐姐，已經是人妻的身分，孀居在家，也分別被封為韓國夫人、虢國夫人、秦國夫人，出入宮禁，與楊貴妃一起侍奉皇帝。

那時長安城的權貴們，還並沒有太看重楊貴妃，只是把她視為一時出了風頭的寵姬而已。楊家雖然世代官宦，但在門第森嚴的長安城實在算不得什麼高門大戶。楊貴妃的堂哥哥楊釗（後來改名叫「楊國忠」），也是不學無術之人，京城的門閥很看不起他們。楊釗努力討好李林甫，才得以從蜀地調來京中，當上監察御史，算是站穩了腳跟。朝臣們並不覺得自己應該去巴結楊貴妃，只等皇帝玩夫妻扮家家酒遊戲盡了興，便自然會把楊貴妃晾在一邊。畢竟皇帝已經老了，他年輕時沒有被美色迷惑，難道這麼大年紀了還會在這條溝裡上不來？

結果皇帝用實際行動告訴大家，會，已經陷進去了。

楊貴妃第二次因為忤逆聖旨被遣送回家時，長安城的顯貴們都認為，這次她不可能再回來了。但是離開了楊貴妃的皇帝，心中對愛妃的思念與日俱增，沒多久就開始後悔，派宦官帶著楊貴妃愛吃的食物前去探望。楊貴妃見了宦官，剪下自己的一縷秀髮，請他們轉交給皇帝。皇帝終於心軟了，馬上讓高力士將楊貴妃帶回皇宮，恩寵更上一層樓。

兩次進進出出，終於讓所有人看到了楊貴妃在皇帝心中的分量。過去那些忤逆聖意之人，無論是朝臣、將領還是妃嬪、皇親，如今的墳頭草已經長得老高，只有楊貴妃一人，越是忤逆，便越是受寵，真不知她有什麼奇特的魅力，能讓皇帝迷得神魂顛倒。

04 一個小舅子引發的血案

　　楊釗的地位也隨之發生了翻天覆地的變化。原本楊釗只是依附於李林甫的一條得力鷹犬，靠心狠手辣陷害王忠嗣等政敵、攀咬太子一黨而發揮作用。隨著楊貴妃地位的提升，楊釗的身價也水漲船高。他善於窺探上意，看到朝廷這些年對財政出奇地重視，一切以經濟掛帥，便有樣學樣，儼然一副經濟小能手的樣子。靠著打造經濟專家的「人設」，楊釗成功升遷為給事中、御史中丞、專判度支事，等於朝廷具有次相地位的財政大臣。

　　由於幾百年來民間流傳的「金刀」之讖（關於「金刀」之讖，詳見本書第一部），楊釗要換一個名字，於是請到了皇帝的賜名。皇帝為他賜名為「國忠」，楊釗變成了楊國忠。

　　楊國忠的一大能力，就是聚斂。他比歷任掌管財政的大臣更為放縱，為了追求表面的財政成長，不惜竭力搜刮民財，以滿足皇帝的享樂與揮霍。雖然又一次讓底層的百姓們怨聲四起，卻成功地取得了皇帝的歡心。這個皇帝小舅子，除了能投皇帝所好，辦好皇帝的差事以外，在文才武略、品德素養方面全都平庸至極，但皇帝偏偏就需要這樣不講原則的大臣，皇帝的喜好就是最高原則。

　　李林甫老了，皇帝需要的不是一個年邁的宰相，而是真正能履行他意願的宰相。如果這個宰相做不到，那皇帝同樣會無情地將他拋棄。

　　安祿山很早就開始刻意討好楊貴妃和楊國忠了。那年的勤政樓上，皇帝設金雞障招待安祿山時，安祿山向坐在一張席上的皇帝、貴妃二人行禮，先拜了貴妃，然後才拜皇帝。皇帝詢問緣由，安祿山回答：胡人先母而後父。這句話，既讓皇帝龍心大悅，也順帶討好了正當紅的楊貴妃。

　　楊國忠在朝中崛起後，漸漸便有了一幫依附於他的朝臣。連當初李林甫重要的助手吉溫，也投靠在楊國忠門下，為楊國忠出謀劃策，準備取代李林甫。其中一項舉措，就是拉攏身兼數鎮節度使的安祿山。安祿山上朝時，楊國忠還親自扶著安祿山肥胖的身軀，一起走下大殿的臺階。有了這

第五章　開邊未已—黃金時代的餘暉

層關係，安祿山與楊國忠之間的關係日益好了起來。

這是安祿山最希望看到的局面。朝中李林甫和楊國忠兩派矛盾日益尖銳，邊鎮的節度使是他們都想拉攏的對象。安祿山只需小心地遊走在兩派之間，上下通吃，便可以為自己爭取到更多的利益。

只是安祿還是很懼怕那個一眼便能看穿自己的李林甫。他表面上渾不在乎地稱呼李林甫為「十郎」，實際上心裡慌慌的，直叫李林甫「大爺」。

在長安城，安祿山設立了專門的「駐京辦」，留下心腹劉駱谷在此探查動靜，隨時報告遠在幽燕的他。安祿山回到范陽後，劉駱谷每次從長安回來，安祿山一定要問：「十郎說什麼了嗎？」如果聽到李林甫讚揚他，就十分高興。可當他聽到劉駱谷彙報說，李林甫帶話，「告訴安大夫，要檢點一些！」安祿山就只好反手握床，略帶恐懼地自言自語道：「噫嘻，要死了，要死了！」

李林甫已經年近七旬，他自知當宰相的近二十年裡得罪的人太多，總擔心有人要謀害於他，所以平康坊的宅邸裡一直保衛森嚴，每個房間都要在牆壁之間設密道，供他隨時轉移撤離。一個晚上往往要轉移多個落腳點，就是要讓刺客找不到他的住處。最近這幾年，李林甫極少出門，連辦公會議都是召集同僚們在府邸中舉行，其實就是擔心他出門之時，有心懷不軌之人要行刺他。萬不得已要出門，李林甫都會安排數百金吾衛前後隨行，上哪裡都要提前封路，杜絕一切安全隱患。

這也是不得已而為之的事情。十幾年來，因他而獲罪之人不知有多少。張九齡、李適之、王忠嗣等人的黨羽，無不要殺李林甫而後快。

他的兒子李岫與他一起在宅邸的後花園遊玩，也要先過一層層護衛才能與李林甫同行。他們一行人，前後跟了兩個步輦，一個步輦上是李林甫替身，另一個還是李林甫替身，這依然是為了迷惑刺客。誰也沒想到，真

的李林甫穿著便裝，躲在人群中與兒子同遊。這也是李林甫難得能看見太陽、聽到鳥語花香的時間，而平常的日子裡，年邁的李林甫只能躲在重重的屏障中奮力辦公。

李岫終於忍不住跪倒在地，哭著說道：「父親久居相位，樹敵甚多，以至於前途都是荊棘。一旦有禍事降臨，便無計可施了。還是收手吧！」

李林甫聽了，也是怏怏不樂，長嘆一聲道：「勢已如此，又如之奈何？」

他明白，自己已經收不了手了。一旦他致仕退休，失去權力，便是他的喪生之日。這些年來，權力並沒有給他快樂，反而成了一隻巨大、醜陋且嗜血的怪獸，纏附在他的身上，每日每夜以他的血肉為食，直到榨取出最後一點精血。但他卻不能甩開，只有緊緊地攢著，繼續割下自己的血肉來餵養，因為他知道，一旦失去了這隻怪獸，他轉眼就會被更為黑暗的無底深淵所吞噬。

05　四星聚尾，有德受慶，無德則殃

天寶九載（西元 750 年）九月，大明宮的頭頂陰雲密布。皇帝與群臣緊張地議論了一整天，到了晚上，宦官們為昏暗的殿內點上燈，看這樣子，會議一時半刻還結束不了，君臣眾人都得加班了。

他們議論的問題十分高深：大唐到底是個什麼德性？

這是一個牽連國本的大問題。「五德終始說」自秦漢以來風靡於世，被歷朝歷代所採納，大唐自然也不免俗。人們相信，王朝的合法性來源於天，而天道之下，金木水火土五行所對應的五種德性相生相剋，終始輪迴。而不同的五行德運，也意味著王朝所承繼政權的合法性，還決定了這一朝的旗幟與服裝的顏色。

第五章　開邊未已──黃金時代的餘暉

五行相生相剋圖

黃帝屬土，曾經見過大蚯蚓，所以德性為土，崇尚黃色。

木剋土，所以接替的大禹是木德，崇尚青色。

金剋木，所以接替夏的商湯是金德，崇尚白色。

火剋金，所以接替商的周是火德，崇尚紅色。

再而後，秦始皇統一天下，水剋火，所以秦朝崇尚黑色。但秦朝暴虐不仁，漢高祖劉邦直接革了秦命，問題便出現了──推翻秦朝的漢朝，應當繼承秦朝的水德、而崇尚土德，還是應認為秦朝屬於非法政權，從而直接繼承周朝的火德，而尚水德？抑或認為土生金，秦朝和六國都是金德，而漢朝剋了金德的秦朝，所以應當是火德？

從漢朝開始，五德終始就成了一筆爛帳，各種說法均有，誰也說服不了對方。漢朝四百年前前後後改定了三次德性，初水德，後土德，再火德，還留下一個專有名詞叫炎漢。

唐朝初創之時，乃是接受隋帝的禪讓。隋朝是火德，而火生土，唐朝

自高祖時便定為土德。但是，以初唐的大才子王勃為代表，又有另一個理論，認為從漢末以來的魏晉、南北朝乃至於楊隋，都不是正統，而是暴亂昏暗的非法政權，我昭昭大唐自然應當是繼承了炎漢的法統。從結論上說，按照這樣的排序唐朝仍然是土德，但是繼承的本位不一樣，所代表的政治意義也就非同一般。

開元皇帝希古慕道，一直以聖王自詡，所以十分喜歡模仿古代的聖人，親自制禮作樂，改易制度。天寶三載改「年」為「載」就是他的一大創舉。皇帝登基已有四十年，國力鼎盛，據楊國忠的報告，府庫中所藏積蓄之豐富，乃是亙古未有。所以，他有底氣重新討論李唐的德性問題，開會商議唐朝應該繼承什麼法統。

倡議將法統直接追溯至周朝、漢朝的，是李林甫一派，他們迎合皇帝自我作古的偏好，炮製出這樣的提議。反方的力量也很強大，畢竟這是牽涉到國本、法統的事情，許多老成持重之臣並不支持。而且楊國忠這位朝中新貴，作為弘農楊氏的遠支後人，向來以擁有楊隋皇室血統為傲，不斷往自己臉上貼金，如今這個動議，等於揭去前朝楊隋的遮羞布，連隋朝是正統王朝都不承認，楊國忠自然不樂意。正反兩方在朝中論辯，從早到晚，爭得難解難分。

最終，支持追溯周、漢的正方占了上風，贏得了皇帝的支持。看到辯論基本有了結果，皇帝便說，如今天色已晚，暫且下班回家，明天上朝再最終決定。

群臣行禮之後逐一退場。就在眾臣趁夜散班之際，多日以來始終烏雲重重的天空忽然雲開霧散，一輪皓月照亮了整片夜空，將那奇異的天象展現在人們面前。

龍首原頭頂的漫天星空中，金星、木星、土星、火星四顆行星聚集在尾宿的星野，照亮了東北方的天際，而五大行星中剩下的那顆水星，也緊

第五章 開邊未已──黃金時代的餘暉

緊地向著四星靠近。

「四星聚尾！」識得星象的大臣們都驚異地在心中說道。但是私自觀察星像是大罪，人們心照不宣地選擇了沉默。

四星聚尾是幾百年難遇的奇特天象，所謂「五星合，是為易行，有德受慶，改立大人，奄有四方，無德受殃若亡」，在星相學上，四星聚、五星聚，都是聖君興起的徵兆。齊桓公稱霸時，五大行星聚集在箕宿；漢高祖滅秦時，五大行星聚集在東井；漢光武帝、晉元帝中興之時，也都有四大行星聚首的星象。如今四星再度聚集於尾宿，是否意味著新的太平盛世即將來臨？

集賢院學士衛包上奏：「群臣集議的那天晚上，雲開霧散，四星聚集於尾宿，可見天意昭然，要求朝廷改易正朔。」於是朝廷下令，正式宣布大唐繼承周朝、漢朝的法統，並將旗幟的顏色從紅色改為象徵土德的黃色。

只不過，大臣們都對四星聚尾的另一層含義選擇了沉默──有德受慶，無德受殃，這個天象無論如何解釋，對當今在位的皇帝來說都不是什麼好事。著名占星師王皎對此感嘆道：天下將亂。但這話不是他該說的，皇帝聽聞之後，極為忌諱，下密詔命人將王皎暗殺。

改易德性之後。李隆基原本打算登上華山封禪，希望藉此機會，讓封禪華山成為比封禪泰山、嵩山規格更高的儀式。但是，華山腳下的華岳廟卻忽然遭逢地震被毀，這讓皇帝的封禪計畫再度被中止。封不了華山，朝廷便只能退而求其次，改為祭祀太清宮、太廟和天地的三大盛典。

也就是在這次盛典上，一直困頓地羈絆在長安的杜甫獻上了他準備好的〈朝獻太清宮賦〉、〈朝享太廟賦〉和〈有事於南郊賦〉，得到了皇帝的欣賞。皇帝下令讓他進入集賢院待制，充任候補官員。不久之後，在宰相主導的考試中，杜甫成功通過，終於擁有了接受吏部銓選擔任朝廷命官的資格。

05　四星聚尾，有德受慶，無德則殃

然而，原本被寄予厚望的那個太平盛世，卻並沒有到來。

這年冬天，帝國的南疆又生出了新的事端。在雲南的山區，蒼山洱海之間，那裡是世代被中央王朝管轄的羈縻州。有一個叫「南詔」的小部落，他們的南詔王閣羅鳳因為不滿雲南太守張虔陀的殘暴不仁，忿而發兵反叛，攻陷雲南城，殺死張虔陀，贏得一大票邊地少數民族的支持，占據了三十二個羈縻州。

他們的背後，有吐蕃的隱祕支持。由於大唐在安西蔥嶺一帶以及青海石堡城一帶步步緊逼，吐蕃被箝制得喘不過氣來，只能在大唐的西南開闢新的戰場，扶持南詔，在大唐的後院點起了一把火。

西南少數民族數百年來基本沒有興起過大的動亂。唐廷沒有想到，圍堵吐蕃的關鍵環節，南疆竟出了差池。劍南節度使鮮于仲通急忙發兵征討，結果兩路大軍在西洱河一戰中全軍覆沒，只有鮮于仲通逃了回來。南詔王閣羅鳳將唐軍屍體築成京觀，向北稱臣於吐蕃。

蜀地歷來是楊國忠的基本盤，劍南節度使也是楊國忠的死黨，這一場戰役，整個劍南軍鎮的野戰軍全部死在了洱海畔，楊國忠顏面無光，只能一邊謊報稱「劍南大捷」，唐軍「節節勝利」，只是兵力不足才有此失敗，另一邊徵發東西二京以及河南、河北的丁壯，募集新兵增援劍南，希望中原的精壯漢子能提升歷來以孱弱著稱的蜀軍的戰鬥力，壓倒桀驁不馴的南詔人。

但南詔慘敗的消息不脛而走，人們都說，雲南之地瘴癘流行，南下的唐軍還沒有交戰，士卒便死了十之八九。河南河北的壯丁們也不是傻子，聽聞了這個消息，就算朝廷許諾軍餉和賞賜，也沒有人敢來應募了。於是楊國忠派遣御史到各道去捉人，用枷連鎖起來送往軍營。一時間，河南河北愁雲四起，爺娘妻子夾道送著這些披枷帶鎖的兵募們南下，人們都知道，他們將要踏上一條不歸路，送行的路上因而哭聲震野。

第五章　開邊未已—黃金時代的餘暉

不僅南方起了火，北方也出了事。

同羅部首領阿布思歸降大唐之後，隨哥舒翰征戰吐蕃，戰功赫赫，因此被加封為朔方節度副使（正使由宰相李林甫遙領，所以阿布思就是朔方軍鎮的實際主帥）。天寶十一載（西元752年）春，安祿山奉命徵調二十萬大軍討伐契丹，同時也要求阿布思率領同羅部數萬騎兵一同征討。阿布思知道自己素來被安祿山忌憚，不願意接受徵調，被逼得急了，索性率領部眾叛離，北上回歸了漠北。

阿布思叛唐北歸，為大唐北方的軍事行動帶來了嚴重影響。浩浩蕩蕩徵調來的二十萬討伐契丹的大軍，這時又多了一項防備阿布思趁機南侵的任務，安祿山東征契丹的計畫就此破產。

而在朝堂之上，血雨腥風的權力爭鬥再一次上演。

楊國忠崛起之後，李林甫勢力的衰落已經是所有人心知肚明的事實。楊貴妃正當寵，楊國忠的權勢也日益膨脹，接連加封了御史大夫、京畿採訪使、關內採訪使等大大小小的職務，一時間大有趕超李林甫的勢頭。

而李林甫這邊則運道不佳，接連受挫。先是因為阿布思叛逃案，作為朔方節度使難辭其咎；而後又發生了龍武軍萬騎營謀反案，御史大夫王鉷涉事被殺，為王鉷求情的李林甫也隨之受到猜忌。那些素來與李林甫有舊怨的大臣很自然地圍繞在了楊國忠的身邊，比如次相陳希烈、邊將哥舒翰，都站出來證明李林甫與萬騎營謀反事件、阿布思事件有關聯，皇帝因此對李林甫日益疏遠。

對於朝政，日益衰老的李林甫漸漸力不從心起來。開元天寶盛世持續了四十餘年，種種積弊也變得越來越顯著。李林甫並非庸人，他想要解決權貴坐大、虧空國力等種種問題，還模仿當年宋璟的政策，下令禁除惡錢，整頓金融環境。可是這個問題，當年連宋璟都沒有完成，更何況是年邁的李林甫？

財政是楊國忠負責的職務，李林甫整頓惡錢，楊國忠自然也不能閒下來。他不遺餘力地在皇帝面前講述近期的經濟亂象，終於讓皇帝出來叫停，李林甫的改革不多久便宣告失敗。

　　從中原徵調的兵募終於集結在了劍南道，蜀地百姓們請求，讓掛名為劍南節度使的楊國忠前去坐鎮指揮。在李林甫的提議下，朝廷准許了百姓們的請求，命楊國忠前往劍南道赴任。這其實是李林甫排除異己的慣用伎倆，多少年來，李林甫的競爭者們都被他用各式各樣的理由調出京城，然後找個藉口革職罷黜。這樣的事情，楊國忠見得多了，他不能坐以待斃，於是臨行之前，他來到皇帝面前一邊流淚，一邊訣別道：「此番出京，必為李林甫所害。」

　　一邊的楊貴妃也幫著渲染氣氛，為楊國忠求情。皇帝對楊國忠說：「楊卿暫且前往蜀地指揮軍事，朕算著日子等卿回來，然後任命卿為宰相。」

　　這句話，既是對楊國忠人身安全的保證，也是對朝廷人事未來的安排。明眼人都能看出來，李林甫這棵政壇常青樹在朝中綠了快二十年，如今終於到了換人的時候了。

　　李林甫聽說之後，自然明白了皇帝的意思。他原本就已經身患疾病，聽聞之後，心中更是憂懣，從此一病不起。

　　有巫師斷言說，只要李林甫看見皇上，病情就可以好轉。這也是李林甫面見天子，消除隔閡的最後機會了。天子聽說之後本想去看望李林甫，但明眼人都看得出李林甫病重，命不久矣，誰還願意為他說話？侍臣們紛紛勸諫，說見病重之人不祥，還可能染上疫氣。

　　皇帝探望病重的大臣，自太宗以來就是一條慣例，畢竟君臣情分重於泰山，誰還顧忌這些迷信的說法？不過皇帝畢竟也是個七十多歲的老人了，他愛惜自己的身體，所以說：「那就不見了吧！」命人把李林甫抬到庭院裡，遠遠地望上一眼便是。

第五章　開邊未已—黃金時代的餘暉

　　於是皇帝登上庭院前的降聖閣，遠遠地看了李林甫一眼，還揮起紅巾向他招手。紅巾闢邪，可以防止李林甫的疫氣沾染皇帝的聖體。皇帝的聖體自然要比李林甫金貴得多。此時的李林甫已病重得不能起身，只能讓家人代拜謝恩。

　　楊國忠前腳剛到劍南，後腳便被皇帝派宦官召回朝中，到華清宮來見李林甫最後一面。面對這位年輕力壯的政敵，李林甫已無力對付，他流著淚對楊國忠說道：「林甫很快就要死了，楊公一定會繼任宰相，我那身後事，就託付給楊公了。」一代權相，到了最後時刻也只能寄望以哀求與示弱來博取政敵的一絲寬宥。

　　可李林甫畢竟仍是那個李林甫，素來畏懼他的楊國忠只得推辭不敢承受，緊張得汗流浹背。

　　天寶十一載（西元 752 年）十一月，李林甫病逝。他去世之後，楊國忠迅速反擊，清除李林甫在朝中的殘餘勢力。楊國忠與安祿山合謀，控告李林甫與叛將阿布思約為父子，同謀造反。安祿山還派阿布思部落的降將入朝作證。

　　李林甫靠著權謀與詐術壓服朝臣，最終也被以其人之道還治其人之身。李林甫還沒有下葬，朝中就已經無人願意為其辯解，連他的女婿也畏懼楊國忠的權勢，站出來作證李林甫的罪行。皇帝李隆基大怒，下令削去李林甫的官爵，抄沒家產，將李家諸子全數革職，流放嶺南、黔中。破鼓萬人捶，人們破開李林甫的楠木大棺材，取出他口中所含的珍珠，脫掉身上入殮的金紫衣服，把他的遺體放進一個小棺材，像一個庶民一樣草草安葬。

　　當初朝廷將正朔遠溯至漢朝的動議，因為是由李林甫所推動的，也被楊國忠提出來重新討論。也許是恨屋及烏，皇帝的態度也發生了一百八十度的轉彎，下令嚴厲調查。當初力主修改德運的衛包等人都因為「幫助奸

邪」而獲罪，貶謫到了嶺南。朝廷再度改易正朔，重新將大唐的土德接續到隋朝。

一切都被乾乾淨淨地抹去，像是沒有發生過一樣。

06　天寶十四載，一切無事

李林甫被秋後清算，楊國忠就任宰相、文部尚書（吏部）、魏國公等官職的消息傳到了河北。安祿山聽說之後，只是輕蔑一笑。

如果說安祿山對李林甫的態度是畏懼、愛憎交加，那對楊國忠的態度就是完全的鄙視、不屑一顧。李林甫雖然是有才而無德的奸詐小人，但他的理政能力卻是一流的，至於楊國忠，即無德也無才，只剩奸詐。他靠之前在下層社會累積起來的勾心鬥角的經驗，以及與楊貴妃的裙帶關係而身居高位，但卻對帝國在盛世之下隱藏的危機熟視無睹。

這個帝國已經開始朽爛了，安祿山看得出來。南詔戰爭一敗塗地就是一條明證。歷來四方蠻夷都是有鄙視鏈的，最強的是西北方向的突厥、吐蕃，其次是東北方向的契丹等部，最末則是嶺南、西南的這些南蠻部族。天竺各國沒有與大唐直接接壤，因而不在討論之列。和南詔人的戰鬥都表現得如此一塌糊塗，安祿山越發輕視唐廷的軍事能力和朝廷兵馬的實際戰鬥力。

如今的安祿山已經如願得到了河東節度使的官職。他一人身兼平盧、范陽、河東三鎮節度，兼掌河北，手握數十萬大軍。朝中除了掌握隴右、河西的哥舒翰之外，恐怕沒有一個邊將能比得上安祿山如今的地位。

這幾年，安祿山還豢養了投降的同羅、奚和契丹士兵八千多人，作為自己的私兵，稱為「曳落河」。另外還有一百餘家丁，個個驍勇善戰，一

第五章　開邊未已──黃金時代的餘暉

可擋百，都是絕對效忠於安祿山本人的力量。在河北，安祿山已經有了近乎絕對的掌控權，以高尚、嚴莊、張通儒及將軍孫孝哲等人作為自己的心腹，以史思明、安守忠、李歸仁、蔡希德、牛廷、向潤容、李庭望、崔乾祐、尹子奇、何千年、武令珣、能元皓、田承嗣、田乾真、阿史那承慶等將領作為爪牙，每個人單拎出來，都是可以獨當一面的猛將。

河北自古即為形勢特殊之地。唐初統一戰爭時，竇建德、劉黑闥數度揭竿而起，唐軍屢次征討，然當地民心始終對朝廷冷淡疏離。這些年，又有大量的突厥、契丹、胡族內附，在河北到處都能看到少數民族部落混雜在漢人村落中的樣子。而這些部落歷來將節度使安祿山當作神一樣看待。信仰彌勒、拜火教的胡人民眾們，都將安祿山視為光明之神的化身、彌勒（也就是救世主「彌賽亞」）降臨。而河北的漢人們則傳誦著另一個版本的神祕故事，說四星聚於尾宿是在燕地所對應的位置，昭示著東平郡王安祿山將會在燕地崛起，取代大唐，成為新的聖君。

在安祿山這一點上，河北的胡漢百姓們的論調似乎取得了驚人的一致。

聯想到自己的身世以及「阿犖山」、「光明王」的預言，野心漸漸在安祿山的心中熊熊燃燒起來。

天寶十四載（西元755年），海內昇平，一切祥和安樂。朝廷的戰事全在邊境，大唐的兵鋒正在逼近吐蕃，在西域的怛羅斯附近抗衡大食。而長城以內，舞照跳，馬照跑。中原各州為了彰顯太平，特地將兵刃、鎧甲等軍械封存入庫，以表示不再動刀用兵。

太陽如常升起，一切也都照常運轉著，這個盛世還在繼續。

皇帝李隆基已經很老了，在歷朝的帝王中，他是最高壽的一個。李隆基欣然享受著上蒼贈予他的漫長壽命，和楊貴妃一起消磨著歲月年華。和她在一起，李隆基彷彿又回到了五六十年前那段青蔥的日子，李家三郎還是個少年，白衣翩翩，仗劍漫遊，策馬在長安的綠柳樹下。

06　天寶十四載，一切無事

　　楊國忠也如願以償地攥緊了手中的權力。李林甫垮掉之後，楊國忠成了一個新的李林甫。只是他與安祿山的關係越來越僵，唯恐有一天，這個深得皇帝、楊貴妃喜愛的邊將寵臣會取代自己的位置。因此，楊國忠極力排擠安祿山，又拉攏西北系軍鎮主帥哥舒翰，時不時一同向皇帝進言，聲稱安祿山終究會反叛，勸說應及早除去這個隱患。計策也替皇帝設想妥當：先尋一個名目將安祿山從范陽召回京師，若其舉止得體，便可委以宰相之任；若稍有不合，便順勢將之誅除。

　　楊國忠覺得，如果安祿山奉詔前來，便可以藉機除掉他；如果安祿山不來，那便更有理由請皇帝下旨殺他。這個計畫，完美。

　　皇帝點頭，於是朝廷召安祿山入朝。

　　安祿山倒也爽快，聽聞命令，覺得是個出將入相的好機會，便立即趕到長安，在華清宮拜見了皇帝。到了之後，安祿山才意識到情況不對，怎麼所有人都用一種十分神祕、又帶有一絲敵意的眼光看著自己？他只好用一種略帶撒嬌的語氣，哭著對皇帝說道：「臣本是一名胡人，全靠陛下的信任才有今天的地位，但卻不為楊國忠所容，恐怕難以活命了！」

　　這番話讓李隆基大為感動。這些年，因為他年事已高，朝中越來越多的人開始向太子丟擲橄欖枝，只有安祿山一人這麼純粹地效忠於他，讓他如何不心動？

　　安祿山在長安待了三個月，這三個月裡，他受到了皇帝全方位的榮寵和優待。楊國忠等人數次上奏安祿山的反意，但皇帝始終不為所動。安祿山啟程回范陽之時，皇帝讓高力士為安祿山踐行，高力士一路把安祿山送到了長樂坡。

　　看著老朋友高力士，安祿山露出了怏怏不樂的神色。他本以為這次有機會升任宰相，卻因為楊國忠的反對而告吹。告別之後，為了防止楊國忠再進讒言，安祿山急忙出潼關，抄近路用最快的速度回到了河北。這是他

第五章　開邊未已—黃金時代的餘暉

最後一次來朝廷了，安祿山心裡暗暗發誓。

既然朝廷連宰相之位都不給，那就由我安祿山自己取走一個更好的位子吧！

石堡城之戰後，哥舒翰終日沉溺於酒色，似乎心志受創，只能藉烈酒排遣鬱結。美酒與歌伎不離左右，日久便將身體漸漸耗盡。

閉上眼睛，石堡城的那一幕幕慘劇便浮現在眼前。

這一年，哥舒翰在回京之際突然中風，從此半身不遂，無法站立。

得知自己的身體情況，哥舒翰甚至有些高興。畢竟他不必再做將領了，他可以提著一口氣，享受人生當中最後的平靜。

幾家歡喜幾家愁，杜甫在這一年是高興的，因為經過了銓選之後，他終於獲得了一個官職。雖然只是九品小官，但他相信依靠自己的能力，可以一步步向事業的高峰攀登。他的志向是致君堯舜上，再使風俗淳。

然而當杜甫成為右衛率府兵曹參軍，接管軍事之時，他才慢慢意識到問題的嚴重性。此時的京畿守備，由於數十年沒有遇到戰事，已經基本廢弛。而天下的強軍，全數都在邊地。京畿附近這些缺乏訓練的軍士們，如何敵得過邊地身經百戰的邊軍？這些年來，邊軍的規模越來越大，為了支持邊軍日益龐大的後勤物資需求，朝廷從內地調撥的軍糧已經變得杯水車薪，因此北方的邊鎮此時主要依靠「和糴」的方式來維持後勤。

所謂和糴，就是邊鎮自己就近向本地的百姓採購軍糧物資，無須朝廷從後方撥付錢糧。和糴法流行於邊鎮，不僅意味著邊鎮的節度使可以完全掌握軍區的人財物大權，還意味著大唐維持了一百多年的軍事後勤體系正在崩潰。中央政府已經沒什麼可以卡住邊鎮喉嚨的手段了。而邊鎮的百姓們哪有什麼能力和資格自主地與邊軍談生意，還不是強買強賣？邊民們種出的糧食，被壓低了價格賣給邊軍，他們的生活變得更加困苦。

06　天寶十四載，一切無事

　　此時的杜甫只是個九品芝麻小官，人微言輕，根本沒有扭轉這一切的能力。他只能希望皇帝英明神武，能逐步革除弊病，繼續維持盛世的輝煌。

　　而李白歷經人生沉浮之後，最終選擇歸於家庭。他迎娶了高宗時宰相宗楚客的孫女，自此入贅高門，過起了尋常人家的安穩生活。這段日子裡，李白並沒有什麼得意的詩作，也許生活過於安逸和順遂，李白的才華已經慢慢融化在了這金黃色的盛世之中。

　　高力士仍然日復一日地在宮中履行自己的職責。這些年，他對於政局已經不再置喙了，那是一片不屬於他的地方，離這片是非之地越遠，他便越能明哲保身。

　　天寶十四載（西元 755 年）這一年，因為前幾年接連發了水災和旱災，關中不出意外地出現了饑荒。但楊國忠並不覺得事情有多嚴重，他找了一株長得最好的禾苗展示給皇帝，說麥子依然長勢良好。如今雨天雖然多，但並不會傷害莊稼。而那些想要諫言報告災情之人，全都被楊國忠無情地趕出了朝堂。

　　這一年，關中饑荒，卻沒有人敢向皇帝報告。

　　又是一個漫長的雨天，已經白髮蒼蒼的皇帝站在階前，看著屋簷下的雨水點滴，好像意識到了什麼，默然良久，終於說道：「這雨下得也太久，停不了了。」

　　高力士沉默以對。

　　皇帝轉過頭對高力士說：「高卿可以把知道的事情全都說出來。」

　　高力士將嘆息咽在了心裡，然後說道：「自陛下把大權委託給宰相以來，賞罰不當，以致上天陰陽失調，我怎麼敢說什麼呢！」

　　皇帝再度選擇了沉默。

第五章　開邊未已—黃金時代的餘暉

　　此時的李隆基只有一個想法，在自己最後的時光安享晚年。如果天下真的有什麼弊病要去革除，那也留給自己的後任，讓太子繼位後再去解決吧。現在依舊是開元天寶的盛世，而他李隆基，也依舊是萬眾愛戴的「開元天地大寶聖文神武證道孝德皇帝」，不是嗎？畢竟李隆基已經時日無多了，讓他停留在美好的夢境裡，不好嗎？

　　天寶十四載（西元 755 年）的春天，楊國忠志得意滿，楊貴妃霓裳羽衣，哥舒翰醉生夢死，安祿山冷然野望。就連李白、杜甫都以為他們的幸福生活能這樣一直持續下去。

　　就像是一個完美而溫暖的夢，所有人都不願意醒來，直到洪鐘響起的那一刻。

第六章

漁陽鼙鼓 —— 塞上驚天巨變

第六章　漁陽鼙鼓—塞上驚天巨變

01　兵變

　　節堂之中，燈火通明，將領們屏息凝神，等待著節度使安祿山的到來。

　　這是天寶十四載（西元755年）十一月的范陽節度使府，平盧、范陽、河東三大軍鎮的主要將領都齊集在專門存放節度使旌節的節堂裡，堂外則由重兵把守，戒備森嚴。堂中的將領們都隱隱預感到，這次將要有大事發生。

　　三鎮節度使安祿山拖著肥大的身軀走進了節堂。見安祿山來，所有將領一起肅立行禮，堂中鴉雀無聲。安祿山也不多做客套，開門見山地宣布了一個驚人的消息：天子在京中已被楊國忠兄妹挾制，讓人傳來密旨，遣安祿山發兵討逆！

　　只聽安祿山娓娓而談：「奏事官胡逸到西京時收到天子的口諭，『遣祿山將隨身兵馬入朝來，莫令那人知。』那人便是楊國忠。原來奸相楊國忠已經控制了天子，並將朝政玩弄於鼓掌。得虧有宮人冒死將天子密詔傳給胡逸，胡逸又冒死將密詔帶回，宮中真相這才大白於天下。祿山聽聞之後，心憂如焚，只恨不能插上一雙翅膀，飛到長安救駕。如今事不宜遲，諸君立刻回去點兵，最快時間集結起來，以這月的甲子日為限，一起發兵入京勤王吧！」

　　眾將猝然聽得消息，均是面面相覷，一臉愕然。有些人想到自八月以來，節度使頻頻犒賞將士，厲兵秣馬，當時已經覺得反常。犒賞很受三鎮將士們的歡迎，如今河北的兵募們都已經無不以節度使的馬首是瞻。如今眾將方才明白，這幾個月來所有的反常都是為了今日之事。

　　率領兵馬入京，實際上就是舉兵造反，不過安祿山說有天子口諭，雖不知真假，卻總歸有了一個「清君側」的理由。這一場「清君側」的計畫，一直在安祿山與他的幕僚孔目官嚴莊、掌書記（即安祿山的機要祕書）高尚以及將軍阿史那承慶之間密謀，眾將也是在今日方才知曉。可安祿山素

來威望隆重，如今有了命令，令到而行，積威之下，無人敢有異言。

距離甲子日，也就是十一月九日，只有短短幾天了，時間極為緊迫。眾將散會之後，連忙回到各自防區部署，終於在規定的日期集結起來。除去留守平盧、范陽、河東三鎮的衛戍部隊，各部邊軍，連同安東都護府下轄同羅、奚、契丹、室韋等部的僕從兵，以及安祿山私人統領的八千「曳落河」，共計十五萬大軍，正式在范陽舉兵。安祿山做好了部署，讓范陽節度副使賈循守范陽，平盧節度副使呂知誨守平盧，別將高秀巖守大同，其餘諸將則領軍當夜即刻出城，準備向南出發。

第二天早晨，安祿山親自來到城南，檢閱大軍並在此誓師，宣布要討伐奸臣楊國忠，武裝保衛大唐天子。

這些年在安祿山的經營下，三鎮所募邊軍的統兵將領幾乎都由蕃將擔任，這些人都唯安祿山之命是從。而下層兵士們大多都是漢人出身，只是軍紀森嚴，士兵們大都不明就裡。同時安祿山還頒下嚴令：「若有持異議煽動軍人的，滅殺三族。」重罰之下，三軍無不服從。

大軍於是就此南下，安祿山乘坐著鋼鐵包裹的馬拉戰車，威風凜凜。十五萬大軍號稱二十萬，煙塵千里，鼓譟震地。

李唐天下已經承平一百三十年，河北內地各州自武周朝孫萬榮之亂後，六七十年來都沒有經歷過戰事，如今還沉浸在和平穩定發展的夢中，卻沒想到，邊塞的金鼓聲驟然從邊地傳來。范陽兵起，遠近驚駭，南下的邊兵像摧枯拉朽一般席捲了整個河北。

十一月十日，范陽誓師的同一天，以安祿山的副將何千年為首，二十餘騎人馬自北方而來，馳入了太原城外的館驛。落腳之後，他們立即讓驛丞派人通稟城中的北京留守楊光翽，說他們是奉了安祿山之令，為朝廷蒐羅到二十名奚族神射手，上供天子。何千年是安祿山身邊的紅人，楊光翽不敢得罪，於是在城門之外迎接何千年一行的到來。

第六章　漁陽鼙鼓──塞上驚天巨變

　　何千年帶著二十名奚族騎兵轉眼便到，在楊光翽面前下馬，雙方行禮之後，何千年忽然斷喝一聲：「拿下！」左右騎兵一擁而上，將楊光翽強行制住，也不進城，直接掉頭，帶著楊光翽返回河北。

　　楊光翽官居北京留守、太原尹，是河東的第二號人物。不久前楊國忠在天子面前屢屢狀告安祿山意圖謀反時，還建議讓楊光翽取代安祿山擔任河東節度使。相比於平盧、范陽，河東軍鎮是安祿山統治的薄弱區域，安祿山所能掌控的，只有靠近北方邊關的小區域域。此時安祿山直接讓人將楊光翽擄走，整個太原城便因此群龍無首，河東軍縱使得知安祿山起兵，也無法發起有效的反抗阻擋河北方面南下的大軍。

　　沒有了河東方面的側翼威脅，安祿山的大軍在順利掃蕩河北之後，向著河南出發。

　　楊光翽被擄和安祿山范陽起兵幾乎同時發生，河北與河東也幾乎同時有人派遣驛馬，八百里加急將安祿山反叛的消息傳報長安。太原離長安更近一些，因此從太原傳來的消息先一步送達了朝廷。

　　當楊國忠等人將楊光翽被擄走的全過程，原原本本地彙報給皇帝李隆基時，李隆基還在華清宮，和他心愛的楊貴妃（或許還有虢國夫人姐妹）一起泡溫泉。聽到報告，李隆基一時間不能相信。楊國忠與安祿山積怨已久，楊國忠屢屢狀告安祿山有謀反之意，雙方勢同水火。而楊光翽又與楊國忠關係好，安祿山同楊光翽在河東有所爭執，也是說得通的。所以依他玩權力遊戲五六十年的經驗，李隆基判斷，這是一起安祿山與楊國忠派系之間的火拚，只不過安祿山終究是沒讀過什麼書的胡人，事情做得太過火了些。

　　也許楊光翽事件本身就另有隱情，說不定整件事情都是安祿山在長安的政敵所捏造出來的。畢竟光天化日之下綁架朝廷三品大員，實在是一件匪夷所思的事情。

01　兵變

　　幾天之後的十一月十五日，也就是安祿山宣布起兵五日後，河北州縣的急報傳來：安祿山打著「清君側」的名號，率領邊兵大舉南下！直到這時，李隆基終於不得不相信，安祿山是真的造反了。近段時間以來，從太子到楊國忠，還有其他無數大臣，都諫言說安祿山將反，但李隆基始終不肯相信，既是因為安祿山在自己的面前歷來恭順，自己對他知根知底，更是因為李隆基自信在他的統治之下，邊將無人敢鋌而走險、冒死造反。可是他的自信卻被現實打了臉——那個安祿山，認他做乾爹的安祿山，居然，真的，造反了！

　　驚疑，憤怒，不甘，羞惱，霎時間填滿了李隆基的胸臆。

　　而此時的楊國忠，卻面有得意之色，得意自己屢次的預言終於成真。對於安祿山的反叛，楊國忠毫不擔憂，他自信滿滿地說：「如今造反的只有區區安祿山而已，其餘將士都是不願意的。請拭目以待，不出十天半月，定然能將安祿山的首級獻上！」

　　看著楊國忠得意的樣子，李隆基心中一陣狂怒。這個蠢才，竟然以為他預言成真便是有功。可他難道不知道，安祿山就是被他這樣一個心胸狹隘的飯桶給逼反的麼？不過此時不是發作的時候，李隆基強壓怒火，聽著楊國忠拙劣的安慰。事到如今，他還能相信誰？連安祿山這樣他素來當兒子養的邊將，旦夕之間便舉兵造反，其他將領他還能信任嗎？

　　李隆基怎料年逾七旬之際，竟再遭一事，使他情緒激蕩難平。

　　姑且先看看楊國忠如何處理此事吧。

　　只見楊國忠成竹在胸，暢談著平叛的部署，卻儼然一副外行指揮內行的樣子。而參會的其餘大臣，聽著聽著，慢慢相顧失色。

　　幾十年的和平，已經漸漸讓遠離邊將的州縣百姓們忘記了戰爭的樣子，如今各地武備廢弛，要平定安祿山作亂，必定要解決兵士問題。李隆基下令金吾將軍程千里、特進畢思琛分別前往洛陽與河東，招募兵馬，組建新

第六章　漁陽鼙鼓—塞上驚天巨變

軍，盡快阻擋安祿山南下。

恰在此時，一位救星來到長安，解決了李隆基用人的燃眉之急。此人是現任安西節度使封常清，他奉命入朝，正好成了李隆基平叛的倚仗。李隆基立即接見封常清，讓他談談討賊方略。封常清回答：「如今天下太平已久，人人看見叛軍都十分害怕。但事情有逆順，形勢會突變。我請求立刻到東京，打開府庫，召募勇士，然後躍馬揮師渡過黃河，用不了幾天就能把逆賊安祿山的頭顱取來獻給陛下！」

這正是李隆基想要聽到的答案！他當即下令，任命封常清為平盧、范陽節度使。封常清當日便前往洛陽，招募兵馬。平盧、范陽兩個軍鎮，如今都在安祿山手上，這樣的任命其實就是委任他擔任討賊軍的統帥。

安祿山叛亂的消息如一盆冰冷的水澆在李隆基的頭上，他取消了原定的度假計畫，提前回到大明宮，下令將留在長安的安祿山之子，太僕卿安慶宗處斬。安祿山曾是他最喜愛的弄臣，而過去的這些喜愛，此刻均已轉化為徹骨的恨意。這些恨意通通發洩在了安祿山兒子一家頭上。不僅安慶宗被殺，安慶宗的妻子、李隆基的親姪女榮義郡主，也都被李隆基賜了毒酒自盡。

一切與安祿山有關的東西，都要徹徹底底地斬斷。與安祿山毫無血緣關係但卻從小要好的安思順，也被唐廷從朔方節度使任上調回。而新任朔方節度使，是正在為母守孝的九原太守郭子儀。

把正在服喪的郭子儀奪情啟用，大概是萬不得已之舉。朔方軍鎮原本大多為西北系邊將出身，可安思順做了節度使之後，開始大肆任用他手下的東北系將領。郭子儀此時已年近六十，多年來只是因循升遷，並未立多大功勳，也看不出他有多大的能力。可如今安祿山造反，連帶整個東北系邊將派系全都受到懷疑。而西北系邊將中，最具威望的是李光弼，可他當初因為牽連王忠嗣事件受到猜疑，後來又被哥舒翰召回，如今賦閒在長

安，也不是合適人選。

最佳人選就只有西北系背景的郭子儀了。

此時誰也沒有想到，這個臨近退休的小老頭子，日後竟然會成為拯救大唐社稷的功臣。

在河北，安祿山的鐵騎正快速推進。十一月十九日，起兵十天後，主力部隊已經到達了博陵（今河北石家莊北）。而何千年挾持著太原尹楊光翽，正好與大軍相遇。安祿山下令處斬楊光翽，血祭頭頂的祆神，同時也順便震懾河東的州縣。

河東始終是他統治下的一塊不穩定因素。按照安祿山的計畫，十五萬大軍從幽燕南下，經過河北直取河南，然後攻占東京洛陽。這條行軍路線，關鍵的訣竅就是一個字——「快」。如今天下精銳集中在邊鎮，中原內地武備廢弛，極度空虛，所以他的大軍就是要趁內地尚未反應過來之際，趕在朝廷發動軍事動員之前攻占東都，進而攻取長安。要保障這條行軍路線側翼的安全，關鍵就是防備河東方面的襲擊，因此他派遣麾下心腹大將李欽湊率領五千精銳駐守井陘。

河東與河北，隔著一條太行山脈，兩邊只有區區幾條通道可以穿行，這些通道被稱為「太行八徑」，而井陘則是其中最為重要的一條通道。守住了這些通道，就能保障河北成為安祿山穩固的後方。

接下來，就是東北邊軍的表演時刻了。

十一月二十日，安祿山大軍繼續南下，常山（今河北石家莊南）太守顏杲卿自知不敵，率領本郡官員出城投降。

十二月二日，安祿山大軍抵達靈昌（今河南滑縣）的黃河岸邊。此時正值隆冬，安祿山下令用繩子捆繫破船和雜草樹木，橫斷河流。一夜之間，河面冰凍，大軍順利穿過封凍的黃河。入了河南地界後，大軍沿途燒殺搶掠，所過之處，一片殘敗。

第六章　漁陽鼙鼓──塞上驚天巨變

十二月五日，大軍抵達陳留（今河南開封附近），唐廷新任命的河南節度使張介然倉促迎敵。但習慣了和平歲月的陳留守軍，怎麼能與久經沙場的東北邊軍相抗？果不其然，陳留不戰而降。在這裡，安祿山聽聞了兒子安慶宗被處斬的消息，悲憤萬分，將被俘的張介然斬首於軍門之下。

投降的一萬官軍原本跟隨著安祿山大軍夾道而行，也同時遭到了東北邊軍的襲擊，一萬人盡數被殺，只因安祿山想要洩憤。

十二月八日，滎陽城頭，太守崔無波率軍抵抗安祿山攻城。可當城下的叛軍敲響隆隆的戰鼓時，幾乎沒接受過什麼正規軍事訓練的官兵們登時嚇尿了褲子。還沒有短兵相接，城頭上的官兵便崩潰了，不少人紛紛如雨滴一般直往城牆下面跳。

滎陽城破。

短短一個月的時間，安祿山大軍便從幽燕一路打到了武牢關下，只要破了武牢關，區區洛陽城便無險可守。

洛陽城中，封常清正緊急訓練著剛剛招募的新兵。

他從長安拜別天子，馬不停蹄地孤身來到洛陽，用府庫的財物大張旗鼓地募兵，十天之間募得新兵六萬。封常清久居安西，到底還是低估了關東軍事的崩壞程度。他以為洛陽可以像全民皆兵的安西一樣，一聲令下便募得十萬大軍，可洛陽承平百年，早已經武備廢弛，根本找不到可堪一用的兵源。他募得的六萬人，大多是洛陽市井的無業遊民，從來沒有接受過什麼軍事訓練，要在短時間之內將這些新兵訓練成可戰之兵，談何容易？

自來兵家有言，領兵最難的，就是「驅市人而戰」。這些市井之徒，自小生活在鬧市中，一根蔥一頭蒜都要花錢買，天天和生意人打交道，甚至自己就是生意人，天生懂得討價還價。這樣的人到戰場的第一件事，就是審時度勢，以他們市井的思維方法，看誰多誰少，誰強誰弱，有十足的

把握之後才會投入戰鬥。但你別指望他們會賣力廝殺，一看對方過於勇猛，哪怕自己人多，也會腳底抹油——開溜。

自古以來，能驅市人而戰並且獲勝的，只有兵仙韓信一人而已。當年他領著幾萬剛招募的市井小兒，在井陘「背水一戰」，大破趙軍，成就了一代兵仙之名。可封常清能做到嗎？他心裡並沒有底，他只知道，這次他若是勝了，便可名垂青史，與兵聖比肩；可他若是敗了，便再無挽回的餘地，只能身敗名裂。

這是一場與時間賽跑的遊戲，封常清本希望再多花上幾天，在他的魔鬼訓練之下，讓這六萬新兵形成基本的戰鬥力。可是沒想到，從河北到河南，官軍的防線一觸即潰，安祿山短短一個月便已經到了武牢關外。

此時洛陽的新兵，才招募完成不到十天而已。

然而武牢關軍情緊急，容不得半點拖延。封常清沒有別的選擇，只能下令出征，六萬新兵像是秋遊一般，浩浩蕩蕩地出了洛陽，屯駐在了武牢關。

02 河北，誓不投降

河北、河南的告急文書雪片般地飛來，李隆基也隨之陷入了歇斯底里的狀態。

他心中只有一個念頭，那就是滅了安祿山，重新拾起他那裝點門面的天寶盛世。所以他一天一個任命，將他所有能想到的牌通通打了出去。派出了封常清去洛陽後，李隆基隨後任命九原太守郭子儀為朔方節度使，右羽林大將軍王承業為太原尹，衛尉卿張介然為河南節度使。第二天，又重新啟用了自怛羅斯之戰慘敗後便卸去安西節度使職務、回長安擔任閒職的

第六章　漁陽鼙鼓─塞上驚天巨變

高仙芝，以副元帥的身分（元帥是皇子掛名）統帥各路兵馬。李隆基還拿出自己的私房錢，在長安招募了十一萬大軍，號為「天武軍」。

只是這天武軍名頭雖響，人數雖多，卻仍然只是市井子弟倉促組成的，實際的戰鬥力恐怕只有天知道。

天武軍剛剛組建，甚至連訓練都沒開始，李隆基便下令讓高仙芝帶兵出發。於是，高仙芝領著羽林飛騎、彍騎、剛剛募集的新兵以及一部分留在長安的邊兵，一共五萬人，出發前往潼關外的陝縣駐紮。而高仙芝還沒有出長安，李隆基又擔心起高仙芝的忠誠問題，生怕他會像安祿山那樣一起造了反，於是命宦官邊令誠擔任監軍，一同前往。

六天後，也就是安祿山入陳留不久，李隆基又下了制書，說要御駕親征，討伐安祿山。同時命令朔方、河西、隴右的鎮兵除部分留守城堡以外，全部開赴行營，並命令各鎮節度使親自率領，限二十天內全部到齊。

當陳留失陷的消息傳到長安時，李隆基的情緒越發地不穩定了，時而暴跳如雷，時而幽怨纏綿，時而感嘆著說，「河北二十四州郡，難道就沒有一位仁義之士麼？怎麼會如此輕易便投降了？」

而就在這時，來自河北的一位使者突破了圍追堵截與層層盤查，終於送來了來自平原太守顏真卿的報告。報告很簡單，卻振聾發聵，在李隆基四面黑暗的內心中點燃了一點希望的火光：河北沒有放棄！河北還在抵抗！河北誓不投降！

顏真卿是誰？竟忠義如此！李隆基欣喜地誇讚著。

平原太守顏真卿，是少數最早察覺安祿山有反意的人。在安祿山尚未於范陽起兵之前，他便已積極奔走，為可能到來的一戰預作周全準備。

在深秋的雨季，顏真卿藉口陰雨不斷，號召民夫開始加固城牆，在平原城（今山東德州）外挖壕溝，建構城防工事，招募壯丁，儲備糧草，儼

02　河北，誓不投降

然已經進入了備戰狀態。可這一切防備的是誰？顏真卿自然不能說是針對他的頂頭上司、河北觀察處置使安祿山，天下如今太平，如果他說安祿山好端端地要造反，街上十個人中有九個人大概都會說這是瘋了。

世事往往就是如此，大多數人都在夢中，清醒之人只是少數。至於歷史的發展，卻往往是由這些少數的醒者所推動的。安祿山真的反了，河北瞬間崩了，沿途州郡無所適從，只能選擇投降，直到這時，人們才真正明白顏真卿之前興師動眾做這些「無用功」的用意。

安祿山的大軍快速南下，從范陽到博陵、常山，再到趙郡、鄴城，渡過黃河，直奔洛陽的屏障武牢關，一路上幾乎沒有遇上什麼像樣的抵抗。顏真卿的平原城因為不在安祿山大軍的行軍路線上，因此倖免於安祿山的這一波攻勢。等到安祿山渡過黃河之後，低調蟄伏的顏真卿發現了時機，立即向周圍州郡發出了消息。

河北南部的州郡紛紛收到了來自平原的信，信中別無他物，只有自安祿山以下叛軍將領的懸賞通告。不少還是顏真卿親筆所寫，那聞名天下的楷法剛勁有力，氣勢磅礴。

那不只是一份懸賞通告，更是祕密流傳的討賊檄文。在顏真卿的號召之下，原本屈從於安祿山大軍淫威的州郡，再一次躁動起來，團結在了顏真卿一邊。而顏真卿也在平原招募壯士參軍，幾天之內募得了萬餘丁壯。顏真卿對著新募得的隊伍，宣布了討伐安祿山的口號，說到激憤處，控制不住情緒痛哭起來。

誰說負心多是讀書人？他雖然只是一介書生，從未領過兵，打過仗，卻毅然將家國的重任扛在了肩上。

而新兵們也都感憤不已，一時間士氣大振。此刻，他們雖然沒有太嚴格的軍事編制，但倘若與正規野戰軍配合起來，未嘗不能打一場漂亮的勝仗。

第六章　漁陽鼙鼓—塞上驚天巨變

就在此時，南方傳來消息：東京淪陷！

武牢關外，封常清率領剛剛招募不久的新兵在關前列陣。不鼓不成列，封常清身為坐鎮安西多年的名將，精通兵法，可教會這些幾天前還從沒有拿過刀槍的新兵列陣，卻已經盡了他最大的努力。

一百三十年前，太宗李世民在這裡，靠以逸待勞擊敗了數倍於己的竇建德河北大軍，贏得了「一戰擒兩王」的輝煌戰績。這一次，封常清希望能一樣憑藉以逸待勞，拖垮遠道而來的另一支河北兵馬。

西風獵獵，前方沙塵瀰漫。大地隱隱震動，帶著不安的氣息。

封常清明白過來，是幽燕的騎兵來了！但是戰場之上，已經容不得他調整戰術。幽燕鐵騎轉眼出現在煙塵之中，他們拉起戰線，向關前的官軍兵陣發起了衝鋒。

安祿山的東北邊軍其實並不善於騎兵，對付契丹、奚族這樣的林地民族，步兵是最有用的。所以在北方各個軍鎮中，東北軍鎮的馬匹最少，而且以輕騎兵為主，輕騎兵直衝步兵戰陣，原本是兵家大忌。如果封常清手下是訓練有素的步兵，哪怕只有數千精銳步兵，他也絕對能以陌刀或者長槊陣擋住騎兵的衝鋒，讓敵軍損失慘重。只可惜，封常清的手下只不過是些「白徒」，他們從沒有見過戰場上的騎兵衝鋒。面對前面奔馳著的數千鐵騎，一人多高的大馬如同殘忍的野獸，正在向他們撲來，新兵們全線崩潰了。他們丟下兵器沒命地逃走，留下幽燕鐵騎反覆踩躪著官軍的戰陣，騎兵一路追逐，踩踏著潰兵的身軀，順著潰逃的人流，一舉奪占了武牢關城。

封常清能做的，只有帶領身邊的人有序撤退，沿途收攏敗退的士卒們。可當封常清退到武牢關內二十里的葵園，準備收攏敗兵重新戰鬥時，身後的幽燕騎兵再次出現，並毫不費力地將他們擊潰。

武牢關一破，洛陽登時無險可守。封常清退入洛陽城，企圖整治城防，繼續抵抗。但安祿山的叛軍再次出現，前鋒部隊已經闖入了洛陽城中。封常清在上東門內又一次發動阻擊，而這次阻擊也同樣不出所料地失敗了，手下收攏起來的那些士卒們也潰散在了城中。叛軍吶喊著從四面的城門湧入城內，縱兵燒殺搶掠。

洛陽是整個關東地區的中心，地位尤其重要，不可輕易丟棄。但偌大一個城市，僅東面的城牆就有十五里長，封常清手下只有這麼一點點訓練程度堪憂的守軍，如何能守得住？封常清不願意放棄，他率領最後的兵力，在城中與叛軍展開巷戰。

他先固守城中的都亭驛，但寡不敵眾；然後退守宣仁門，但敵我強弱懸殊，又敗給了叛軍，只能繼續向西退卻，經過洛陽城外的西禁苑，推倒圍牆逃出了城。

洛陽留守李憕和御史中丞盧奕也相約道：「我們身負國家重任，雖明知不敵，也要誓死抵抗！」遂收攏殘兵數百，準備加入巷戰。但這些殘兵如今只想著各回各家，說什麼也不願意再抵抗了，叛軍還沒殺到這一片街坊，殘兵們就紛紛潰散。

官邸之中，只留下了李憕和盧奕寥寥數人，洛陽城的行政長官、河南尹達奚珣也投降了。事到如今，李憕等人已經盡力了。他們身穿隆重的朝服，安然坐在堂中，等待著注定降臨於他們的命運。

李憕和盧奕，至死也沒有投降。

洛陽城破之後，封常清率領餘部退到了陝郡，這裡的地方官、百姓們聽說叛軍的消息，早已經逃走，他與率領援軍自長安過來的副元帥高仙芝相遇了。高仙芝是封常清的舊主，也是他的伯樂，自怛羅斯之戰後，封常清接替高仙芝坐鎮安西，兩人就再也沒有見過面。此時重逢，兩人均是百感交集，唏噓不已。

第六章　漁陽鼙鼓──塞上驚天巨變

　　安祿山的大軍隨時都會趕到。二人交談之中慢慢清楚，他們在陝郡是無法抵擋幽燕的精銳之師的。陝縣曾有函谷關，但此時的函谷關因水文變遷，早已失去了天險的作用。如果他們手上指揮的，是萬里之外那支精銳無比的安西軍，他們也不用懼怕安祿山的叛軍。可此時高仙芝率領的討賊軍，一樣都是新招募的新兵，封常清在武牢關外抵擋不住，高仙芝在這裡就能擋住了？

　　「常清連日血戰，已經知道我軍抵擋不住賊軍的鋒芒。如今長安的門戶是潼關，但潼關沒有駐防，若我們這裡敗了，讓賊軍豕突入了潼關，那長安就危險了。不如我軍暫且撤退，先據守潼關為好。」封常清勸道。

　　從陝郡到潼關，隔了三百里險峻的崤函道。退守潼關，就等於將這三百里要道，以及沿途的陝郡、弘農、臨汝等州郡拱手讓給敵軍。但封常清和高仙芝都明白，情勢危急，也只能如此了。他們要保存兵力，守住最要緊的潼關，然後等朔方、隴右等軍鎮的援軍抵達，再與安祿山周旋不遲。

　　於是高仙芝果斷下令回軍，火速回防潼關。沿著狹窄的崤函道撤退，隊伍拉成了長長的一條線，後面忽然傳訊說安祿山叛軍追來了，這些沒有戰鬥經驗的士卒們一下子慌了，隊伍亂了、旗幟丟了，行軍中相互踩踏，狼狽不堪。但費力周折，高仙芝終於把麾下大軍成建制地帶回了潼關，他們整頓城防，從塵封的倉庫裡搬出守城器械。

　　就在整頓完畢之後，安祿山的前鋒大軍已經抵達潼關城下。守軍據險迎敵，終於將叛軍擊退。

　　從河北州郡到潼關，大唐朝廷軍灰頭土臉地似地節節敗退，終於在潼關站穩了腳步，不再後撤。安祿山也要在洛陽停一停，穩固一下他們過長的後勤補給線，順便再準備一下稱帝建國的工作。而此時，皇帝向各軍鎮徵發援軍的制令才剛剛被「簽收」，各鎮的援軍還要經過調遣和集結後，才能向關中出發。

02　河北，誓不投降

　　平原太守顏真卿的面前，放著三個木匣子，匣子裡裝著三顆頭顱。那是李憕、盧奕等洛陽城破時拒絕投降者的頭顱，被安祿山麾下大將段子光帶著，傳示河北各個州郡。段子光正飛揚跋扈地看著顏真卿：「這三人在洛陽之戰時負隅頑抗，最終落得個如此下場。安大夫讓我前來，也是要曉諭河北官員們，切勿像他們這般執迷不悟。顏太守的兄長顏杲卿，如今已經歸順我軍，安大夫對他極為優待，照樣請他擔任常山太守。顏太守如果仿效兄長歸順投誠，那好處自然也是少不了的。否則的話，這三人就是下場！」

　　顏真卿沒有說話，打開木匣子，三人的首級歷歷在目。李憕等人，顏真卿素來熟識，沒想到一場兵亂，便讓他們陰陽兩隔。他忍著悲痛說道：「這幾人我都認識，這些頭顱一看就不是他們的。」顏真卿抬眼看向段子光時怒髮衝冠，「左右，將此叛賊拿下，腰斬示眾！」

　　截為兩段的段子光（上半部分）痛嚎了許久方才死透，慘叫聲驚動了整個平原城。此時城中有不少因為安祿山軍劫掠屠殺而逃難來此的百姓，驟然遭逢苦難，段子光的慘呼絲毫不能填補百姓們內心的痛苦。顏真卿讓人用蒲草編成人身，接在李憕三人的首級上，穿上衣服入殮埋葬，並擺下靈堂祭奠。

　　這麼做，既是出於道義和情義，也是為了安定全郡的人心。

　　人心，是世上最為脆弱且難以捉摸的東西，大多數的時間裡，人們趨吉避凶，貪生怕死，在黑暗中小心隱藏。但幸好有天理道義在，有聖賢禮教在，它能成為人心幽暗處的一點光芒，如果有人在黑暗中揮舞著這一點光，小心地保護並且發揚光大，那麼人心終將被感召，然後捨生取義，展現出人性最偉大的光亮。

　　安祿山從幽燕南下，這一路太順風順水了。他以為所有人都是一樣，在強大的力量面前總會選擇屈服，所以對於平原等地沒有歸順的州郡並不

第六章　漁陽鼙鼓─塞上驚天巨變

在意，他諒顏真卿等人一介書生，手中無兵，掀不起什麼風浪，覺得靠段子光帶的三顆人頭就能讓這些州郡屈服。但是，見慣了人世黑暗的安祿山，竟沒有想過世間有顏真卿這樣的人存在，沒想過竟會有人不懼生死，只為維護人世間的道義。他送去的三顆頭顱，不僅沒有成為壓垮冀南州郡的最後一根稻草，反倒成了激發人們站起來反抗的火種。

人性的微光，最終成了燎原的火焰。幽燕以南，有七個州郡回應顏真卿的號召，他們各自集結起數千到上萬的團練民兵，推舉顏真卿為盟主，共同抗擊安祿山的入侵。

常山城，太守顏杲卿召集了屬下，準備起事，而這時，堂弟顏真卿的書信也寄了過來。自顏真卿腰斬段子光後，安祿山大怒，只是他的主力大軍還在河南，無暇分兵，於是派遣張獻誠率領河北控制下的五個州郡的團練兵展開反攻，包圍了饒陽城。

此時，常山城是一切的關鍵。雖然相隔數百里，顏氏兄弟的想法卻不謀而合。

身為琅琊顏氏的後人，自小受著《顏氏家訓》的薰陶，顏杲卿怎會是貪生怕死，只求投降之輩？半個多月前，安祿山大軍猝然來襲，事發倉促，根本無法應戰，而常山城是井陘要道的咽喉，位置十分重要，顏杲卿自然不能輕易玉石俱焚。加上他曾經做過安祿山屬下的判官，與安祿山有舊情，可以贏得安祿山的信任，便暫且開城投降，還被安祿山賜予了紫金魚袋。如今安祿山大軍正在河南與官軍對峙，補給線從幽燕一路拉到潼關附近，倘若在常山、平原一線互為犄角，切斷安祿山的後路，便能讓安祿山後院起火，首尾不能相顧。

更重要的是，來自朔方的李光弼此時正在河東，與河北州郡只隔了一座太行山脈，只是苦於太行天險，無法進入河北。如果依靠常山的力量，打開井陘，放郭子儀、李光弼率領的大唐正規軍進入河北，便能根本性地

改變河北的局勢，讓戰爭的天平徹底扭轉！

蟄伏半個多月，常山也做好了戰備準備，招募的團練民兵雖然新募不久，但鬥志昂揚，是時候為國盡忠了。

十二月二十二日的夜晚，顏杲卿傳訊，以商議軍事為名，召來了井陘守將李欽湊。顏杲卿被安祿山賜了紫金魚袋，又頂著五軍團練使的職位，不知情的李欽湊自然帶著手下上百曳落河（安祿山嫡系人馬）前來赴約。當晚在常山城驛館中，長史袁履謙等城中官員設酒招待李欽湊和部眾們，慶祝主帥安祿山在東京洛陽的大捷。李欽湊和這些曳落河戰士都是蕃族出身，素來好酒，如今聞聽洛陽捷報，喜上加喜，都是無比開懷，在袁履謙等人的熱情招待之下，全都喝得酩酊大醉。

李欽湊醉酒之後，昏昏地睡去，而袁履謙等人卻無比清醒。他們放出消息，不久之後，早已在驛館周圍等候多時的常山兵士聞訊進入驛館，將那些喝醉的、沒喝醉的曳落河戰士通通制住。袁履謙拔刀，一刀斬落了李欽湊的首級。

井陘守軍的核心便是李欽湊和手下的一百曳落河，此時均被制住，群龍無首。顏杲卿趁勢率領常山團練兵進駐井陘，一路暢通無阻。井陘關中的五千守軍，都被顏杲卿下令遣散。井陘終於落入了顏杲卿的手中，這也宣告著顏杲卿正式起兵。

常山的舉兵撼動了整個河北的局勢。因為這裡處在井陘道和「幽燕-洛陽」官道的十字路口上，從幽燕的安祿山大本營到洛陽的安祿山主力大軍之間的驛路，常山是必經之地。顏杲卿設下關卡之後，來往這兩地的安祿山麾下高官紛紛被截住。因為安祿山前方兵力吃緊，受命北上幽燕徵調援軍的金吾將軍高邈在平原被截。一個月前在太原城綁架了太原尹楊光翽、此時從洛陽北上的何千年又被顏杲卿擒獲。

何千年多年來往返長安與范陽之間累積頗多耳目，最近還因為靠區區

第六章　漁陽鼙鼓─塞上驚天巨變

二十人綁架楊光翽的「斬首行動」而名聲大噪。但他似乎並不太擔心自己的生命安全，他手上並沒有沾染大唐朝廷命官的鮮血。這麼多年來，安祿山與中央朝廷的重臣們之間那些蠅營狗苟的事情，何千年參與過不少，知曉了唐廷中不少高官的祕辛，就憑這一點，自然有人想要出來保他。

面對顏杲卿，何千年的話倒也坦白，他對顏杲卿毅然起事維護大唐天下的行為，表示了充分的敬意，但同時，何千年也提了一條小建議：「太守如今有了個好的開端，也希望有個好的結果。常山如今招募的團練民兵雖多，卻都是烏合之眾，安祿山的幽燕主力到來之時，就是這些人土崩瓦解之日。為今之計，最好還是深溝高壘，等待河東的朔方軍到來。到那時候，再借勢傳檄河南河北，安祿山之亂便可以平定了。」

顏杲卿提到，安祿山親信大將張獻誠如今還在圍攻常山不遠的饒陽城呢，這可如何是好？

何千年說這事情簡單，接著獻上了一條計策，顏杲卿聽後，欣然聽從。

饒陽城外，叛軍將領張獻誠已經圍城多日。他是安祿山的舊主張守珪的兒子，也是安祿山的死黨。饒陽城中只有數千剛剛招募到的守軍，要不是張獻誠手上的也是最近募得的團練兵，戰鬥力同樣堪憂，饒陽城早就可以攻下了。

這時，張獻誠收到了顏杲卿的一封信，信中說了一個驚人的消息：西北名將李光弼，已經率領朔方步兵、騎兵一萬人來到井陘，不日便將掃蕩河北！

這是個驚人的消息，要是朔方軍進入河北，那幽燕以南的州郡定然不是對手，甚至駐守范陽的副節度使賈循、盧龍軍使史思明等人的留守軍團，也未必有擊敗他們的把握。而顏杲卿的信中還說道：「足下所統領的大多是沒有多少戰鬥力的團練兵，沒有堅甲快刀，難以抵擋山西來的勁兵，不如就此退兵吧！」

02　河北，誓不投降

思量之下，張獻誠終於想通了，與其冒著全軍覆沒的風險，不如還是保存實力要緊。

饒陽城之圍，在何千年的妙計之下化解了。顏杲卿率軍來到饒陽，慰勞將士，並通知幽燕以南的河北各郡：大軍已經攻下井陘，朝廷援軍不日便至，先歸順的有賞，後到的殺！

這個消息，對於困頓在城中左右迷茫的州郡官員來說，就像是久旱逢甘霖。除了顏真卿做盟主的七個州郡外，又有上十個州郡紛紛來信表示歸順，不再接受安祿山的節度。除了靠近河南安祿山主力大軍的鄴郡、以及靠近安祿山大本營的范陽、漁陽等幽燕地區的州郡之外，整個河北都恢復了大唐的旗幟。紙面上的兵力已經達到二十多萬人。

洛陽城外的新安，是當年太宗李世民與王世充軍對峙的古戰場，安祿山率領步騎大軍經過這裡，準備繼續向西，攻取潼關。但在這時，河北的急報傳來，顏杲卿幾日之間便占據了大半個河北，把他們的歸路截斷了。還有流言說，朔方軍已經來到了河北。這讓安祿山吃驚不已，他怒吼一聲，頒下軍令，放棄了進攻潼關的計畫，準備撤回河北。

時間來到了十二月，這一個非同尋常的年關。安祿山起兵已經將近兩個月了，河北在顏氏兄弟的經營之下，已經形成了反安勢力；來自朔方的大軍雖然沒有如同流言所說已經進入河北，但在朔方節度使郭子儀的率領之下，沿著長城一線，擊破了雲中、馬邑等地，基本收復了安祿山根基不穩的河東軍鎮，準備繼續南下，向著中原挺進；而在潼關，官軍站穩了腳跟，終於結束了一路逃竄的日子。

事情正在向著好的方向發展——只要它能不被干涉，順利進行下去。

03 戰潼關

　　潼關城中，剛剛招募的天武軍以及四處收攏的敗兵，終於得到了寶貴的整頓訓練時機。高仙芝和封常清一起整頓軍務，制定軍法，這是打造強軍的第一步。一切從零開始，教這些市井子弟怎麼看旗號，怎麼聽懂號令，怎麼列陣，怎麼用刀槍，一點點訓練直到把他們培育成一支可戰之兵。

　　洛陽一敗，繁華的城池遭到叛軍血洗，封常清自知難辭其咎，不過這場戰役失敗的原因，封常清必須要說清楚，所以他反覆派人入京報告洛陽之戰的前因後果。但此時的皇帝已經因為連續的戰敗急紅了眼睛，怎麼也不願意接見封常清派出的使者。封常清只能自己飛騎入朝，只求能見上皇帝一面。封常清到了渭南，便被朝廷派出的敕使下令剝奪了一切官職和爵位，皇帝已經下令，把封常清貶為一名普通卒子，讓他以走卒的身分繼續在高仙芝麾下效力。

　　封常清只能回到潼關。臨走前，他寫好了一封遺表，託敕使轉交給皇帝。遺表中是封常清留給皇帝最後的話——他死之後，只希望皇帝陛下不要輕視安祿山這群叛賊，不要忘記他的這個告誡！

　　此時的封常清已經下定決心，無論接下來他們是勝是敗，他都將戰死在沙場，用自己的生命祭奠此前因他的指揮而死的將士，還有洛陽城破時淪亡的冤魂。至於身後事，也許只能留給歷史來評說了。後人自然會明白他們的心境。

　　高仙芝、封常清所做的，是歷代唐軍主帥從沒有做過的事情。張說時代廢止府兵制的惡果，時隔三十多年之後，終於在此時顯現了出來。如果大唐如今還像當年那樣保留著折衝府，有一群日常保持演練的後備役兵源，便不至於倉促之間，要從菜市場拉出這樣一幫流氓無賴之徒充作兵

士，還要殫精竭慮地把他們訓練成真正的士兵。

在整頓軍備的這段時間裡，主帥與監軍邊令誠之間的關係迅速惡化了起來。

邊令誠是高仙芝的老搭檔了。這些年，皇帝為了更好地控制邊將，開始用宦官擔任監軍，來貫徹朝廷的意志。這些年，邊令誠一直是高仙芝身邊的監軍，當初高仙芝率軍深入蔥嶺，破小勃律，便是邊令誠與他搭檔。邊令誠並不壞，當初還是他出聲報告了朝廷高仙芝在小勃律的功績，從而讓高仙芝最終擔任安西節度使。就因為這一點，高仙芝一直很感念邊令誠的恩情。這些年他四處征戰，獲得了財寶無數，也向來少不了邊令誠的一份。

但可惜的是，邊令誠是個庸人。作為監軍宦官，他要不折不扣地貫徹朝廷的要求，令高仙芝、封常清出戰，盡快擊敗安祿山的叛軍。但這件事情說得輕巧，做起來談何容易？高仙芝自知手下這些訓練不多的新兵，決難以與安祿山的東北邊軍一戰，因此每當邊令誠催促出兵，高仙芝都一口拒絕。

世上之事，壞在真正的壞人手上的並不多，大多都是壞在這樣的庸人手上。邊令誠惱恨在心，回長安便向皇帝報告，從封常清洛陽慘敗，到高仙芝撤回潼關，種種事情，不一而足。他把自己撇得乾乾淨淨，更關鍵的是，對高仙芝、封常清的揭發字字誅心：「封常清藉口叛軍勢大，動搖軍心。高仙芝無緣無故地把陝郡數百里之地拱手送人，還盜減軍士的糧食和物資。」

這份報告觸得皇帝李隆基龍顏大怒。

從皇帝、楊國忠到唐廷君臣，一直對剿滅安祿山叛軍之勢信心滿滿，覺得東北邊軍只是安祿山一人叛變，其實根基脆弱，不堪一擊。封常清原本在長安時，因為不清楚關東的實際情況，也把話說得信心滿滿，結果到

第六章　漁陽鼙鼓──塞上驚天巨變

了洛陽之後，先是屢戰屢敗，而且還無緣無故丟棄了陝郡，退到了潼函道的西頭。這讓朝中不少人懷疑，高仙芝、封常清這是在挾寇自重，增加自己在朝中的話語權，進而威脅朝廷。

這一點，是皇帝絕對不能容忍的。

對於皇帝來說，安祿山是邊將，封常清、高仙芝一樣也是邊將。自從安祿山這個皇帝最信任的邊將反叛以來，皇帝從此便不再信任任何邊將了。高仙芝、封常清在潼關屢屢拒絕出戰，是再明顯不過的不穩定跡象。按照皇帝歷來的風格，那就必須要把一切風險扼殺在搖籃裡。

於是，邊令誠從長安帶回了唐廷的敕令，回到潼關軍中，立刻斬殺高仙芝、封常清二人。

封常清此時的身分只是普通一個小兵，邊令誠輕易地將他捉拿歸案，宣讀敕令之後，讓人將其一刀砍死。封常清沒有爵位，因此屍體只是裹在一卷粗草蓆裡，和軍中其他戰死的普通士卒並無兩樣。

當高仙芝聞訊從軍營外趕回時，封常清的屍體已經涼了。他看著同袍死去的面孔，渾身上下滿是殺氣。邊令誠帶領一百餘名全副武裝的陌刀兵，來到高仙芝面前說道：「皇恩浩蕩，不止封常清，天子對高大夫也有恩命。」拿出敕書，當眾宣判了高仙芝的死刑。

高仙芝走下廳堂，帶著凜冽的風，剎那間差點讓邊令誠以為高仙芝要取他首級。只見高仙芝站在封常清的屍體旁，緩緩說道：「我不戰而退退兵至潼關，所有責任確實應由我來承擔，要殺我，我也毫不推辭。可說我剋扣軍餉和賞賜，那純粹都是汙衊！」他轉過頭看向邊令誠，「上是天，下是地，兵士們都在，足下豈能不知？」

這時，軍營中的新募兵士們聞訊來到了主帥廳前，自發地排列在外。有人將廳中高仙芝的話傳到了外面，士兵們群情激憤，一起高呼著：「枉！

枉！枉！」聲浪翻滾，冤情湧動。

但邊令誠不聽這一切，再次重複了皇帝的敕令，下令陌刀隊上前，對高仙芝行刑。

此刻，只要高仙芝一聲令下，廳外千萬士卒便能立刻衝進來把邊令誠等人生吞活剝了。可朝廷的法度尚在，軍令尚在，若是隨意斬殺欽使，他們又與安祿山何異？高仙芝若真的反抗了，反倒證實了邊令誠等人對高仙芝的指控與懷疑都是真的。

高仙芝長嘆一聲，看著身旁死去的封常清，像是訴說，又像是自言自語：「封二啊（即封常清），你從貧賤到顯赫，是我提拔你成為判官，後來又接替我為節度使，想不到今天我會和你一起死在這裡，這大概就是命中注定吧。」言罷，從容赴死。

當初封常清因為相貌醜陋，還跛了一隻腳，四處投身卻報效無門。他向高仙芝毛遂自薦多次，連高仙芝都不勝其煩。最後是封常清瞪著鼻子急眼，硬是從高仙芝這裡死皮賴臉地求來了軍職，之後才展開了二十多年在安西叱吒風雲的經歷。不知道當初的封常清若是知道自己是這等下場，還會不會死乞白賴地去高仙芝那裡求職？

臣之此來，非求苟活，實欲陳社稷之計，破虎狼之謀。冀拜首闕庭，吐心陛下，論逆胡之兵勢，陳討捍之別謀。酬萬死之恩，以報一生之寵。豈料長安日遠，謁見無由；函谷關遙，陳情不暇！臣讀春秋，見狼瞫稱未獲死所，臣今獲矣。

在最後寫給皇帝的遺表中，封常清如是說道。

表中所說的「狼瞫」，是春秋時期晉國的一員小將，曾說自己不能輕易死去，因為還沒有到勇士應當效死的時候。最後，他在彭衙之戰中主動請纓，率領部下突入秦軍，拚死作戰，壯烈犧牲。

第六章　漁陽鼙鼓—塞上驚天巨變

封常清這一生，就是在追求「死得其所」的歸宿，他最終如願死在軍中，只是頗為諷刺的是，他死在了自己人的刀下。

一天殺了兩位節度使級別的大將，皇帝李隆基對此並沒有什麼後悔的。在李隆基眼裡，高仙芝和封常清多次違背中央朝廷的意志，屢屢抗旨，是桀驁不馴的悍將。他們一槍未放便敗退回潼關，足以讓唐廷有理由懷疑他們在私通賊寇。就算他們真的能擊敗安祿山，誰能保證他們不會變成下一個安祿山？如今穩定壓倒一切，高仙芝等人對中央朝廷權力的穩固帶來了威脅，那就必定要乾乾淨淨地除掉。

至於潼關主帥的替代者，李隆基也早已想好了一個絕佳的人選，那就是如今臥病在家，半身不遂的哥舒翰。

沒有人比哥舒翰更適合擔任討安大軍的主帥了。首先，哥舒翰的能力沒有問題，他還沒有殘廢時，在隴右、河西是如假包換的「大魔王」，是吐蕃人心中的噩夢。當哥舒翰在石堡城磨動絞肉機時，安祿山還在煞有介事地和契丹人扮家家酒呢。所以哥舒翰擔得起坐鎮一方的統帥之位。其次，哥舒翰素來與安祿山不睦，還在高力士面前有過相互潑婦般罵街的壯舉，哥舒翰與安祿山沒少替對方打過小報告，哥舒翰光是檢舉安祿山造反的奏章就上奏了一大堆。按照他們之間的關係，絕對不用擔心哥舒翰會偷偷與安祿山一起搞小動作。再次，哥舒翰身體不好，自從上次中風之後便一直臥床在家，從他的健康狀況來看也不剩多少壽命了，李隆基可以不用擔心哥舒翰擊敗安祿山後，還有餘下的精力成為皇權的下一個威脅。

因此，皇帝傳召哥舒翰入宮。宦官、僕從們抬著癱瘓的哥舒翰，來到了李隆基的面前。李隆基寒暄一番後進入正題，命哥舒翰接替高仙芝主帥的職務，指揮各路大軍，一起攻打洛陽。哥舒翰堅持以病重為由推辭，卻拗不過李隆基的聖意。畢竟中央已經決定了，由他來做主帥，誰也沒辦法另請高明。

於是哥舒翰就任主帥，帶領高仙芝數萬舊部，連同如今應朝廷徵召先行趕到長安的蕃族僕從兵和數量不多的各鎮邊兵，號稱二十萬，彙集在了潼關。

　　半身不遂的哥舒翰原本就體弱，被人一路抬著、拉著。皇帝還派了他的幾位近臣從旁「協助」，御史中丞田良丘擔任行軍司馬，起居郎蕭昕擔任判官。這些皇帝的貼身之臣被派到軍中，既是對哥舒翰的約束，也是為了順便拿些軍功、熬些資歷，以幫助他們更快升遷。

　　看來皇帝是鐵了心要哥舒翰率軍出擊，而且篤定大唐官軍將會獲勝了。

　　天寶十五載（西元 756 年）的新年，安祿山在洛陽稱帝，為了順應那個「四星聚尾於燕」的天象，安祿山僭號為「大燕皇帝」，設文武百官，正式宣示了對唐廷的反叛。

　　而哥舒翰「空降」在潼關擔任統帥，面對的任務同樣艱鉅無比。

　　和以往打仗不同，這次他帶領的是一支完全不熟悉的軍隊。整個大軍號稱二十萬，實際上大約只有十萬人。主要部隊是高仙芝才訓練了一個月的新募士卒，戰鬥力堪憂，再加上這些人與高仙芝的感情深，高仙芝在軍營中被當眾處斬，這些新兵多多少少都有些牴觸情緒，如今已然變成了無士氣、無戰力、無服從的「三無」士卒。

　　稍微能用的，則是蕃將火拔歸仁所率的部落兵，火拔歸仁是哥舒翰的老部下，對哥舒翰來說也算是自己人，手下的部落兵都是受過一定訓練的，戰鬥力雖不如東北邊軍，但還算得上堪堪可用。其餘剩下的，則是從契苾、渾、思結、奚結、沙陀蓬子等十三部落徵調的僕從兵。皇帝下詔徵召各鎮邊兵回援，可各鎮的邊防壓力都很大，最開始都只是派了手下羈縻州的部落調兵回援。邊兵未到，來自天南海北的各部落組成的「萬國雜牌軍」卻到了，朝廷大筆一揮，全都劃給了哥舒翰指揮。

第六章　漁陽鼙鼓──塞上驚天巨變

而哥舒翰就厲害在，把這麼難的一道題解出來了。

他癱了半個身子，腦子卻清醒得很。剛剛進入軍中主掌帥印，哥舒翰便聲稱生病了，將軍政大事全交給了皇帝安插在他身邊的行軍司馬田良丘，田良丘哪裡挑得起這麼重的擔子，一下子焦頭爛額，只能繼續把事情派下去，讓軍中的王思禮分管騎兵，李承光分管步兵。可王思禮和李承光誰也不服誰，相互要整個先後，田良丘費盡心力也壓服不了他們。哥舒翰和田良丘到潼關就任沒多久，大軍的管理層就亂了套。

好巧不巧，只有哥舒翰能鎮得住他們。王思禮曾是隴右道驍將，跟隨哥舒翰征討過九曲；李承光曾是河西兵馬使，也是哥舒翰的老部下。在別人面前，王思禮和李承光鬥得烏煙瘴氣，可在癱瘓的哥舒翰面前，他們二人卻溫順得像是小白兔。靠著王思禮和李承光，哥舒翰雖然連走路都不能，卻漸漸控制住了這十萬大軍。他治軍極為嚴酷，最初曾讓士卒們怨聲載道，但是漸漸地，嚴酷的軍法卻有了意外的效果，哥舒翰到任一個月後，成功擊敗了前來攻打潼關的安祿山之子安慶緒，取得大捷。

他是個狠人，能狠下心來，消耗數萬條人命打下石堡城，換取一個「哥舒夜帶刀」的聲名。對自己人都這麼狠，更何況是對敵人？

開元朝以來的邊將中，哥舒翰或許是最會玩政治的一個。他由於王忠嗣事件的政治漩渦而就任節度使，此後便深深地參與到了唐廷的宮廷鬥爭當中。先是幫助楊國忠對抗李林甫，然後是幫助楊國忠攻訐安祿山。政治鬥爭是一種慣性，一旦深陷其中，便彷彿是被推著走一樣，只能一刻不停地進行著權力的遊戲。

原朔方節度使安思順是安祿山沒有血緣關係的族兄弟，並沒有參與安祿山的叛亂。唐廷火速將其調回長安，只是剝奪了他的軍權，並沒有施以其他懲罰。哥舒翰與安思順素來不對付，來到潼關後，他偽造了安祿山寫給安思順的信件，揭發安思順私通叛賊。此時的皇帝已經是驚弓之鳥，寧

可錯殺，不可放過，收到哥舒翰的檢舉，連宰相楊國忠的求情都不理，立刻誅殺了安思順。

安思順被殺事件，帶給宰相楊國忠極大的觸動，包括他在內的朝臣們，對哥舒翰的力量終於開始發自內心地恐懼。他們意識到，哥舒翰已經是整個大唐朝廷最有權勢之人，哥舒翰手握的兵權、在軍中的聲望無人能及，叛軍對潼關一次又一次地進攻，潼關卻在哥舒翰的指揮下，被一群新兵、蕃兵將這座關隘守得固若金湯，這些都讓他在朝廷中的話語權超過了楊國忠。

挑動起安祿山叛亂，楊國忠的添柴燒火功不可沒。當初楊國忠因為安祿山造反而得意，就是因為他在朝中的話事權提升了。楊國忠本以為，安祿山不過是一介法外狂徒，可以輕易剿滅，誰想到叛軍勢如破竹，還攻克了洛陽，這讓整個朝廷無比倚仗前方平叛的節帥。楊國忠偷雞不成蝕把米，不僅沒有提升自己的地位，反倒因為安祿山打起「肅清奸臣楊國忠」的旗號而惹了一身騷。

安祿山叛亂以來，所過之處生靈塗炭，人們都認為安祿山叛亂是因為楊國忠驕橫放縱所致，無不對楊國忠切齒痛恨。楊國忠聽說已經有人在勸說哥舒翰想辦法趁機除掉他了，哥舒翰雖然沒有答應，楊國忠卻深陷在恐懼中──他現在還沒被哥舒翰除掉，只是因為哥舒翰暫時不想，而不是哥舒翰做不到，這也意味著哥舒翰隨時都可以上奏天子，或者直接揮兵向西取他的腦袋。

恐懼之下，楊國忠只能想辦法保護自己了。他報告皇帝，說現在潼關雖然有大軍把守，但後無援兵，一旦潼關失守，長安城就危險了，因此他請求挑選士卒三千人，在禁苑中訓練，以應付不測。皇帝同意後，楊國忠還另外招募了一萬人，屯兵灞上，令他的親信杜乾運統領。名義上是抵禦叛軍，實際上卻是為了防備哥舒翰。哥舒翰得知後，也怕被楊國忠謀算，

第六章　漁陽鼙鼓—塞上驚天巨變

於是上表請求把駐紮在灞上的軍隊歸於潼關軍隊統一指揮。六月一日，哥舒翰把杜乾運召到潼關，找了個藉口，將其殺害。

楊國忠和哥舒翰這一回徹底翻臉。

皇帝、宰相、元帥，面對潼關外的十五萬叛軍，卻各有各的心思，彼此懷疑著，鬥得越來越厲害。

04　顏公的碧血

漁陽城裡，密使馬燧帶著顏杲卿的信件，偷偷北上潛入漁陽，設法勸說范陽節度副使賈循歸順。

賈循並非蕃將，當時被裹挾著半推半就地參加了起兵，但心中卻明白，安祿山想以區區一個幽燕之地抗衡大唐三百軍州，實在是一件沒有希望的事業。在馬燧的勸說之下，他漸漸地心動了，只是在何時起兵回應朝廷這件事上陷入了猶豫。

正當賈循猶豫之時，安祿山的使者韓朝陽從洛陽返回，要找賈循密談。賈循赴約之時，忽然闖入一群壯漢，手拿麻繩勒死了他。而城中兵馬圍住賈循的府邸，屠滅了賈循在漁陽的全族。

原來，賈循的密謀被別將牛潤容知曉，立即報告了上去。牛潤容與韓朝陽商議之後，設下了這條計策。殺死賈循之後，幽燕搖搖欲墜的局勢才稍稍穩定了一些，「大燕」政權建立在即，可幽燕地區的大本營與洛陽之間的通道卻已經被常山的顏杲卿截斷，局勢不容樂觀。於是，安祿山麾下大將史思明被任命為范陽留守，率領步騎大軍一萬人南下，直取常山。

與此同時，洛陽的安祿山也從主力部隊中分出了一萬人，由大將蔡希德率領，從河內北上常山。

兩路叛軍逼近，軍情傳至常山城，顏杲卿知道形勢不容樂觀。史思明和蔡希德雖然分別只有一萬人，但卻都是久經沙場的職業軍人，比常山城中這些剛剛募得的烏合之眾不知道好到哪裡去了。

　　常山獨立難支，只有繼續求援。顏杲卿派人緊急向西，經過井陘，前往太原，到右羽林大將軍、太原尹王承業那裡請求增援。可短短幾天時間，常山城的防禦工事還沒有修好，史思明、蔡希德的大軍便到了城下。顏杲卿率兵晝夜苦戰，箭盡糧絕，沒有等到援軍到來就已經山窮水盡。天寶十五載（西元756年）的正月初八日，常山城破，叛軍縱兵擄掠，在城中展開屠殺，萬餘軍民死於刀下。

　　顏杲卿不知道的是，太原的王承業自始至終沒有派援軍來，王承業只想把功勞攬在自己身上，坐擁數萬大軍也不願發兵救援一下圍城中的常山。顏杲卿在求援時一併送去準備轉交朝廷的俘虜何千年、高邈以及李欽湊的首級，都被王承業自己派使者送往長安，使者還報告說在王承業的運籌帷幄之下，感化了叛將顏杲卿，設計斬殺李欽湊，收復井陘云云。皇帝收到這些戰利品後大喜，加封王承業為羽林大將軍，麾下一百多人都得以加官進爵。

　　而那被「感化」的顏杲卿，唐廷自然會寬大處理，敕令徵召其入朝擔任衛尉卿，常山的事情便交給王承業便宜行事了。

　　可是當朝廷的命令發出的時候，常山城已經在叛軍的燒殺搶掠中成了人間地獄。

　　顏杲卿被俘，被叛軍帶往洛陽。洛陽的紫微宮已經是「大燕皇帝」的庭院，大殿之內，兵甲森嚴，安祿山坐在他的寶座上，厲聲數落：「汝原本不過是區區范陽戶曹，是我賞識提拔你，讓你當上了判官，還做上了太守，有什麼地方虧欠了你？為何背信棄義要反叛我？」

　　殿下的顏杲卿渾身狼狽，但正義凜然，如金剛怒目，大聲反叱道：「汝

第六章　漁陽鼙鼓──塞上驚天巨變

原本不過是在營州牧羊的區區羯人奴，是天子賞識提拔你，讓你做三鎮節度使，恩情深厚，寵信無比，有什麼地方虧欠了你？為何背信棄義要反叛大唐？我世代為唐臣，官位爵祿都是大唐所賜，縱然是你奏請的朝廷，難道還要跟從你反叛不成？我為國討賊，恨不能斬你頭才罷休，如何算得上反叛？」

他昂然看向安祿山，毫不畏懼。此時此刻，他們二人，一個是殿上主君，一個是階下囚徒，可顏杲卿渾身上下散發出的光芒，卻令整個殿堂為之失色。

這個瞬間，顏杲卿不是孤身一人。他的身後，是刀斧之下也要秉筆直書的史官，是博浪沙前欲誅殺暴秦的刺客，是北海邊寧可牧羊也不違初心的大漢使節，是被俘之後寧可斷頭也不願投降的將軍，那是天地間的浩然正氣，鼓瑟激盪，流淌了上下千年。

下則為河嶽，上則為日星。於人曰浩然，沛乎塞蒼冥。

皇路當清夷，含和吐明庭。時窮節乃見，一一垂丹青。

顏杲卿早已將生死置之度外，瞋目罵道：「臊羯狗，何不速殺我！」

安祿山大怒，把顏杲卿和袁履謙拉到了洛陽宮外的天津橋，捆綁在中橋的橋柱上，當著洛陽民眾的面將他們凌遲處死。

寒冷的風中，顏杲卿和袁履謙胸膛朝天，行刑官拿著小刀，一刀一刀地剮下他們的皮肉，顏杲卿和袁履謙只是大聲罵著，直到沒有了力氣、沒有了氣息。洛陽的百姓們沉默地看著，有人淚目，有人沉默，有人興奮，有人漠然。

一個月前還繁華無比的都市，那時的情景已恍若隔世，如今只剩下煉獄一般的洛陽城。經歷了戰火和洗劫，災難如山一般重壓在百姓們身上，痛苦與血淚，已經讓他們麻木了。

常山淪陷之後，史思明繼續率軍掃蕩幽燕以南的州郡。號稱二十萬的河北州郡防衛同盟，在史思明等人帶領的兩萬幽燕精銳的鋒芒之下又一次土崩瓦解，逐一被攻占。只剩下饒陽太守盧全誠困守城中，堅決抵抗，平原太守顏真卿率領士卒孤懸在沿海地帶，被淪陷區包圍。

直到此時，唐廷方才反應過來，下令駐軍在雲中的朔方節度使郭子儀南下。朔方軍兵分兩路，一路由郭子儀親自統領，配合潼關的哥舒翰，擇機收復洛陽；另一路則由李光弼擔任河東節度使，率領一萬朔方兵和數千河東兵馬，向井陘進軍，準備進入河北，接應這裡的抵抗力量。

王師終於來了，雖然遲到了，但希望不會太晚。

天寶十五載（西元756年）二月，饒陽城被史思明圍困已有足足二十八天，但饒陽城的軍民們還在堅守，不僅沒有投降，還讓城外的叛軍陷入了困窘。

人們流傳著顏太守怒斥安祿山的故事，聽者無不動容。河北各處，反抗的怒火逐漸積蓄起來，終於在時機合適的時候爆發了。

這個時機，就是河東節度使李光弼大軍的到來。

當李光弼率領朔方兵一萬人、太原弩手三千人開出井陘關，兵臨常山城下之時，城中原本被迫投降的三千團練兵終於發動了起義，殺死城中的叛軍，俘虜駐守城中的安思義，開城向李光弼投降。

奪占常山後，李光弼又在城外設下伏擊圈，大敗史思明從饒陽派來的援軍。雙方在常山展開了對峙。一邊是遠道而來的朔方精銳，一邊是兵力充足的史思明大軍，艱難地僵持在了戰線上。

在嘉山戰役中，史思明的五萬大軍被斬首四萬，連史思明自己也被打得墜馬，狼狽不堪，最後光腳徒步，一路狂奔回到了范陽老巢，才僥倖逃出生天。

第六章　漁陽鼙鼓—塞上驚天巨變

固守平原的顏真卿也一刻沒有停下。他將周圍的清河、博平等地的團練兵馬彙集在一起，與安祿山所封的魏郡太守袁之泰大戰一場。這場仗從清晨一直打到天黑，最終袁之泰的叛軍大敗。官軍斬首萬級，還得到了千餘匹戰馬，收復魏郡，聲威大震。隨後，顏真卿還與剛剛起兵的北海太守賀蘭進明聯合在一起，又成功攻占了叛軍占據的信都。

這時，一對使者從遼東渡過渤海，來到了平原城。好風帶來好消息，平盧遊弈使劉客奴殺死了依附於安祿山的平盧節度使呂知海，想要投靠唐廷，並表示願意占領盧龍鎮之後，再攻取范陽鎮當作「投名狀」。顏真卿立刻答應，還送去了軍糧和甲衣。史思明剛剛敗退回范陽，無力出擊，這就意味著一直以來作為安祿山偽燕政權大後方、大本營的范陽、盧龍兩個軍鎮，此時出現了鬆動垮塌的跡象。

隨著郭子儀、李光弼、顏真卿、賀蘭進明等軍的節節勝利，河北的大部分地區再次回到了大唐朝廷的掌控之中，而盤踞在河南的安祿山偽燕政權，則在步步緊逼之下陷入了四面楚歌的態勢。

西面，有哥舒翰二十萬大軍牢牢駐守，安祿山軍半年來沒有找到突破的機會。

東面，一個叫張巡的小官守住了雍丘，面對來犯的叛軍予以迎頭痛擊，阻止了偽燕政權向東南大運河方向的擴張。

南面，南陽節度使魯炅率領嶺南、黔中的蠻族兵以及襄陽招募的民兵，沿著滍水修築起防線，將叛軍擋在了南陽，保衛著山南道的安全。

北面，河東節度副使程千里駐守上黨，郭子儀、李光弼、顏真卿平定冀南，對河東、河北的安祿山勢力徹底清剿。

一張包圍網，隱隱之間鋪就了起來。

郭子儀、李光弼已經上奏天子，講明了他們對下一步戰略部署的建

04 顏公的碧血

議：在潼關的哥舒翰暫且保持防守姿態，穩住安祿山在河南的主力；然後讓郭子儀、李光弼率領朔方軍北上范陽，直搗叛軍巢穴，抓住他們的妻子、兒子作為人質用來招降，這樣叛軍內部必定大亂。接下來便是收緊包圍網的時候。

到那時，平定安祿山之亂，便指日可待了。

顏真卿還沒有收斂從兄顏杲卿的骸骨。自從聽聞顏杲卿被凌遲、全家盡數被安祿山下令砍頭的消息，顏真卿悲痛萬分，心中泣血，但軍情急迫，他來不及停下來悲傷，只能將自己全部的精力投在軍務之上。他只希望，這場震動了河南河北大片州郡的動亂能快一點結束，好讓他可以有機會將兄長、姪兒們好好安葬。

最黑暗的時刻，似乎已經過去，勝利的曙光，似乎即將到來。

連安祿山也對自己渺茫的前途感到恐懼，他召見了起兵時的心腹謀臣高尚、嚴莊，向他們大發牢騷：「你們幾年來都教我造反，可現在大軍被阻於潼關，數月不能攻破，北歸的路也被斷絕，官軍大集，我們所占據的只有汴州、鄭州等幾個州郡，如何能夠取勝呢？」連叛軍主帥都對勝利失去了信心，整個偽燕政權內部更是一片愁雲慘淡。

但是接下來，局勢的發展出乎了所有人的意料。

六月，關中急報：潼關失陷，長安落入敵手，各路大軍一起織起的那張包圍網，在最不應該的地方，被撕開了一個大口子。

黑暗的時刻過去了，天空微微透出一點光亮，可誰也沒想到，隨之而來的卻是更為濃稠厚重的黑暗。

第六章　漁陽鼙鼓—塞上驚天巨變

05　長安亂

　　在朔方軍在河北一路凱歌高奏的同時，唐廷對哥舒翰的信任卻因潼關遲遲未能出兵，而逐漸消耗殆盡。

　　按照唐廷君臣的想法，郭子儀、李光弼一路的朔方軍從井陘入河北，切斷安祿山後路之後，潼關的哥舒翰便可以率領二十萬大軍出關，與朔方軍南北夾擊，到那時候，這偽燕政權一干叛逆的末日就到了。

　　可是在唐廷看來，哥舒翰在潼關的表現太讓人失望了。整個上半年，哥舒翰始終龜縮在潼關內，又是修牆，又是挖壕溝，做著打長時間防禦戰的準備，絲毫沒有想過出擊。雖然屢次擊退安祿山來犯之兵，可那戰報與朔方軍的相比，明顯不夠看。這不由得讓唐廷君臣質疑起主帥哥舒翰來——朝廷屢屢催促哥舒翰出征，望他早日收復洛陽，但哥舒翰總是找各種理由推搪，這樣消極避戰的做法，不是能力問題，就是態度問題。

　　如果是能力問題的話，那就是說哥舒翰年紀大、身體差、腦子不好，不足以勝任主帥的職責。這對唐廷君臣來說還算好說，只要哥舒翰出戰，把事情交給手下的行軍司馬田良丘處理便是，皇帝巴不得如此。可若是態度問題，那問題就大了。說輕了，是手握重兵，畏戰不前；說重了，那就是擁兵自重，圖謀不軌。不管是哪一項，都足以讓李隆基有理由像對付高仙芝那樣，派個宦官，帶把尚方寶劍，將哥舒翰斬於軍中。

　　從李隆基到楊國忠都弄不懂了，明明哥舒翰手中有號稱二十萬的大軍，明明安祿山軍在河北丟盔棄甲，證實他們其實外強中乾、不堪一擊，哥舒翰為什麼始終不敢出關一戰？當年那個橫行青海夜帶刀的殺神，如今被洛陽的那個胡羯胖子嚇破膽了麼？

　　這時，從潼關外回到長安的人報告說，陝郡附近只有崔乾佑率軍駐紮，人馬不足四千，而且士卒羸弱，毫無防備。這讓楊國忠又一次找到了

催促出兵的依據，立刻報告給李隆基。李隆基同樣對哥舒翰感到不耐煩，只想要早點結束這場動亂，還自己一個安穩的老年生活，如今潼關劍拔弩張，讓他連華清池的溫泉都泡不成，這種日子他受夠了，於是又一次派遣宦官前往潼關，催促哥舒翰出兵。

然而哥舒翰非但沒有奉詔，反倒抗奏說唐廷收到的情報有誤，所謂崔乾佑四千兵士孱弱無備，其實是安祿山軍有意放出的煙霧彈，他在奏表中寫道：「安祿山久習用兵，不會沒有防備。這一定是故意示弱引誘我軍，如果此時出兵，正是中了安祿山的計謀。而且叛軍遠來，利在速戰速決，我軍據險扼守，利在長期堅持。何況叛軍殘暴，失去人心，形勢正變得越來越不利，內部遲早生出內亂，到那時再趁機進攻，就可不戰而勝。我軍最主要的目的是取勝，何必要立刻出兵呢！現在從其他軍鎮所徵的邊兵大多都還沒有到達，請暫且等待一段時間。」

而郭子儀、李光弼在河北，也上書勸唐廷不要輕易出動潼關之兵。潼關之兵是一群烏合之眾，這一點哥舒翰知道，關外的安祿山叛軍知道，河北的郭子儀、李光弼也知道，恐怕只有李隆基、楊國忠一干君臣不知道。

大唐歷來有著出將入相的傳統，每個時期，朝中都有曾經擔任過邊疆主帥、軍事經驗豐富的宰相。可自從李林甫時代以來，朝廷便斷了出將入相的通道，如今的唐廷，楊國忠、陳希烈、韋見素等人都在軍事方面沒有什麼突出的才能。楊國忠只想著防備哥舒翰圖謀自己的地位，於是堅持勸說皇帝，說叛軍沒有準備，若哥舒翰再逗留拖延，將要失去大好的戰機。

而皇帝李隆基也已經習慣了多年的太平生活，住在深宮之中又如何知道潼關駐紮的那支軍隊究竟是怎樣的情況？他們算得更多的是經濟帳、政治帳。其實唐軍的後勤是個問題：關中的糧產原本就無法支撐整個長安近百萬人口的消耗，如今安祿山亂起，隔絕了大運河，江南的米糧無法運入關中，關中只能依靠消耗存糧來維持周轉。六月時節，夏糧未熟，朝廷已

第六章　漁陽鼙鼓—塞上驚天巨變

經無法供應潼關大軍的糧草了，要是再拖下去的話，大軍遲早要斷糧。

哥舒翰說還要暫且等待？那可不行，李隆基等不及了，他派遣宦官馳往潼關，繼續敦促哥舒翰出兵。

在潼關，敦促出兵的宦官接踵而至，一天要來好幾批，他們帶來的都是皇帝的唯一要求：出兵！

哥舒翰明白，如果自己再不出兵，高仙芝、封常清就是他的下場。

逼迫至此，如之奈何？

接見了又一輪催促出兵的中使後，哥舒翰崩潰了，撫著胸膛放聲大哭。六月初四日，終於親自率兵出關。

自潼關出發，沿著黃河岸邊崇山峻嶺間的山谷向陝郡進軍，一路上要經過漫長而險峻的崤函道，其中有七十里的隘道尤其狹窄。十幾萬大軍在隘道中穿行，延綿數十里。哥舒翰因為風疾在身，經不起陸路的顛簸，於是和行軍司馬田良丘一起乘著船與大軍並行。

明知陝郡守將崔乾佑在引誘他們出戰，哥舒翰卻也不得不硬著頭皮上了。如今大軍在谷中，首尾不能相顧，如果遇到敵軍來襲，兵力根本難以展開。而他作為主帥，只能遠遠坐在船上指揮，整個指揮體系十分混亂。哥舒翰只能下令，讓騎將王思禮率領精兵五萬，在前打頭陣，排除崤函道上阻擋的障礙。其餘上十萬缺乏訓練的人馬，則由龐忠等將帶領著在後面跟隨前進，哥舒翰帶領本部三萬人在黃河對岸策應，鳴鼓為大軍增添士氣。

只希望唐軍可以盡快通過狹長的崤函道，到開闊地帶站穩腳跟，再與安祿山軍列陣對抗。

行軍三天後，王思禮的前軍抵達了靈寶城西的一片土塬，遇到了列陣以待的叛軍。崔乾佑率領一萬人依據地勢居高臨下，早已等在了這裡。

唐廷得到的情報果然有誤，崔乾佑在陝郡的守軍顯然不止四千。

然而面對崔乾佑率軍列陣，官軍將士們卻不禁笑了起來。原來這一萬敵軍三五成群，隊伍有疏有密，士兵有前有後，倒像是根本不會列陣的樣子。王思禮一聲令下，官軍便向崔乾佑發動了猛攻。兩軍剛剛短兵相接，叛軍便開始崩潰，偃旗息鼓，向著後方的山谷撤退。

官軍一路追擊，追至谷口時，兩邊的山谷高地上忽然殺聲大作，崔乾佑所設下的伏兵終於現身，滾木、石塊、箭矢一齊從兩旁落下。

哥舒翰從對岸到達戰場時，局面慘不忍睹。隘道狹窄，兵力無法展開，官軍只能四處躲避著飛石和木塊，場面堪比當年的石堡城。多年行軍征戰經驗在身，哥舒翰的頭腦依舊清晰，此時官軍中了埋伏，形勢不利，但狹路相逢勇者勝，唯有繼續向前，正面衝破敵軍防禦，方可取得大勝。於是，哥舒翰下令，將所有能呼叫的保存輜重的馬拉氈車放到前面，頂著箭矢，向山谷前圍堵的叛軍發起衝鋒。

窄窄的隘道中，氈車在前鋒軍的推動下，頂開崔乾佑設下的盾陣，撕拉起叛軍的陣形。

但天公不作美，正午時分，忽然東風大作，穿過山谷，風勢變強，向西邊的官軍陣前颳去，風沙讓人睜不開眼睛。崔乾佑趁機拉來數十輛草車，塞於氈車之前，放火焚燒，頓時大火熊熊，煙霧蔽天。煙燻火燎，官軍徹底沒辦法繼續交鋒了。

東風之下，滾滾濃煙裹在了官軍軍陣上空，聚積在山谷中無法輕易散去。官軍根本看不清前面的狀況，隱隱只看見前方叛軍的人影閃動在喊殺聲中。驚慌之下，官軍放起弩箭，射向濃煙的另一邊，到了天黑，箭矢用盡，才知道煙霧中根本沒有敵軍。

這時候，崔乾佑的曳落河與同羅精騎從山谷中繞道而出，給予唐軍最

第六章　漁陽鼙鼓—塞上驚天巨變

後一擊，唐軍的陣型被徹底撕裂。原來自始至終，這都是安祿山軍設計的一個局，將潼關外的數萬幽燕精銳隱藏得滴水不漏，只為了引誘官軍出擊。到了此時，這場戰役已經不是戰鬥，而是安祿山軍的單方面屠殺，山谷中的唐軍完全崩潰，被叛軍肆意屠殺，狹長的地形上官軍自相踩踏不計其數。而黃河上的幾百艘運糧船被士兵爭先搶渡，卻因為人數太多不堪重負，幾乎沒有一艘運糧船能逃脫沉沒的命運。

一夕之間，王思禮的前鋒五萬精銳死的死，散的散，全面崩潰。

敗兵向後撤退，和後面上十萬新募兵相遇，在狹窄的淆函道裡擁擠在一起。這些新募士卒沒有經歷過戰陣，連敵軍的影子都沒見到，風聲鶴唳之間就已經嚇破了膽子。戰意全無的後軍也崩潰了，十萬唐軍瘋了一般地向後逃命。黃河北岸的三萬軍隊看到對岸的敗局，也沒命似地向後逃跑，瞬息間，兩岸官軍逃盡。

更為慘烈的是，之前官軍在潼關外挖了三條防備敵軍的塹溝，每一條都寬兩丈，深數丈，結果全部被逃亡的唐軍填滿，讓後面的士兵得以踩著同袍的屍體逃回潼關。

哥舒翰只帶著部下數百騎兵僥倖逃回，清點人數，十幾萬大軍只剩下了八千人。

潰散的敗兵們沒有在潼關停留，大部分繼續向西，往自己的關中老家跑，原本兵力充足的潼關登時空了。哥舒翰知道潼關的重要性，丟了潼關，長安便無險可守了。他一邊緊急派人向長安報告戰情，請求援軍，一邊自己拖著病軀，前往後方的關西驛站，張貼榜文，收羅逃散士卒。

這時，一百餘名蕃軍騎兵包圍了關西驛站。領頭的是蕃將火拔歸仁。火拔歸仁進入驛站，說賊兵已經到了潼關，請主帥上馬。哥舒翰被人攙扶著上了馬匹，出了驛站，卻看見火拔歸仁領著部眾全都跪在了哥舒翰的面前。

火拔歸仁向哥舒翰拜道：「哥舒公率領二十萬軍隊一戰卻全軍覆沒，還有什麼臉面去見天子呢！再說您沒有看到封常清與高仙芝的下場嗎？為今之計，不如向東去，歸降安祿山吧！」

「怎可如此！」哥舒翰急了，掙扎著想要下馬，可是他半癱瘓的身軀沒有人幫助，只能徒勞地在馬上動彈不得。隨從哥舒翰的部將們想要反抗，也被火拔歸仁按住綁了起來。火拔歸仁等人用毛繩在馬腹下綁住哥舒翰的腳，拉著他坐騎的轡頭，挾制他出了驛站。哥舒翰怒握馬鞭，插進自己的咽喉打算自盡，又被部下奪走，繼續往東押去。

這時的潼關外，叛軍將領田乾真率領叛軍已經來到了關城之下。火拔歸仁開城門，豎降旗，帶領手下的蕃兵和心如死灰的哥舒翰，向安祿山軍投降。

潼關，城破。

哥舒翰沒有想過會以這種方式再次來到洛陽城——不是率領大軍勝利光復，而是以俘虜的身分，被押送到「大燕」的宮廷，呈交到偽帝安祿山的面前。一個癱子，一個胖子，兩人多年以來水火不容，卻以這般戲劇性的方式碰面。安祿山居高臨下地問道：「汝過去總是輕視我，如今怎樣？」

哥舒翰半身不遂的身軀伏在地上，歷來不可一世的他，此刻出奇地恭敬：「都是臣肉眼不識聖人。」一番話語，引得安祿山開懷大笑。

半年以前，在同樣的位子上，面對同樣的逆賊，文弱書生顏杲卿正氣凜然，痛斥偽帝。可此時此刻，曾是一方殺神的哥舒翰，卻如綿羊般卑微地拜倒在安祿山面前。哥舒翰並非沒有善惡是非的觀念，禮義廉恥觀念的淡泊，讓哥舒翰一次又一次地向強者低頭，當年王忠嗣事件如是，今時今朝亦如是。

第六章　漁陽鼙鼓—塞上驚天巨變

　　投降後的哥舒翰，積極又賣力地寫信給他的舊相識們，南陽的魯炅、常山的李光弼，都收到了哥舒翰勸降的文書。可誰又願意去聽一個背棄了自己過往之人的勸告呢？哥舒翰的價值在洛陽宮中安祿山面前一跪時已經煙消雲散，幾年後，他孤獨地死在了洛陽禁苑中的囚所。

　　潼關城破的同時，在長安城，哥舒翰的部下從潼關飛馳而至，將大軍慘敗的消息報告了朝廷。

　　李隆基聽到消息，如墜冰窟，憤怒再一次充溢了他的內心。他沒有接見傳信的部將，也不想再派長安城中的龍武軍、羽林軍前去救援了，只是讓宦官李福德領著監牧小兒組成的軍隊前去增援。這是對哥舒翰的羞辱，表示他連監牧小兒都不如。

　　但是到了晚上，李隆基意識到情況不對了。

　　關中四塞，即蕭關、散關、潼關、武關，每日初夜之時，都要放出一炬平安火，透過每三十里一個的烽燧傳遞到長安，以報告四境平安。可是六月初九日這天，潼關方向的平安火卻並沒有點燃。

　　這只有一個原因，那就是潼關守軍已經崩潰，沒有人再想到要點燃烽火訊號。

　　長安城中也流言四起，有人從東邊快馬逃回，訴說靈寶西原戰場上的敗狀。大多數人都是不信的，自三百年前武川軍閥在賀拔岳帶領下入關中以來，潼關從來沒有被正面攻破過，即使在高祖李淵起兵入關時，也只是施了巧計迫使潼關投降。數百年來，潼關的平安火每日昇起，直到今天。

　　入夜之後，坊市的大門關閉，但坊中依然燈紅酒綠，歌舞昇平，達官貴人們在僕人手中的扇子搖出的徐徐涼風中，喝著冰鎮的飲品，享受著長安最後的繁華。潼關失守的消息只在很小的圈子裡悄然流傳著。次日天明，李隆基緊急召見了幾位宰相，商議對策。

05　長安亂

　　長安城城垣巨大，就算是驅動城中百萬居民全都上城去防守，也排不滿這周長近八十里的城牆。難道要放棄外城，像當年的王世充那樣困守在小小的皇城或者大明宮中，直到糧草斷絕，演變為人吃人的地步？可如果不守長安城，君臣撤離長安，上百萬的長安百姓又能撤往哪裡？

　　是戰是逃，得給個主意。

　　楊國忠的意見很簡單：逃往蜀中避難便是。他遙領劍南節度使多年，在蜀中根基穩定，自安祿山之亂起，他便讓手下在蜀郡（今四川成都）暗中準備物資，以防萬一，如今的時局，恰好派上了用場。

　　韋見素等宰相卻面面相覷，似乎覺得丟棄長安出逃並不是太好，卻又沒辦法提出更好的意見。畢竟他們也不願意出來說，甘願與長安城共存亡。此時的李隆基整個人低落到了極致，方寸已亂之中，同意了楊國忠的意見。

　　皇帝和宰相們在小房間裡，決定了整個王朝和全城百萬軍民的命運。

　　這一天晚上，跑得快的潼關敗兵已經逃到了長安，處在紛紛謠言中的長安百姓這才漸漸得知了哥舒翰兵敗的消息。霎時間，繁華富麗的長安城陷入了一片恐懼之中。一片月色之中，只留下萬戶門裡的痛哭聲。

　　次日，六月十一日，百官按慣例參加朝會。但皇帝沒有參加，宰相楊國忠主持了會議，並將潼關失守的消息宣布於眾。楊國忠睜大了眼睛，神色驚懼，說著說著開始痛哭流涕，悲聲問臣僚們有什麼計策。百官都不回答，只以沉默回應。

　　沉默也是一種回答，國家、時局、軍情鬧到這樣的田地，執掌朝政的宰相難辭其咎！

　　楊國忠彷彿也感受到了來自百官無形的壓力，他失態了，唾沫橫飛地大聲為自己聲辯：「安祿山作亂，這十年來不知有多少人檢舉，可皇上都不信。現在事情發展到這種地步，絕不是宰相的過錯！」

第六章　漁陽鼙鼓—塞上驚天巨變

但同樣無人回應，朝堂之內，只有楊國忠一人聲嘶力竭地手舞足蹈著。

時隔一日，長安城彷彿完全變了個樣，人們驚擾著奔走，不知多少人草草收拾行囊，拖家帶口地準備逃命，可更多的人只是茫然地亂竄著，不知道要去往何方。天下承平已久，這一代人出生在開元天寶的盛世，習慣了太平日子，動亂一來，所有人都無所適從。只見坊市中的酒肆、店鋪門戶緊閉，一片蕭條，整個長安滿是末日般的景象。

六月十二日的朝會，朝臣百官的班列疏疏落落。皇帝李隆基在楊國忠、楊貴妃、虢國夫人等人的勸說下下了決心，準備出逃。他帶領宰相來到勤政務本樓，宣布馬上起駕，御駕親征！

說得好聽、壯烈，但沒有一個人相信，勤政務本樓上的所有人心中都猜得到，皇帝要出逃了。既然如此，那所有人也都必須要開始為自己打算了。

入夜之後，急促的敲門聲傳來，驚動了右衛率府冑曹參軍杜甫。來者是龍武大將軍陳玄禮手下的萬騎軍武士，陳玄禮奉命整合禁軍六軍，每個禁軍兵士都賞賜了一筆不菲的財帛，這是開始軍事行動的前兆。杜甫擔任的右衛率府冑曹參軍一職負責看守兵甲器杖，管理門禁鎖鑰，所以自然被叫了起來，配合提取府庫中的軍械物資。陳玄禮還派人祕密地呼叫了閒廄馬九百餘匹，運往天子所處的大明宮中。

看著龍武軍匆忙行動的身影，杜甫隱隱預感到，這也許是一場浩大悲劇的開端。

06　從大明宮到馬嵬坡的二十四時辰

多年以後，詩人白居易追述起這場災難般的事件，在他的〈長恨歌〉中這樣寫道：

06　從大明宮到馬嵬坡的二十四時辰

九重城闕煙塵生，千乘萬騎西南行。
翠華搖搖行復止，西出都門百餘里。
六軍不發無奈何，宛轉蛾眉馬前死。
花鈿委地無人收，翠翹金雀玉搔頭。
君王掩面救不得，回看血淚相和流。

人們都知道這段故事：在安祿山大軍即將殺到長安之際，皇帝李隆基帶著他寵愛的楊貴妃倉皇出逃，與楊國忠逃往蜀中。途經馬嵬驛時，以陳玄禮為首的隨駕禁軍軍士一致要求處死楊國忠與楊貴妃，隨即爆發譁變，亂刀砍死了楊國忠。李隆基說國忠亂朝當誅，但貴妃無罪，本欲赦免，無奈禁軍士兵皆認為貴妃乃禍國紅顏，安史之亂乃因貴妃而起，不誅難慰軍心、難振士氣，遂繼續包圍皇帝。李隆基接受了高力士的勸言，力求自保，不得已之下賜死了楊貴妃。最終楊貴妃被賜白綾一條，縊死在佛堂的梨樹下。

人們回憶往事時，往往會將那些最不好的記憶自動過濾，於是整個故事，便成了一段浪漫悽美的生離死別。但實際上，從長安城到馬嵬坡的那二十四時辰，真實發生的一切遠比故事要殘酷得多。

天寶十五載（西元756年）六月十三日，乙未。

卯時，黎明。

天才剛破曉，皇帝李隆基悄然踏上行程。他丟棄了朝中的百官，甚至連大部分的妃嬪、皇子、皇孫都沒有帶，只帶上了楊貴妃姐妹，還有宮中能找到的皇子、皇妃、公主、皇孫，以及楊國忠、韋見素、魏方進、陳玄禮及親信宦官和宮人。他們打算經由長安城北的禁苑，從延秋門開始，踏上西逃的旅途。

經過左藏府時，李隆基停下了腳步，他回望身後的大明宮，又凝視著

第六章　漁陽鼙鼓—塞上驚天巨變

面前的府庫。左藏府是大唐的國庫，積蓄了自西魏、北周以來歷朝歷代的國之重寶，以及幾代君臣留存下的財富。此番倉促出逃，他們只帶了一些細軟物資，大部分的財物、珍玩都留在了庫中。幾年之前楊國忠還曾報告說，國庫中的物資幾代人都用不完。

高祖以來，六任大唐天子，從沒有人在大敵當前時丟棄都城、丟棄國庫被迫出逃，李隆基是第一個這樣做的皇帝。

做出這樣的事情，是要下罪己詔的。李隆基做夢也想不到，自己的盛世之夢驚醒之後，竟然會面對這樣的情況。此時此刻，他又該如何面對百官？如何面對六軍將士？如何面對天下百姓？

楊國忠見皇帝踟躕不前，便建議說，將左藏府焚毀，不留財帛給叛軍。李隆基愀然說道：「罷了，要是賊兵來了，找不到財物，就會變本加厲從百姓頭上斂取。不如將國庫留給他們，免得再傷害我的子民。」說罷揮揮手，像是在示意繼續向前，又像是在跟一個時代道別。

辰時，天亮。

到了早朝時間，雖然長安已亂，但仍有一些恪盡職守的忠臣按照制度按時入朝當值。負責外朝執勤的宿衛武士仍舊按照三衛番上之制當班，儀仗儼然，更鼓滴漏，井然有序。所謂「風雨如晦，雞鳴不已」，縱然是如此危急關頭，仍然有些人堅守在職位上。

這時，後宮的宮門打開了，一大群宮女、宦官慌慌張張地跑了出來。他們到了天明才發現，主子們已經丟下他們出宮了，頓時全都慌了神，知道大難將至，便草草收拾跑出了宮來。宮人出逃之後，城中才知道天子已經不在宮中，但卻沒人知曉他們去了哪裡。城中一片混亂，上至王公貴族，小到平民百姓，全都四處逃命。

混亂之中，已經沒人再顧得上法律了，連官吏、差役們都逃了，誰又

會來執法？有人開始上街搶劫，闖入各坊以及東西二市的店鋪，爭奪裡面值錢的東西。王公貴族們的宅第也被亂民砸開，搶奪金銀財寶。宮門大開，曾經的皇家禁地變得可以隨意出入，有人騎著毛驢跑到殿上，找尋可以拿走的值錢物件。

左藏府的大盈庫也成了被洗劫的對象，流氓闖進左藏府蒐羅，還順手點了一把火。長安城四處濃煙滾滾。

巳時，晌午。

天子車駕經過漢魏長安故城，來到了渭水便橋。

這座橋上，曾發生過無數故事。一百多年前，太宗皇帝孤身過橋，一人對挑十萬突厥大軍，最終與頡利可汗訂盟和好。但此時，楊國忠指揮手下兵丁待六軍和車駕悉數過河後，舉火將這座木橋點燃。

「士庶各自避賊求生，奈何要斷絕他們的生路！」李隆基慘然道。他讓高力士留下，想將火撲滅了再回來。

什麼樣的人，可以對百姓們冷酷無情至此。這樣的人，又如何做朝廷宰相？朝廷經受如此失敗，前面開路的楊國忠卻絲毫不顯得氣餒，反倒精神百倍，彷彿是他運籌帷幄，為朝廷成功在蜀中準備好了一條退路。這一次朝廷上下損失慘重，必須要有個人出來承擔責任，這個人不能是皇帝，那麼除了宰相之外，還能是誰？此時李隆基已經有了計較，也讓高力士與陳玄禮做好了打算，如若需要有個人來平息憤怒，那便用楊國忠的首級來血祭這場禍亂中死去的冤魂吧。

午時，日正。

車駕抵達了咸陽的望賢宮。方才李隆基曾讓宦官王洛卿先行快馬到咸陽，為他們準備安頓之處，但當大部隊抵達時，望賢宮中已不見人影，王洛卿和宮中守衛全都悉數溜走了。

第六章　漁陽鼙鼓—塞上驚天巨變

這次出行倉促，沒有攜帶糧草。以往每次皇帝出巡，也沒有準備過隨行的糧草，那是因為不管天子到哪裡，都有地方官員費盡人力物力地招待。可此時即便宦官們四處徵召，咸陽的官吏、民眾也無人前來。已經到了正午，皇帝一行沒有吃的，又累又餓，直到楊國忠自己去咸陽城市場上買了胡麻餅來，方才讓李隆基稍微填補了一下空空如也的肚子。

這場面，又狼狽又絕望。

皇帝帶著妃嬪還有皇親們在望賢宮中的大樹下休息，從正午一直等到下午，方才有周圍的村民靠近。皇帝和皇子們開口，向村民求要飯食，百姓們這才圍聚過來，爭相獻上粗米飯，飯裡粗米不夠，還混雜了大顆的麥豆。這是尋常百姓所能想到的最豐盛的美食了，但對於往日裡的王公大臣們來說，這似乎是一堆難以下嚥的粗糧。餓了一天的皇子皇孫們用手抓著飯，狼吞虎嚥地吃了起來。吃慣了珍饈美味，這口粗飯此時倒也甘美無比。

「多謝卿家們了。」李隆基向百姓們謝道。

聽到皇帝開口向百姓們道謝，皇子皇孫們吃著吃著，忍不住哭了起來，皇帝也忍不住抹起了眼淚。

一個叫郭從謹的老人進言道：「安祿山包藏禍心，陰謀反叛已經很久了，其間也有人到朝廷去告發他的陰謀，而陛下卻把這些人殺掉，使安祿山奸計得逞。臣還記得宋璟作宰相的時候，敢於犯顏直諫，所以天下得以平安無事。但後來，朝廷中的大臣不知怎麼的，都不敢再直言進諫，只懂阿諛奉承，取悅於陛下了，所以對於宮門之外所發生的事，陛下都不得而知。那些遠離朝廷的臣民早知道會有今日了，但由於宮禁森嚴，遠離陛下，區區效忠之心無法上達。如果不是安祿山反叛，事情到了這種地步，臣怎麼能夠見到陛下當面訴說呢？」

這樣直接的諫言，李隆基已經多年沒有聽過了，他答道：「這都是我

的過錯,但後悔已經來不及了。」

未時,下午。

天子一行終於找到了些飯食,打點妥當之後立刻出發。而長安城中的混亂還在繼續。

宦官邊令誠等人殺了十餘人,方才控制住混亂。他們招募志工臨時擔任衙役,守住各個官署,整頓城中治安。事到如今,皇上都已經拋棄了他們,於是邊令誠等人派人向東聯繫安祿山,準備迎接「大燕」軍的到來。

奔走逃竄的人群中,杜甫也在裡面。混亂爆發後,他四處尋找他在長安城的朋友們,卻只找到了高適。同為詩人,他們曾有許多不同的話題。這些年高適在安西從軍,寫下了許多邊塞詩句,前幾個月,他還跟隨哥舒翰駐軍潼關,擔任軍中監察御史。幸好這些日子他留在長安,沒有跟隨大軍出動,否則此時此刻,高適已經是靈寶西原上一具冰冷的屍體了。

高適告訴杜甫,大軍敗了,長安城勢必失守,他也要奉內部調令動身西行,向天子車駕所在集中。

可杜甫能去哪裡?他只是右衛率府中的九品小官,雖然他願意為國效死,但朝廷看起來卻並不怎麼需要。為今之計,只有在亂局中保全自己了。

可亂世之中,這並不是一件容易的事情。

戌時,夜將半。

皇帝車駕匆匆抵達了金城(今陝西興平縣),卻發現縣官和百姓們全都逃走,只留下了一座空城。所幸城中還有存糧,讓全軍上下將將吃了一頓半飽的晚飯。吃好之後,全軍悶頭便睡。驛站中沒有燈火,人們互相枕藉躺下,也不管身分貴賤。

這時,潼關城破後逃出的王思禮一路尋到了這裡,覲見李隆基。李隆基得知了哥舒翰被俘的消息,於是任命王思禮為河西、隴右節度使,命令

第六章　漁陽鼙鼓──塞上驚天巨變

他立刻赴任，收羅散兵，準備向東進討叛軍。

子時，夜色正濃。

杜甫焦急地奔走在黢黑的山路上，好在頭頂的月色些微照亮了崎嶇不平的山路。他又累又困，卻不能休息。心急如焚的他，只想早一步趕到華原，再過彭衙道前往白水，接走他的家人，前往更遠的北方避難。沿途時而看見同樣逃難的百姓以及衣衫不整的潰兵，人們沉默地在路上匆匆行走著，已經不剩哪怕一絲說話的力氣。

金城驛館裡，人們已經睡熟了。在一處角落，龍武大將軍陳玄禮與太子李亨悄聲低語著，像是在爭論什麼，太子搖搖頭，終究沒有答應。

第二天，六月十四日，丙申。

辰時，日昇。

禁軍們拖著疲憊的身軀，跟隨天子車駕繼續西行。人們無精打采，士氣一片低落。海內昇平多年，這些駐紮在京中的禁軍們從沒經歷過戰火，只走了一天，便將他們的體力耗盡了。行出十餘里，到了金城城外的馬嵬驛時，士卒們又累又餓，拒絕繼續進軍。大軍只能停下，讓士卒們休息。

但馬嵬驛一樣空無一人，一樣缺少食物，就算休息，也只能讓士卒們更加困厄。六軍士卒壓抑許久的憤怒終於達到了臨界點，通通爆發了出來。

於是，「營嘯」便發生了。

營嘯，是所有指揮官都恐懼的噩夢，一幫平時溫和順服的士卒，在長期的肉體折磨和高度的精神壓迫之下，會因為一件事情的刺激，集體陷入一種歇斯底里的狀態。那是最混亂、最難以控制的情形，人們在一個群體之中，會做出他們自己也難以想像的殘忍事情。士兵們大聲叱罵著，要求有人為今日的敗局承擔責任。

要是處置不得當，誰也難保士兵們會不會把指揮官，甚至是皇帝本人撕碎。幸好指揮官陳玄禮留有預案，他帶領士兵們抗議道：「天下大亂都是楊國忠一手造成的，必須要除掉這個國賊！」

憤怒的士兵們沒想太多，跟著怒吼：「除國賊！」聲浪越來越響，漸次波及全軍，士兵們自發地集結起來，要揪出楊國忠。

此時的楊國忠，正焦頭爛額地和二十餘名吐蕃使臣交涉，這吐蕃使團跟著天子一同撤出長安，正向楊國忠抱怨沒有吃食。士兵們此時正好看見了楊國忠，高聲叫道：「楊國忠與胡人謀反！」楊國忠看形勢不對，連忙上馬要溜。當先一人是騎士張小敬，一箭射中，楊國忠負痛而走，一直騎到了天子休息的驛館西門，終於被士兵們追上，亂刀之下被活活砍死。

憤怒的士兵們將楊國忠大卸八塊，拿著楊國忠的人頭插在長槍上，圍在了驛館外。此時，楊國忠之子楊暄、以及韓國夫人、秦國夫人聞訊趕來，正好撞見起事的士兵們，也被盡數砍死。雖然殺了不少人，但士兵們的憤怒並未平息，仍然聚在一起。

李隆基拄著枴杖走出來時，吵吵嚷嚷的士兵們這才稍稍安靜下來。皇帝溫言撫慰，說既然國賊楊國忠已然伏誅，那便請各軍收隊回去。但士兵們沉默著，既不說話，也不挪步，就這麼手握刀槍站在驛館外。

皇帝的心終於開始發毛，他原本以為楊國忠等人的命可以平息六軍的怨言。反正楊國忠是必須要死的，在京城時，他就想讓陳玄禮將其除掉，只不過那時場面一片混亂，沒有機會而已。楊國忠自以為帶皇帝去他經營多年的蜀中，可以繼續維持自己權臣的地位，卻沒曾想過李隆基是個什麼樣的人。在權力的遊戲裡，想要將李隆基玩於鼓掌中的人，都已經變成一堆白骨了。李隆基怎麼可能會留給楊國忠任何挾天子以令群臣的可能？

但李隆基卻低估了士兵們的心。眾目睽睽，人心昭昭，天下人自然清楚，究竟誰才應當為如今的局勢負最終責任。只是皇帝四十多年的威望仍

第六章　漁陽鼙鼓—塞上驚天巨變

在，人們不敢說出來罷了。

恐懼占據了皇帝的內心——若是沒有眾臣和諸軍的支持，皇帝不過是一個獨夫而已，承受不起眾人的憤怒。

陳玄禮此時來到皇帝面前勸道：「為今之計，貴妃已經不能侍奉陛下，希望陛下割愛，將其正法！」剩下的話，陳玄禮沒有說完，但意思很清楚。只有殺了楊貴妃，才能勸退這些譁變的士卒。

「此事，朕自當處理。」皇帝聽懂了，緩緩走入了屋中。

身邊的眾臣都看得出來，現在的問題就在於士兵們堅持要求繼續追究責任，可還能再追究誰呢？皇帝還是大臣？倒不如像民間傳說的那樣，把國家的破敗歸咎於紅顏禍水身上，這是各方都能接受的結果。有大臣在皇帝面前叩頭流血說道：「如今眾怒難犯，形勢危急，請陛下速速決斷！」

「貴妃久居深宮，哪裡知道楊國忠在亂國！」李隆基反問道。貴妃是他最寵愛的女人，如此對待陪伴他身邊多年的人，李隆基終究於心不忍。

這時，高力士也勸道：「楊貴妃確實無罪，但將士們已經殺了楊國忠，而楊貴妃還在陛下身邊侍奉，他們怎麼能夠安心？望陛下好好考慮，將士安，則陛下安啊！」

這一番話，說動了李隆基。事情已經進行到這一步了，若是這些士兵看不到楊貴妃被殺，他們定然是不會安心的。而只有他們安心了，李隆基才能真的安全。

至於楊貴妃是否真的是紅顏禍水，已經不重要了。

李隆基長嘆一聲，答應了臣子們的要求。高力士領命而出，時間彷彿過了很久很久，高力士方才回來，告訴李隆基事情已經辦完了。李隆基恍惚著點了點頭，推門而出，只見楊貴妃豐腴而白皙的屍體，靜靜地躺在了驛館前的庭院裡。

一代寵妃就此殞命。所有人都將國難的責任歸咎在她身上，認為是她狐媚惑主。可是誰曾想過，她只是一個普通的小女人，想要得到一點分內的寵愛而已。對於皇帝和群臣們來說，她只是一個漂亮的玩具，沒有人關心過她內心的感受，正如當初，宮人們費盡周折為她洗去壽王妃的身分，為她入宮鋪路，卻從來沒有人關心過，她自己心裡究竟願不願意。

昨日還和李隆基耳鬢廝磨的愛妃，如今已經是一具死屍。高力士按照楊貴妃最後的願望，把她帶到了佛堂處刑。館驛裡沒有白綾，高力士只能讓人用腰帶將她縊死。李隆基聽著高力士的敘述，只問道：「貴妃最後，有沒有提到我？」他到最後，也僅僅是關心楊貴妃是不是真的愛自己。他對楊貴妃的愛，只是他自我以為的愛，其實歸根結柢，李隆基愛的只有他自己而已。

「沒有。」高力士回答。

陳玄禮以及幾名士兵代表進入庭院，驗看了楊貴妃的屍體，確認之後，解下甲冑，頓首向皇帝請罪。李隆基大度地寬慰了他們，讓他們將結果告訴外面的士兵們，然後盡快散去為好。

士兵們得知之後，山呼萬歲，軍中秩序總算恢復了正常。

大軍在第二天繼續踏上行程，但等到出發時，當地的父老鄉親攔在路中請求李隆基留下，希望皇帝不要捨棄自己的宮殿，不要捨棄祖宗的陵寢，不要捨棄忠於他的人民。但皇帝的去意已決，只想著保全自己性命，又怎會答應父老的請求？於是李隆基自己先行，讓太子留在後面安慰這些請願的鄉民。

皇帝堅持要走，百姓又能跟隨誰來討伐叛軍？父老們只能攔住太子的馬，請他留下。

李隆基聽聞後，喟嘆道：「天意啊！」遂從後軍中分出二千人，再加

第六章　漁陽鼙鼓──塞上驚天巨變

上一批最好的飛龍廄馬，給予太子李亨，並且告諭將士：「太子仁孝，能繼承大唐的帝業，望你們好好輔佐他。」然後又告諭太子：「希望你好自為之，不要以我為念。西北的各部胡族，我一直好生安撫著，你一定能用得上。」

唐平安史之亂
第一階段：安祿山起兵～長安失陷　玄宗幸蜀

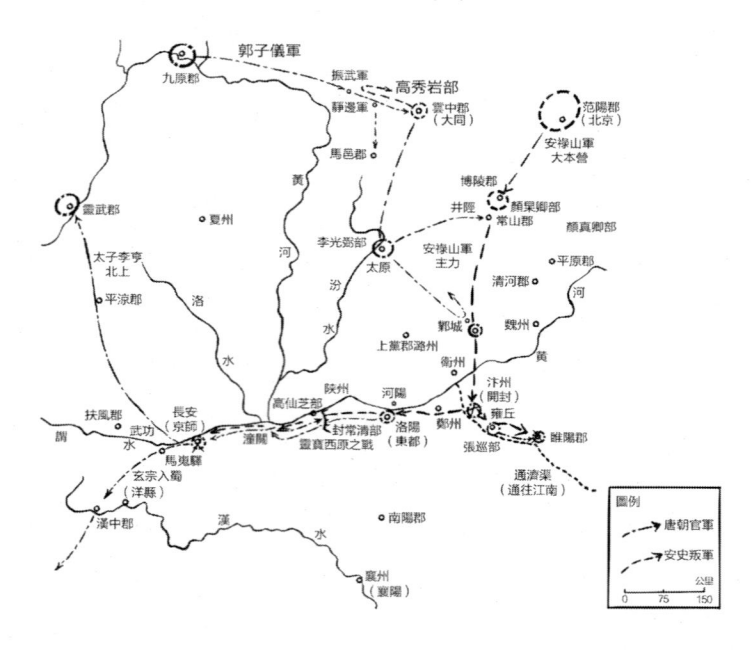

望著向南遠去的天子車駕，太子李亨久久地拜別，淚灑在黃土地上。他心中的傷悲久久不能平息，既是因為不知何日才能與父親相見，也是因為對未來的路感到茫然。如今留在關中，安祿山大軍不日便至，又如何守住這片土地？

李亨的兒子建寧王李倓建議說，到西北去！去朔方，到那裡再圖謀大計！這個建議得到了眾人的一致支持，他們當即動身，向朔方軍鎮出發。

父子兩人一個往南，一個往北，各自走上了不一樣的道路。

第七章

國破城孤 —— 帝國最黑暗的日子

第七章　國破城孤─帝國最黑暗的日子

01　黑暗中的生命線

　　天寶十五載（西元756年）的六月，是大唐帝國最黑暗的一段歲月。潼關兵敗，皇帝幸蜀，所有人都徬徨無定，不知所措。

　　得知潼關慘敗的消息時，郭子儀、李光弼的大軍正在圍攻博陵，這是偽燕政權在幽燕以南的最後一處據點。只要博陵攻克，朔方大軍便可繼續北上，直搗史思明兵敗後的范陽大本營。但潼關失守改變了一切，郭子儀、李光弼商議之下，只得撤除博陵之圍，退入井陘關，準備救援關中。

　　唐廷君臣們不知道的是，潼關另一邊的安祿山幾乎也到了山窮水盡的地步，若不是哥舒翰領兵貿然出戰，被叛軍成功擊潰的話，四面遭到合圍的安祿山差點要打主意撤回河北了。即使潼關之戰大勝之後，安祿山也不敢再向長安進軍，而是從洛陽緊急傳信給崔乾佑，留在潼關不再進軍。

　　但他們也沒想到，唐廷會如此輕易地放棄長安。十天之後，安祿山派遣孫孝哲向長安進軍，六月二十三日，孫孝哲軍攻入了這座千年帝都。

　　與其說是「攻入」倒不如說是「和平接收」，因為這一路上叛軍暢通無阻，像是進京旅行團一般大刺刺地開入了毫無防禦的長安城。

　　叛軍的入城倒讓那些還沒逃出城的長安百姓感到如釋重負。

　　皇帝西逃了，達官貴人和士人富商也帶著值錢的東西逃入了山裡，能逃走的良家子弟都逃走了，只留下那些最最普通的百姓們。長安是他們世世代代生活的家，它足夠大，能容下居民一生的軌跡，有的百姓從小到大從未離開過長安城。災禍面前，人們總是遲鈍的，無法感受到危險的臨近，這些百姓們沒有離開，因為他們不知道除了長安，還能去往哪裡。也因為，除了自己的一條命，窮苦的他們已經沒什麼可失去的了。

　　天知道過去的這十天，長安城發生了什麼。

沒有官府，長安城陷入了無政府狀態，那些平日裡或蟄伏、或遊蕩的流氓敗類們開始隨意地搶劫，把整個長安城洗劫了個遍，甚至衝入左藏，在點火之前，搶走了所有能搶走的東西。以至於當叛軍入城之時，發現朝廷府庫裡已經沒有東西可以搜刮了。叛軍辛辛苦苦來一趟，自然不能空手而回，於是再次發動了劫掠。

　　整整三天，長安城的百姓們遭到了第二次洗劫。

　　安祿山憤恨於當初唐廷誅殺了他的兒子安思忠，所以讓孫孝哲四處尋找王侯將相和他們留在城中的家人，毫不留情地殺戮，連嬰兒也不放過。而自前宰相陳希烈以降的一大批留京官員，則投降了安祿山。安祿山勢力再次大增，但是他眷戀長安的聲樂美色與珍寶財物，暫時沒有繼續向西進攻的意圖。

　　這對唐廷來說，也算是不幸中的萬幸，因為皇帝和太子總算有了一點寶貴的喘息之機。

　　皇帝李隆基西行的路上，隨著大軍離長安越來越遠，軍士們的態度也每況愈下。

　　這些軍士在長安都有家人，各自還有京中的屋宅、寶馬，皇帝緊急召集他們出逃，軍士們毫無準備就走了，原本就十分不滿。這一路上忍飢挨餓，風餐露宿，所有士兵都困憊不堪，所有的埋怨都落在了皇帝李隆基的身上。最初，兵士們還只是私下抱怨，漸漸地開始當著皇帝的面冷言冷語。這些行為原本是詆毀聖君、御前不遜的大罪，但是兵荒馬亂之際，卻是誰也不在乎了。士兵們開始逃走，陳玄禮整日愁眉不展，但仍然止不住士兵趁著軍官不備而開溜。

　　到了扶風郡（今陝西寶雞）時，從蜀中運來作為春貢的十餘萬匹彩絹恰好運到了這裡，對李隆基來說是救命的及時雨。他下令將貢絹全都放在驛館外的庭中，將軍中所有將領、軍官召集到了庭院前。

第七章　國破城孤──帝國最黑暗的日子

　　李隆基走出館舍，在庭前的臺階上對他們講話：「朕最近年老了，任人失當，以致造成安祿山舉兵反叛，逆亂天常，朕不得不遠行避難，躲其兵鋒。朕知道你們倉促之間跟隨出來，來不及與自己的父母妻子告別，艱難跋涉到了這裡，非常辛苦，朕感到十分慚愧。」頓了頓，李隆基繼續道，「此去道路艱險長遠，而且蜀地狹小，也許難以供應如此眾多的人馬。既如此，你們想要回去的，便各自回家吧！朕只與兒孫以及內官們前往蜀中，這些人也足以保朕到達。」

　　軍將們窸窸窣窣地議論起來，他們也沒想到，皇帝會對他們說這樣的話。

　　「朕現在就與你們分別了，這些絲絹，便分掉作為資費吧。如果你們回去，見到自己的父母與長安城中的父老們，請代朕向他們問好，讓他們多多保重！」李隆基說到此處，心中感觸，低頭用衣袖拭淚。

　　李隆基老了，昏聵了，但他說這番話時，那個年輕時意氣飛揚，與臣下們推心置腹的一代雄主，彷彿忽然回來了，重新站在了眾將身前。眾將感動之下，也跟著一起哭成一片，說道：「臣等不管是生是死，都跟定陛下了，不敢有二心！」

　　李隆基默然良久，隨後淡淡地說道：「是去是留，聽憑你們自願。」

　　此番之後，士兵們對皇帝、朝廷的不敬言語方才平息了下來。大軍跟隨著天子的車駕繼續向西，到達陳倉之後，折而向南，出了散關。散關是關中四塞之一，出了這座關隘，便算是離開關中，進入了蜀道。

　　這次離開故土，不知何日才能回家。

　　六月二十五日，車駕到達了河池，這時駐守巴蜀的蜀郡長史崔圓派人送來了書信，說四川土地豐饒，糧食豐收，兵馬強盛，李隆基聽了很高興，稍稍地放寬了心來。

蜀道難，難於上青天。李隆基不久前聽楊國忠介紹過此去的路線，可楊國忠為了攛掇他前往蜀地，總是刻意迴避沿途道路的艱難。他還曾聽那個叫做李白的蜀地詩人描述過這條艱險的蜀道，但李白生性放誕，說話常常夾雜著醉酒後的想像，李隆基聽了總是將信將疑。他也曾聽楊貴妃講過她幼年時出蜀的所見所聞，但那時楊貴妃年幼，講得同樣不真切，此時楊貴妃已經葬身於馬嵬坡下的泥土中，想到這裡，李隆基不免神傷。

黃埃散漫風蕭索，雲棧縈紆登劍閣。

峨嵋山下少人行，旌旗無光日色薄。

這一路道路奇險，有些忠心的官員追上了車駕，也有大量官員和士兵們掉了隊，或者乾脆做了逃兵，一個多月後他們抵達蜀中時，所有官員連同六軍將士，總共加起來只剩下了一千三百人。

川蜀比關中更加封閉，也更加安全，李隆基老了，七十二歲了，已經沒有精力再重整兵馬、平定叛亂、收拾河山了，他只希望能找個安全的地方，度過他最後漫長得令人生厭的人生。

在此之前，他聽從了追上隊伍後被任用為宰相的文部侍郎、同平章事房琯的建議，將天下分為四大戰區，由太子和其他三位皇子擔任節度都使，以彌補國都淪陷後中央政府指揮中樞崩潰的問題。

太子李亨被任命為天下兵馬元帥，統轄朔方、河東、河北、平盧節度都使，南下收復長安、洛陽，御史中丞裴冕、隴西郡司馬劉秩試作為太子的左右庶子，在一旁輔佐處理政務軍務；永王李璘為山南東道、嶺南、黔中、江南西道節度都使，長沙太守李峴為都副大使；盛王李琦為廣陵大都督，統轄江南東路及淮南、河南等路節度都使，前江陵都督府長史劉匯實際主政；豐王李珙為武威都督，仍統轄河西、隴右、安西、北庭等路節度都使，隴西太守濟陰人鄧景山作為都副大使，實際主政。

第七章　國破城孤—帝國最黑暗的日子

朝廷中樞崩潰了，整個大唐的軍事指揮、後勤體系都崩潰了，只能寄希望於大唐這個龐大的政權體系本身的生命力，盼望它能夠自我造血、自我治癒。因此四大戰區各自所需要的士卒、馬匹、武器以及糧資等，都在當地徵求，自行解決。

就像是一頭巨龍，牠的頭被一劍砍下之後，四條腿仍然健壯有力地行動著。如果牠是名副其實的神龍，便讓四條腿再飛一會兒，等待龍頭重新從傷口上長出來吧！

太子李亨的路，同樣艱險無比。

與父皇分別之後，李亨率領所部北上，在渭水河畔準備渡河時，與潼關方向逃來的潰兵相遇，混亂間兩邊認不清對方，糊裡糊塗地打了一仗。死傷了不少人後，方才搞清楚情況，李亨收攏散卒，準備過河。但兵荒馬亂之際，船伕早已逃散，只能騎著馬涉水過河。沒有馬匹的士卒，只能被留在渭水對岸，一時間岸邊哭聲一片。

李亨急於前往朔方拉攏兵力，趁著夜色一路疾馳。到了新平時，士卒掉隊、走散的過半，李亨的身邊只剩下了數百人。李亨這一路，先到新平，再到安定，沿途的州郡官員全都拋下官署逃走，滿眼只見一片混亂。

他們又行了幾十里，方才有彭原太守前來接應。沿途招募壯士，手下才恢復到了一千餘人。又在平涼收編了一處監牧，得到數萬匹駿馬，軍勢才不再像原來那樣寒磣。

平涼已經接近朔方鎮的地界，李亨在平涼等待多日，終於等到了駐紮在靈武（今寧夏銀川）的朔方節度留後（節度使出征時代理節度使職責的職位）杜鴻漸邀請太子前往靈武的來信。信中還把朔方鎮的士卒、馬匹、武器、糧食、布帛以及其他軍用物資的帳籍一併獻上。李亨大喜，欣然前往。

如今朔方的主力大軍還由郭子儀率領，出戰於河東，靈武只剩下一點老弱士卒，但靈武的士卒，是真正訓練有素、久習戰事的邊軍，與李亨招募的那些烏合之眾不可同日而語。也直到這時，李亨才真正有了立足的力量。

　　關西各處州郡，不管是否被偽燕所占據，聽說了太子在靈武起兵的消息，都歡欣鼓舞。彷彿烏雲滿天之際終於見到了一線曙光。

　　自開元二十六年（西元738年）被立為太子，二十多年來，李亨沒有一日不處在眾人嚴密的注視之下，從李林甫、楊國忠到其他皇子們，都拚命想從太子身上挑出錯處，李亨沒有一日不生活在重壓之下。直到今天，李亨方才自由了。

　　此時他們還沒有收到來自蜀道上的父皇「天下兵馬元帥」的任命，以太子身分號令州郡多有不便。人們都說，當初在馬嵬驛，皇帝李隆基已經將天下大事連同皇帝之位交委於太子李亨，如今太子何不順勢登位呢？

　　於是，經過一番安排，七月十二日，在靈武城南樓，太子李亨登基為帝。

　　國難當頭，一切從簡。沒有盛大的典禮，沒有莊嚴的儀式，在一個簡陋的小樓裡，李亨完成了他的即位儀式，身邊只有寥寥可數的幾位臣子。場面雖小，卻自有一種蒼涼悲壯的氣勢，群臣發自內心地歡欣舞蹈，君臣相對淚流唏噓。

　　從這一天起，改年號為至德，於是這一年變成了至德元載（西元756年）。李亨遙尊蜀道上的李隆基為上皇天帝，大赦天下。

　　一個月後，李亨派出的使者將他即位為帝的消息報送給了正在成都的李隆基。侍臣們都緊張地看著李隆基的表情，太子登基雖是事急從權，但終究是僭越的舉動，放在一年前，是完全難以想像的事情。然而這一年

第七章　國破城孤──帝國最黑暗的日子

裡，難以想像的事情太多，人們已經麻木了。李隆基並沒有生氣，反而面露喜色道：「我兒子順應天命人心，即皇帝位，我還有什麼憂愁的呢！」

相隔千里，父子兩人卻都知道，這樣才是最好的安排。

李亨雖然即位，但手上一無可用之臣，二無可供調遣之兵，只是偏居在大西北的一個角落，天下人甚至還不知道李亨繼位為帝的消息。

而靈武原本就是荒涼的邊關，此時這個剛剛成立的中央政府，只有文武官吏不到三十人，他們披荊斬棘，建立朝廷，但制度草創，邊關這些粗蠻的武人對君臣之間的禮數一竅不通。大將管崇嗣在朝堂中背對宮闕而坐，言笑自若，若非有監察御史李勉上奏彈劾，根本沒有人覺得這是個問題。

但李亨最終還是赦免了管崇嗣，他知道，邊關的條件本就簡陋，為了大局考慮，那些繁文縟節都顧不得了。如今他要解決的問題太多，緊緊擺在眼前的，就是如何把這個朝廷維持下去的問題。李亨的手上一窮二白，沒有錢帛，沒有米糧，又如何徵召、維持或是調動手下的軍隊？

真正解了這個新成立的中央朝廷燃眉之急的，是一批從江南新上貢的米糧。

自安祿山起兵之後，從江南到京城的漕運因為大運河關鍵樞紐汴梁的迅速失陷而斷絕。江南與淮南是天下最富庶之地，也是整個帝國的糧倉，但這大半年裡，江南的米糧一粒都沒能供應到關中。江南每年的貢米關係到長安的糧食安全，要不是因為糧食問題，唐廷也不至於如此急迫地催促潼關的哥舒翰倉促出戰，結果導致了後來一連串不忍卒視的敗局。

但這一批滯留在江南沒能上貢的歲糧，居然奇蹟般地運到了靈武。由於叛軍切斷了大運河的漕運，糧隊從江南沿著長江到了夏口（今武漢漢口），再經由漢水，取道襄陽、上津，運送到漢中一帶，然後走陸路北上，小心地繞過了叛軍控制下的關中地區，經過扶風，最終把糧食運到了

皇帝李亨的手中。

李亨驚喜萬分，既是因為他的手上終於有了可以支配的財政資源，更是因為他從這批糧食中知道了一個消息——江南仍然安全，叛軍並沒有想像當中的那麼強大。

而這一切，都是因為無數大唐的臣民，在用生命保護著這條運輸生命線。

扶風距離關中的淪陷區最近，是糧道最危險的一段。陳倉令薛景仙擊殺了控制扶風的叛軍守將，屢次擊敗來犯的叛軍，牢牢地守住了這座城池。

在南陽，節度使魯炅也堅定地守衛著，迎戰先後來犯的武令珣、田承嗣等偽燕軍將領。叛軍強攻數月，都沒能越過南陽衝擊大唐在襄陽、山南道諸州郡的經濟生產。

而在雍丘，還有以張巡為首的一批守城將士，在偽燕軍最為強盛的地方誓死堅守，與圍城的令狐潮血戰多日，不讓偽燕軍沿大運河南下，染指如今尚且安定的淮南與江南的半壁江山。

這些人守護住的，是大唐捲土重來的希望。

02 逆行者張巡

正當哥舒翰與安祿山叛軍相持於潼關之時，在洛陽東南的雍丘，另一場圍城已經持續了四十餘日，整座雍丘城被圍得如同鐵桶一般。不只是糧草、援軍，連外面的消息都斷了，不管是潼關慘敗，還是皇帝出逃，城中盡皆一概不知。

這一天，城中來了六位不速之客，那是張巡往日的同僚，如今身著只有三品以上官員才能穿的紫袍金帶，來到了張巡面前。這六位往日同事，

第七章　國破城孤──帝國最黑暗的日子

如今不是加封為開府儀同三司,就是被偽燕朝廷提拔為特進,城外叛軍特地安排他們入城勸降,就是為了展示「大燕」優待唐朝降官的政策。張巡若是也投降,自然少不了好處,別說是開府儀同三司了,什麼上柱國、司徒、司空都未嘗不可能。

畢竟,雍丘控扼了大運河的咽喉,只要張巡打開雍丘城,「大燕」軍團便能長驅直入,殺向富饒的江南地區。

張巡是文官,安祿山之亂前,從來沒有領兵打過仗,關於軍事,他只有少年時學習過的一些戰陣兵法做基礎。但大唐的士人,沒有後世重文輕武的風氣,原本便不分文武,文臣投筆而從戎,邊鎮出將而入相,都是官場上的常態。當幽燕的叛軍大舉南下,整個河南地區惶惶不安,只等叛軍到來時開門出降,或者直接丟了官印逃跑之時,身為區區一個真源縣令的張巡面臨著一個抉擇──是抵抗還是投降?

那時,張巡的上司、譙郡(今安徽亳縣)太守楊萬石投降了叛軍,並下令張巡負責接應。但張巡沒有選擇投降,君子有所為,有所不為,這世上總有些事情是萬不能做的,又有些事情是必須要有人去做的。他組建起一支義軍,開始了救國之路。

此時張巡的手下只有一千多名臨時拼湊起來的團練民兵,張巡不是專業的軍將,只能憑藉自己並不豐富的軍事知識,將他們集結起來。他敏銳地判斷出,河南的局勢之關鍵,就是守住關鍵據點,阻擋叛軍向淮南、江南抄略。所以,天寶十五載(西元756年)正月,他果斷率軍前往雍丘,與其他州郡的義勇軍一起,從投降偽燕政權的令狐潮那裡奪回了這座城池,整合起兩千餘名守軍,修築城防,開始就地據守起來。

為了爭奪雍丘的控制權,令狐潮率領四萬餘叛軍開始大規模反攻。他們環繞雍丘城,安置石砲(投石機)百門,不停轟擊城牆,毀壞了全部的城防工事。張巡於城上立木柵,抵禦叛軍進攻。叛軍緣城攀登,開始強

攻，張巡則用蒿草束灌上油脂，焚而投之，城上烈火熊熊，叛軍終於不敢登城。張巡時而待燕軍鬆懈之際，出城突襲；時而趁夜深人靜之際，偷襲敵營。就這樣，張巡帶甲而食，裹傷戰鬥，堅守雍丘達六十多天，共經歷大小數三百餘戰。然後又趁著叛軍退卻之際，主動出擊，終於大獲全勝，一戰俘虜兩千多人。

四月，令狐潮再次率軍捲土重來，包圍了雍丘城。

說來也十分諷刺，城下的令狐潮，是大唐朝廷正式任命的雍丘令，卻率領叛軍大舉攻城；城頭上的張巡，只是號稱為「吳王先鋒使」，被河南都知兵馬使、吳王李祗臨時舉薦做「委巡院經略」，實際上沒有任何的朝廷文書任命。一個名不正、言不順的代理雍丘指揮官，卻率領寥寥數千人，抵抗著來自正牌雍丘令的大舉入寇。

張巡與令狐潮原本是關係不錯的同僚，望著城上小強一樣堅守的張巡，令狐潮略帶傷感地說道：「天下大勢已去了，足下堅守危城，又是為了誰呢？」

是的，令狐潮不明白，張巡這樣死守究竟是為了什麼。在令狐潮看來，大燕皇帝都在洛陽登基了，雖然皇帝安祿山是胡人與突厥的雜種，但星象、預言在身，未嘗不可以做天下之主。如今揮兵南下，對唐廷來說是謀反作亂，對普通人來說，不過是一次改朝換代而已。張巡只是一個小小縣令，何苦為了大唐王朝殉葬？

但張巡迴答道：「足下過去向來以忠義自許，可是今日所為，忠義又何在？」

所謂忠義，不是簡單一句「帝王的統治工具」就能論定的，對於士人們來說，那是他們整個世界觀、人生觀、價值觀的基礎，是他們道德世界的本源。人之所以與禽獸不同，就是因為人在趨吉避凶、唯利是圖、唯我獨尊的獸性之上，還堅持著更為高貴的道德準則，一旦連最基本的道德準

第七章　國破城孤─帝國最黑暗的日子

則都放棄了，那人和禽獸還有什麼分別？

令狐潮也是讀聖賢書長大的人，聽了張巡的話，不自覺地羞愧起來，紅著臉退走了。

但他畢竟已經是偽燕政權麾下降將，上級交辦的攻城任務，令狐潮不得不奉命照辦。所以雍丘之圍，一圍就圍了四十多日。只是他不再強行攻城，而是圍而不攻，希望能在圍困之下，等到城中不戰自潰時，和平解決雍丘。得到天子逃出長安的消息後，令狐潮覺得是個機會，於是寫信給城中的張巡，再次招降。還找了六位從長安、洛陽派來的降官入城勸降，曉以利害，於是便有了開頭時的那一幕。

張巡從這六位紫袍金帶的降官那裡證實了長安淪陷的消息，他知道，連皇帝本人都拋下了子民出逃了，既然如此，他區區一個縣令，又在守護著什麼呢？沉默了半晌之後，張巡同意了六人的勸說。

第二天，張巡召集了所有官員，下令升堂！眾人來時，堂上已經擺上了一幅天子畫像，張巡見眾人聚齊，沒有說別的，而是站在眾人身前，俯身向天子畫像行禮參拜。

「臣，張巡，拜見大唐天子！」

一股熱血湧上了眾人的心頭，堂上所有人一起跟著張巡拜倒：「臣等拜見大唐天子！」

「長安雖破，但此城不破！臣等誓死保衛此城！」

淚水湧上了人們的眼眶，人們彷彿暫時淡忘了外面的戰火紛飛，在張巡的感召之下，再次重溫了心中的君臣之義。就算如今大唐只剩下最後一口氣、最後一盞燈，他們也要扼守在雍丘，護住背後的三千里河山。

大唐不亡，有我！

張巡帶著那六員降將來到眾人面前，義正詞嚴地以君臣大義責備他

們，然後下令，將此六人斬首示眾。

軍心得以大振。

雖然軍心得以穩定，但如何守住雍丘城，卻是一個很現實的問題。令狐潮圍城兩個月，城中雖然還有一點儲糧，但守城用的箭矢已經耗光了。若是敵軍繼續圍城，那不只是箭矢，還有其他軍械物資也會逐個消耗殆盡。而這時，張巡再次用他的智謀扭轉了危局。

這天深夜，張巡命令士兵紮上千草人，裹以黑衣，用繩子從城頭吊下。叛軍發現後，馬上不斷向草人射箭，直到天亮才發現全是些草人。待守軍拉回草人，淨得幾十萬支箭。後世的小說家在三國故事中創作了「草船借箭」的橋段，就是由此而來的。

但這個方法很快被令狐潮發覺，此後張巡再讓人放草人下來，偽燕軍便不再射箭。如此幾次之後，叛軍將士不禁開始嗤之以鼻，大聲嘲笑。又一個晚上，張巡選了五百敢死勇士，仍用繩子吊下城。叛軍以為又是草人騙箭，笑而不理。於是這五百人趁敵不備，直襲令狐潮大營，令狐潮來不及發起抵抗，幾萬叛軍四下逃竄，一退十幾里。

戰爭，能磨礪人的意志，讓原本的烏合之眾成長為百戰之師。雍丘的兩千餘名守軍，在激烈的戰鬥中損失無數，又在一場場勝利中俘虜叛軍，補充兵員。原本的叛軍在感召之下，也成為新的生力軍，一同守衛城池。半年之後，經歷了戰火的洗禮，守軍的面貌也有了翻天覆地的改變。

反擊的時刻到了。張巡帶領士兵出城，與圍城的令狐潮大戰一場，一戰擒獲叛軍將領十四人，大敗叛軍，令狐潮一路撤回了陳留（汴梁），再也不敢出來作戰。令狐潮退兵後，張巡又探知燕軍步、騎兵七千餘人進駐白沙渦（今河南寧陵北），想切斷雍丘後路。於是張巡在夜間率兵突襲，大敗燕軍。

第七章　國破城孤──帝國最黑暗的日子

　　來回十日，張巡威名遠播，民眾脫離燕軍、前來雍丘歸附張巡的達一萬餘戶。

　　正是七月流火之時，張巡在雍丘大破叛軍之際，太子李亨已經在靈武登基。這時，幽燕以南的河北州郡，在郭子儀、李光弼的朔方軍退出之後，已經在叛軍大將史思明、尹子奇的南北夾攻之下紛紛淪陷。只有平原太守顏真卿、北海太守賀蘭進明等寥寥數郡仍然堅毅地困守著。

　　靈武新即位的皇帝李亨收到了顏真卿派人費力千辛萬苦送來的蠟丸，蠟丸中密封著顏真卿的表書。李亨得知在遙遠的東海之濱，還有大唐臣子在守衛疆土，大為感動，仍以蠟丸封存敕書，回信給顏真卿，並封顏真卿為河北招討、採訪、處置使。收到了回信的顏真卿，將天子的手書轉發給了河北、河南以及江淮各地的州郡，包括張巡在內的州郡守將這時才知道了新皇帝登基的消息。

　　郭子儀的五萬大軍來到了靈武，新帝李亨的朝廷這才真正有了軍力的支撐。而剩餘的朔方軍則由李光弼率領，轉戰河東。

　　但是問題來了，此時正是朝廷最為混亂的時候。躲到四川的老皇帝，還有在靈武的新皇帝，他們的命令前前後後發來，各自存在著矛盾衝突，此時大唐的天下實際上有兩個中央（不算安祿山的燕政權）。一個河南道，既有老皇帝封的河南節度使、虢王李巨，又派來了新皇帝十月封的河南節度使賀蘭進明，甚至還有偽燕政權封的河南節度使李庭望。政令不一，人心不齊，官軍陣營內部矛盾重重。

　　而此時的偽燕政權，正是勢力鼎盛之時，攻克長安之後，安祿山軍終於可以騰出手來穩固河南了。令狐潮手下的數萬叛軍，和張巡麾下守軍一樣，只不過是臨時招募的河南團練兵，他們在雍丘城下屢攻不克，已經受到了燕軍的懲罰。但江南豐饒的財富自然令安祿山麾下叛軍垂涎欲滴，如此富庶之地，怎能讓它們空著過年？

同年十月，就在太子李亨在靈武登基之後不久，燕軍大將尹子奇率領幽燕精銳南下，攻陷平原、北海等郡，守將顏真卿、賀蘭進明渡河南走，整個河北、海濱一帶全部宣告淪陷。這十三萬大軍並非臨時招募起來的團練兵，而是身經百戰的幽燕步騎大軍。無論是顏真卿、賀蘭進明，還是虢王李巨，他們手下的將士都不是凶悍的幽燕精銳的對手。

此時，河南道的實際指揮官是駐守在彭城（今江蘇徐州）的虢王李巨。新帝李亨下敕書任命張巡為河南節度副使，但只是一紙空文，張巡手下仍然只有雍丘的區區三四千人馬。張巡為有功的部下們請功，派遣使者向虢王李巨請求賞賜，而虢王李巨是老皇帝封的，自不會認可新皇帝白紙上寫的這個「節度副使」，出於大局考慮，只給了折衝都尉與果毅都尉的委任狀三十通，並沒有給予其他賞賜。

李巨不認可張巡的節度副使之職，只稱張巡為「先鋒使」，對他來說，張巡只不過是保障彭城側翼的炮灰而已。

03　永王的東巡

河南的朝廷陣營裡的矛盾，是大唐兩個中央之間暗自較勁的縮影。在張巡、魯炅等抵抗將士拚死守護住的陣線後方，更大的風波正在醞釀著。

逃出長安後，杜甫安頓好家人，又歷經千辛萬苦來到靈武，拜見了剛剛登基的新帝李亨。這時靈武的新中央朝廷剛剛草創，正是用人之時，杜甫被提拔為左拾遺，也就是朝廷的諫官。

而此時，朝廷上下也在為兩個朝廷並立的問題發愁。

李亨登基的消息傳到蜀中後，李隆基答應得爽快，讓宦官帶著天子印綬送往靈武，大大方方地承認了新的皇帝，從此以後自稱太上皇。但是，

第七章　國破城孤──帝國最黑暗的日子

李隆基畢竟是幾十年權力鬥爭摸爬滾打過來的，對於權力的敏感已經刻到了骨子裡。雖然如今時局危急，他必須要承認新皇帝的法定地位，但卻本能地想要保留一些權力，以防不測。

所以，在李隆基給李亨的信中，除了表示天下大事由新皇帝決定之外，還囑託了一句，要求皇帝決定之後，仍要報告太上皇知曉，如果有必要的話，太上皇也會下達「誥旨」，隨時處置。

這讓靈武的李亨十分尷尬。因為太上皇的信裡還是沒說清楚，以後要是皇帝的「詔」和太上皇的「誥」發生了衝突，官員們究竟聽誰的。可李隆基要的就是這一份不清不楚，只要讓這份不清不楚自然發展下去，李亨就永遠不敢對自己如何。這也正是李隆基留一手的目的。而李隆基的這個規定，李亨是萬萬不能拒絕的，因為它寫在老皇帝對新皇帝的傳位文件裡，代表著李亨皇位的合法性。李亨要是拒絕這項規定，那就等於拒絕了自己老爹傳位給自己──這怎麼能行？

然而大敵當前，不管是成都的太上皇還是靈武的皇帝，都小心且克制著。形勢剛剛穩定下來，這時候內部可不能再亂了，南北兩個中央，要以平叛為目標，各自妥協讓步，一起維護大唐的基業。

只不過，這場角力需要南北兩端都以大局為重，稍有偏差，便可能打破脆弱的均衡，導致難以挽回的後果。

正當虢王李巨以及張巡等人在彭城與雍丘一線，與叛軍緊張對峙之際，遠在蜀中的太上皇李隆基下了一條誥旨，著令駐紮在江陵的永王李璘改任江淮兵馬都督、揚州節度大使，率領一部分巴蜀、江漢官軍，南下揚州。

這是太上皇根據他對整個平叛局勢的規劃，依照原來傳位詔書上規定的制度，依法行使的臨時處置權。這時中原地區已經打得昏天黑地，而西北邊鎮軍隊正在向皇帝駐紮的靈武匯聚，大唐境內各州郡都已經動員起

來，只有江南地區，看起來沒什麼動靜。永王李璘從荊襄地區轉戰江南後，便可以在江南加強動員，一方面加緊對錢糧、布帛等戰略物資的徵收，另一方面也可以徵召兵馬，準備揮師河南。

同時，永王還身負另一項極具想像力的計畫，那就是考察研究，打通從海路進攻東北的幽燕大本營的進軍路線。江南、江淮、齊魯一帶，歷來駐紮著大唐的海軍，上百年前，唐軍多次出戰，擊敗了高麗、百濟、日本的水軍。永王李璘所去的揚州，更是當今的國際大海港，向來有海運可經東海渤海直抵幽州海岸。若能再次徵發江南丁壯，招募水手，組建新的海軍，然後直搗盧龍，說不定便是奇功一件。再不濟，也可以發動歷來臣服於大唐，但卻因為安祿山叛亂而斷絕往來的新羅、渤海等國，協助大唐剿滅叛賊。

至德二載（西元757年）的新年之際，永王李璘率領數千水軍，從江陵浩浩蕩蕩地出發了。

按照「巴蜀中央」與「靈武中央」之間的約定，太上皇的這一詔令在下達之後，同時也抄送給了皇帝李亨。但是這個消息，卻讓靈武的李亨驚疑不已。

永王李璘，是李亨從小抱著長大的弟弟。他是李隆基第十六個兒子，因為生母早逝，從小便由身為大哥的李亨親手撫養，連睡覺時都常常抱在一個被窩裡。對於李亨來說，他對這位十六弟已經有著超出兄弟的情感。畢竟是李亨養大的第一個孩子，在他的心裡有著誰也不能取代的地位。

但是，聽到永王率軍下江南的消息時，李亨猶豫了，他有些摸不準，這位十六弟的行為究竟是否會對自己不利。

江南的戰略位置實在太敏感了，李亨的靈武朝廷之所以能在貧瘠的大西北維持到現在，多半是靠了從江南運來的稅糧、財帛，否則要養一個朝廷外加數萬大軍，自己早就破產了。可如今，太上皇卻要永王去往江南坐

第七章　國破城孤──帝國最黑暗的日子

鎮，究竟是什麼用意？是想爭奪江南的主導權，進而把帝國的經濟命脈控制在「巴蜀中央」這裡？還是太上皇有意扶持永王的勢力，要藉助永王來和李亨抗衡？

永王東行路線圖

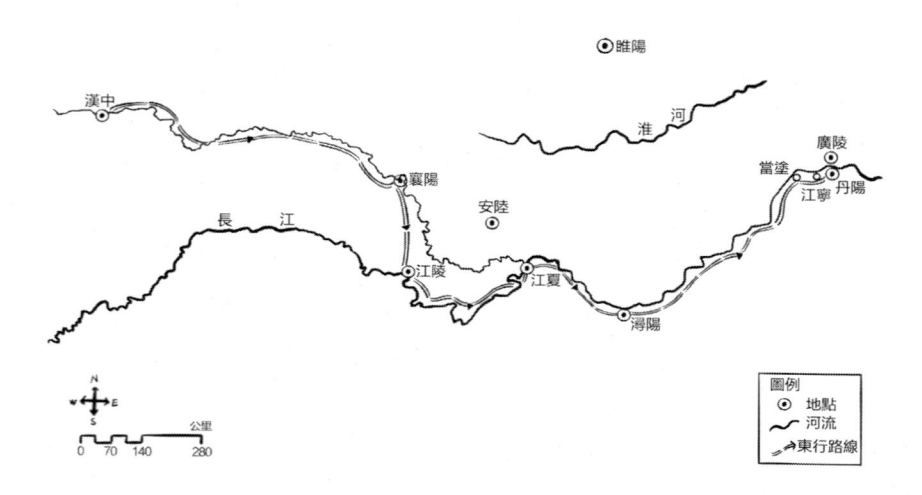

皇帝和太上皇相隔數千里，誰也猜不透對方的想法。而他們又都是帝王，一旦成了帝王，便不得不將對手或者臣下的心思做最壞的考慮。就像關在相互隔絕的兩個監牢裡的囚徒，因為彼此猜疑，最終的選擇往往是盡一切可能揭發對方，以求換得自己減刑。

父子二人，都陷入了囚徒困境之中。

李亨決定拚命阻止永王前往江南！

宣州，謝朓樓。五十七歲的李白在這裡感慨萬千。

四年前，同樣是在這座樓上，他正鬱鬱不得志，當他與一位故人作別時，發出了「抽刀斷水水更流，舉杯消愁愁更愁」的感慨。短短幾年時間，他一度以為，和富商女結婚生子，然後一事無成地度過自己的餘生，

便是他的歸宿了。可是變亂驟然來臨，他雖在江南，但也處在憂懼之中。

江南雖然未曾受北方的戰火波及，卻要承擔整個大唐的稅賦。靈武朝廷派來了財政能臣第五琦（此人複姓第五，名琦），擔任司虞員外郎、河南等五道支度使、司金郎中，兼御史、諸道鹽鐵鑄錢使，負責南方的錢糧籌措。面對朝廷自安祿山之亂帶來的巨大財政缺口，第五琦在江南橫徵暴斂，盡一切可能徵調賦稅。江南的百姓也因此陷入困苦之中。

李白聽說永王李璘奉了天子令旨，率軍前往揚州，要在這裡組建義軍，開闢第二戰場，一股豪情與熱血再次湧上心頭，李白決定接受徵辟，再度出山。於是他在宣城等到了從江陵順流而下的永王艦隊，成了永王李璘的座上賓。

李璘早已耳聞李白的詩名，也需要李白的詩句來壯一壯三軍的士氣。在永王的請託之下，李白洋洋灑灑，揮筆寫就了大氣磅礡的〈永王東巡歌〉。

永王正月東出師，天子遙分龍虎旗。

樓船一舉風波靜，江漢翻為燕鶩池。

命運真是會開玩笑，李白沒想到，他在即將步入老年之際得到了一展抱負的機會。此刻他希望能像詩中所寫的那樣，戰艦載著森森的羅虎之士，直掛雲帆，穿越滄海，征帆引龍駒，直驅幽燕之地。

但是李白沒有想到，行軍路上沒有遇到安祿山的叛軍，倒先遇上了朝廷自己的兵馬。吳郡太守李希言派出兵馬，擋在了永王大軍陣前。軍情緊迫，永王想趕快前往揚州號召義軍，果斷將前來阻擋的軍將斬首，之後繼續進軍。

可是，靈武朝廷忽然又下達了與太上皇誥旨完全相悖的詔令，宣布永王東巡乃是叛逆行為，並以高適為淮南節度使，會同江東節度使韋陟、淮

第七章　國破城孤─帝國最黑暗的日子

西節度使來瑱，會盟於安陸，誓師討伐永王。

這個命令，直接撕破了「巴蜀中央」與「靈武中央」之間表面的和平，否定了太上皇對永王揚州節度大使的任命，將永王的軍政大權另外任命給了淮南節度使高適與江東節度使韋陟，還讓東南各州郡一起剿滅永王的「逆黨」。

李白終於意識到，他陰差陽錯地，又陷入到朝廷最高層的矛盾漩渦當中了。

永王率軍拚命向前，連金陵城都沒有占據，一路行到了丹陽，眼看前面就是瓜洲渡，過這個渡口，便可以進入揚州了，卻看見前方的江岸上，三千大軍廣張旗幟，正嚴陣以待地等著他們。整個東南的官軍，全都聽從了來自靈武朝廷的命令，武力對抗他們的到來。永王慌了，麾下將士們也慌了，他們停靠在長江南岸，望著北岸的官軍，沒了主意。

夜晚，江北火炬璨爛如海，映照在整個江面上。李白當晚便跟著六神無主的永王，連同他的家眷和部下們一起逃走了。等到天亮，不見過江的官軍，他們又折返回軍中，召集軍隊，掉頭向西撤離。

可是逆流而上，根本行不快，大軍很快便被追上。征討叛逆，尤其是戰鬥力不強的叛逆，此時受到了東南所有地方官軍的積極參與，整個東南掀起了追剿永王的熱潮。在追擊之下，永王終於全軍崩潰。李白隨永王向鄱陽逃竄，準備一路向南，去嶺南尋找生計。但在路上又遇到了江西採訪使皇甫侁的追擊，永王李璘被當場生擒。皇甫侁將李璘祕密殺死於傳舍，永王之子李瑒也死於亂軍之中。

永王李璘被殺的消息，連同永王的家眷們被皇甫侁打包一起送往蜀中，而這個勝利的功勞，則提前快馬通報給了蜀中的太上皇以及靈武的皇帝。

太上皇李隆基聽說了這個消息，只是一聲長嘆。既是惋惜自己的兒子逝去，也是感嘆命運的弔詭。兄弟相殘的故事，如同揮之不去的詛咒，縈

繞在李唐皇室的頭頂。李隆基以為自己與父親、兄長相親相愛，已經避免了這樣的悲劇，卻沒想到在自己的晚年，還要遇上白髮人送黑髮人的情景。

靈武的李亨聽說之後，同樣悲痛萬分。他從沒想過要害自己弟弟的性命，只想讓高適等人占據江南的要職，不使永王的圖謀得逞，卻沒有料到事情會發展到這個地步。

「皇甫侁既然生擒了我弟弟，為什麼不送回蜀中，而要擅自把他殺死呢？」李亨悲哀地問著。他剛做皇帝不久，還沒有完全意識到，自己的每一個決定，都要經受人性最壞的考驗。他撤掉皇甫侁的官職，再不錄用。

李白逃至潯陽，終於被擒獲。他沒想到自己一腔報國熱血，最終卻讓自己變成了叛國的罪人。幸好節度使高適原本是他在長安的詩友，皇帝寬仁，並沒有深究永王事件中其餘從犯的罪責。在朝野各界的求情開脫之下，李白免於一死，判罪長流夜郎（今貴州桐梓）。

我寄愁心與明月，隨君直到夜郎西。

九年前，好友王昌齡左遷龍標，李白曾寫詩以贈。那時的他萬萬沒想到，自己也有長流於夜郎的一天。前往夜郎的路上，李白孤單無依，又有哪位友人，會為他作詩一首呢？

04 睢陽的三百天

安祿山已經快死了。

肥胖帶來的併發症，讓他的身體狀況日益惡化，身上長起了毒瘡，每天流著惡臭的膿水。起兵反叛以來，他的視力逐漸下降，至此已看不清東西，這讓他的性情更加暴躁，對左右的官員稍不如意，就用鞭子抽打，惱怒得厲害時，甚至還會隨意下令殺人。

第七章　國破城孤—帝國最黑暗的日子

這幾個月來，他一直在深宮之中。外面的戰事超出了他的預料，他已經漸漸意識到，自己永遠不可能摧垮大唐了。

他漸漸感到，他出生時有關光明之神化身的預言，以及四星聚尾的星命，也許只是一個虛假的謊言罷了。

預感到壽命將盡，安祿山開始為自己的皇位繼承考慮起來。

長子安慶宗已經死在了長安，現在最年長的兒子是晉王安慶緒。但和漢人的嫡長子繼承制不同，胡人有幼子守灶的習俗，他們往往會將家產傳給小兒子。安祿山最喜歡自己的小兒子安慶成，於是有了個想法，要立他為太子，以替代安慶緒的繼承人之位。但在此之前，安祿山還是得做好充分準備，先控制住安慶緒，然後再扶持安慶成安然繼位。

但就在安祿山準備實施這項計畫的時候，一天夜晚，閹人李豬兒忽然闖入了他的私帳，手上提著鋒利的長刀。安祿山看不清東西，只見到有人闖入，還沒有反應過來，李豬兒便用刀在安祿山碩大的肚子上砍了幾刀。

也許是極為肥胖的原因，安祿山被砍之後，並沒有覺得特別痛，只想著伸手摸索自己藏在枕旁的刀，他邊掙扎邊摸索，感覺到力量在自己身體內迅速地流失。他拚勁最後的力氣搖動身旁的竿子叫道：「定是家賊害我！」他用勁挪動自己肥大的身體，卻摸到了身旁滑膩膩的肥腸。他的肚子已經開了幾條大口子，一堆腸子軟軟地攤了一地。安祿山像是明白了什麼，已盲的眼睛大睜著，慢慢地死去了。

這場刺殺的主謀，是安祿山幕後的謀主嚴莊和晉王安慶緒，他們懼怕安祿山殺掉自己，於是搶先動手，了結了安祿山。安慶緒在嚴莊的謀劃下，祕不發喪，先行即位，然後才宣布了安祿山的死訊。

至德二載（西元757年）正月，安祿山死於洛陽的消息傳出，安慶緒成了新的「大燕皇帝」。倉促登位，安慶緒的權力並不穩固，燕政權中的史思明等實權將領未必會服從安慶緒的統治。安慶緒只能仰賴嚴莊的謀

劃，壯大在河南的勢力，爭取在與史思明的競爭中取得優勢。他下令正在圍困太原的史思明返回范陽，同時下令大將尹子奇調集大軍，加緊對東南方向的進攻。

不久之後，張巡接到睢陽（今河南商丘）太守許遠派人送來的緊急文書，說叛軍大將尹子奇已經被任命為河南節度使，正率軍十三萬，往睢陽殺來。此時的張巡已經放棄雍丘，收縮戰線，退到了寧陵。聽聞許遠的求救，張巡意識到事情的嚴重性——相比於雍丘、寧陵，睢陽的位置更加重要，可以說是整個江淮地區的門戶。要是睢陽失守，江淮地區一馬平川，便會任由叛軍的鐵蹄踐踏。

所以，張巡當機立斷，率領麾下全部的三千兵馬向睢陽靠攏。

睢陽，一座宿命中的城市。張巡進入睢陽城，受到許遠的熱烈迎接。他們合兵在一起，共計六千八百人。尹子奇的軍團轉眼便到，眾多的叛軍將睢陽團團圍住。一場比雍丘更為慘烈的睢陽攻防戰，就這樣拉開了序幕。

守城是門技術，張巡有著雍丘大捷的經驗，於是被許遠推為主帥，許遠自己負責籌集軍糧物資。

張巡擔任主帥，有他自己的一套辦法。睢陽城中有士兵數千，沒有撤走的百姓卻有四萬餘人。開戰之前，張巡每每巡視城中，每見一人，都要詢問名字。他的記性極好，幾次三番，便記住了全城軍民的名字。再巡視城防時，見到每一個士兵，便像是見了老朋友一樣。他推誠待人，很快就得到了所有人的支持。

正月，尹子奇率領大軍來攻，被擊退。三月，尹子奇又率領大軍再次來攻，尹子奇圍城兩個多月，張巡率軍出城主動襲擊，輕騎五百直衝叛軍大營。由於叛軍主將尹子奇躲在亂兵中間，唐軍將士無法辨識，張巡心生一計，命令將士以稭稈射擊叛軍，被射中的叛軍發現是稭稈，認為唐軍箭鏃已經用光，於是大為興奮，紛紛向主將尹子奇報喜。唐軍得以在叛軍之

第七章　國破城孤──帝國最黑暗的日子

中辨認出了尹子奇的方位，張巡立刻命南霽雲以真箭射擊尹子奇。南霽雲抖擻精神，一馬當前，彎弓搭箭，一箭射中尹子奇的左眼，尹子奇慘叫一聲，滿臉鮮血淋漓，勒馬逃竄，叛軍又一次陷入恐慌之中，轉眼間潰不成軍，四散而逃。

此時的睢陽，情形已經很不容樂觀。城中原本有不少存糧，但幾個月前被虢王李巨調往濟陰，然而濟陰投降叛軍，等於把這糧草拱手送了人。睢陽對唐廷和叛軍來說都是必爭之地，尹子奇雖然兩次失利敗走，但在一個月後又捲土重來，再度開始強攻睢陽城。經過了半年反覆不斷的戰事，睢陽的糧草已經接近告罄。士兵每日只能分到一勺米，餓了只好吃樹皮和紙充飢。

叛軍多日猛攻，守軍也減員得厲害，六千多人已經打得只剩下六百人。

但是，剩下的守軍仍在作戰。張巡令眾將各自按照自己的戰略教習戰法，以最快的時間應對好城牆各段的突發情況。叛軍攻城之時，每一段城牆、每一座城門都在準備自己的防禦，雖然城中只有六百人，卻讓每一個位置都變成了戰場，足足打出了六千人的聲勢。

甚至在張巡的喊話之下，不少叛軍倒戈投向了睢陽城內的陣營，轉而為張巡死戰，人數達到了足足兩百人。

但是，張巡所期待的援軍卻遲遲沒有到來。

在彭城，拚死突圍求援的南霽雲來到了城中，請求駐紮在此的許叔冀發兵援助。彭城與睢陽只相隔三百里，但許叔冀卻並沒有出兵救援的意思，不過是像打發叫化子一樣送了南霽雲幾千匹布。

南霽雲憤怒了，他在馬上高聲叫著許叔冀的名字，要他帶兵救援睢陽。而回應南霽雲的只有一片沉默，許叔冀躲在府中，不敢回答。

情況緊急，容不得繼續耽誤，南霽雲只能轉而去臨淮，求見剛剛接替

號王李巨職位的賀蘭進明，而賀蘭進明只是說，「睢陽存亡之事已定，出兵又有什麼用處呢？」言下之意，同樣沒有發兵的意思。

「睢陽尚未陷落，如已失守，我就以死向將軍謝罪！」南霽雲急切地說道。

賀蘭進明依舊沒有什麼表示。南霽雲猜得到，賀蘭進明是不會出兵了。他嫉妒張巡的聲望，又忌憚彭城的許叔冀，因為許叔冀是賀蘭進明的政敵，是宰相房琯派來牽制他的。賀蘭進明雖然不想出兵，卻又喜愛南霽雲這位壯士，想留下他，於是大設酒宴招待。

音樂聲響起，南霽雲卻聽得淚流滿面：「我出睢陽時，將士已整月吃不到糧食了。現在將軍不出兵，反而設宴奏樂，我不忍心獨自享受，就算吃了，也嚥不下去。現在主將交給我的任務沒完成，我只能留下一根手指作信，即刻回去向張中丞覆命。」說罷，拔出佩刀砍斷一根手指，放於案前。

滿座大驚，為之流淚。

他什麼也沒吃，拜別了賀蘭進明便離開了。出城時，南霽雲想到了睢陽城中的同袍，心中幾乎已絕望。他原本是山東的一個游俠，被徵召之後才加入了軍中，說實話，他並不欠睢陽城什麼。可城中父老，以及主將張巡將如此重要的任務交給他，他又怎可以辜負了這一份託付？

好在返回的路上，南霽雲在真源遇到了一個叫李賁的人，送了他駿馬百匹。在寧陵宿營時，又有本城城使廉坦的三千軍隊投靠，總算可以對睢陽有個交代了。

真源和寧陵，都是張巡曾經主政過的地方。達官貴人們不在乎張巡的堅守，但父老百姓們，終究還記得。

睢陽城裡，正值大霧天氣。忽然聽到外面殺聲大作，霧中卻看不清狀

第七章　國破城孤─帝國最黑暗的日子

況。張巡聞訊喜道：「這是南霽雲他們來了！」開城迎接時，南霽雲正好帶領馬匹進入城中。外面尹子奇圍困重重，南霽雲從寧陵帶來的三千義軍，只有一千人入了城。但南霽雲在回城時，還順便從叛軍手裡搶奪了幾百頭牛，這對於城內軍民來說是極為重要的斬獲。

看見援軍到來，睢陽軍民喜極而泣，感嘆朝廷終究沒有忘了他們。

只有張巡、許遠等少數幾人聽了南霽雲的報告，明白了那個冰冷的現實──援軍是不會來了。

接下來怎麼辦？有人提議說，只能帶著城中還能動彈的人突圍，向彭城撤退。可若是帶領這群飢餓的士兵行軍，必然還沒到目的地便難逃被全殲的命運。張巡和許遠商量之後，確認了同一個意思：睢陽是江、淮地區的屏障，如果放棄睢陽城，那麼叛軍就可以長驅南下，侵占江、淮地區。既然突圍不能，那便拚死守在睢陽吧！

他們都曾看見叛軍攻城略地後的所作所為。每攻破一城，城中百姓的衣服、財物乃至女子都被叛軍擄掠，老弱之人、孩提之童在叛軍的嬉笑中被槍挑刀劈，慘不忍睹。此時張巡與許遠的背後，是南國三千里河山與數百萬江南百姓。不能讓尚處穩定的江南淪為與河南河北一樣的人間地獄，為了這一點，就只有讓睢陽成為保衛東南的屏障，保更多百姓的平安！

睢陽因此在十幾萬大軍的圍困下繼續堅守著。

南霽雲帶來的牲口吃完了，城中的樹皮、紙片也都吃完了，遂殺掉僅有的戰馬來充飢。戰馬吃完，城中軍民又拉網捉雀鳥、捉老鼠充飢。雀鳥、老鼠吃光了，甚至連將士們的皮甲、皮靴也都吃盡了，寒冬十月，草木凋零，再沒有什麼可以吃的了。

將士們也許已經鍛鍊出了堅強的戰鬥意志，然而，飢餓如魔鬼如影隨形，緩慢地侵蝕著人的意志，讓人出現幻覺，無法抵抗。再沒有吃的，城

中守軍遲早會崩潰。

張巡再次召集能動的將士們，人們聚在一起，但有氣無力，甚至連說話的力氣都沒有。這時，一股奇妙的肉香飄來，所有人的鼻頭都為之一震。飢餓之中，這股肉香讓所有人如聞天籟。張巡讓人推來幾小耳朵肉湯，在場人的眼神都直了。可這個時候，肉又是從哪裡找來的？

張巡淡淡地說，他已經殺了自己的愛妾，鍋中的肉就是愛妾的，隨後示意手下分發肉湯。

拿著肉湯，有人欲作嘔，有人欲流淚，竟都不忍下口。

這是在吃人。聖賢雖沒說過不能吃人，但同類相食，對誰來說都是人倫慘劇。每每有人吃人事件，都是要寫進史書的。

「必須吃！」張巡的話不容推脫。這一刻，他陰惻的樣子如同煉獄中的魔鬼。

可是這樣的魔鬼，又是誰造成的？為了抵禦城外肆意殺戮的魔鬼，這個平素溫和可親的書生不得不成為另一個魔鬼。他不懼怕寫進史書背負罵名，也不在乎個人的聲望，他只想睢陽繼續守下去，保江淮無恙。

如果人們正在面臨死亡，那應該餓死所有人，還是吃掉自己的同類維持生命？這是一個深刻的哲學問題。張巡的魔鬼邏輯非常簡單，必須要讓部分人倖存下去，誰對守城最無價值，那就先吃掉誰。愛妾雖是愛妾，但對守城無用，只是在白吃乾飯，他便冷酷地把她做成肉湯。飢餓中，將士、百姓們跟從張巡成了吃人的魔鬼。許遠也隨之殺掉了自己的童僕，分而食之。然後城中的婦人、老弱都一一被分食。

睢陽城已經成了人間地獄，遍地是人吃人的景象。被吃的這些人，都是張巡認識了一年的朋友，張巡記得他們每一個人的名字。但人已成魔，只有按照魔鬼的邏輯行事。城中人人都知道，睢陽已經守城將近一年，外

第七章 國破城孤──帝國最黑暗的日子

面的叛軍入城之日，便是屠城之時，所以都默然接受了張巡的規則，全城上下，沒有一人反抗，沒有一人投降。

至德二載（西元757年）十月初九，叛軍摸著牆根爬上了睢陽城。然而，經歷了無數次肉搏戰，忍受著飢餓與寒冷的城中守軍裡已經沒有一人可堪作戰了。有人打開了城門，叛軍如蟻群般湧入，圍到了張巡的面前。張巡知道，這一天終於來了。他向著西邊遙拜，然後說道：「我已經竭盡全力，但終究沒能守住睢陽。生時既然沒能報陛下之恩，死時便當化為厲鬼以殺賊！」

叛軍執住張巡。看著這個大半年來恨得牙癢的對手，尹子奇問道：「聽說將軍你每當作戰時便會眼角睜裂，牙齒咬碎，不知道這是為什麼？」

張巡冷哼一聲：「我志吞逆賊，只恨力有不能罷了。」

這句話激怒了尹子奇，他拿出刀來，伸進張巡口中，撬開張巡緊閉的雙唇，卻發現張巡的嘴裡只剩下三四顆牙齒了。半年的時間，這個原本從容優雅的君子，已經成了人不人、鬼不鬼的怪物。尹子奇原本想留他一命，但部將不答應──叛軍入城之後，被眼前的景象震撼了，他們沒有想到，抵抗了十多萬大軍近三百天，殺敵上十萬的睢陽守軍，竟然是這些一根手指頭就能碰倒的病人。這些人看似毫無力氣，但似乎隨時都會跳起來殺人，甚至開膛破肚，生啖人肉。數萬人的睢陽城只剩下了四百人，可這些人卻個個都是魔鬼。

從張巡到南霽雲等將領，最終全數被尹子奇下令斬殺，只有許遠被帶往洛陽覆命。

張巡被帶往刑場時，最後看了許遠一眼，二人默契地對視，均是無言。城門是許遠讓人打開的嗎？這個問題已經不重要了。真是許遠打開的又如何？睢陽已經抵抗到這種程度，每個人都變成了魔鬼。此時打開城門，也許是打開了城中倖存之人回歸人性的最後方式。

04　睢陽的三百天

睢陽保衛戰開戰的三百天後，城池宣告淪陷。

這三百天，局勢已經發生了逆轉。來自安西、河西、隴右的精兵調動完畢，彙集到了朔方。睢陽城以一城之力，拖住了十多萬叛軍的腳步，並成功保衛了帝國東南的安全。在睢陽的屏障下，江南的錢糧財帛源源不斷地經過江漢、扶風運往靈武朝廷，帝國最終得以累積足夠的能量，與叛軍決戰。大唐官軍在郭子儀的率領下，上個月已經在香積寺一戰中大敗叛軍，克復長安。

睢陽城破的三天後，代替賀蘭進明擔任河南節度使的張鎬援軍這才趕到睢陽。尹子奇的叛軍已是強弩之末。激戰之下，睢陽被再次收復。雖然只差了三天，張巡、南霽雲等諸將卻因此陰陽兩隔，連屍首都難以尋覓。

將軍有齒嚼欲碎，將軍有眥血成淚。

生為將星死為厲，盡是山川不平氣。

二人同心金不利，天與一城為國蔽。

強兵坐擁瞋相視，孝子忠臣竟誰是。

千載功名亦天意，君不見，河南節度三日至。

張巡死後，依然活在百姓們的傳說裡。睢陽附近的州縣口口相傳，這個帶頭吃人的殺神像他臨死前所說的那樣，化作了厲鬼，時時變為瘟神，懲罰有過之人。而在更往南的江南、福建、嶺南等地——在這片他真正保衛的土地上，張巡則被百姓們視為漕運或土地的守護神，保佑著一方平安。

百姓是有記憶的，英雄曾為他們所做的犧牲，人們到了一千年以後也不會忘記。

第七章　國破城孤──帝國最黑暗的日子

第八章
兵臨天下 —— 帝國反擊戰

第八章　兵臨天下─帝國反擊戰

01 白衣山人的謀局

　　至德元載（西元756年）十月二十一日，咸陽城外的陳濤斜，大軍匯聚，相逢於此。

　　那是大唐帝國宰相房琯率領的七萬大軍，他們從鳳翔進軍長安，臨近咸陽城外的渭水便橋時，與偽燕政權在長安的守軍相遇。唐軍於是在咸陽外一個名叫陳濤斜的緩坡附近列下戰陣，與叛軍展開對峙。

　　房琯雖然是文臣出身，但兵法卻讀了不少。這次他擔任主將，又有西北大將王思禮為副將，二人收拾整訓了潼關敗退的數萬人，加上各地調來的援軍，湊足兵馬，趁著偽燕政權在長安人心不穩之際出兵，自然是信心滿滿，定然要施展自己堪比臥龍鳳雛的才華，一舉收復長安，將叛軍打到潼關以外方才罷休。

　　長安是戰局的關鍵。此時新皇帝所在的「靈武中央」，與太上皇所在的「巴蜀中央」隱隱對立，誰占據了長安，誰就有了對未來唐廷的主導權。明眼人看得出，叛軍占領關中之後施政混亂，只是沉迷享樂，不成氣候。房琯作為太上皇派往靈武的代表，自然要為趕走叛軍之後的下一步做考慮。所以他強烈要求新皇帝李亨同意讓他作為主帥，帶領巴蜀中央所能掌控的兵馬，搶先向叛軍展開反攻。

　　叛軍從長安城出來，勢力不容小覷。戰陣之中，還有大量以騎射著稱的精銳騎兵——曳落河。面對敵軍騎兵，房琯參考了古書中的排兵布陣方法，下令以兩千輛牛車作為戰陣的核心，在牛車陣中再夾列步兵和騎兵，在大平原上擺開了長長的陣線。

　　這樣的布陣自有他的道理。咸陽城東是一片曠野，兵法中說：「凡與步、騎戰於平原曠野，必須用偏箱、鹿角車為方陣，以戰則勝。」據說當

年一代軍神李靖李衛公也曾有言,「廣地則用軍車」,在曠野上對抗騎兵,戰車是不錯的選擇,衝鋒時有著比騎兵更強的衝擊力,駐守時也可以形成小型壁壘,阻擋騎兵的進攻,可謂是「可攻可守」。房琯還讓步兵、騎兵作為側翼,與戰車形成作戰單元,理想情況下,步、騎、車協同作戰,一定可以發揮出更大的優勢,一舉殲滅叛軍。

然而,這一切只是從沒有帶兵打過仗的房琯一廂情願的想像而已。

開戰之後,叛軍站在上風口,順風鼓譟起來,那些拉著戰車的牲畜不比那些經歷過刀兵的戰馬,聽見如雷鳴般的鼓譟聲,一下子驚慌起來。也就在這時,對面叛軍陣中亮起了火炬,火箭、火球、火炭從那邊如雨點般投來。牛馬牲畜怕火,見四處火光、煙塵滾滾,登時控制不住,四處亂竄起來。士兵們使勁控制,但卻無濟於事。

一時間,唐軍陣形大亂。曳落河騎兵發動衝鋒,叛軍趁勢掩殺,大亂終於演變成了一場全面潰敗,唐軍丟盔棄甲,屍橫遍野。

敗了,敗了。房琯努力想挽回敗局,但卻再度被叛軍擊敗。整個戰役中,唐軍死傷四萬餘人,大批士卒逃散,房琯只帶著幾千殘兵逃回了靈武。

野曠天清無戰聲,四萬義軍同日死。

這是一場慘痛的失敗,它為整個大唐帶來的影響,也許要多年以後才能看清楚。陳濤斜一戰中,房琯損失的主要是效忠於太上皇的軍隊,「靈武中央」所統轄的皇帝御營兵馬以及朔方軍都沒有什麼損失。「巴蜀中央」卻在此後再也沒有能力對大唐的軍事部署進行更多的影響。可對於新皇帝李亨來說,「巴蜀中央」的軍隊一樣也是中央軍,大唐最後一點中央軍全都消耗在了陳濤斜的戰場上,從此之後,唐廷只能依賴朔方以及西北各鎮的邊兵東征剿滅叛軍了。

李亨大為憤怒,要追究諸將房琯的責任。房琯自知罪孽深重,已經做

第八章　兵臨天下──帝國反擊戰

好了去陰間見太宗皇帝的準備。但房琯沒有想到，最終救下自己的，卻是他的政敵，一個身著白衣道袍、年僅三十四歲的年輕人——李泌。

李泌是皇帝李亨的死黨，硬如鐵的那種。

少年時，李泌的才華歆名動長安，堪稱京城第一才子。他出身名門，是西魏八柱國之一的李弼之後，因為才名被李隆基聽說，於是李隆基便安排李泌與當時還是太子的李亨一起交遊，從此他們便成了一對至交好友。只是李泌被當時的宰相楊國忠所忌憚，被迫離開了朝堂，四處拜訪名山大川，求仙問道，成了雲遊四海的方外之人。

潼關失陷，皇帝棄守，正在山中隱居的李泌不知外面發生的變化，直到李亨的使者到來，請他出山，李泌才意識到局勢的危急。

李亨初到靈武，在城中一座簡陋的小樓上登基時，這個剛剛建立的新中央朝廷百廢待興、諸事待舉，國庫空空如也、一窮二白。人才、兵力都極度匱乏，連主掌朝廷的宰相都需要從巴蜀中央調來，李亨本人幾乎是孤軍一人。就在帝國這個最為黑暗的時刻，李泌一身道袍，以布衣白丁的身分，應召來到靈武覲見新皇李亨。他不要官爵，不要封賞，只想為這個新的朝廷盡一分力。從此李泌便成了李亨的首席顧問，像當年在東宮時那樣，他們出則並馬而行，寢則對榻而眠。不管大事小事，李亨都要先徵求李泌的意見，而且言聽計從。

漸漸地，靈武的大軍都知道了白衣山人李泌，那個神龍見首不見尾，整日與皇帝形影不離的神祕人。作為皇帝的第一寵臣，李泌參與了靈武中央所有重要的決策，甚至連宰相的任免，皇帝都要聽一聽他的意見，然而此時的李泌，只是個沒有任何官職的道士而已。他雖無官職，卻超然於朝中所有高官之上。

終於，連皇帝自己都看不下去了，雖然尊重李泌本人「出家人不做官」的意志，但非常時期，為了避免眾人的猜疑，還是請他暫時穿上紫袍。李

泌只好穿上了三品官員才有資格穿的紫袍金帶，進宮晉見。

看著終於穿上了一襲紫袍的李泌，李亨也許想起了多年前他們在東宮時的那些豪言壯語，一時間高興得像是個含辛茹苦終於供兒子考取功名的老父親，他對李泌說道：「既然已經穿上這身衣服，便不能沒有相稱的名分呵。」說罷笑著拿出了早已草擬好的敕文，封李泌為侍謀軍國、元帥府行軍長史。

李泌堅決不接受，李亨只好寬慰說：「朕不敢以宰相一職難為您，只是眼下實在艱難，需要你出山。等平定叛亂後，任憑你是走是留。」李泌這才答應。這之後，皇帝在靈武的行宮中設置了元帥府，由長子廣平王李俶掛名擔任天下兵馬元帥，李泌為總攬整個元帥府的長史，統領各路兵馬。

此時在靈武的唐廷，房琯以下的宰相們幾乎都是從巴蜀中央派來的，以房琯為首的文臣派系把持著朝政。太上皇李隆基雖然仍在成都，但依靠派往靈武的宰相高官們，巴蜀中央的意志始終影響著唐廷的決策。這個局勢終於隨著元帥府的建立而開始扭轉，皇帝下令，各地奏疏全部送往元帥府處理，實際上就是在元帥府設立了一個由皇帝直接掌控的中樞機構，逐漸架空以房琯為首的文臣派系。

太上皇李隆基君臨天下四五十載，縱然因為安祿山之亂而威望受損，但他對各路大軍、各處州郡官員的影響力，仍然不可估量。靈武的新朝，只能依靠李亨君臣一點一點的經營和耕耘，逐步建立起對大唐的掌控。

而李泌，則是其中關鍵的一環。

陳濤斜之戰慘敗後，大唐的中央軍近乎全軍覆沒，叛軍又掀起了新的一輪攻勢，史思明、張忠志、田承嗣、阿史那承慶等大將四處出擊，攻打河東、睢陽、南陽、潁川各地，大唐再度陷入防守的苦戰。連皇帝李亨也漸漸對最終的勝利失去了信心。他這時已經進軍到彭原，糾集西北邊鎮前來支援的各路大軍卻始終頓兵不進，只能向李泌感嘆道：「如今敵軍如此

第八章　兵臨天下—帝國反擊戰

勢大，究竟何時才能平定？」

「以臣所料，兩年之內，即可天下無寇！」李泌答道。

「何以見得？」

只聽李泌侃侃而談：「臣看到叛軍把搶掠的子女與財物都運往老巢范陽，這豈有雄據天下的志向？叛軍中的勇將，不過是史思明、安守忠、田乾真、張忠志、阿史那承慶等幾人。現在如果我們命令李光弼率兵從太原出井陘，郭子儀率兵從關中進入河東，史思明便不敢離開范陽，張忠志便不敢離開常山，安守忠與田乾真則不敢離開長安，我們能以兩支軍隊拖住叛軍的四員驍將，跟隨安祿山的就只有阿史那承慶了。」

而後，李泌提出了他的部署：「命令郭子儀不要攻取華陰，保持叛軍在長安與洛陽之間的道路暢通。陛下率領所徵召的軍隊駐紮於扶風，與郭子儀、李光弼的朔方軍東西呼應，互動攻擊叛軍。叛軍如果救援這頭，就攻擊他們那頭；如果救援那頭，就攻擊這頭，使叛軍在數千里長的戰線上往來，疲於奔命，我們則以逸待勞，叛軍如果來交戰，就避開他的鋒芒，如果要撤退，就乘機攻擊，不攻占城池，不切斷來往的道路。等到明年春天，再任命建寧王李倓為范陽節度大使，從塞北出擊，與李光弼形成南北夾擊之勢，迅速攻取范陽，顛覆叛軍的巢穴。這樣叛軍想要撤退則歸路已斷，要留在兩京則不得安寧。到那時候，便可以讓各路大軍四面合擊，一定能夠平息叛軍！」

當年諸葛亮獻上「隆中對」，為劉備定下王霸之策；如今李泌的方略同樣站在戰略的高度，為李亨策劃了一條平定叛亂的路線圖，是可堪對標「隆中對」的「彭原對」。「彭原對」的關鍵，就是不在乎一城一地的得失，先平定河東、河北，切斷叛軍幽燕大本營與洛陽長安之間的通道，然後逐個擊破。

但是，「彭原對」最終沒有真正施行。

對於李亨來說，他考慮的不僅僅是如何剿滅叛軍，更重要的還有在兩個中央之間的競爭中如何占據主導。

至德元載（西元 756 年），真的是大唐的多事之秋，除了安祿山的叛軍來犯以外，一直以來的宿敵吐蕃也趁大唐內亂之際，攻取了隴右的多個城池。威戎、神威、定戎、宣威等十餘個要塞均被吐蕃攻破，連當年以數萬精銳唐軍為代價攻占的石堡城，也被吐蕃趁亂奪去。隴右城池的失陷，讓李亨作為新君的威望大大減損。

而「靈武中央」和「巴蜀中央」的競爭，也因為永王東巡的風波而愈演愈烈。在朝堂上，李亨以房琯的門客董庭蘭弄權謀利的案件為由，將房琯罷職外放。順著房琯罷相，李亨順藤摸瓜，將房琯的支持者、為房琯說情之人等一併貶謫去了外地，對房琯身後的文臣派系進行了沉重打擊。又將郭子儀、顏真卿、賀蘭進明等一干忠於自己的臣僚提拔進京，逐步有了真正支持自己的宰相班底。

因為房琯而受牽連之人中，包括左拾遺杜甫。杜甫因為勸諫處置房琯之事而觸怒了皇帝，從此以後失去了再被重用的機會。

而兩個中央的競爭，關鍵仍然在於長安與洛陽的收復。李亨在靈武草草登基，甚至還沒有去李唐的宗廟告祭列祖列宗，只有收復長安，還於舊都，李亨的靈武中央才算是真正有了君臨天下的資格。所以，李亨必須要反擊，並且務必要以最快的時間收復長安，完成這一重要的政治任務。

至德二載（西元 757 年）二月，反攻的時機終於成熟了。

經歷了一年零三個月的動盪，來自隴右、河西、安西、北庭四大西北邊鎮的援軍，在此時趕到了李亨所在的鳳翔，次第匯合起來，終於匯聚起了十萬多大軍。

大唐的四處疆域中，反擊的力量都在繼續，大唐萬里疆域內的節鎮、屬國都投入到了大唐的反擊行動中。

第八章　兵臨天下—帝國反擊戰

　　于闐國王將國事交給其弟，親自率領五千人萬里迢迢趕來救援。西域諸國，甚至在極西之地的拔汗那、大食諸國也都紛紛發動兵馬，前往長安勤王。回紇的懷仁可汗在唐廷使者的請求下，同樣派出五千騎兵，南下支援唐軍。

　　而上一年的江南貢稅，運送隊也經由長江、漢水送到了扶風。

　　大軍準備進攻了，皇帝的命令是就近向長安進攻，尋求與叛軍決戰。

　　這時的李泌再一次提到了他在彭原上奏的方略。皇帝說道：「現在大軍已集，徵收的錢糧財帛也已到達。此時不以強兵直搗叛軍的腹心，卻要領兵向東北數千里，先攻取范陽，不是迂腐的計策嗎？」

　　李泌回答：「現在讓大軍直接攻取兩京，一定能夠收復，但是叛軍還會東山再起，我們又會陷入困難的境地，這不是久安之策。」

　　李泌的建議，皇帝歷來是言聽計從的，此時他卻不以為然：「有什麼根據？」

　　「我軍的主力是西北邊兵和西域胡兵，他們能夠忍耐寒冷而害怕暑熱，如果借新到之兵的銳氣，攻擊安祿山已經疲勞的叛軍，定能夠取勝。但是兩京已到了春天，叛軍如果收集殘兵，逃回老巢，而關東地區氣候炎熱，對我軍會十分不利，難以在那裡久留。等到叛軍休整兵馬，看見官軍撤退，一定會捲土重來，這樣與叛軍的交戰就會無休無止。只有先出擊北方，傾覆叛軍的巢穴，叛軍就會無路可退，方能一舉徹底平息叛亂！」

　　皇帝沉默了，思索良久方道：「朕切於晨昏之戀，急於迎接太上皇回京，實在難以按照原來的計畫行事。」

　　李泌也沉默了，他聽出了皇帝的弦外之音。太上皇李隆基一天不從巴蜀返回，如今「兩個中央」的局面便會繼續持續，皇帝也就一天不能安坐於皇位。克復長安，不是一個簡單的軍事部署，更是一個政治任務，一個

不得不立刻完成的當務之急。

至德二載（西元 757 年）四月，張巡、許遠在睢陽苦苦堅守，魯炅在南陽抗擊田承嗣的大軍，李光弼率軍在河東與史思明、蔡希德的叛軍反覆膠著，就在這個時候，皇帝李亨的御駕抵達了鳳翔（今陝西寶雞），任命郭子儀為天下兵馬副元帥，率領集結於此的大唐各路聯軍，開始向長安出發。

02 香積寺合戰

至德二載（西元 757 年）九月的扶風大營，歌舞正當時。大帳之內，天下兵馬元帥、廣平王李俶和副元帥郭子儀一起，接待著一位特殊的客人。

樂曲聲中，舞娘胡姬跳起胡旋舞，扭動著妖嬈的身姿。客人開懷暢飲，不時與李俶、郭子儀談笑風生。

「太子葉護，請。」郭子儀舉起酒杯，謙遜地向客人敬酒。

「郭元帥請！兄長請！」客人不但回敬郭子儀，還順帶著大剌剌地稱呼李俶為兄長。三人一起將杯中酒一飲而盡。

這位稱呼尊貴的廣平王、當今皇帝的長子李俶為兄長的，便是回紇懷仁可汗默延啜的長子，回紇汗國的太子葉護。他受可汗之命，率領精銳的回紇騎兵四千餘人剛剛抵達這裡。幾天前，太子葉護來到鳳翔時，便受到了皇帝的熱情款待，賞賜財物，隨其所願，無不滿足。隨後，九月十二日，太子葉護領著回紇騎兵，與廣平王身李俶一同出發，幾天後抵達扶風，與駐紮在此的郭子儀會合。

郭子儀見到他們一行時驚奇地發現，太子葉護已經與廣平王約為兄弟，並且毫不客氣地直呼廣平王為「大哥」。大唐的皇子何其尊貴，一百多年

第八章　兵臨天下—帝國反擊戰

來，草原的鐵勒各部要費盡心思，才能從大唐這裡求得一個公主。而大唐皇帝也只有在客氣時，才恩寵地表示一句「突厥可汗就像是朕的兒子」。廣平王雖然沒有太子之名，但所有人都知道他是當今大唐當之無愧的儲君，只不過皇帝曾許諾說要在克復帝都之後還政於太上皇，廣平王李俶才堅決推辭了太子的冊封。此時一個外族王子與大唐儲君兄弟相稱，放在往日，實在是一個僭越的舉動。

可是形勢已經不同了。大唐已經不是往日的那個大唐，回紇也不是往日的那個回紇了。

西北邊兵和西域各國聯軍在四月集結在了鳳翔，其後郭子儀率軍多次反攻長安，卻屢次失利。郭子儀自知難辭其咎，為此申請貶官，從司空貶為了左僕射。但平心而論，屢次反攻失利，固然有郭子儀指揮不當的原因，但致命的卻還是此時平叛的形勢。

唐軍集結在鳳翔、扶風一帶，人數已經達到了十五萬人。他們人數雖眾，卻要同時提防隴右的吐蕃人來襲，以及日益強大的回紇汗國的威脅。半年來，唐軍始終難以全力對叛軍發起反攻。而且十五萬大軍，十五萬張嘴，是極為考驗唐廷的後勤能力的。大唐的國庫空空，百年的積蓄在長安淪陷時拱手讓給了叛軍，此時只能完全依賴從江南到關中上萬里的補給線，這條補給線沿途的損耗，遠遠高出了動亂前漕運的消耗，因此儘管第五琦在江南到處搜刮，收集了整個江南的戰略資源，唐廷的後勤仍然捉襟見肘。

唐廷已經到了揭不開鍋的地步，甚至連犒賞將士的財帛都發不出了，只能發給將士們一張張空白的誥身作為賞賜。將士們拿到了一張張空白委任狀，上自開府、特進、列卿、大將軍，下至中郎、郎將，都允許臨時填寫名字。到了後來，連國公、郡王都開始隨意冊封。於是，整個軍中出現了官職的「通貨膨脹」，在軍營裡扔塊石頭，也許能一下砸中五六個五品

以上的勛官。

　　反觀回紇，在懷仁可汗默延啜的統治下日益強盛。自從突厥人在漠北衰亡後，回紇部成了草原上的新主人。懷仁可汗皈依了摩尼教，整頓漠北各部，實力已經不亞於當年的後突厥汗國。

　　經歷了前幾次反攻長安的失利，郭子儀向唐廷建議，再次向回紇借兵。借兵的數量不需要很多，只要回紇人出兵就行。只要回紇人參與這次征伐，大唐便少了後顧之憂，能呼叫一切可呼叫的兵力，與叛軍展開決戰。而懷仁可汗也十分慷慨，馬鞭一揮，便派他的繼承人太子葉護領兵，率四千餘騎兵、一萬匹戰馬浩浩蕩蕩地南下了。太子葉護也享受到了國賓般的款待，不僅皇帝親自接見，還有廣平王一路陪同，榮耀無比。

　　郭子儀再次舉杯祝酒道：「太子葉護迢迢而來，想必多有勞頓。郭某已經備下酒宴，太子葉護且在扶風大營休息三日，養精蓄銳之後再出征討逆。」郭子儀這麼說，也是做了深思熟慮的，他最擔心的就是回紇人出工不出力。大唐勒緊了褲腰帶供著回紇人的糧草，每天供給回紇軍羊二百頭，牛二十頭，米四十斛，要是他們光吃軍餉卻不出戰，那就讓人頭痛了。所以回紇兵一到扶風，郭子儀便計劃好酒好肉招待三日（除了設宴之外，郭子儀手上也確實沒有別的軍資犒賞了），屆時再調動他們出戰，太子葉護也就不好意思拒絕了。

　　「不必了。」太子葉護擺了擺手。

　　難道回紇人又要獅子開口，要新的條件？在場之人不免如此想。卻聽太子葉護道，「國家尚處危難，我們遠來相助，哪裡顧得上大吃大喝呢？先打仗要緊！」低聲吩咐左右之後，便自顧自地大吃起來。

　　郭子儀與廣平王對視一眼，從對方的眼神裡可以看出，他們都猜不出太子葉護的用意。

第八章 兵臨天下──帝國反擊戰

須臾之間，營中馬蹄聲漸漸雷動起來，帳外人馬奔走，忙碌而嘈雜。太子葉護這時終於滿飲一杯酒，說道：「酒也吃了，肉也吃了，舞也看了，那便出戰吧！」說罷拍拍肚子站了起來。

他們一起走出了大帳，大帳之外，四千多名回紇騎兵已經集結起來，整裝待發。

他們一起，向著長安進軍！

香積寺，是佛教淨土宗的祖庭。唐初時的善導法師創立並發揚了淨土宗，至長安弘傳淨土法門。善導法師圓寂之後，弟子懷惲等在長安城外西南邊的神禾原為其建靈塔和伽藍，是為香積寺。香積寺附近，有流水環繞，又有樓臺華美，殿堂眾多，神木靈草，巍巍奇觀。

然而至九月二十七日，古剎的寧靜終於被金戈鐵馬之聲打破。大唐的各路聯軍抵達了香積寺北，渡過灃水，兵臨長安城。而長安城中的叛軍也出動了十萬人馬，在唐軍戰陣的北邊擺開了陣勢。

這裡就是郭子儀選好的決戰之地。香積寺北邊地勢較高，可對前方的叛軍居高臨下，唐軍占據了地理優勢，而且身後又有林木作為隱蔽，讓敵軍摸不透底細。郭子儀下令，以安西名將李嗣業統領前軍，以安西、北庭的西域兵馬為主力；郭子儀親率中軍，以朔方兵馬為主力；關內行營節度王思禮統領後軍，以隴右、河西兵馬為主力，居高臨下，安營紮寨，結陣相抗。

一邊是號稱天下雄兵的大唐西北各鎮兵馬，一邊是掃蕩中原各路州郡的東北各鎮叛軍，兩邊都是大唐全盛時期的精銳之師，此時代表不同的陣營，開始了王牌對王牌的較量。

叛軍首先出擊，悍將李歸仁率軍出戰，向著官軍前軍發動了衝擊。官軍也不示弱，迎頭反擊，重步兵披堅執銳，反推回去，一路擊潰了出擊的叛軍。旌旗搖動，官軍的方陣繼續前推，向叛軍本陣靠近。

02　香積寺合戰

　　叛軍大陣戰鼓隆隆，各路方陣一起殺出，一舉逼退了豬突而前的官軍方陣。官軍開始向後退卻。這時，馬蹄聲震動地面，叛軍的重騎兵出擊了。

　　重騎兵，一直是軍隊中的王牌部隊。從魏晉南北朝到隋末，重騎兵已經發展到了一個高峰，從士兵到戰馬全都披掛鐵甲的具裝甲騎一度成為戰場上令人聞風喪膽的存在。但是到了如今，重騎兵已經很少出現在唐軍的戰陣中了。之所以會如此，是因為重騎兵有個致命的弱點，那就是會給軍隊帶來沉重的後勤壓力。

　　百餘年來，大唐都是以外戰為主，內戰較為罕見。對於突厥、高句麗這樣的對手，重騎兵並沒有太多的用武之地，自李靖滅東突厥以來，唐軍發展出了以輕騎兵長途奔襲、打贏快速殲滅戰的新型軍事思想。而後在對抗吐蕃、西域諸國的戰爭中，也都是長跨度、遠距離作戰，唐軍騎馬奔襲，然後下馬步戰，即使有騎兵，也都是以輕騎兵為主。原因沒有別的，只是因為重騎兵不符合外戰的需求。

　　然而，自天寶年間，東北邊軍在安祿山的主導之下，訓練出了一支裝備精良的重騎兵——曳落河。曳落河以同羅騎兵為基礎，勇猛非常，而且是安祿山的私人武裝，軍中之人都是安祿山的乾兒子。靠著曳落河，向來不以騎兵見長的東北邊軍硬是在後來的叛亂中憑藉騎兵所向披靡。此時安祿山已死，安慶緒繼承了皇位，曳落河也就成了安慶緒的私人武裝。

　　戰場上衝來的重騎兵隊裡，有大量的曳落河戰士。官軍們在去年的陳濤斜之戰時就聽說過曳落河的威力，此時方才真正見識到。叛軍重騎兵披掛重甲，衝入官軍退卻的方陣，無情地撕開了重步兵的防禦。官軍的退卻因此變成了潰敗，往前軍軍營混亂地退回。叛軍趁勢掩殺，一邊追擊潰兵，一邊搶奪毀壞營中的糧草輜重。

　　前軍營中，主將李嗣業緊鎖眉頭，眼看著面前的亂局，他對左右道：

第八章　兵臨天下—帝國反擊戰

「今日之事，如若不以死抵抗，那就又是一場全軍覆沒了！」只見他卸去身上的重甲，赤膊著上身，肉坦而出，手執一柄巨大的陌刀，站立於亂軍之前。

「我乃李嗣業，賊將受死！」李嗣業大聲吼道。他是要以自己的血肉之軀作為誘餌，引動叛軍的集中攻擊。

叛軍騎兵已經攻入了營寨，見到李嗣業這個活靶子，紛紛策馬衝了過去，準備收割人頭。就在這時，寒光閃動，最當前的騎兵連人帶馬被李嗣業的陌刀劈成了兩半。

當其刀者，人馬俱碎。

李嗣業壯碩偉岸的身軀如同鐵塔，猶如洪流中一尊不屈的砥柱，揮舞著陌刀，接連砍死了衝在前面的數十名叛軍騎兵。而在李嗣業身後，部下們紛紛聚集起來，以李嗣業為中心，手持陌刀，結成了新的戰陣。於是李嗣業呼喝指引，唐軍步兵各執長刀，如牆而進，用血肉之軀擊碎了叛軍重騎兵的衝擊。

前軍終於穩定了下來。身後的兵陣越來越壯大，李嗣業身先士卒，繼續帶領戰陣前推，衝在最前的叛軍望風披靡。

最初的交鋒，逐漸變成了慘烈的拉鋸。雙方一支又一支地投入預備隊，生力軍也逐個加入了戰場。

朔方軍，出擊！

隴右軍，出擊！

河西軍，出擊！

南蠻兵，出擊！

郭子儀作為指揮官，一點點地把手裡的牌打出去。西北兵雖然身經百戰，但叛軍同樣也是大唐軍事體系下訓練出的精銳。他們各自都熟悉對方

的戰法，只能用最樸實的方法硬碰硬地對戰，一點點投入各自的預備隊。一時間戰線膠著，始終不分勝敗。

「將鳳翔軍也投進去！」廣平王的眼睛漲紅著血絲，咬牙下令道。鳳翔度知兵馬使王難得奉命出戰，帶領麾下將士殺了出去。

鳳翔軍是皇帝直屬的御營兵馬，陳濤斜之戰後，中央軍損失殆盡，御營兵馬就只有這麼一點，不到萬不得已，是絕不會動用的。郭子儀知道，廣平王已經打出手裡攢的最後一張牌了。

御營兵馬進入戰場之後，立刻陷入苦戰，前軍裨將領兵陷入了敵陣之中。王難得帶領一隊人前去營救，卻被叛軍一箭射中了眼眉，時血流如注，垂下的眼皮遮住了眼睛。戰場危機，實際稍縱即逝，王難得一把拔去箭頭，扯掉肉皮，雖是血流滿面，但仍然奮勇作戰，不下戰場。

香積寺北原的激戰從上午打到下午，依然是難解難分的狀態。而這時，朔方左廂兵馬使僕固懷恩偵察到了一個關鍵的情報：唐軍大陣的東邊樹林中，埋伏著大量叛軍騎兵！

得到了這個情報，唐軍將領們吊著的一顆心總算是放下了。經過了兩年的交戰，郭子儀、僕固懷恩等朔方將領已經摸出了叛軍的一套固有打法：正兵吸引注意力後，再出奇兵攻擊官軍的薄弱環節，最終兩邊夾擊，取得勝利。郭子儀上一次攻打長安失利以及潼關之戰，官軍都是輸在叛軍的這套打法上。所以這次，郭子儀等人早就預料到叛軍會像上次一樣準備一支奇兵，打擊官軍的側翼，但是這支奇兵在哪裡、到哪去、打哪裡，都還不能完全摸透。如今，叛軍這張底牌被僕固懷恩發現了，那一切都好辦了。

僕固懷恩果斷帶領回紇騎兵，向樹林裡埋伏的叛軍騎兵出擊。

官軍缺少騎兵，回紇騎兵對官軍來說極為珍貴，而養兵千日，用兵一時，現在已經到了動用這支騎兵的時候。四千回紇騎兵衝向那支暴露了行蹤的叛軍，一番激戰，將其一舉殲滅。

第八章　兵臨天下—帝國反擊戰

　　勝利女神開始眷顧大唐將士們了，殲滅叛軍騎兵之後，僕固懷恩得到了一個千載難逢的戰機——叛軍的後方已經空虛，這個弱點明明白白地暴露了出來。

　　而唐軍也立刻抓住了這個戰機，主帥立刻下令，調集剩下的所有預備隊，殺到叛軍的陣後去！

　　僕固懷恩帶著回紇騎兵，還來不及整頓，立即向敵軍陣後進發。方才與叛軍交戰的李嗣業所率領的安西、北庭軍，激戰半日後因傷亡被友軍換下陣來，此時剛剛休整了一會兒，聞訊便立刻出發，重新加入了戰鬥。

　　叛軍沒有料到剛才派出偷襲的精銳騎兵會被全殲，直到被打到屁股時，才發現回紇兵和安西兵的行蹤，但已經太遲了。唐軍前後夾攻，叛軍終於支撐不住，全線崩潰。潰逃中，叛軍士兵被官軍夾擊掩殺，整個神禾原成了修羅場。

　　殺戮一直持續到傍晚酉時，六萬叛軍士兵被殺，傷者更是不計其數，其餘的叛軍倉皇逃入了長安城。

　　這個夜晚，城外的官軍都能聽見長安城內混亂的喧囂聲。僕固懷恩反覆建議趁叛軍兵敗未穩之際殺入城中，但廣平王李俶卻始終沒有答應，他的心裡，縈繞著另一樁心事。

　　趁亂殺入長安，會為這座國都帶來怎樣的浩劫？

　　城內是亂哄哄的敗兵，城外是魚龍混雜的各路聯軍，兩邊都不是什麼善類。更何況今日一番苦戰，將士需要勝利的犒賞。如今軍中入不敷出，哪裡有錢帛來犒賞將士？在混亂中進城，很可能會演變成無序的劫掠。長安的百姓們這幾日原本就已經生活在水深火熱之中，怎可讓他們又再平添一層苦難？屆時大唐收復一座滿目瘡痍的長安，又有什麼意義？

　　還有回紇人，據說當初皇帝答應過太子葉護，收復長安之後，土地城

池歸大唐所有,從叛軍那裡繳獲的錢財、奴僕都歸回紇。回紇只有四千人,若是滿足了回紇人,剩下十五萬大軍又應該用什麼來滿足?細想之下,簡直不寒而慄。

這注定是一個不眠之夜。李俶和元帥府長史李泌在一起,整整商議到了天明。天明之後,城中細作來報,叛軍主將安守忠、李歸仁等人趁夜逃走,長安已經掃乾淨屋子,等待王師的入城。

於是,香積寺大戰之後的次日,唐軍正式入城,長安宣告收復。

入城之際,李俶忽然在太子葉護的馬前下拜,求道:「如今剛剛克復西京長安,如果大肆進行搶掠,那麼在東京洛陽的人們就會為叛軍死守,難以再攻取。當初答應回紇的錢帛與奴僕,希望到東京後再履行約定。」

大唐的準皇儲向回紇王子下拜,這是開國以來頭一遭。太子葉護連忙滾鞍下馬,向李俶回拜,按照回紇最謙卑的禮節,跪下捧著廣平王的腳說道:「當為殿下立刻前往東京!」隨即也不入城,與僕固懷恩率領回紇、西域的軍隊從長安城南經過,在城外紮營,不再進入長安城。

連軍紀最差的回紇兵都放棄了搶劫,其他各路大軍更是沒有理由再去劫掠。一場全城的搶劫,最終消弭於無形。

聽聞這個消息的長安百姓,見到李俶後紛紛下拜,邊哭邊說:「廣平王真乃華夷各族之主!」

李俶能感覺到,長安百姓的這句話是發自真心的。

03 隱者歸隱,王者歸來

避難於巴蜀的日子裡,李隆基漸漸發現,他的權力正在一點點地消散。

權力有很多依仗,比如軍隊、經濟、財富等,可歸根到底,權力是人

第八章　兵臨天下──帝國反擊戰

心的對映。人們服從權力，只是因為權力扎根在了人心之中。李隆基御宇多年，天下士庶百姓無不服從，於是乎，他真的覺得自己就是權力本身。成為太上皇之後，李隆基保留了繼續頒發誥令的權力，以為可以憑藉自己的誥令繼續向天下發號施令，保留原本的皇帝大權。殊不知，一旦人心之中權力的幻象散去，李隆基不過只是一個畏縮怕事的普通老人而已。

這些日子，大唐的州郡經歷了一場用腳投票的過程。唐軍與叛軍的戰報緩慢地向州郡傳遞，人們知道了新皇繼位的消息，還知道了新皇正帶領朔方軍與叛軍艱苦卓絕地交戰。這個消息成了支撐大唐帝國繼續執行的希望。從遙遠的安西、北庭，到江南、嶺南，州郡們在權衡之下都接受了靈武朝廷，遵從它的詔令，接受它的指揮。

而來自巴蜀的太上皇誥令，則漸漸行不通了。

眾目睽睽，天下人看得很清楚，在此國難當頭之際，是誰率領軍民奮戰，又是誰拋棄了宗廟社稷，逃往了偏僻的巴蜀。百姓們的邏輯很簡單：誰真正在保護百姓，百姓就會擁護誰、支持誰。就像睢陽城破之時，張巡最後一次遙拜的方向，是向著靈武而不是成都的方向。

挫敗感自入蜀以來就始終伴隨著李隆基，他做夢也沒想到，這個開元天寶盛世因為他而成就，卻也因為他而灰飛煙滅。他不願意承認，天下的騷亂鬧到這個地步，是因為他的問題。可既然不是他的問題，那天下鬧到如此地步，又應該歸咎於誰呢？

李隆基認為，應該歸咎於宰相們。

他與給事中裴士淹談論過開元與天寶朝的歷代宰相們，在交談之間，李隆基直言不諱，對自己在位時的諸位宰相逐一批駁，毫無留情。除了有賢相之名的姚崇之外，其餘每位宰相都得到了李隆基的一句不客氣的評價。

宋璟？不過是沽名釣譽，販賣自己忠直之臣的人設而已。

張說？不過是一切從權，被動應對朝局罷了。

他按照時間順序，將宰相們一個個點評了下去。不得不佩服李隆基識人的毒辣眼光，他對每位宰相的評價，雖然刻薄，卻都切中肯綮。尤其是李隆基評價李林甫，說他妒賢嫉能，無人能比，安祿山之禍，最初還得肇因於李林甫當政的時候。

這時，對談的裴士淹不客氣地打斷道：「陛下既然知道，為什麼還要讓他當這麼久的宰相呢？」

這個問題，李隆基默然不語，無法回答。他知道裴士淹說得沒錯，當初是李隆基自己選擇了這些宰相們，而每一個選擇也都是經過了各種權謀與治國方面的考量。既然這樣，李隆基就要為自己當初的選擇承擔結果。

廣平王李俶和郭子儀指揮的香積寺之戰後，長安克復，李亨使人帶著告捷的露布，從鳳翔一路馳往蜀郡報告李隆基。消息所到之處，士民百姓無不歡欣鼓舞，而新皇李亨的威望也得到了進一步上升。

對於這個消息，李隆基和巴蜀中央的臣僚們也都是喜出望外。但與露布奏捷接踵而來的，還有李亨的「奏表」，要請太上皇李隆基回到長安，重新登基為帝。李亨表示，自己願意重新回東宮做太子，乖乖擔任老皇帝的儲君。這個說法，也與當初李亨登基時的說辭一致。但時移世易，看到李亨的這封奏表，李隆基卻陷入了恐懼之中。

李隆基確實已經到了年老昏聵的時候，但幾十年的政治經驗卻絲毫沒有隨著時間而一起消散。他對幽黯的人心實在太了解了，他的兒子李亨做了二十年的太子，無時無刻不受到他嚴密的控制，難道李亨真心願意乖乖讓出皇位，繼續做一個飽受壓力的太子？自他懂事起，他就知道這樣一個道理，這世上沒有憑空讓出的權力，也沒有白白得到的權柄。李亨與他雖

第八章　兵臨天下──帝國反擊戰

然有父子之情，但到底都是權力遊戲中的玩家，而權力場上終究沒有純粹的父子情。這輩子他經歷的父子相爭、兄弟相殘，還少麼？

而且李亨的這封奏表中，通篇都是虛偽的政治說辭、官樣文章，從文字裡，李隆基看不出什麼真心。縱然李亨真的願意做戲做全套，將皇位讓出來，也定然不可能將手中的實權拱手讓出，到時候李隆基就是一個傀儡皇帝，李亨則是實權太子。人為刀俎，他為魚肉，這番景象，真讓李隆基不寒而慄。

徬徨之中，李隆基食不下嚥，最終與侍臣商議後，照著李亨的奏表回覆了一篇同樣是官樣文章的「誥令」，大意便是：「你的功勞大，天子之位仍是交給你。你當留給我一個劍南道，供養我的起居，從此不再回長安了。」

李隆基不知道的是，關於李亨的這封奏表，一個月前在鳳翔也發生過一番爭論。

奏捷書在長安克復的次日就從鳳翔的皇帝那裡發往巴蜀，李亨同時下令跟隨大軍在長安的元帥府長史、他的好朋友李泌馬上到鳳翔，商議大事。一天後，李泌趕回長安，從李亨這裡聽說了這件事情，聽完之後李泌問的第一句話便是：「這封奏表還可以緊急追回嗎？」當李泌確認傳信的使者已經走遠，不可能追回來後，便說道：「太上皇定然是不會返京了。」

李亨大驚，忙問緣由。李泌只是回答：「情理之中，情勢之內。」

寫這封奏表時，李亨多半是真心想要太上皇回京的。因為如果太上皇始終留在成都，那南北兩個中央並立的局面便始終不能消除，李亨的皇位也就始終繚繞著「得位不正」的陰影。可是永王李璘案才剛剛過去不久，李亨對於他那個父親仍舊有心結未解，因此才寫出一篇滿口官話套話的書信來。卻沒有設身處地地想想，換做是他接到這封信，到底還敢不敢來長安。「那我們如之奈何？」李亨急忙問道。

「如今，便請陛下再帶領群臣寫一封『賀表』，用真情來打動太上皇，這樣便有希望了。」李泌答道。

於是李亨立即讓李泌起草。李泌揮筆寫就一篇，李亨捧卷而讀，讀罷，已經淚溼沾巾：「朕原本就是真心想把帝位復歸上皇。現在聽了先生的話，才知道自己錯在哪裡。」當即下令宦官帶著新的賀表入蜀。

「自馬嵬時，京畿父老請臣留下；後在靈武，群臣請臣晉位，都是勢不得已。如今終於成功克服西京，兒心中所思所戀，都是與父的晨省昏定之情，還請上皇盡快回京，讓兒能得以再次奉養，以盡孝心。」

讀著李亨再次送來的奏表，李隆基連日的憂懼這才得以平息，逐漸轉憂為喜。許久沒有進食的李隆基下令開飯，讓隨行的伶官與樂師奏樂起舞，宴請蜀中的臣僚。隨即下了誥令，確定了返回西京的日期，並派出使者通知在鳳翔的皇帝李亨。

成都的使者將太上皇的誥令傳達，李亨聞聽後大喜，高興地召來了李泌，親口將這個好消息告訴他，並且說：「這都是愛卿的功勞！」皇帝一臉的欣喜，沒有注意到李泌的神情卻微微有些落寞。

「陛下，如今既然各項大事都已經安頓妥貼，還請陛下恩准李泌，辭官歸隱山林去。」李泌請求道。

李亨萬沒想到好友會在這個時候提出辭職，怔怔地看著他，一時間說不出話來。

事情還要回到一個月前。那時，李泌為皇帝起草好請太上皇東歸的賀表後，被李亨留在了宮中。殿裡沒有旁人，只有他們兩人一起舉杯對飲。

從天寶十五載（西元756年）六月到如今，整整一年多的時間，他們衣不解甲，馬不釋鞍，直到現在，方才收穫了勝利的果實。這勝利既屬於總攬萬機的李亨，也屬於運籌帷幄的李泌。所以李亨將李泌留下，他們兩

第八章　兵臨天下──帝國反擊戰

人共同慶祝。二人都喝得大醉，然後同床而睡，像是二十多年前在東宮裡一樣。

他們不知暢飲了多久，忽然聽見門外一個尖銳的聲音道：「臣李輔國求見。」

李輔國是服侍了李亨多年的閹宦，這些年來李亨在東宮被四處排擠，李泌也被迫離開東宮，歸隱山林，李亨所能仰仗的，只有日夜共寢的妻子張良娣以及隨身的閹宦。李輔國便是其中最體己的閹人。後來李亨在靈武重建朝廷，李輔國有重要的擁戴之功。李亨在朝中根基薄弱，除了仰仗李泌這樣的舊交，主要靠的便是李輔國等熟悉的閹人。

這時，李輔國笑吟吟地走了進來，向著皇帝行禮：「聽聞李侍謀回來，輔國便趕忙過來，將宮禁中的符契與鑰匙交接於李侍謀。」

「宮中的契鑰，理應由中官執掌，李泌怎敢僭越。」李泌推辭道。

「長源（李泌的表字）說得沒錯，輔國，這契鑰你且留下！」李亨也贊同李泌的意見。李輔國諾諾連聲，禮畢便退了下去。

這已經不是李泌與李輔國的第一次照面了，自從李泌來到靈武，便與李輔國抬頭不見低頭見。但這一次李輔國來找李泌，更像是一場示威，暗自向李泌宣示自己在內廷的地位。李輔國與皇帝妻子張良娣（尚未封為皇后）過從甚密，遂於內廷漸成黨羽。幾個月前，李輔國與張良娣一起合謀，誣陷皇帝第三個兒子、建寧王李倓，導致李倓被皇帝賜死，這件事情讓滿朝文武都不寒而慄。

往後進入長安，李泌若要繼續留在中樞，勢必會與李輔國等內廷宦官，甚至是與張良娣出現更為尖銳的衝突。李泌歸根到底是清高而淡泊的修士，這種宮闈權爭雖然原理上與治國差不多，李泌也明白應該怎麼做，但他的內心卻十分抗拒這樣的蠅營狗苟之事。

03　隱者歸隱，王者歸來

對李泌來說，他已經完成了當初皇帝託付給他的任務，兌現了自己的諾言，如今也到了該急流勇退的時候了。

聽得李泌請辭的話，李亨默然良久，最終還是同意了李泌的請求，允許他前往南嶽衡山歸隱，但仍然為他保留三品俸祿的供養，並表示在朝中，始終會空一個位置給他。

顛簸著通過了漫長而險峻的蜀道，太上皇李隆基終於在至德二載（西元757年）十一月二十二日抵達了鳳翔，隨行的還有侍臣們和六百衛兵，內侍監高力士也在其中。李隆基下令六百衛兵卸去兵甲，解除武裝，將裝備留在鳳翔的武庫中，然後輕裝簡行，繼續往長安而去。

殿中監李輔國受李亨之命，帶領三千騎兵迎接太上皇的到來。

高力士聽說，如今李輔國權傾朝野，在朝廷黨羽遍布，權力遠甚於當年的高力士本人。李輔國曾是高力士的僕從，此番見到高力士，依舊保持著原來的恭敬。

在三千兵甲的護衛下，車駕繼續向長安出發。經過馬嵬驛時，車駕停下，李隆基在高力士的攙扶下，再一次眺望這片土地。馬嵬坡下埋著楊貴妃的屍體，但經歷了兵荒馬亂，連同驛館在內的各處設施都損毀嚴重，如今已然找不到當初埋葬的地方了。

高力士和龍武大將軍陳玄禮，都是馬嵬驛之變的參與者，高力士親手縊殺了楊貴妃，而陳玄禮則帶領了士卒們的兵諫，但李隆基也體諒他們的行為，若非高力士和陳玄禮的周旋，在馬嵬驛便不止是士卒起鬨殺死楊貴妃兄妹幾人而已了。這兩年在成都，高力士和陳玄禮依舊是李隆基最貼心的侍臣。

皇帝李亨準備了天子法駕，在渭水南的望賢宮迎接李隆基的到來。李隆基登上望賢宮的南樓，只見李亨已經換下了皇帝御用的黃袍，穿著大臣

的紫袍，在南樓前下馬，小步趨上城樓。李隆基也下了樓，父子兩人終於相見，哭在一起。李隆基解下自己身上的黃袍，披在李亨的身上。

這是個有著特殊意義的場景，南北兩個大唐中央朝廷，終於在這一刻宣告合流了。

但此時的長安，已經滿目瘡痍，國庫燒毀之後空空如也，連供奉著李唐歷代列祖列宗的太廟，也被叛軍付之一炬。李隆基只有在大明宮長東殿，面對臨時設下的宗廟靈位久久地哭泣。

他是締造了大唐最輝煌時代的帝王，但他締造的這些輝煌，已經隨著漁陽的驚天鼙鼓煙消雲散了。

這一天，李隆基在大明宮的含元殿接受百官的朝拜，親口宣告將國政交給新的皇帝。當日，他將大明宮交給皇帝，住進了興慶宮。這是當年他做宗王時居住的住所，如今兜兜轉轉，又回到了這裡。

04　詭異的勝利

至德二載（西元 757 年）十二月，范陽冰天雪地，寒風徹骨。「大燕」政權的范陽節度使史思明登城而望，只見城下黑壓壓地聚集著數萬敗歸的叛軍。敗軍中，有李歸仁所率的數千曳落河，還有同羅騎兵、東北各胡部蕃兵數萬人，他們雖然軍容不整，但隨身滿是沿途剽掠來的財寶家什，有的甚至還帶著三兩個男女奴婢，嘈雜聲中夾雜著被擄奴婢們的哭聲，還有軍漢們的喝斥聲，場面混亂不堪。

史思明派去的招攬使們正在敗兵中間重新為他們整編安頓，分發糧草物資。幽燕的嚴寒足以凍死壯漢和馬匹，這些敗兵們只能依靠史思明的接濟。史思明相信，不出數日，這數萬敗兵便能成為效忠於他的精銳武裝。

04　詭異的勝利

　　這些敗兵都是從新店的戰場上敗退回來的。「大燕」十五萬精銳，不知有多少折損在新店的戰場上。

　　長安克復後，唐軍沒有停留，繼續追擊叛軍，沿途奪回了潼關，逼近了「大燕皇帝」安慶緒盤踞的洛陽城。安慶緒調集洛陽所有兵力，連同長安撤回的敗軍，一共十五萬人，在陝郡附近的新店再次與唐軍決戰。在唐軍與回紇騎兵的合擊之下，燕軍再次大敗，屍橫遍野。

　　廣平王李俶、郭子儀攻入了陝郡郡城，而在東南方向，大唐的河南節度使張鎬也率領江浙、淮南各路唐軍收復了睢陽。洛陽的安慶緒已經陷入了被合圍之勢，不得不放棄洛陽，殺掉所俘獲的唐將哥舒翰、程千里，以及被俘的睢陽太守許遠，北上撤退到鄴城（今河南安陽），隨身兵馬只剩下了步卒千人、騎兵三百。幸好潁川的田承嗣、上黨的蔡希德等其他幾路人馬也匯聚到鄴城，使得兵力再度達到六萬人，安慶緒的實力這時方才恢復。

　　新店之戰中敗退下的敗兵，一邊沿途搶劫，一邊倉皇逃竄，一直逃回了他們的大本營范陽。這些敗兵大多數被史思明收編，只有同羅部因為素來與東北邊軍的關係不佳，所以拒絕歸附。於是史思明縱兵將其擊破，奪走了同羅部擄掠來的所有戰利品。

　　對於安慶緒，史思明殊不以為然。當初在安祿山麾下時，史思明是真心拜服安祿山，所以才跟隨他起兵的。可安慶緒又是個什麼東西？不過是個主意沒多少，話也說不俐落的小輩而已。如今史思明掌管著范陽與恆陽等地，這裡囤積著東北邊軍派系十幾年來累積的糧草與馬匹，又有最精銳的重騎兵曳落河，以及數萬從新店敗退回的蕃兵，再加上原本的范陽留守大軍，坐擁十三個州郡，擁有八萬多人馬，對安慶緒又有何懼？

　　這些年幽燕百姓們都說，「大燕」政權有「二聖」，其一自然是先帝安祿山，其二就是他史思明了。史思明雖然也是胡人，但不像安祿山那樣有

第八章　兵臨天下—帝國反擊戰

許多族人作為羽翼，他與幽燕的漢人家族關係更近。他娶的妻子也是本地豪族辛氏家的女兒。這一切，彷彿都注定了史思明會走一條不同於安祿山父子的路。

所以，當安慶緒在范陽屢次要求史思明派兵增援時，史思明直接假裝掉線，對安慶緒的調令置之不理。安慶緒沒辦法，便派出「大燕宰相」阿史那承慶和大將安守忠前往范陽，到史思明家門口來直接徵調。

阿史那承慶和安守忠在東北邊軍中的資歷不在史思明之下，這次前來，據報還帶來了數千精銳騎兵，顯然來者不善。可安慶緒畢竟是整個燕政權的皇帝，與史思明有著君臣關係，史思明不方便帶兵相抗。整個史思明轄區如臨大敵，卻又不得不放阿史那承慶和安守忠通行。

判官耿仁智冒死進言：「大夫之所以竭力為安氏效力，不如說是迫於安氏的威勢。現在唐朝中興，當今皇帝仁義賢明，大夫若能率部歸服朝廷，實在是轉禍為福的一條出路。」

東北邊軍的叛亂，主導者是安祿山等邊將派系，而邊軍將士中，嚮往大唐朝廷的仍然不在少數。這一點，史思明早已知曉，但此時耿仁智的進言卻啟發了他，心中一條計策浮現出來。

唐軍與安慶緒勢力在長安到鄴城的一線決戰之際，范陽也成了燕政權後方的焦點，匯聚了各方勢力派出的諜報人員，有安慶緒派來的，有唐廷派來的，甚至還有來自回紇、契丹、新羅等地方的間諜。其中，唐廷對范陽之偵伺亦未曾間斷。裨將烏承玼便是河東節度使李光弼派來的間諜。這時他也勸史思明說：「大唐已經復興，安慶緒就好似樹葉上的露水，難以長久。大夫何必與他一起滅亡！如果歸順朝廷，就可以洗刷掉以前背叛的過錯，真是易於反掌。」

相同的話從不同的人口中說出，意義是不同的。聽了烏承玼的這一番話，史思明已經摸出了唐廷的底牌，心中也就有了盤算。

04 詭異的勝利

范陽城外，阿史那承慶和安守忠率領五千勁騎抵達，遠遠望見史思明已在城下領著大軍列陣迎接。於是阿史那承慶命令停下，兩邊相隔一里之地，遙遙相對。

他們原本奉了安慶緒的命令，名為調集范陽兵南下支援鄴城危局，實際上是要效法古人「單騎奪帥」的計謀，趁史思明不備挾持住他，進而控制整個范陽的屯兵。然而眼看史思明大軍列陣，看規模有數萬之眾，顯然已經有了防備。他們只有區區五千人，硬碰硬絕對不是數萬大軍的對手。阿史那承慶和安守忠的計畫到現在已經失敗了。

這時史思明傳信說：「阿史那相公還有安將軍遠道而來，我軍將士不勝欣喜。但是我們邊兵向來怯懦，害怕相公您的精兵，所以實在不敢再前來迎接，希望你們的士兵收起弓箭刀槍，使范陽的士兵安心。」

這樣的形勢，只能拋卻正面對抗的想法，暫且與史思明周旋，以觀其變了。阿史那承慶答應了史思明的請求，下令偃旗息鼓。阿史那承慶與安守忠帶著少數親信入城，史思明早已在官邸的內廳擺下酒宴，眾人一起飲酒作樂起來。

觥籌交錯之間，他們不知不覺喝到了第二天天明。史思明做事滴水不漏，阿史那承慶和部下沒有找到任何動手的機會，自己卻已經醉了。天亮之後，阿史那承慶和安守忠在酒醉中醒來，卻發現身邊圍繞著全副武裝的范陽軍士，這時阿史那承慶才意識到，自己已經被史思明控制了。

而城外的五千勁騎，早已在昨天晚上被史思明派人收繳了武器，該遣散的發放路費遣散，願意留下的重賞之後收編，如今這支隊伍，大部分歡欣鼓舞地成了史思明麾下的精銳騎兵。

擒獲了阿史那承慶和安守忠，隨後的一切便都在史思明行雲流水的操作下逐一完成了。

第八章　兵臨天下—帝國反擊戰

　　首先，史思明正式派人上表唐廷，表示願意帶領麾下十三州郡歸降。皇帝李亨聞訊之後，欣然接受了投誠，封史思明為歸義王、范陽節度使、河北觀察使，一如當年叛亂前安祿山的官職。

　　其次（而且幾乎同時），史思明派人將常山太守張忠志召回范陽，另派心腹薛萼就任，火速占據了井陘關這處關鍵命脈。這一步棋的意思已經很明顯了，史思明是要防止河東的李光弼進入河北。只要保證河北的門戶掌握在自己的手中，那河北便可以繼續成為他的私人王國，唐廷休想染指。

　　然後，史思明進一步擴大自己在河北的勢力。他派遣兒子史朝義領兵五千進駐冀州，又派部將令狐彰去往博州（博陵）擔任刺史，逐一吞併這些原本效忠於安慶緒的地區。這時，朝廷派來撫慰河北州郡的內侍李思敬、烏承恩已經到達了河北，史思明便派兵護送宦官烏承恩，帶著唐廷的令旨在河北搞了個大巡遊，從滄州、瀛洲，到德州、深州，河北州郡在唐廷的令旨下立刻歸降，整個河北就只剩下鄴城（相州）一個州郡未曾歸附了。

　　然而只要井陘把守在史思明的手中，唐廷的官軍就不能進入這些歸降的州郡。這些州郡與其說是回歸大唐的懷抱，不如說是落入了史思明的手中。

　　和狠辣的安祿山相比，史思明更加深沉而機警。唐廷派來的宦官在史思明的熱情招待下，帶著「收復河北」的滔天之功美滋滋地回京覆命了，在皇帝面前極力誇讚史思明的忠心，皇帝於是更加寵幸這個歸降的叛將。而史思明也一步一步地按照自己的謀劃，攀登著他渴望已久的權力高峰。

　　這場亂局遠未停止，後人都知道，這場叛亂最終將以「安史之亂」的名號記載在史冊上。

　　為了慶祝大唐收復兩京與河北，第二年正月，唐廷下詔改元「乾元」。

04 詭異的勝利

只是天下百廢待興，天寶年間為了慶祝那所謂的盛世而搞的那些虛頭巴腦的東西，比如官員的稱謂，州郡的名稱，詔書裡通通將其恢復到開元年間的樣子。當初為了攀比堯舜的古制，將「年」改稱為「載」，以彰顯大唐已經進入了可以比擬堯舜的理想社會，如今再這麼稱呼，就無異於打朝廷的臉了，所以這一年恢復為「乾元元年（西元 758 年）」。

史思明歸降之後，河北進入了短暫而詭異的和平。儘管如此，河北終究是在形式上次歸了大唐，顏真卿也因此欣喜地找到了兄長顏杲卿的兒子顏泉明。顏泉明在常山城破後被史思明收留，史思明歸降之後，終於將顏泉明放回，叔姪二人這才得以相見。

他們在洛陽遍尋顏杲卿和顏季明父子二人的屍身。顏杲卿當初和袁履謙二人在天津橋外被凌遲而死，皮肉被寸寸剮下，慘不忍睹。但幸而有好心的洛陽百姓偷偷將顏杲卿、袁履謙的屍骨保存下來，這次終於被顏真卿、顏泉明找到。但顏杲卿之子顏季明卻是被梟首示眾的，所尋到的，只有一顆頭顱而已。

乾元元年（西元 758 年）九月三日夜，燈火昏黃之下，顏真卿飲下一罈苦酒，在微醺中提筆草擬著追悼姪兒季明的祭文，「維乾元元年，歲次戊戌九月庚午朔三日壬申，第十三叔銀青光祿大夫使持節、蒲州諸軍事、蒲州刺史、上輕車都尉、丹楊縣開國侯真卿，以清酌庶羞，祭於亡姪贈贊善大夫季明之靈……」

寫著寫著，壓抑於心中的悲憤再度潮水般湧來，姪兒顏季明往日的音容笑貌彷彿昨日。顏氏一門幾代人才濟濟，而季明又是小一輩中的佼佼者，儀表堂堂，文采出眾，如宗廟瑚璉、階庭蘭玉。但是，卻因為叛軍驟然掀起的滔天巨浪而走上了不歸路，他在叛軍面前寧死不屈，最終粉身碎骨。

「父陷子死，巢傾卵覆。」顏真卿寫到此處，已然是憤懣填膺，熱淚盈

眶。簡簡單單八個字，背後卻是一座城池的淪陷，和一個家庭的破亡。

他走筆如龍，書法卻因情緒波動而凌亂起來。此刻的夜裡萬籟俱寂，只有一豆燭火的微光，但顏真卿的心中卻猶如巨浪滔天。他恨，恨這些荼毒生靈的賊寇；他怒，怒這打碎了一切美好與繁華的禍亂。這幾年烽火連天，殞命的不只是自己的兄長和姪兒，還有更多正處於菁菁年華，本該成為下一代希望的年輕人。可這整整一代人，都毀在了野蠻人的鐵蹄與刀兵之下。

一篇〈祭姪文稿〉一氣呵成，寫到最後，已經是縱筆豪放，一瀉千里，沉痛悲憤之情，溢於筆端。而終筆之處，是他長長的嗟嘆。

嗚呼哀哉！

救救天下，救救孩子！

05　戰鄴城

乾元二年（西元 759 年）三月，細草微風，但卻遍地荒蕪。一個滿面風霜的中年男人獨自騎著一匹瘦馬，從洛陽而來，沿澗河向西而行。這是河洛地區最肥沃的一片農田，但沿途到處只見荒草與殘垣。農忙時節眼看要過了，但這些農田因為戰亂無法及時播種和耕種，這一季的收穫勢必將沒有指望，屆時只會有更為深重的饑荒。行不過五十里，男子抵達了新安縣城。進入縣城之後映入眼簾的，是一片末日般的場景。

偌大的縣城混亂不堪，喧譁四起，胥吏們手持棍棒和繩索，四處尋找著壯丁。可城中盡是老弱，所能索到的，只有一些根本不堪稱之為「壯丁」的老弱們。這些或瘦小，或年邁的男丁被繩子套著，全都不知所措，和他們的家人們哭成了一片。

05 戰鄴城

所有人的臉上都寫著倉皇和驚恐。鄴城傳來消息，大唐各路聯軍在前線慘敗，二十萬大軍瓦解潰散。原本眼看就要平定的叛軍，此時再度捲土重來，向著洛陽進逼。可官軍的精銳已經在鄴城前線覆沒了，東京洛陽又哪裡有足夠的兵力來抵禦？朝廷能做的，只有繼續在洛陽附近徵兵。

「打了四年的仗，在這個小縣城，哪裡還能徵得到丁壯？」中年男人上前，對胥吏說道。

「你是何人？」胥吏看上去與他年紀相仿，一望便知是個經驗豐富的老吏。這胥吏打量著他，雖然看上去有四五十歲的年紀，但一看就知道沒怎麼捱過餓，倒是個充軍的好壯丁。

「我乃華州司功參軍杜甫，有告身在此。」這個滿面風霜的中年男人，便是杜甫。一年前，杜甫因為上書為宰相房琯說情，觸怒了皇帝，被貶到華州擔任參軍的職位。這次他在洛陽聽說了鄴城戰敗的消息，便緊急出發趕回華州任上。

官吏有別，杜甫雖然是小官，但也是從七品的軍官，是華州軍區的重要參謀官，不是尋常不入流的小吏所能比的。因此胥吏不敢造次。「州府昨夜下的軍帖上說了，軍情火急，沒有壯丁，只得徵發中男去守東京城。」胥吏攤手道，「我等也是奉令行事不是？」

「可你們徵來的中男，又怎麼能守住東京？」杜甫看著眼前被徵來的男丁，很多都是毛還沒長齊的大孩子，躲在送行的母親身旁瑟瑟發抖。

胥吏也沒有回答，看著這些或瘦小、或肥矮的「中男」們陷入了沉默。澗河水映著橙黃的暮色嘩嘩地流淌，流水聲中繚繞著百姓們的哭聲。

一個瘦小的少年獨自一人，無人陪伴送行，孤零零地哭著。杜甫走上前，伸出手來為他擦去眼淚：「別哭了，孩子。再哭的話，眼淚就哭乾了。天地不仁而又無情，不要過度悲傷，徒然傷了身體。」

第八章　兵臨天下——帝國反擊戰

「前些日子還聽說，官軍馬上就要打贏了，怎生一下子說敗便敗了？」少年哽咽著問道。

杜甫被這句話給問住了。是啊，不久之前平叛的局勢還一片大好，杜甫還高興地寫下了「河廣傳聞一葦過，胡危命在破竹中」這樣的詩句來慶祝。不只是杜甫，甚至包括洛陽、新安的胥吏百姓們在內，都想不明白，為何大好的局勢，說敗便敗了呢？

半年前的乾元元年（西元758年）九月，九路唐軍向著叛軍最後的堡壘——鄴城聚集。這幾路大軍，包括了朔方節度使郭子儀、淮西節度使魯炅、興平節度使李奐、滑濮節度使許叔冀、鎮西及北庭節度使李嗣業、鄭蔡節度使季廣琛、河南節度使崔光遠，共七大節度使的主力大軍，河東節度使李光弼、關內及澤潞節度使王思禮也派出兵力支援。九大節度使，外加一路遠道而來支援的平盧軍，共計二十萬大軍。

這是十路大軍相互協同的大兵團作戰，勢必需要一個元帥來統一指揮。可二十萬大軍幾乎是唐廷的全部野戰部隊，這樣的一個統帥，對皇帝來說遠比一個安祿山、安慶緒更為可怕。原來的天下兵馬元帥李俶（此時已改名為李豫）已經被封為太子，要留守長安，不便領兵。而軍中最有威望的郭子儀、李光弼地位相當，很難選出一個元帥，皇帝也不放心將大軍的權柄交給其中任何一個人。所以，十路大軍索性不設元帥，只以宦官魚朝恩作為觀軍容宣慰處置使，沒有指揮權，僅負責協調各路人馬。

這幾路大軍中，有精銳的西北邊軍，有李光弼、郭子儀的朔方大軍，軍容強盛。雖然諸軍協調不便，但靠著郭子儀、魯炅、崔光遠、李嗣業的幾路軍奮勇殺敵，終於在衛州大破安慶緒的主力，斬殺叛軍三萬人，俘虜千餘。官軍順勢將鄴城團團圍住。

此時鄴城的安慶緒內部矛盾重重，又歷經數次敗績，精銳盡喪，士氣低落。官軍圍城之際，鄴城已經搖搖欲墜。

05　戰鄴城

　　但就在此時，范陽的史思明忽然撕毀了與唐廷的降表，率領十五萬大軍，分三路南下。先頭部隊以李歸仁為將，迅速攻占了官軍剛剛從安慶緒那裡奪回的魏州。

　　情勢一時間急轉直下。

　　官軍沒有統帥而導致的種種問題終於顯現了出來。面對史思明的到來，官軍應對遲緩，既沒有及時出擊，也沒有採取別的措施。宦官魚朝恩甚至還給郭子儀、李光弼使絆子，阻止他們調兵遣將。各個軍團圍繞著鄴城各自為戰，其中安西、北庭節度使李嗣業在攻城戰鬥中被亂箭射中，不幸去世。在圍城戰中，官軍無法有效配合，只能繞著城池挖了三重塹壕，引水灌城，而這場大水卻讓鄴城中想要歸降的將士出不了城，根本無法聯繫到官軍。

　　各路大軍後勤不統一，長期圍城之際，多路軍都出現了糧草不足的危機。而史思明又派兵在四周襲擾，搶劫官軍的糧草與牲畜。各路大軍從上一年冬天圍到下一年的春天，因為糧草短缺，已經到了快要崩潰的邊緣。

　　終於，養精蓄銳已久的史思明大軍終於出戰了。安陽河北一場血戰，官軍最終丟盔棄甲，落荒而逃。這本是一個完全可以避免的結局，要是當初李泌的計畫被執行，官軍直取幽燕，端掉史思明的大本營，這場叛亂在幾年前就能得到平息。可惜的是，所有大好機會都被朝廷浪費了，大唐在所有的可能性中，選擇了最壞的那一種。

　　這些殘忍的故事，杜甫沒有辦法和這個少年說。一個小鎮少年，又懂得什麼戰爭或權謀？杜甫只能和他說，「賊心難料，官軍不慎戰敗。不過孩子，你不要擔心，這次去守洛陽，可以就著原先的營壘就食，練兵也在東都洛陽近郊。差役並不勞苦，你只需按照命令挖掘壕溝，壕溝也不會深得見水。」

　　「那我們朝廷，能打贏這仗嗎？」少年睜大眼睛問道。

第八章　兵臨天下—帝國反擊戰

「這……」杜甫沉吟了一會兒說道，「朝廷必定是會贏的。官軍是正義之師，也愛護士卒百姓，一切都會順利的。」說到這裡，杜甫的眼眶不知不覺溼潤了，他對少年撒了一個謊，他隱隱能夠預料，這場戰爭將會更加殘酷，官軍的形勢也將更加艱難。官軍的精銳部隊已經敗在了鄴城外，洛陽門戶大開，必定是守不住的，這批新安的丁男也許將會成為拉鋸戰中的炮灰。

但留給這個少年一個希望，也許會更好吧。

送行勿泣血，僕射如父兄。

送行的人們呵，暫且不要泣血飲恨，前線的郭子儀郭僕射是個仁愛的將軍，他會像父親、兄長一樣對待每一個衛戍的士卒！

離開新安，杜甫繼續向西，行了兩日，來到了陝州地界。陝州連年饑荒，滿目可見蕭索的景象，荒蕪的淆函道上有狼群野獸出沒。天色已晚，沿途的館驛已經被戰火毀壞殆盡，杜甫在一個叫做石壕村的地方停下，投宿在一戶人家之中。這是個四口之家，家主是一對老夫妻，養著兒媳和一個嗷嗷待哺的孫子。

半夜時，杜甫被外邊急促而暴躁的敲門聲驚醒了。那是本縣的衙役來徵調勞役。黑暗中，老翁艱難地爬上牆根，繞牆逃遁。老翁逃出之後，老婦才步履蹣跚地走出院子，打開院門。

「老殺才，怎地這麼久才開？死哪兒去了！」剛一拉開門閂，衙役便猛地推門走入，當先甩了老婦人一個耳光，厲聲叫道。

老婦人痛叫一聲跌倒在地，許久才爬起來。衙役進來將各個房間搜了個遍，發現除了軍官身分的杜甫之外，就只有哺乳期的婦女和嬰兒，不由得懊惱道：「你家的人去哪了！」

「差人且聽，我家三個兒子，前些辰光被徵調去了鄴城，前日接到家中

大郎來信，說那一仗我兩個孩兒都已經戰死了。哪還有別的勞役能出？」

杜甫方才知道，這一家的孩子們，已經有兩個隕落在鄴城那場不幸的戰役中了。

這幾日道聽塗說，杜甫也逐漸知曉了鄴城之戰的大概——那日安陽河北的決戰中，史思明率領五萬精兵與官軍四路人馬殺成一片，雙方難解難分，慘烈無比。眼看郭子儀的援軍擺好軍陣殺來之際，卻忽然狂風大作，黃沙漫天，吹沙拔木，天昏地暗，能見度近乎為零。兩軍在狂風中相繼潰散，所有人馬亂做一鍋粥，叛軍往北潰退，官軍向南潰逃。其他幾路官軍還未交戰，見友軍潰退，也跟著往後逃，混亂中相互踩踏，死傷無數，就這樣丟棄了兵甲輜重，逃回了黃河南岸。一場浩大的戰役，最終卻落得個戲劇般的結局。

死者長已矣，存者且偷生。那場戰役中戰死的每一個戰士，身後都有這樣一個指望著他們的家庭，戰死者已經離開人世，而他們活著的家人，還要背負痛苦活下去。

衙役聽了老婦人的訴說，臉上微微現出一絲不忍之色，但仍是道：「妳看這村裡，誰家的兒郎沒有出征在外的？每家都要與我說一通故事，我這差事還做不做了？」他指了指屋內，「妳家幾個兒郎雖然去了鄴城，但老漢不是還在麼？朝廷徵發民夫到河陽應急，每一家都是要出人出力的！」

河陽，是如今官府守衛洛陽的最前線。安陽河北的慘敗之後，郭子儀收拾殘部，切斷了黃河上的河陽浮橋，退保河陽縣城，在那裡修築工事。

老婦人的臉上現出了恐懼的神色。她的丈夫是家中最後的男丁，要是也被徵發去做勞役，那這個家就真的要垮了。

杜甫在一邊想說點什麼，但終究沒有開口。他人微言輕，衙役又是奉令辦差，他沒辦法把錯歸咎於在場的任何人，甚至沒辦法歸咎於官府、朝

第八章　兵臨天下—帝國反擊戰

廷。雖然唐律中寫著，朝廷徵發兵役、勞役，要為每家每戶留下守門的男丁，可軍情緊急，前線確實需要大量民夫來服役，事急從權，官府想來也是萬不得已。真正有錯的，是這兵荒馬亂的世道。

老婦人從一開始激動的狀態中漸漸平靜下來，抬起頭，向差役道：「若是讓家中老漢去，那我們一家都沒辦法活了。還是讓老婦去吧！我這一個老婆子，雖不中用，但還可以去河陽，為大軍準備炊事，現在就可以出發……」

差役最終答應了老婦的請求，轉頭離開，去往另一家徵丁。老漢跑了回來，與老婦人做最後的道別。夜晚的石壕村依舊騷動不已，杜甫在隔壁聽著老婦與老漢輕聲交談，漸漸地，他們的低訴也杳不可聞，只剩下老婦與老漢的嗚咽，在黑夜裡幽幽作響。第二天天明時，杜甫動身出發，家中只剩下了老漢，而那老婦人，已在當夜隨差役離開了家。

道別只是默然，杜甫看著老漢麻木的臉，說不出更多的話。他只想到過去的這一晚上，不止此村，包括遠近數百里的所有村莊裡，都在上演著類似的生離死別。而這些生離死別匯聚在一起，最終成了難以言說的苦難。

這個國家已經承受了太多的苦難，而承擔著這一切並且負重前行的，正是這些無言的平民百姓們，他們心中的話語，又有誰人能為他們訴說？

從陝郡到潼關，又有兩百里的路程，杜甫的腳力馬力都不快，再加上沿途兵荒馬亂，行了數日方到。

這幾日消息傳來，各路官軍敗退之後，流亡的兵卒在河南各地一邊流竄，一邊搶劫，奔逃回襄陽、淮南等各路節度使本鎮，軍勢混亂不堪。只有李光弼等寥寥幾支部隊還保留有序的軍容。唐廷終於吸取了教訓，以郭子儀為元帥，統領各路節度兵馬。可郭子儀又因為得罪了觀軍容使魚朝恩，被魚朝恩向皇帝打了小報告，鄴城大敗的責任全都被推到了郭子儀的

頭上。郭子儀隨即被免除元帥之職,改由李光弼擔任。

史思明獲勝之後,在鄴城外的軍營裡誘殺了安慶緒,留下兒子史朝義在鄴城,自己率軍返回范陽。回到范陽之後,史思明便自稱「大燕皇帝」,改范陽為燕京,大封麾下叛將。

天下的局勢,再度變得迷茫起來。

杜甫來到潼關外時,整座關城已經變成了一座大工地。無數民夫在胥吏的督役下,辛勞地修造著新的防禦工事。經歷了多次爭奪戰,潼關已經殘破,官府唯有讓這些民夫加緊趕工,好建起新的關城。杜甫騎在馬上,見一個頭髮斑白的老吏正在樹下休憩,於是上前問道:「差人,這又是在修造防備胡人的工事麼?」

四年前,高仙芝、哥舒翰相繼駐守潼關,便大修過一次工事,那時杜甫正在長安為官,探親時恰好經過這裡。人類總是一遍又一遍地重複著同樣的事情,然後一次又一次地重蹈覆轍。這次修繕潼關之後,潼關又將會如何被叛軍攻破?杜甫不知道這個問題的答案,此時的他已經不再相信自己能看到朝廷最終平定叛亂的那天了。

老吏回頭看了杜甫一眼,感覺到了他黯淡的神情和一副憂心忡忡的樣子,站起身來道:「官人,且下馬跟我來看。」

杜甫不知何意,下馬跟著老吏往前步行了一段路,山路崎嶇,他們復行數十步,來到了一處山崖前,忽然豁然開朗,太華與首陽兩座大山並立雄峙,遠遠的黃河波濤如怒,整個奇偉無比的潼關就此盡收眼底。

在獵獵的風中,老吏指著前方的山嶺,大聲道:「官人看這關隘,高得與雲相連,連飛鳥都無法踰越。我世代就生長在這裡,從沒聽說過哪一次,潼關是在敵軍強攻時真的失守的。要是胡人叛賊再來,只要據守即可,何必擔心長安的安危?」老吏又往另一邊指道,「官人再看這條要道,只能留一輛車通過,要是情形真的緊急,只需持一桿長戟把守在此,便可

第八章　兵臨天下─帝國反擊戰

一夫當關，萬夫莫開！」

　　杜甫聽了，若有所思。這場「安史之亂」，每次的敗局都不是因為叛軍真的不可戰勝，而是朝廷連施昏招，當初若不是斬了高仙芝、封常清，後來又催逼哥舒翰出戰，便絕沒有後來的一潰千里，生靈塗炭。

　　老吏繼續道：「三年前在靈寶的桃林，將士們死得太冤了！一戰之中，不知多少人不明不白地掉進黃河，淹死變成了魚。」他看著杜甫，笑了笑，「官人一看便知不是尋常人，若是能碰見這裡的關將，可否為我們這些小吏們帶句話？就說城中的吏民和士卒們，人人都願意死戰守關。只望關將莫要像哥舒公那樣，白白折了我關中千萬人的性命！」

　　杜甫看著老吏的臉孔，那一刻忽然溼了眼眶 ── 那是一張經歷了滄桑與離亂的面龐，在風霜的摧折下溝壑縱橫，但從老吏的面容裡卻感受不到消沉，只有關中漢子的熱情樸實，以及蓬勃的希望。這些年，杜甫遊走在長安洛陽的顯貴門庭之間，見慣了顢頇的權貴、懦弱的公卿、傲慢的王侯、狂妄的將相，消磨了太多東西。而從這個老吏身上，杜甫忽然找到了曾經一度失去的自己。

　　那是帶著悲憫、又留著純真的勃勃剛強之氣，是這片土地上的人才有的百折不撓、九死無悔的意志！

　　這一路，杜甫見到了太多的生離死別，又見到了太多的真情實意。

　　暮婚晨告別，無乃太匆忙！那是前日剛剛新婚的丈夫告別了他的妻子，準備前往河陽從軍。臨行之前，新婦還在勉勵他的丈夫，不要為她擔心。

05 戰鄴城

鄴城之戰形勢圖

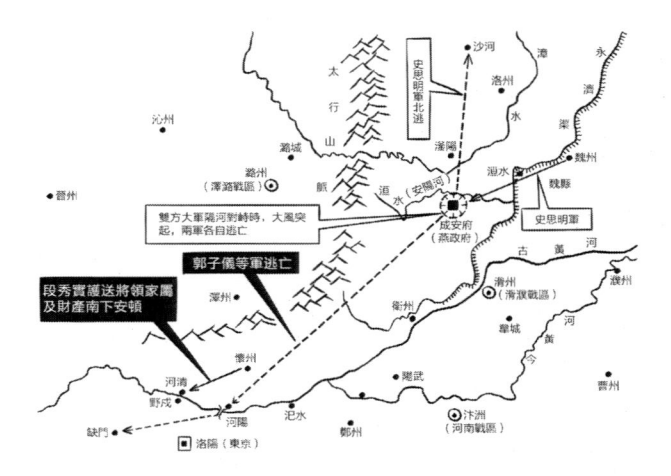

唐平安史之亂
第二階段：長安陷落～鄴城之戰

第八章　兵臨天下──帝國反擊戰

人生無家別，何以為蒸黎！他曾聽一個流浪者講述自己的故事，他從鄴城戰敗逃歸，卻發現自己的家鄉整個村莊都已破敗無人，家人喪盡，他真正成了無家可歸的浪子。此刻他只能繼續回歸行伍，再度踏上出征之路。

棄絕蓬室居，塌然摧肺肝。這是一個年邁的老者，子孫都已經死去，只留下病弱的老妻。他無可眷顧，便投杖出門，準備加入隊伍，為子孫報仇。臨行前，卻聽到身後老妻伏在地上的悲啼。老者強忍悲痛安慰自己的妻子，兩人互道分別前的勸勉，不知不覺已經淚流滿面。

萬國盡征戍，烽火被岡巒。
積屍草木腥，流血川原丹。
何鄉為樂土？安敢尚盤桓？

山河破碎，生靈塗炭，但是人們依舊不屈從於命運，要奮起抗擊。既然如此，杜甫又有什麼理由自我消沉？

他向老吏點頭告別，找回坐騎，繼續奔行。他相信，大唐有這些人在，便不會亡。

第九章
再造大唐 —— 劍外忽傳薊北收

第九章　再造大唐─劍外忽傳薊北收

01　第二個睢陽

　　乾元二年（西元759年）七月的子夜，河陽城。五百騎兵打著大唐的旗幟，在黑暗中來到了河陽城下。守門的唐軍緊張地看著城外的不速之客，緊急通報守城在此的兵馬使張用濟，但夜色正濃，主將都已經熟睡，如何來得及通稟？

　　「我乃新任朔方節度使、天下兵馬副元帥李光弼，是爾等的主帥！主帥要入城，何故還要通報？」城下是剛剛就任的李光弼，此時風塵僕僕，從原來的駐地河東趕來。只聽他語氣威嚴，沉聲喝道，「開城！」

　　城頭的守軍都知道這位名震西北數十年的名將，甚至有些人還是當年李光弼在朔方時的舊部。此時見狀，立刻打開了城門。李光弼也不停留，進入河陽城，領著五百騎兵穿過黃河浮橋，一路向南，往朔方軍大營而去。當夜，李光弼和他的部下們便進入了洛陽城外的朔方行營。

　　新官上任的李光弼，也許是大唐有史以來最難的一位元帥了。按照朝廷給的職權，他看似掌握了天下所有兵馬，但實際上，來到朔方軍大營之後，他除了自己帶來的五百騎兵，未必指揮得動任何一支其他的軍隊。

　　朔方軍這幾天的行為已經形同作亂了。幾天前，由於觀軍容使魚朝恩將戰敗的責任歸咎於郭子儀，唐廷免去了郭子儀元帥之職，召其回京。這一命令，引發了整個朔方軍的悲憤。鄴城之敗，明明是因為唐廷以魚朝恩排程各軍，導致大軍指揮混亂從而引發潰敗，此時卻要怪罪一個根本不是統帥的郭子儀。將士們素來愛戴仁義治軍的郭子儀，稱呼他為「郭令公」，此時聽聞消息，群情激憤，痛哭流涕，集體攔住了朝廷的傳令宦官，要求朝廷收回成命，留郭令公在軍中。

　　大唐建軍百餘年，第一次出現了普通士卒抗拒皇命，逼宮欽差的事情。

　　好在郭子儀是明智之人，在眾將士威逼欽差宦官的時候，假稱要送宦

官離開，趁機跨上駿馬，一溜煙地離開了軍營。

四年前，范陽軍反了，如今難道朔方軍也要造反？郭子儀走後朔方軍沒有主帥，陷入了無人統領的狀態，可誰也不敢來朔方軍營招惹。他們就像「薛丁格的貓」一樣，處於已反和未反的中間狀態，在李光弼到達大營之前，沒有人知道朔方軍是不是真的反了。

李光弼知道事情的嚴重性。安史之亂持續到現在，唐廷在軍中的威望已經嚴重受損，諸如「炸營」、逼宮這類事情，放在幾年前想都不敢想。過去在潼關大營，朝廷只要派一個宦官，就能直接進入帥帳，在三軍面前殺掉主帥高仙芝和封常清。可放到現在，你讓一個宦官去殺一個節度使試試？朔方軍問題如果處理不好，就會讓他們徹底造反，到那時候，大唐失去了平叛的中堅力量，後果將不堪設想。

好在李光弼自己也是朔方軍出身。當年名將王忠嗣曾有言，「它日得我兵者，光弼也。」把李光弼視為自己的繼承人。只是陰差陽錯，李光弼在安祿山亂後成了河東節度使，到了此時方才重新執掌朔方。面對朔方軍複雜的形勢，李光弼當機立斷，帶領五百騎兵深夜悄咪咪地摸進朔方行營，掌控節度使將印。重掌將印之後，李光弼做的第一件事情就是開會。他下令，讓朔方軍駐紮在河陽等地的主要指揮官立刻來朔方大營開會，當面聽取元帥的命令。

李光弼的將令傳至河陽，兵馬使張用濟並不打算聽從。前日李光弼在深夜趁他不備時過河陽、入朔方行營，這件事情令他十分憤慨。朔方軍又不是叛軍，李光弼作為新任節度使，連招呼都不打一聲就過了張用濟的防區，這不是把他們當敵人對待麼？張用濟還與其他將領商量，要出兵趕走行營中的李光弼，重新掃乾淨屋子等待郭令公回來。這個匪夷所思的主意竟然得到了相當一部分軍將的支持，只是在都知兵馬使僕固懷恩等人的勸說之下，這才沒有真的執行。

第九章 再造大唐—劍外忽傳薊北收

將令要求，張用濟要在某日前立即前來謁見。這個日子十分緊湊，張用濟要緊趕慢趕才能不遲到，習慣了郭子儀為將時寬鬆的軍紀，張用濟如何受得了這樣的節奏？遂拖拖拉拉地不去覆命。李光弼直接點了數千騎兵飛馳到張用濟的家門口，張用濟這才趕忙前去謁見。面對張用濟，李光弼的處理十分乾脆，直接宣布：張用濟違背軍令，開會遲到，按軍法處斬！

開會遲到一次就要殺頭，這也太可怕了。朔方將士們恐懼地看著遲到的張用濟當場被砍頭，一下子清醒了。李光弼素有治軍嚴格之名，果然不是瞎吹。鄴城大敗之時，只有李光弼的河東軍和王思禮的關中軍未曾潰散，就是依靠了嚴格的軍紀支撐。此時將令一傳，整個軍中的士卒、營壘、旌旗的精神氣兒瞬間變了。

《孫子兵法》說：將者，智、信、仁、勇、嚴也。一個名將，需要的是五種美德兼具。如果說郭子儀的優點在於仁，那李光弼的長處就在於嚴。有李光弼過去在軍中的威望為基礎，整個朔方軍大營終於承認了他們新的主帥。

李光弼再次下令：都知兵馬使僕固懷恩快來開會！僕固懷恩知道了厲害，立刻飛奔趕來，比要求的時間還早了一會兒。從此朔方軍中又有了開會提早到的良好習慣。僕固懷恩是一員悍將，既是僕固部領袖，又與回紇等其他鐵勒部族交情甚深，他掌管的鐵勒、蕃族兵馬，是朔方軍中最強悍的一支勁旅。所以李光弼對僕固懷恩尤為客氣。

他們二人攀談了片刻，須臾之間，鐵蹄轟響，卻是五百蕃部騎兵突入了營中。朔方軍營在李光弼的管理下防禦甚嚴，但蕃部騎兵直來直去，竟然暢通無阻地進入大營，來到了帥帳之前。李光弼聽到來報，一直沉穩的他竟也變了臉色。他這一瞬間的驚慌，既是因為見識到了僕固懷恩手下鐵騎的厲害，也是驚恐於僕固懷恩在朔方軍中根基的深厚。見到僕固懷恩的蕃兵，朔方大營的守軍竟然沒有按照李光弼嚴格的管理要求行事，直接放

了他們進來。要是將來僕固懷恩真的要害他，豈不是易如反掌。

這時，僕固懷恩氣定神閒地走出帥帳，大聲責備道：「都和你們說了不要跟著，為何抗命？」

「罷了，士卒跟隨自己的將帥，也沒有什麼過錯。」李光弼說道，然後下令殺牛置酒，招待這些蕃部騎兵。

雖然這場風波最後平穩地解決，可他們二人的梁子，也就此結下了。

艱難地重新控制了朔方軍，但李光弼所面對的形勢依然嚴峻。鄴城之戰後史思明同樣損失慘重，所以回到范陽稱帝，只要叛軍休整好，隨時都可以再次南下。可唐軍陣營中卻是一盤散沙，再也難以聚起來。

鄴城一敗，九大節度使潰退回各自的防區，紛紛用兵自守，從此成了一個個獨立的山頭。這些節度使，和開元年間剛剛設的那種只管軍事指揮，不管行政、財權的節度使，已經完全不是一回事了。圍繞著東京洛陽，潞州軍區的王思禮、濮州軍區的董秦、汴州軍區的許叔冀、鄭州軍區的季廣琛、河南軍區的崔光遠等節度使，全都手握兵權、政權、人事、財政、後勤等各項大權，作為元帥的李光弼根本沒有可以節制排程他們的抓手。

唯一能用的，只有李光弼手中唐廷頒發的帥印了。然而此時中央朝廷威望大減，節度使們願意配合則好，若是不願意配合，那李光弼手中的令箭也不過是一堆雞毛而已。

該來的，終究會來。乾元二年（西元759年）九月，史思明督率河北各路兵馬，再度大舉南下。又一場大戰在所難免。

然而，身為元帥的李光弼，根本無法調動兵力發起決戰。各個節度使擁兵自重，均不受李光弼的節制，在李光弼的一再催促之下，才慢吞吞地準備集結。史思明大軍一路南下，已經過了鄴城，黃河上的河陽浮橋有朔

第九章　再造大唐──劍外忽傳薊北收

方軍重兵把守，所以取道汴州（今河南開封），準備由此過河。李光弼囑附汴州軍區的汴滑節度使許叔冀，只要守上十五日，各路大軍便能趕來支援。

在李光弼面前，許叔冀一口答應下來。然而幾天後，剛與史思明南下的軍隊交鋒，許叔冀便帶領整個軍區，與黃河北岸的濮州軍區董秦一起投降了叛軍。

於是，史思明叛軍從汴州順利過河，殺向鄭州，洛陽已在眼前。

許叔冀過早的投降，打亂了唐軍全盤的計畫。如今各個軍區的節度使援軍仍在路上，有的節度使甚至根本沒有動身，這洛陽城如何守得住？

不過，李光弼終是老謀深算的名將，他早已經針對最壞的情況做好了應急預案。聽聞史思明叛軍抵達了鄭州，遂下令放棄洛陽。

洛陽對於大唐來說，不僅有軍事意義，更重要的還有政治意義。好不容易收復的大唐東京城，實在難以說放棄就放棄。判官韋損堅決反對棄城的主張，李光弼反問：「你要守住洛陽，便要有充足的兵力把守武牢關、登封、龍門等各個隘口。你是行軍判官，應該也知道，我軍如今有充足的兵力能做到這些嗎？」

韋損無言以對。

洛陽城的撤離行動開始了。李光弼數到軍令下達之後，全城忙碌起來。此時的大唐彷彿又回到了四年前封常清放棄洛陽城的時候，不同的是，如今大唐雖然動員出了兵力，各路唐軍卻已經成了一盤散沙。好在這次撤退不是一場潰敗，而是在李光弼策劃之下的一場戰略性轉移。

只是李光弼的計策究竟是什麼，大多數人都一無所知。

叛軍前鋒部隊擊破了鄭蔡節度使季廣琛的守軍，來到洛陽城廣莫門北的石橋前時，已經是日暮時分。叛軍在石橋外整頓隊伍，準備攻城，這時

城中竄出一隊舉著火把的騎兵，徐徐過橋，向北而去。

領軍的，正是天下兵馬副元帥李光弼，他率領從河東帶來的五百親衛騎兵，作為殿後部隊最後一個出城。這是李光弼親手訓練的河東勁騎，是千錘百鍊而來的精銳武裝，李光弼選擇親自帶領他們殿後。他們在石橋兩邊對峙，李光弼率領騎兵，緩緩向著叛軍逼近，隊伍嚴整，殺氣騰騰。

面對李光弼精銳無比的騎兵隊，叛軍也不敢貿然出擊，目送他們穿過石橋，向著北邊出發。叛軍一路緊跟，但不敢靠近。而唐軍騎兵則保持著防禦隊形，一直徐徐向前。從洛陽到河陽數十里路，叛軍最終沒有對李光弼的殿後部隊發動攻擊。

時隔不到一年，洛陽城再度陷入了叛軍手中。

但是，叛軍入城之後，才發現這是一座空城，李光弼早已調動兵力，護送洛陽城的百姓離開，並且把油料、糧草、鐵器等戰略物資運往河陽。九月二十七日，史思明的主力大軍進入洛陽城，可是在洛陽城裡卻什麼也沒有撈到。更讓史思明氣惱的是，李光弼沒有像當初的封常清那樣向西退回陝州，而是駐紮在了洛陽城北不遠處的河陽。

李光弼的計策，終於開始生效了。

洛陽城太大了，雖然有城牆，但叛軍與唐軍一樣，沒有足夠的兵力布滿整個城牆進行防禦。而不遠處的李光弼就像難嚼的牛皮糖一樣，始終纏在洛陽附近，隨時都會南下發起攻擊。不僅如此，環繞著洛陽的各路唐軍節度使兵力仍在，同樣也可以隨時發動進攻。史思明雖然得到了洛陽城，但卻陷入了唐軍的策略包圍之中，從主動變成了被動。

這也是李光弼不得已的辦法——他面對處處受制的難題，所幸不當這個做題家了，把問題丟擲來，丟給史思明去做！

接下來，史思明總算是體會到了處處被動的滋味。李光弼在河陽有兩

第九章　再造大唐—劍外忽傳薊北收

萬兵力，雖然弱於史思明的主力大軍，但足以固守。而史思明也不能全力進攻河陽，而是要分出兵力去防禦洛陽周圍的各路節度使們。史思明也是東北邊軍中難得一見的優秀指揮官，深諳「抓住主要矛盾」的道理，遂自己親率主力，猛攻河陽。但在李光弼的堅決防禦之下，沒有討到一點好處。

史思明麾下驍將劉龍仙在河陽城下挑戰，李光弼便派出裨將白孝德。兩將陣前單挑，兩軍鼓譟，白孝德將劉龍仙斬於馬下。

史思明又放出一千多匹馬在黃河南岸沐浴，引誘李光弼出擊。李光弼順勢而為，挑出五百匹母馬出城，一下子把那一千多匹公馬全都吸引了過來，收入了唐軍的囊中。

安史之亂時期兩京中軸線上的三據點

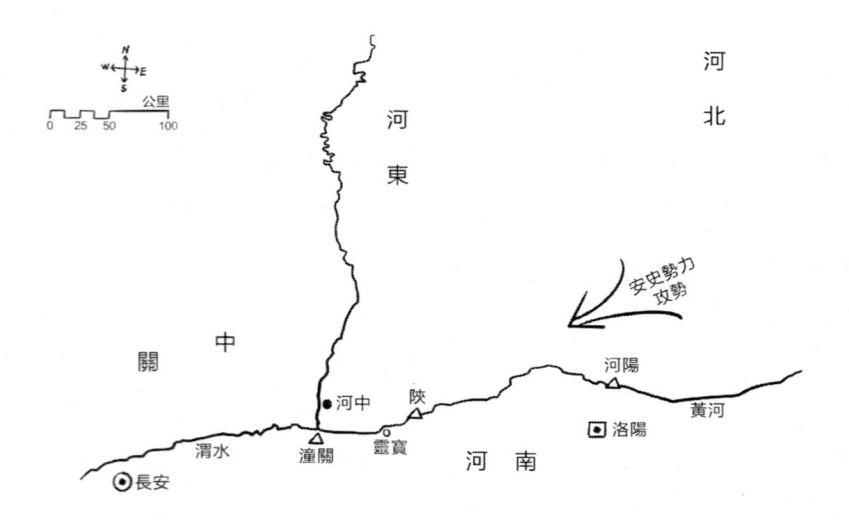

憤怒的史思明又在黃河上游設下數百艘戰船，放下火船想要用火攻突破浮橋。而李光弼輕易地破掉了史思明的火攻，然後在橋上擺出石砲，將叛軍火船打得落花流水。

叛軍的銳氣逐漸消磨在河陽的對峙上，形勢也變得對唐軍越來越有利。史思明多次率軍大舉攻城，但在李光弼的沉著應對之下，攻占河陽的圖謀最終破滅。原先在史思明攻勢之下被迫投降的唐將，比如原來濮州軍區的董秦，也得到了機會重新叛歸大唐的陣營。

天下的目光聚焦在了河陽，這座橫跨黃河南北的小城，像是另一座睢陽城，牽制著史思明擴張的大軍。

02　太上皇，請挪個位

回到長安後的太上皇李隆基，正式開始了退休生活。他住在城東的興慶宮中，那花萼相輝樓依舊，梨園子弟依舊，妃子之中雖然沒了楊玉環，但也不缺年輕貌美之人，一個名叫如仙媛的宮人變成了李隆基的新歡。有時還能會一會他同父同母的妹妹玉真公主，兩人一起說說話。李隆基和很多退休人士一樣，閒來無事便沉迷曲藝活動之中，與高力士、陳玄禮一起安享天倫之樂，陶冶著自己的情操。

興慶宮與大明宮之間，有一條與城牆平行的夾城做通道，皇帝李亨經常從夾城的複道，從大明宮來興慶宮探視，李隆基有時也從興慶宮前往大明宮遊玩。所謂「晨昏之戀」，莫過於此。

李隆基是愛權力的，但如今他已經年近八十歲，就算重新把權力從兒子李亨那裡奪回來，又能在手裡把持幾天呢？只不過徒然為這個大唐朝廷增加麻煩而已。所以李隆基明智地選擇了退隱，回歸天倫之樂。

漫長的壽命是上天給李隆基意外的恩賜，李隆基的身子不但沒有因為衰老而出問題，反倒越來越精神了。他經常在興慶宮南邊面對大街上的長慶樓登高望遠，樓下的百姓們每次見到了太上皇，都會紛紛下拜，高呼萬

第九章　再造大唐—劍外忽傳薊北收

歲。對於百姓們來說，李隆基就是那一段開元天寶盛世的象徵，和此時動盪不安的時局相對比，關於過去的盛世記憶便顯得更加珍貴起來。

尤其到了乾元二年（西元 759 年），皇帝李亨執掌的唐廷接連失策，導致了鄴城大軍慘敗、洛陽再度失陷的災難性結局，人們就更加懷念起太上皇李隆基在位時的歲月了。

回到長安後，李隆基的手下依舊對巴蜀地區保持著控制，劍南道的朝集使來長安彙報工作時，一般也都要先來拜見李隆基，然後才面見天子。不僅是劍南道的朝集使，李隆基的結交範圍還包括長安城的達官顯貴、文武官員，他們之中不少人都是太上皇的座上賓，受到了玉真公主和如仙媛的盛情招待。

到次年的上元元年（西元 760 年），朝廷的財政狀況還在進一步惡化中。皇帝按照主管財政的宰相第五琦的建議，鑄造大額銅錢，稱為「乾元重寶」，規定以一枚乾元重寶兌換五十枚尋常的開元通寶錢幣。這其實就是在變相印鈔，以應對日益嚴重的財政赤字，支撐朝廷龐大的平叛開支。這一做法，和歷朝歷代濫發鈔票的結果一樣，就是造成物價飛漲，糧食被炒成了天價，無數民家因此破產，天下餓殍相望。

雖然唐廷在第五琦的財政政策之下，奇蹟般地撐過了李光弼在河陽與史思明對峙的艱難時期，但民怨沸騰，已經到了無以復加的程度。皇帝只能撤掉第五琦的官職以平息眾怒，可原本那一套榨乾國民財富以支持平叛的政策仍舊實施，並未改變。

這一屆政府不行！百姓們如此抱怨。

當初南北中央並立時，兩邊都有各自的平叛規劃。李亨的靈武中央放棄李泌的謀劃後，選擇了按部就班收復長安、洛陽，然後再平定河北的路線；而李隆基到底是個雄才偉略的帝王，曾進行過一個更宏大的部署：由皇帝李亨、永王李璘一南一北，打擊叛軍的幽燕老巢。這一前行策略相比

之下更具有想像力。只不過南北並立最終以李亨的靈武中央勝出而告終，永王李璘兵敗身死，李隆基的計畫最終沒能實現。

和他的父親不同，皇帝李亨並不是雄姿英武的帝王。過去的二十年，是他在朝廷各界的壓迫下韜光養晦的二十年。也就是靠著這段韜光養晦的日子，李亨才保住了太子之位，並最終成功登頂為帝。歲月會塑造和改變人的性格，李亨本是一個溫和之人，成為皇帝之後，政策同樣趨於保守。

對於平叛史思明的工作，固然是要以唐廷當下的政治、軍事、財政狀況為基礎，但最高決策者的性格不同，處理方式也會大不一樣。

如果是太宗李世民來處理，他也許會親率朔方、西北的百戰之師，親自將史思明擒獲。

如果是高祖李淵來處理，他也許會讓兒子李世民率領朔方、西北的百戰之師，將史思明擒獲然後斬於鬧市。

如果是太上皇李隆基來處理，他在認真清醒的狀態下，也許會像原來的謀劃一樣，出兩路大軍，經由南北兩路，互有牽制、互有制衡，協力擊破叛軍，將史思明擒獲。

可現在面對問題的是稱帝不久、根基未穩的李亨，對於李亨來說，無論郭子儀還是李光弼，抑或是王思禮、崔光遠等其他節度將領，不僅僅是自己的臣下，同樣也是朝廷的威脅。鄴城之戰時沒有元帥，雖然李亨表面上說是因為李光弼、郭子儀地位相當，難分大小，實際上是存著一絲顧忌，害怕郭子儀或者李光弼成為元帥之後威望過大，成為像安祿山、史思明一樣的潛在叛賊。

李亨不敢信文臣，也不敢信武將，所能相信的，只有那些自年輕時就陪伴他的閹宦們。所以他不設元帥，反而讓並不了解軍情的魚朝恩擔任觀軍容使，做實際的指揮官。在京城，他也任用宦官李輔國、程元振掌握皇帝直屬的御營兵馬。

第九章　再造大唐——劍外忽傳薊北收

　　李輔國是李泌離開之後李亨最為信任的手下。在李亨的授意之下，李輔國建立了專門的特務組織——察事，每日監聽重要官員的言行，在民間打探各類隱祕消息，監視大臣們的一舉一動。

　　在察事們的報告中，門閥與百姓們對當今朝廷日益嚴重的不滿成了關注的焦點，太上皇日常與京中顯貴和京外高官們的聯繫溝通也漸漸浮出水面。對皇帝和朝廷的不滿正在一點點累積，逐漸成了李亨的統治危機。李輔國報告李亨：「太上皇與陳玄禮、高力士有一些不可告人的謀劃，將不利於陛下！」

　　李亨聽了，垂淚道：「父皇仁慈，怎麼會有那種事呢！」

　　李輔國則道：「上皇固然不會做那種事，但在他周圍的那些小人就難說了！陛下是天下的君主，應該為國家的前途著想，消除內亂於萌芽之時，怎麼能夠遵從凡夫之孝而誤了國家的大事呢！」話說到這裡，意思已經很清楚了，他希望對太上皇採取行動。

　　但太上皇終究是李亨的父親，要對父親做動作，李亨終究是下不了這個狠心。

　　皇帝沒有應承李輔國的建議，但李輔國已經明白了皇帝的心思，這件事情，是非做不可了。

　　都說一門裡，有人當面子，就得有人當裡子，面子不能沾一點灰塵。要是出了事情，裡子得收著，要是收不住，把髒東西潑到了面子上，那就是顏面掃盡的大事。皇帝是朝廷的面子，必須光鮮亮麗、一塵不染，必須文成武德、垂範後世，在道德上不能有任何汙點。但權力遊戲向來是個修羅場，是個虎狼窩，有些事情，必須要下狠手。要是真的萬事規規矩矩按照道德法度來行事，天下就早讓別人給取代了。這個時候，動刀子的事情，就得裡子來幫忙收拾了。

　　李輔國就是皇帝的裡子，他侍奉皇帝多年，對皇帝的心意最是了解。

皇帝不方便做的事情，李輔國便要出手，就算染上髒水，惹得一身羶腥，他也在所不辭。

哪怕要面對的，是曾君臨天下四十多年的太上皇。

興慶宮的水深，李輔國知道厲害，所以一步一步來。他先聲稱奉了上令，前往興慶宮取走了太上皇所養的三百匹駿馬，只留下十匹給太上皇日常取用。太上皇未曾繼位時曾經是禁苑的閒廄使，當初先天政變時，就是靠閒廄取來的數百匹戰馬武裝了萬騎軍，才順利入宮取得了真正的大權。如今李輔國直接入興慶宮奪走御馬，徹底斷了太上皇任何發動政變，重奪皇位的可能。

但是，興慶宮原本就在長安城東繁華地帶的興慶坊，周圍全是長安城各路顯貴的府邸。太上皇的手下們要和宮外的文武官員通訊，簡直不能更容易。只有將太上皇轉移到太極宮的禁苑之內，才能徹底絕了他們與外臣勾結、威脅皇帝權力的路。於是李輔國讓手下的軍官們集體向皇帝請願，請皇帝迎太上皇移駕太極宮居住。

皇帝回應得很巧妙，他的眼淚一滴一滴往下掉，嘴裡卻一個字都不往外蹦——既沒有說可，也沒有說不可，這也正是李輔國所預料的，有時候皇帝的不回應，恰恰是最重要的回應。這件事情之後，皇帝開始生病，不再與外臣聯繫。一切盡在不言中，李輔國知道，皇帝已經下了決心，把自己不方便做的事情交給了他。

上元元年（西元 760 年）七月十九日，李隆基騎上心愛的五花馬，在陳玄禮、高力士等隨從的相伴下，準備出宮巡遊。他雖然已近耄耋之年，但仍然筋骨強健，騎馬射箭不在話下。騎上馬時，李隆基彷彿又回到了五十年前銀鞍照白馬，颯沓如流星的樣子。

但是當李隆基帶領隨從出了興慶宮東南的睿武門時，卻發現李輔國帶領五百英武軍騎兵，擺開陣勢，擋住了李隆基出去的路。

第九章　再造大唐—劍外忽傳薊北收

英武軍是皇帝親衛，由殿前射生手組成，交給李輔國統領。唐廷自陳濤斜戰役後，中央朝廷直屬的禁軍幾乎全軍覆沒，在外平叛的只剩下了邊軍。收復長安之後，皇帝開始重新組建中央禁軍，從那些自靈武就跟隨他征戰的人馬中選取子弟，按照羽林軍的編制，組建了一支名叫「神武軍」的新軍。又選出騎射手一千人，組建了負責近衛的「英武軍」。李輔國之所以權傾朝野，就是因為皇帝將英武軍交給他來管理。

只見李輔國騎在馬上，似笑非笑地說道：「告知上皇一件事，皇帝覺得興慶宮潮溼狹小，故讓我等恭迎上皇，遷居西內。」他的話音剛落，身後五百射生手一起拔刀出鞘，露出了一點點森然的寒光。

李隆基大驚，這些英武軍公然在他面前露出兵刃，竟比當初在馬嵬坡時還要過分。他氣急攻心，差點要墜下馬來。

這時，一個高大魁梧的身影攔在了李隆基身前，正是相伴李隆基多年的高力士。高力士指著李輔國道：「李輔國放肆！何得無禮！」

高力士身為監門大將軍，又是李輔國的舊主，如今雖然已經八十多歲，仍然不減威嚴。李輔國和身後的射生手們，一下子都被高力士給斥退了。

「翅膀硬了，連規矩也忘了？」高力士繼續叱道，「太上皇面前，不知道下馬？」

李輔國臉色鐵青，但也不得不在高力士的喝斥之下，一言不發地下了馬。而五百射生手在李輔國身後，依舊手持出鞘一半的兵刃，相持在李隆基一行人的面前。

高力士與李隆基對望一眼，心裡都明白，這樣的陣仗，李輔國定然是不達目的不罷休了。可李隆基以太上皇之尊，如何能讓李輔國輕易逼迫？主奴有別，李隆基這次只要說一句急眼的話，那便是在閹宦面前狠狠失

態，白白損失了他的威名。所以高力士明白，此時此刻能站出來的，只有他。

別低頭，皇冠會掉；別服軟，李輔國會笑。李輔國是皇帝的裡子，那高力士便是太上皇的裡子。面子請客吃飯，裡子就要拔刀殺人，就算裡子渾身鮮血，也不能讓面子落上一絲灰塵。

高力士上前，對眼前的射生手們說道：「上皇有誥，諸位將士好生自處！」

將士們從李輔國那裡得到了眼神，收起兵刃，一起下馬，向李隆基拜了兩拜，山呼萬歲。

高力士轉頭看向李輔國：「你這奴僕，不是說要請上皇移駕西內麼？還不快過來為上皇牽馬！」

斥責之下，李輔國與高力士一起為李隆基手執轡繩，緩緩護送李隆基一行進入夾城的復道，從城東到城北，經過玄武門，進入了西內太極宮。

高力士在玄武門前被攔下，他看著李隆基慢慢走進太極宮時的背影，他知道，這也許是自己這輩子最後一次見到李隆基了。剛剛他當著眾人的面喝斥李輔國，使其顏面大失，定然不會為李輔國所容。方才是高力士一生中的輝煌時刻，他拚掉自己的前程，甚至自己的性命，保住了李隆基作為太上皇最後的尊嚴。

李隆基住進太極宮的甘露殿後，李輔國方才領著將士們退走，只替李隆基留下老弱侍衛數十人，陳玄禮、高力士，以及過去的宮人們，盡數被隔絕在外。從此李隆基喪失了與外界的一切交流機會。

九月九日的重陽佳節，李隆基孤苦伶仃地度過。幾天前，高力士被流放巫州，陳玄禮被勒令致仕退休，李隆基的新歡如仙媛被安置到歸州，玉真公主被強令居住在玉真觀內。皇帝李亨在這時才姍姍來遲地出現，帶著

些許的悔意，獻上了美酒佳餚，可是看著李亨送上的這一切，李隆基的心裡只剩下厭惡，他的身體也每況愈下。

他的身邊之人，已然全部散盡。這彷彿是命運的一個玩笑，五十年前，他發動政變，奪走了睿宗李旦的權力；五十年後，他手中的一切，也被自己的親生兒子奪走了。

03 被嫌棄的史朝義

事實證明，李光弼的平叛策略是有效的。從乾元二年（西元 759 年）到上元二年（西元 761 年）兩年的時間裡，李光弼以數萬人在河陽牽制了史思明的十幾萬大軍，成功地將被動挨打的局面扭轉了過來。

這個策略只有一個問題，很小但卻致命。那就是，費錢。

河南戰場是個無底洞，官軍與叛軍曠日持久地對峙，每天消耗的物資、糧草都是天文數字。而拋棄了汴梁、洛陽這些重要經濟區，並且整個河南加上部分河東、江淮地區陷入戰火後，唐廷又失去了極為重要的一部分收入來源。這些年來，唐廷的財賦一直仰賴江南的輸送，第五琦在江南橫徵暴斂，搞得民怨沸騰，就是為了保障唐廷有足夠的開支去平叛。

可是，羊毛也有薅完的時候，乳牛終有榨乾的一天，江南地區雖然在河南戰線的堅守下保持著和平，卻實在經受不住嚴酷的壓榨了。上元元年（西元 760 年），江南終於爆發了劉展之亂，隨後民變、起義層出不窮，朝廷終於受到了民意的反噬。連第五琦自己，也因為濫發貨幣的問題而被免職，隨後被流放嶺南。

河陽戰事仍在膠著，兩邊的後方經濟都已經瀕臨崩潰，此時到了考驗官軍與叛軍各自後勤實力的時候。這也是李光弼所謀劃的一環 —— 大唐

擁有更廣闊的經濟腹地,如果雙方要拚軍糧、拚後勤的話,大唐自信可以笑到最後。

而這時,駐守在陝州的觀軍容使魚朝恩聽說了一條消息:洛中的叛軍將士都是燕地人,因長期戍守洛中,思歸故鄉,軍中上下離心離德。魚朝恩果斷上報了這個消息,認為決戰時機已經成熟,官軍應當全面反擊。

對於這個問題,李光弼則不以為然。他在河陽前線,對叛軍的情況最是了解。叛軍遠遠沒有像流言裡吹得這麼不堪,他們很強大,不可輕敵。

而此時已經成為朔方軍副節度使的僕固懷恩卻上奏,同意魚朝恩的意見,主張出擊。

一同駐守河陽長達兩年,李光弼與僕固懷恩之間的梁子越結越大。李光弼是一個原則性極強的統帥,治軍嚴格,讓僕固懷恩和他手下那群桀驁不馴的蕃兵大呼難受。而僕固懷恩本人也厭惡李光弼的獨斷,明知李光弼的意見有理,卻偏偏要唱反調,提出不同意見。

有了前線副指揮官的支持,唐廷便立刻下令,準備出擊——如今唐廷的財政狀況,那是一刻也拖不得了。於是宮中傳令的中使一個接著一個來,督促李光弼出擊。李光弼不得已與僕固懷恩一起率領大軍出河陽城,向洛陽發動了攻擊。

上元二年(西元761年)二月二十三日,官軍抵達了洛陽城外。可在陣前,李光弼和僕固懷恩又為了布陣的戰略吵了起來。此時李光弼率領漢人部隊,依靠邙山險要的地形列陣;僕固懷恩率領蕃兵,在邙山下的平地上列陣。李光弼認為在山上占據有利地形,進可攻退可守,下令僕固懷恩上山列陣;而僕固懷恩卻認為山上不利於展開兵力,堅決不執行李光弼的命令。

當李光弼與僕固懷恩掣肘不一之際,史思明的主力大軍出現在了戰場

第九章　再造大唐—劍外忽傳薊北收

上，趁官軍還沒列好陣勢之際，發動了衝鋒。官軍還沒摸到洛陽城牆就大敗而走，死傷數千人。

李光弼、僕固懷恩率領敗軍丟棄大量輜重，北退到黃河北岸，堅守了近兩年的河陽城，就這樣落入了叛軍的手中。

北邙山下的這場戰役，表現最為突出的，是史思明的長子、「大燕」懷王史朝義。為了引誘唐軍出戰，他與父親史思明定了計策，派間諜在陝州散布流言，最終讓魚朝恩和唐廷信了燕軍軍心不穩的消息。後來在邙山作戰中，史朝義也勇猛作戰，帶領部下一干悍將，立下了赫赫的戰功。

史朝義滿心以為靠著此戰的功績，能從父親那裡得到應有的賞賜，哪怕是一句稱讚也好。可是到了父親面前時，迎來的卻只有冰冷的眼神。

史朝義在軍中多年，已經是能統率一支偏師的人物，在「大燕」政權中分量極重。但史思明是陰沉雄猜之主，史朝義在軍中越是受歡迎，就越是受到父親的嫌棄。他身為長子，卻始終沒有被封為「太子」，成為「大燕」名正言順的繼承人。父親更愛的，是「皇后」辛氏所生的小兒子史朝清，所以父親讓史朝清留守范陽，像胡人「幼子守灶」的習俗那樣，隱隱把史朝清作為繼承人培養。

對自己的長子，史思明依舊擺出平日裡那緊繃的臉色：「既然破了李光弼和僕固懷恩，我欲乘勝繼續向西，攻打關中。你可願為前鋒？」

史思明計劃的，是和當年的安祿山一樣的路線，將主力放在洛陽、長安一線，卻沒有考慮過往南占領富饒的江南。不過路線問題十分敏感，史朝義不敢置喙，此時父親有命，怎敢拒絕？自然是答應下來。於是他率領先鋒部隊沿黃河岸邊攻向陝州，而史思明親率主力大軍，從南邊的另一條道隨後跟進。

大唐名將以郭子儀、李光弼、王思禮、僕固懷恩為首，可這四人走的走，敗的敗，史朝義本以為拿下陝州不在話下。卻沒想到，他在陝州遇到

03 被嫌棄的史朝義

了衛伯玉所領神策軍的迎頭痛擊。

神策軍是隴右的一路勁旅，原本在河隴之地抗擊吐蕃。安史亂後，兩千神策軍奉調進入關中支援。隨著河隴之地被吐蕃大片蠶食，神策軍的本鎮已經落入吐蕃之手，於是唐廷將神策軍安置在陝州，對抗史思明的侵擾。這兩千神策軍人數雖少，卻是在西疆的冰天雪地裡歷練出來的百戰之師，戰鬥力驚人。史朝義與神策軍大戰一場，竟然不幸落敗。

史朝義退守永寧，卻聽說父親在聽聞自己戰敗時說了一句：「到底是個不能成事之人！」

當史思明來到史朝義軍中視察時，史朝義剛剛奉命建好了一座儲糧的城塞，做好在陝州與唐軍長期拉鋸的準備。史思明在城塞前走了一圈後，登時當著所有人的面，將史朝義罵得狗血淋頭：「蠢才，為何不在城塞上封泥！」

史思明歷來治軍嚴厲，任何事情都是一絲不苟。史朝義沒有按照築城的規定抹上固定牆面用的白泥，那簡直是一件不可饒恕的罪孽。他下令隨從騎在馬上，監督民夫抹泥，片刻之間便完成了這道工序。史思明查看無誤之後方才離開，離開之後，還狠狠地與左右說：「等攻克陝州，定要砍了史朝義這小子的頭！」

聽說了父親的話，史朝義十分憂懼，乃至於不知所措。這麼多年，史朝義沒有得到過父親一點點的關心，他始終是那個被嫌棄的人。而這回父親更是說要砍了他的頭——這麼多年為了父親累死累活地征戰，得到的竟然是這樣一個回報？史朝義聽說，當年大唐的太宗皇帝為父親到處征戰，父親唐高祖不將皇位傳給他，卻要傳給他的哥哥，李世民便發動了兵變，囚禁了他的父親。

當時與此刻如此相像，史朝義又當如何做？

在部下們的勸說之下，史朝義最終下定了決心。

第九章　再造大唐—劍外忽傳薊北收

史朝義的部下們動手發難時，史思明正在茅廁大便。忽然聽得外面殺聲大作，趕緊提上褲子，屁股都來不及擦，翻牆來到馬廄，自己套上一匹馬就往外面逃。逃不出幾步，被一箭射中了手臂，滾下馬來。

看著一擁而上控制住他的將士們，史思明卻想不出造反的究竟是誰，只好問道：「究竟是誰在作亂？」

「奉了懷王朝義的命令！」

這時，史思明才知道，是他的大兒子策劃了這一切。他想起自己說過的那些重話，懊悔不已：「我早上說錯了話，那是咎由自取。」

史思明的悲吼逐漸變成了嘆息，這些年他費盡心思，將安祿山死後「大燕」政權內部的各個部族、將領、山頭整合在一起，還得到了河北的漢人士族的支持，以一個河北之地對抗整個大唐，一路艱難取勝。他以為，再努力幾年，便可以真的推翻大唐的統治，誰知道這一切都在兒子的政變下化為了泡影。

自己的兒子自己知道，史思明太了解史朝義的為人了。這個兒子勇猛有餘，智謀計略卻十分欠費。史思明一直對長子十分嚴厲，動輒喝斥、責備，就是希望他能在自己的歷練下再長點心思，卻沒想到激起了史朝義叛逆之心。這個傻兒子啊！他在這時急著奪了父親的位，後面如何壓制得住軍中的那些悍將！史思明嘆道：「你們現在殺我，那是太早了啊！何不等我攻克了長安再說！」

七分靠打拚，三分天注定。史思明帶著遺憾，閉上了眼睛。

部將駱悅等人來報，已經擒獲了「大燕皇帝」史思明。史朝義聽聞之後，驚得摔倒在地上。他原本與部下們商議時，並不想真的傷害父親。是部下們以集體投唐為要挾，才逼迫了史朝義首肯，但前提是不要傷著史思明，軟禁他即可。沒成想，部下們二話不說，直接將史思明綁了過來。

東北邊軍素來剽悍，史思明父子當初便是「以下克上」，篡奪了原本是他們君王的安慶緒。如今史朝義的部下也仿效故事，裹挾主將史朝義做著悖逆人倫的行為。這樣的事情，在日後的藩鎮中會一次又一次地重現，如今發生在史朝義身上的，只不過是後來那個藩鎮時代的一次小小的預演罷了。

　　在駱悅等人面前，史朝義騎虎難下，只得默許了部下們的行為。史思明被駱悅帶到一邊勒死，像條落水狗一樣被裹在氈毯上，送到了洛陽。隨後眾將們擁戴史朝義在洛陽登基，宣布新的「大燕皇帝」即位。

　　一不做，二不休。史朝義已經突破了自己的道德底線，其餘的事情便再不用顧忌了。此時對他皇位威脅最大的，就是留守范陽的弟弟史朝清。於是史朝義寫信給留守范陽的阿史那承慶、張通儒，讓他們殺掉弟弟史朝清。

　　范陽城中，史朝清與「皇后」辛氏驟然被殺，打破了城內各方勢力之間的平衡。阿史那承慶帶領的突厥、粟特胡部，與依附於史朝清的契丹、奚、靺鞨、高麗等族蕃部，以及辛皇后娘家的幽燕本地漢人勢力交織在一起，最終引發兵戎相向，范陽城中大亂，阿史那承慶所率領的胡部被趕出了城，范陽各勢力對城中的粟特胡人開始了大肆的屠殺。但凡長得高鼻深目，像是胡人模樣之人，都會被范陽的城傍軍無情地殺死。

　　數月之後，范陽城門打開，城中的蕃部家族、漢人家族群龍無首，最終接受了史朝義新任命的范陽節度使李懷仙入城。而此時的范陽城中，所有胡部已經被全數殺戮，其他勢力也損失慘重。自安祿山以來便開始經營，養精蓄銳近二十年的范陽城，如今卻是一片凋零殘破的景象。

　　此時史朝義剩下的，只有荒無人煙的洛陽城，這裡方圓四百里已經沒有百姓的蹤跡。而「大燕」政權的各路節度使們，比如范陽的李懷仙、恆陽的張忠志，原本都是安祿山的舊將，與史思明同輩，史朝義召見他們，

第九章　再造大唐──劍外忽傳薊北收

他們多不前來，相互之間僅僅維持著名義上的君臣關係，不能為史朝義所用。

被嫌棄的史朝義，最終將失去他的一切。

04　玄武門兵變再現

上元三年（西元762年）四月初五日，太上皇李隆基結束了長達兩年的幽禁生活，駕崩於太極宮的神龍殿，享年七十八歲。

對於這位老皇帝，百姓們依然是愛戴的。四百多名蕃族官員抽刀劃破面孔、割去耳朵以示哀悼。

皇帝李亨為此大赦天下。被赦免之人中，包括幾年前流放巫州的高力士。高力士在返回途中聽聞上皇駕崩的消息，放聲大哭，嘔血而死。

李隆基在歷史上被稱呼為「唐玄宗」，後人對他毀譽參半，有人說他雄才偉略，締造了開元天寶盛世，將大唐帝國推向了最頂端；也有人說他晚年昏聵猜疑，鑄下大錯，最終親手毀掉了他與天下臣民造就的天朝。玄宗李隆基漫長的一生，是大唐帝國由衰復盛，又由盛轉衰的縮影，如今玄宗駕崩了，似乎也預示著一個漫長的時代，已經不知不覺地結束了。

太極殿是玄宗皇帝梓宮靈柩停放的地方，朝廷在此發哀，殿內一片哀榮。殿外，李輔國遠遠地望著這一切。

兩年前他帶領五百射生手，逼玄宗從他的南內（興慶宮）遷到了西內（太極宮），從此成了宮中最大的惡人。但只有李輔國自己知道，他所做的一切，都秉承著皇帝李亨的意思。對於玄宗皇帝，李輔國充滿了敬意，否則當時他也不會遵從高力士的呼喝了。此時，李輔國是最不方便進入太極殿的人，也只能用他自己的方式表達哀悼之情了。

04　玄武門兵變再現

一個瘦削的宦官不知何時躬身站在李輔國的身後。不用回頭看，李輔國也知道來者是內射生使程元振，於是開口道：「主上的寢疾如何了？」

「主上自開春就病著，如今因為聖皇駕崩而哀思過度，越發地嚴重了。」程元振答道，「方才主上已經在病中下詔，令太子監國，改元為寶應。明日，便是寶應元年了。」

聽了程元振的話，李輔國心中未免為之嘆息。宮中沒有人比他更了解皇帝的性格了，李亨其實是個極重感情之人，當初永王李璘被殺，李亨為此痛哭了許久。只是身為帝王，有太多不得已的地方，偏生需要鐵石心腸，做常人不能忍之事。而皇帝不忍做的事情，李輔國就必須要幫忙去做。李輔國做的所有事情都是李亨所默許的，包括強遷玄宗事件，也許是愧疚之心鬱結已久，此時聽說玄宗駕崩的消息，李亨為此一病不起。

「良娣那邊，有什麼動靜？」李輔國問程元振。

「正是為此事而來，要告訴五爹。」程元振低聲道，「張皇后那邊，動作起來了。」

李輔國排行第五，這幾年他權力越大，宗室貴人們都尊稱他一聲「五郎」，而宰相李揆更稱李輔國為「五父」。程元振是李輔國的晚輩，自然也對他稱呼得頗為尊敬。李輔國轉過頭來，顯得對程元振接下來的話頗為感興趣。

皇后張良娣曾是李輔國的合作盟友，當初二人聯手，把持朝政多年。只是這兩年，兩人嫌隙已生，在激烈的利益衝突之下，昔日的盟友已經形同陌路，成了暗自較量的仇敵。

程元振安插在皇后宮中的線人，將發生的事情告訴了程元振。原來皇后張良娣方才召見了太子，說李輔國與程元振二人掌握了禁軍，是他們的大威脅，所以要密謀除去李輔國二人。太子（也就是當初的廣平王）卻沒

第九章　再造大唐─劍外忽傳薊北收

有買張皇后的帳，只是推說，李輔國與程元振都是打靈武起就跟著的勳舊了，若是二話不說就殺掉這二人，平靜下來的後宮又要雞飛狗跳。張皇后的拉攏落了空，只得送太子出宮。

「好一條計策。只是想來良娣已經有辦法取我倆的項上人頭了？」李輔國問道。

「那便更有意思了。」程元振道，「太子走後，張皇后又召來了越王李係，向他道，『太子仁弱，不能誅殺賊臣，你能做到嗎？』越王李係自然答應說能。於是張皇后的命令一一落了下來，越王李係還在宮裡選了兩百餘名身強力壯的宦官，發給他們兵器和鎧甲，準備找個時機突然發難，將我二人的人頭給砍下來。」

「我方才聽說，良娣以皇帝名義，令太子明日即刻入宮。想來便是要在那時候控制太子，然後取我等的性命。」李輔國一邊說，一邊緊緊盯著程元振的眼睛，「良娣要砍我等的人頭，那可如何是好？」

「願憑五爺的馬首是瞻。」程元振拜道。

李輔國點了點頭，沉吟著說：「她不仁，那便休怪我不義。我們如今便動手，免得夜長夢多！」

四月十六日，太子李豫匆匆入了大明宮，他接到父親李亨的旨意，讓他火速入宮。不知道後宮的狀況，李豫一路心急如焚。

來到陵霄門時，李輔國和程元振已經在此等候多時了。李輔國悄然將太子引入偏僻處，將張皇后的安排一五一十地說了出來。然而太子心切，堅決不信李輔國所說的話，堅持要入宮探望已在彌留之際的父親：「皇上病重才召見我，我難道可以怕死不去麼？」

「社稷事大，太子萬萬不可入宮啊！」程元振急道。

「太子！」李輔國說道，「如果太子定然要入宮，那也要萬無一失才

是。請太子先去飛龍廄稍坐片刻，我等誓死保護太子，為太子入宮掃清道路！」

飛龍廄是李輔國多年前工作的地方，他將太子李豫安排在飛龍廄，同時安排精銳士卒保護。

當天夜裡，大事發生了。李輔國、程元振率領部下禁軍殺入皇后宮中，逮捕了在此盤桓密謀的越王李係，解除了李係的那支宦官武裝。占領皇后的宮殿之後，直接向皇帝李亨臥病的長生殿殺去。

長生殿裡，皇后張良娣正在此照看李亨的病軀，李輔國與程元振率領禁軍殺入，強行將皇后張良娣和隨從親信數十人趕入冷宮，幽禁起來。而此時的李亨已經進入昏迷狀態，整個長安城，再無人是李輔國的對手。

太子李豫在飛龍廄待了三天，身邊盡是李輔國手下的護衛。李豫在此，形同軟禁。他也正是此時才意識到，自己已經在不知不覺間落入了李輔國的彀中。

三天後李豫方才被李輔國派人護送進入宮裡，進宮之後，李輔國立刻讓李豫換上斬衰的孝服，準備發哀。看著身上的素衣，李豫悲憤交加，明白父親已經駕崩了。他竟然最終都沒能見上父親最後一面。

寶應元年（762 年）四月十八日，皇帝李亨駕崩於大明宮長生殿，距離玄宗李隆基之死，只過去了十三天。李亨駕崩後，追諡廟號為「肅宗」，大臣們感念李亨在兩京淪陷之際力挽狂瀾，維持了大唐的社稷。但是，肅宗李亨最終沒能在自己手上完成平定叛亂的大業，他曾有無數個機會解決這場叛亂，卻因為不必要的小心與猜忌，與這些機會失之交臂。他死後，留下了一片爛攤子，天下各軍鎮節度使的權力日益變大，不受節制，大唐朝廷的威嚴，正在一步步地喪失。

兩天後，太子李豫在李輔國的扶持下繼位。而李輔國自然權傾天下，

第九章　再造大唐——劍外忽傳薊北收

他對剛剛繼位的李豫說：「陛下只要安心在宮中住著便可以了，外邊的事情，老奴都可以處理。」

一直以來，李輔國都是李亨背後的影子，如今終於不再是影子，而是皇帝李豫所尊稱的「尚父」了。他在朝堂上肆意地長笑，卻沒注意身後，皇帝李豫注視著他的冰冷的眼神。

十月十七日，李輔國被發現死在了宅中。他的首級被人拿走，還割去了一條手臂。京兆府的人說，這是怨恨李輔國的盜賊所為，李輔國這些年在朝中樹敵很多，仇家入室殺人，倒也合情合理。皇帝李豫下令，刑部、大理寺緊急捉拿盜賊，同時用榆木刻了一個首級，安在李輔國屍身上下葬。

沒有人懷疑這是什麼意外，明眼人知道其中的祕辛，但卻不能輕易地說出來。

兩個黃鸝鳴翠柳，一行白鷺上青天。
窗含西嶺千秋雪，門泊東吳萬里船。

幾經輾轉，杜甫在成都安頓了下來。他在城西的浣花溪畔造起了一座草屋，帶著妻子兒女住了下來。多年以來四處為官，親人遠隔，已近五十歲的杜甫到了這時總算有了與妻子兒女在一起的安寧日子。

那一年，鄴城慘敗，杜甫從洛陽匆忙趕回華州。可到了華州之後，局勢依舊沒有見好。朝廷緊急徵兵，衛戍潼關和陝州，華州離潼關只有幾十里，自然成了集中徵兵的地區。大唐原本那套溫和的徵兵制度被拋棄在一邊，差役四處強抓壯丁。第二年，華州大旱，糧食顆粒無收，整個華州已是民不聊生。

此時的河南，朝廷正與叛軍艱難相持。李光弼在河陽與史思明相持，魚朝恩率領重兵把守於潼關，到處都需要糧草，可關中大旱，江南路遠，

又能到哪裡去徵糧徵兵？

杜甫實在不願意再做這樣的差遣，所以拋棄官職，帶著家人向西遷往秦州；到秦州後，也許是想起當年他曾有過數面之緣的李白，還有那句「蜀道之難難於上青天」曾令他對蜀地心馳神往，所以他又經蜀道南下，到達了成都。

當年李白與他暢談時，曾描繪過蜀地的景象。只是此人生性浪漫，說話酷愛誇張，杜甫有時也分不清真假。四川乃是四塞之地，中原的戰火還不曾燃到這裡。但朝廷財政吃緊，勢必在蜀地也加重了盤剝，百姓的生計已經極為艱難，完全不是李白所說的那個天府之國的樣子了。杜甫有散官官身，暫時不需要考慮納糧交稅的問題，但他收入微薄，日日要為稻粱謀，所以也只能攜家帶口地過清苦的生活。

但是暴風雨下，沒有一片葉子是安寧的。劉展之亂，使戰火波及到了江南。波斯、大食海盜趁中原內亂，從海上劫掠廣州，嶺南亂起。隨後，巴蜀也亂了起來。

玄宗駕崩的消息傳到成都，一直是玄宗親信的劍南兵馬使徐知道懼怕被唐廷秋後算帳，趁著劍南節度使嚴武回京述職之際興兵造反，並出兵扼守涪水、綿竹、劍閣等緊要城池。嚴武發兵平叛，卻受阻於險峻的劍閣，一時難以進入蜀中。

杜甫是嚴武的詩友，也因此受到牽連，為了避開徐知道的叛軍，只好帶著家人離開成都的家，逃亡奉節。

才安定了兩年，不得不再次開始顛沛流離的日子。

也正是這一年，暫且安棲在奉節的杜甫聽說了李白去世的消息。那是朋友輾轉寄來的書信，某個段落裡的寥寥數語，交代了他們共同的好友李白去世的事情，沒有前因後果，只帶了一點淡淡的惋惜。

第九章　再造大唐—劍外忽傳薊北收

　　詩人李白的晚年，失意而又落魄。他因永王李璘案而流放於夜郎，行到半路上時忽然得知朝廷大赦，幸運地獲得了自由。於是他朝辭白帝城，夕至江陵城，順著長江南下，一路回到了江陵的老家。

　　此時的李白是個赦免釋放的犯人，人人避之而不及，過慣了花錢如流水的日子，此時的他卻驟然陷入了貧困的境地。坎坷的命運摧毀了他的健康，當年意氣風發的飲中八仙，如今病弱無助，纏綿於床榻。過了一輩子仗劍流浪的日子，如今的李白只有兒子明月奴陪伴，在當塗縣掙扎度日。

　　大鵬飛兮振八裔，中天摧兮力不濟。
　　餘風激兮萬世，遊扶桑兮掛石袂。
　　後人得之傳此，仲尼亡兮誰為出涕？

　　這是李白在臨終前寫的最後一首詩。關於那些李白晚年的故事，都是杜甫後來輾轉聽說的消息。他與李白只有數面之緣，彼此還稱不上什麼至交密友，但是冥冥之中，杜甫彷彿感覺到，他與這位大他十來歲的瀟灑長者，有種說不清、道不明的精神關聯。

　　有人說，李白寫完這首詩後，得道飛昇，成了天上的太白金星。因為他原本就是天上下凡的謫仙人，來體驗世間百態，作下那些傳世的詩篇。

　　又有人說，李白在當塗城外的江上飲酒，大醉賦詩，忽見江心秋月白，便跳入水中捉月，不幸溺亡。

　　其實這些都是眾說紛紜的揣測罷了。也許李白只是在病榻上彌留，最終病重不治身亡。李白死後，他的兒子明月奴再也沒有出仕為官，而是埋頭庸庸碌碌過了一輩子，子女最後都娶了普通農戶做夫婦，他們的子孫甚至沒有足夠的教育程度去卒讀李白留下的詩篇。

　　真是一個平淡、普通且乏味的結局。

　　關於李白之死的傳言，不過是人們不甘心他那傳奇的故事有個這樣的

結尾，所以編出了諸多的說法，來彌補人們心中的遺憾罷了。

時代所翻出的漩渦，將所有人都捲入其中，也造就了所有人的悲劇。

05　可汗的南下

原野蒼莽，群山連綿。陰山之下的東受降城，兩百年前的武川鎮，如今依舊如當年那般古老而又蒼涼，沒有因為時光流逝而有什麼改變。回紇登里可汗率領大軍，正浩浩蕩蕩地前行。

那是寶應元年（西元762年）的九月，登里可汗收到了「大燕皇帝」史朝義的信。信中說，大唐如今遭逢國喪，玄宗和肅宗接連崩逝，正是人心不穩的時候，是以相邀回紇共同南下攻唐。

回紇歷來是大唐的藩國，數年前毗伽闕可汗在位時，還派了太子葉護率領軍隊入唐作戰，幫助抵禦安祿山的叛軍。太子葉護在香積寺、新店等幾次大戰中功勳卓著，被肅宗朝廷封為忠義王。只是鄴城慘敗後，入唐作戰的四千多回紇兵幾乎損失殆盡，隨後唐廷與史思明轉入僵持，回紇便不再繼續派兵。唐廷為了盡快平定叛亂，有求於回紇，甚至破天荒地允准了和親，肅宗選了他親生的二女兒寧國公主，嫁給了六十多歲的毗伽闕可汗。

一百多年來，大唐有過多次和親，但每次都只選取旁支宗室的女兒。當年強盛一時的突厥毗伽可汗甚至明言，只要唐廷選一個宗室女頂著公主的名頭出嫁，突厥便心滿意足了。突厥毗伽可汗把話說到這分上，唐廷仍然只派了一位縣主前去和親，讓突厥丟盡了顏面。

然而，如今的情況已經不同了。國家的外交終究是兩方根據自己的實力來與對方說話。這些年，毗伽闕可汗率領回紇汗國改宗摩尼教，剷除了

第九章　再造大唐——劍外忽傳薊北收

　　信仰火祆教的突厥殘餘勢力，利用摩尼教凝聚起了整個漠北各部，同時還將勢力範圍擴張到了同樣信奉摩尼教的中亞地區，國勢蒸蒸日上。而大唐則因為安史之亂處於內憂外患之中。寧國公主前往回紇後，毗伽闕可汗一開始還不太看得上，是當時的送親使好說歹說，才勸得毗伽闕可汗立寧國公主為可敦（正妻）。

　　時局變幻，一直與大唐交好的太子葉護因罪被殺，而原本只是一個普通回紇王子的登里可汗從父親毗伽闕可汗那裡繼承了這個日益強盛的回紇汗國。對於大唐，登里可汗不像死去的太子葉護那樣有感情，所以接到史朝義的邀請之後，登里可汗二話沒說就徵調了九姓鐵勒的兵馬，十萬大軍，南下伐唐！

　　登里可汗以代表著上天的「騰格里」為汗號。而這個汗號之所以特殊，不是因為十幾年前冒失地登位而成為各部笑柄的突厥登利可汗，而是因為那位鼎鼎大名、被九姓鐵勒尊稱為「天可汗」的大唐太宗皇帝。百年來，大唐皇帝一直以「天可汗」自居，在帝都統御著草原各部。登里可汗受夠這一點了，他之所以為自己上尊號為「登里」，其中也不無取代大唐在草原的王者地位的意思。

　　這一次，就是證明回紇能夠戰勝大唐的絕佳機會。

　　回紇大軍一路南下，路過當年大唐為了安置歸附的突厥部族修造的三受降城，又經過馬邑、雁門，進入了河東地界。在這裡，唐將郭子儀、李光弼的朔方軍與「燕政權」有過一番拉鋸。那場戰役已經過去數年，可滿眼依舊是一片荒涼破敗的景象。千里無雞鳴，路邊有白骨，殘陽如血，眼前的一切彷彿末日。

　　這便是小時候姆媽口中的那個強盛無比、繁榮富餘的大唐？登里可汗在心中冷笑。如今的大唐只不過是一具殭屍而已，憑他麾下這數萬回紇大軍，定然可以將唐軍殺得落花流水。

05　可汗的南下

　　唐廷派遣使者告知登里可汗，說當年的廣平王已經繼位，就是他與太子葉護一起收復了長安、洛陽，請回紇明白進退，及時收兵。登里可汗聽聞，只是冷笑一聲，根本不放在心上，繼續率軍南下，勢如破竹，沒過幾天，便抵達了忻州。

　　忻州有忻口天險，唐軍固守，回紇軍一時難以攻下。也就在這時，登里可汗等到了他要等的客人——朔方副節度使僕固懷恩。

　　僕固懷恩是內附的僕固部首領，也是九姓鐵勒中的一個部族。但除了這些關係，僕固懷恩還有一層更重要的身分，那就是登里可汗的岳父。當年僕固懷恩之女隨著寧國公主一起和親，嫁給了還是普通王子的登里可汗。僕固部與回紇部歷來是盟友，僕固懷恩是唐軍中統領蕃兵赫赫有名的蕃將，登里可汗對他仰慕已久。所以等到登里可汗繼位時，便立了僕固懷恩之女為可敦。

　　登里可汗在忻州城外拒絕了好幾批唐廷的使者，其實就是在等岳父僕固懷恩的到來。除了僕固懷恩，登里可汗並不想和其他使節多說什麼廢話。

　　唐人奸詐，已經灰飛煙滅的突厥汗國就是亡在唐人的詭計裡。那一尊闕特勤碑到現在還立在鬱督軍山下，警醒著草原部族。這次登里可汗南侵，對唐人的詭計懷抱著十足的警惕。唐廷使者一波又一波地到來，許諾將會給予回紇豐厚的賞賜，還許諾可以一起掠奪從史朝義那裡得到的戰利品，可登里可汗存著一絲警惕，非要等僕固懷恩到了之後再做定奪。

　　僕固懷恩來了，對登里可汗只是說了簡簡單單的幾句話：「唐家恩信，不可以辜負。」說完之後，僕固懷恩便匆匆離開，返回自己的防區。

　　有僕固懷恩的勸說，登里可汗立刻不擔心了，上表唐廷，表示願意為朝廷助陣，討伐史朝義。唐廷的殿中監藥子昂來到回紇大營，與登里可汗作最後的商議。

第九章 再造大唐—劍外忽傳薊北收

登里可汗希望,能從蒲州過黃河,經過潼關、陝州,再打一次新店之戰,占據洛陽,瓜分那裡的財富。

而唐廷派來的藥子昂開始了艱難的討價還價:「關中多次遭受兵荒,州縣蕭條,沒有東西可以供給,恐怕會使可汗失望。叛軍全在洛陽,請可汗從土門攻略邢州、洺州、懷州、衛州,向南進軍,得到各州的資財,用來補充軍備。」

聽了藥子昂的話,登里可汗不免有些厭惡。在藥子昂的口中,那些原本安居樂業的百姓,只不過是討價還價的籌碼。他哼了一聲,閉口不言。

見登里可汗不同意,藥子昂只好退一步,提出了他們早已準備好的妥協方案:「回紇軍可以沿著太行山南下,占據河陰,斬斷叛軍的後路。」這條路線沿途的州縣還沒有經歷過太多的戰火,對回紇軍來說,也是個不錯的搶劫路線。

然而登里可汗仍是搖搖頭。

藥子昂沒有辦法,只能丟擲他最後的底線:「回紇軍若是忠心,便從陝州過黃河,以太原倉的粟米為軍糧,與各路大軍一起進軍。」

登里可汗這時才笑了。僕固懷恩說得沒錯,唐人虛偽,竟然連說三個方案才把自己的底線露出來。太原城曾是大唐的北京,河東軍的大本營,物資儲備極為豐富,帶領回紇大軍去太原轉一圈,登里可汗所屬的鐵勒各部便將將可以吃飽了。

寶應元年(西元762年)十月十六日,唐廷以雍王李適為天下兵馬元帥,率軍匯合於陝州,準備向史朝義發動反擊。李適年幼,元帥大權掌握在副元帥手上。此時的名將郭子儀、李光弼都因為得罪了觀軍容使魚朝恩、程元振而盡數落選,副元帥的將印交到了僕固懷恩的手上。

李適已經二十歲了,過去的七年,本是他最為青春的年華,但卻在戰

亂中飽嘗戰爭和家國之痛，也親身經歷了戰火的洗禮和考驗。昭昭大唐，自開國到現在，到他已經是第八代，這些年裡，大唐最不缺少的就是年輕有為的青年貴冑，也正是靠一代代風華正茂的年輕人，大唐才始終有了希望。

到了陝州之後，李適決定，去黃河對岸拜訪駐紮在河北邊的回紇大軍。

李適曾見過他的姑母，那位前往回紇和親的寧國公主。大唐的威嚴在安史之亂中喪失，寧國公主雖然貴為肅宗皇帝的親生女兒，卻是多年來和親公主中最難熬的一位。回紇的毗伽闕可汗死後，傲慢的回紇人不理會寧國公主的身分，堅持以寧國公主沒有子嗣為由，要求她為毗伽闕可汗殉葬。寧國公主一個弱女子孤身在異邦，又如何能抗拒？只得說道：「回紇因為羨慕大唐的風俗，所以才娶大唐女子為妻。如果想遵從你們本來的風俗，何必要同萬里之外的大唐女人結婚呢！」說完便抽出刀來，割破了自己的面頰，頓時血流如注，已經分不清究竟是血水，還是她的淚水。

用刀割臉，是鐵勒人表達哀悼的方式，公主最終還是按照回紇的風俗作了犧牲，只是她那粉雕玉琢的容顏，卻被自己戳棄了。回紇人將寧國公主送還長安後，李適看望了這位姑母，她的臉上有一條又長又深的可怕傷疤，無聲地訴說著姑母在回紇部時悲劇般的經歷。

無法想像，寧國公主抽刀劃破面頰時，她的心裡會有多麼絕望。

李適帶著數十人渡過黃河，來到了回紇大營。見大唐元帥到來，登里可汗傲慢地說道：「你便是唐朝皇帝的兒子？見到回紇的可汗，為何不行拜舞大禮？」

讓天下兵馬元帥向可汗行臣服的禮節，簡直聞所未聞。現場的氣氛一下子降到了冰點。

一旁的藥子昂答道：「可汗錯了，這不是應有的禮節。」

第九章 再造大唐—劍外忽傳薊北收

「哼。唐朝天子與可汗已經結為兄弟，對雍王來說，可汗是叔父，怎麼能不拜舞呢？」此時說話的，是回紇將軍車鼻。

藥子昂據理力爭：「雍王乃是天子的長子，如今又是元帥。哪裡有大唐的儲君向外國的可汗行拜舞大禮的道理？」

李適原本想要與登里可汗商議日後行軍的問題，卻沒想到剛與登里可汗見面，便因為禮節的問題吵得不可開交。但禮節問題，卻是他絕對不能讓步的問題。李適這麼想，他身邊的藥子昂也這麼想，魏琚、韋少華、李進等隨行的僚屬更是這麼想，禮節不是小事，大唐百餘年的威名，絕不可以喪失在他們的身上。

爭了許久，登里可汗怒喝一聲：「夠了！」隨即下令道：「剛才吵吵嚷嚷的這幾個人，全都拉出去，各打一百鞭！」

藥子昂、魏琚等人被回紇兵拉出營外，用鞭子抽打起來。鞭子一聲一聲地傳來，也在抽動著李適的心。

「你這娃娃，年輕不懂事，且放你回去。以後有事，讓僕固元帥與我說！」登里可汗甩下一句話，便丟下李適回去了，李適滿心驚惶，怔然若失。這一回，藥子昂、魏琚等四位僚屬被打得不成人樣，魏琚等兩位被鞭撻的官員當晚便不治身亡。

這一件事情，深深地刻進了李適的腦海裡，他相信，這些挫敗的沮喪最終會化為激勵的力量，讓他通往功成的那天。只是二十歲的李適，此時還根本不知道自己將來顛沛的命運。

李適沒有與大軍出征，而是留在了陝州。幾天後，僕固懷恩與回紇軍為前鋒，陝西節度使郭英義、神策觀軍容使魚朝恩為後軍，大軍開拔東征。

決戰的時刻終於來了。

05　可汗的南下

　　寶應元年（西元762年）十月二十七日，唐軍抵達了洛陽北郊，逐一清掃洛陽周圍的燕軍勢力。「大燕皇帝」史朝義也明白，這是一番你死我活的較量，於是動用麾下精兵十萬，在昭覺寺列陣相迎。

　　昭覺寺前，唐軍重步兵方陣吶喊而前，對燕軍的陣形展開一波又一波的衝擊，但燕軍也訓練有素，雖然損失慘重，但陣形卻始終沒有動搖。魚朝恩也拿出了家底，派遣精銳的射生騎兵五百人奮力衝殺，燕軍雖死者眾多，陣勢卻仍如當初。

　　雙方逐漸膠著在一起，難解難分，只要有一方出現潰散的跡象，便會重演一遍鄴城之戰當日的情景。鎮西節度使（即安西節度使）馬璘大聲吼道：「事情緊急，上前！」自己單騎衝上，奮力出擊，奪下了兩塊盾牌，衝入燕軍的重步兵軍陣中，四處砍殺。

　　馬璘的突擊將燕軍陣形撕開了一個微小的口子，而這一點點機會，被後面跟上的唐軍抓住了。鎮西軍跟著馬璘的背影，衝入了燕軍陣形的缺口，原本就已經傷亡過高的燕軍支撐不下，潰敗開來。戰局終於出現了勝利的曙光。

　　燕軍敗退之後，轉戰到石榴園、老君廟一帶，卻再次慘敗，人馬互相踐踏，填滿了尚書谷。這一戰，唐軍殺死六萬人，捕獲二萬人，史朝義僅率領數百名輕騎向東逃竄。

　　東京洛陽的城門終於打開了，迎接唐軍勝利入城。

　　可是，遭逢戰亂，總算看到一些希望的洛陽城中的百姓，卻迎來了一次殘忍的洗劫。入城的是回紇軍，他們肆意殺掠，死者數以萬計，還在城中各處點火，整個精緻典雅的洛陽城，登時變成一片火海。

　　朔方軍入城了，神策軍入城了，英武軍入城了，鎮西軍入城了⋯⋯大軍相繼入城，卻都投入到了這場驚天的洗劫之中。人性中最為黑暗的一

第九章　再造大唐——劍外忽傳薊北收

面,到底在這血腥的場面下被激發了出來。安史之亂爆發的七年來,洛陽城屢次易手,卻從沒遇見過今日這般可怕的屠城。士兵們叫嚷著:「肅清叛軍餘孽!」卻隨意地把手中的戰刀揮向普通的平民。

這三個月,是洛陽城和周邊的鄭州、汴州等地最黑暗的日子。唐軍將這些地方視為叛區,任意剽掠。哭聲響徹四野,僅剩的百姓、僅剩的財物都被搶奪乾淨,連一針一線也沒有放過。已屆隆冬時節,百姓們只能以紙片作冬衣,艱難地捱過這個寒冷的冬天。

誰也沒想到,將這洛陽城百餘年的繁華徹底毀滅殆盡的,不是安氏、史氏的叛軍,而是這些打著王旗的大唐軍人們。

06　尷尬的勝局

寶應二年(西元763年)的春天,在杜甫奉節的小宅中,老妻在杜甫的身後,幫他盤起稀疏的髮髻。

烽火連三月,家書抵萬金。安史之亂以來,大唐的郵驛體系瀕臨崩潰,只能靠親友捎帶信件。尤其是這個群山之間的江邊小城,交通更為閉塞,杜甫所收到的家書都是數個月前寫的。但在這個通訊不便的時代,這數月以前的家書,也成了彌足珍貴的精神慰藉。

「露布!北邊的露布!」忽聽得外頭喧鬧起來,人們大聲歡叫著,不停地重複這句話。

露布傳信,就是將帛書掛在竹竿上,快馬傳至各地,每逢朝廷在前線有了捷報,都會派人露布傳至各地。只是這些年大唐的國勢因為安史之亂而中衰,已經許久沒有傳過露布了。杜甫起身出去,想聽聽這次是什麼樣的大捷,能讓朝廷再次以露布傳至天下。

06　尷尬的勝局

這時，整個小城都歡騰起來，人們奔走相告，想把這樣的喜悅傳給他們認識的所有人：

朝廷已經收復幽州！

史朝義自殺，叛軍覆滅！

天下終於平定了！

昭覺寺之戰後，官軍收復洛陽。僕固懷恩率朔方軍繼續追擊史朝義，連連取得大勝。大敗之後的叛軍，終於從內部開始瓦解崩潰了。從寶應元年（西元762年）末到寶應二年（西元763年）春，河北州郡開始悉數倒戈。鄴郡節度使薛嵩獻出相州、衛州等四州投降；恆陽節度使張忠志獻出趙州、恆州等五州投降；叛軍節度使田承嗣獻莫州投降，並送史朝義母親及妻子於唐軍。史朝義率五千騎逃往范陽，還沒到達，燕京留守李懷仙就獻出范陽城，投降了大唐。史朝義無路可走，部下全部散去，最後在逃往契丹部的路上被李懷仙率軍追上，在路邊小樹林中自縊而死，其餘部分叛將投降。李懷仙將史朝義首級獻給朝廷，正式投降。

歷時七年又兩個月的安史之亂，終於結束了。

杜甫聽到消息，略微呆了一會兒，心中激盪，竟然顫抖不已，喜極而泣。他回到房裡，迎面遇上了妻子，此時他們的興奮之情已經難以用語言來表達，兩人只是抱在一起，相擁垂淚，一起聽著門外的街巷上，路人們有的狂喜到嘯叫，有的敲鑼打鼓，放起了爆竹。

「真是好消息，我要馬上寫信給家裡！」杜甫說著拭乾眼淚，走到書桌前，卻一時不知該先拿筆還是先研墨，手忙腳亂，像個十幾歲的孩子。到最後，只有笑著拿起案上的詩卷，掩蓋難以自抑的心情。「這樣的日子，當浮三大白！」杜甫笑著對妻子說道。

他此時只想手舞足蹈，將這幾年心中的壓抑之情傾灑而空，他一連串

第九章　再造大唐—劍外忽傳薊北收

地說著，如同呢喃。此時他心中有數不清的話語要傾訴，卻不知從何說起：「河南平定了，我們就可以回杜陵老家了！我們找些同鄉作伴，過幾天便一起出發。走水路快些，從巴陵到巫峽，再從巫峽到武昌，再從武昌到襄陽，再從襄陽到洛陽……」

那時的杜甫，與天下所有聞知露布告捷的百姓一樣喜不自勝，卻不知道這場勝局背後，是一場骯髒的交易。

千里之外的河北軍營，僕固懷恩端坐於帥帳，接受歸降叛將的參拜。

「敗軍之將田承嗣，來向元帥請罪！」剛剛投降的莫州守將田承嗣約莫五十歲年紀，口中雖說是請罪，但腰桿筆挺，嗓音洪亮，絲毫沒有什麼愧悔的意思。

「若非田將軍將舊主史朝義的家小悉數送來我軍，史朝義也不會如此輕易地引頸就戮。你是有功之臣啊！」僕固懷恩說道，臉上沒有表情。

「元帥謬讚！」田承嗣答道。僕固懷恩特地提了「舊主」，大有譏諷田承嗣背棄舊主的意思，田承嗣顯然是聽出來了，卻裝作一副毫不在意的樣子。

這個老狐狸！帳中的唐軍將領心裡都如此說了一聲。

僕固懷恩素知田承嗣其人，在詭計多端、狡詐奸猾方面乃是一流。之前田承嗣跟隨史朝義退守莫州，見史朝義不肯投降，便欺騙史朝義北上前往范陽去搬救兵。史朝義將史氏滿門一百餘口全部託付給了田承嗣，田承嗣滿口答應。可史朝義前腳走了沒多久，田承嗣便帶領莫州守軍投降了官軍。而史朝義滿門家小，便成了田承嗣投靠新主的籌碼。

受降當日，田承嗣害怕不能保全自身，便詐稱有病，不肯出城。如此名為投降，田承嗣仍然實實在在地攥著手中的部眾。當時接受投降的，是僕固懷恩之子僕固瑒。僕固瑒知田承嗣狡詐，想要入城捉拿田承嗣。可田

承嗣謹慎無比，身邊隨時都有絕對效忠於他的衛隊做保鏢，僕固瑒愣是找不到下手的機會。這一次，田承嗣也是重金打點之後，才來到僕固懷恩營中請罪。饒是如此，謹慎的田承嗣仍然帶著精銳部隊，駐紮在官軍大營附近。

這樣的人，只要一日仍掌握重兵，就有可能成為新的亂源，斷不能留！如今田承嗣只帶了少數人入營，僕固懷恩安排下去，只要找到機會，便一聲令下，控制住田承嗣。到那時先挾制住田承嗣，再去逼降田承嗣的手下。

正如此計較之時，忽聽得營外的馬蹄聲轟然作響。僕固懷恩驚詫不已——回紇騎兵不在附近，究竟是什麼騎兵，能有這麼大的陣仗？

這時營保全來報，四周出現大量部隊，都是前不久投降的叛軍。那隊逼近的騎兵，正是已經投降的恆陽節度使張忠志。叛軍幾次戰敗，但仍保留著相當實力的幽燕突騎，而這些騎兵幾乎都在張忠志手上。張忠志率領恆州等地投降，更獻出了關鍵要塞井陘關。唐廷已經封張忠志為成德節度使，賜國姓，改名為「李寶臣」，把他當做大臣中的寶貝。

「卻忘了向元帥報告。這次田某已知會了李寶臣、李懷仙、薛嵩等人，大家約好了，一起來向元帥請罪。」田承嗣拱手說道，嘴角帶著一絲微微的笑意。

「既如此，便請他們入營！」僕固懷恩面不改色地說道。但他心裡知道，原本定下的捉拿田承嗣的計畫，已經不可能實現了。田承嗣如此有恃無恐，就是同樣的原因。他定然是擔心孤身入營不保險，於是拉住了四大降將一起來見僕固懷恩。四大降將如今掌握著叛軍幾乎全部的剩餘力量，縱使僕固懷恩有心要拿他們，也會投鼠忌器，顧忌著外面的大部隊而不能動手。

田承嗣這時拜道：「元帥剛平定史朝義，今後在朝中，仍有用得到我

第九章 再造大唐──劍外忽傳薊北收

等的地方。這次田某來，願與李寶臣、李懷仙、薛嵩一起，從此以元帥馬首是瞻。只求元帥能顧念我等苦勞，免了我等罪責，讓我等依舊留在軍中，為元帥效力！」

僕固懷恩盯著田承嗣，兩人對視，良久之後僕固懷恩方道：「你的心意我已明白，你等歸降大唐，都有功勞，我會表奏天子，為你等請功！」

他大步出帳，跨上駿馬，在轅門等待李寶臣、薛嵩等人的到來。

不久之後，唐廷下詔，任命降將薛嵩為相、衛、邢、洺、貝、磁六州節度使，後稱為「相衛節度使」；田承嗣為魏、博、德、滄、瀛五州都防禦使，後加封為「魏博節度使」；李懷仙仍在故地擔任幽州、盧龍節度使。三大節度使，加上原本已經任命為成德節度使的李寶臣，這些人掌控了河北全境，獨斷了管轄範圍內的兵、人、財、物。

「河朔藩鎮」，終於在唐廷的縱容下形成了。

河朔的州縣俱為藩鎮所有，身為河北元帥的僕固懷恩倒成了客人，只得收拾兵馬，緩緩地離開。

這場長達八年的安史之亂，雖然傾盡了整個大唐的力量平定了，卻一步步走向了最壞的結局。這八年間，朝廷曾有過多次機會，可以一舉剿滅叛軍，最終卻因為屢屢處置失當，錯失了大好時機，而來自天下各地的精銳軍隊，也白白地損失在河北河南的戰場上。到頭來，朝廷在史朝義敗死之後，不得不與剩餘的叛軍首領妥協，以藩鎮將帥的官職作為交易，換取河北形式上的和平。

「朝廷中有人說，父帥您自恃有功，傲慢不順。這次還樹立了田承嗣、李寶臣、李懷仙、薛嵩四員將帥，是因為害怕賊軍平定之後會失寵，所以養寇自重，讓田承嗣等人成為您的黨羽外援。」行軍路上，僕固瑒報告道。

「那你認為？」僕固懷恩反問。

06 尷尬的勝局

僕固瑒一時語塞。

「那你說一說，自我們出兵平叛以來，僕固氏一門，有多少子姪戰死於沙場？」

「一共……四十六人！」僕固瑒顫聲道。四十六名僕固氏子姪，全死在了討伐安史之亂的戰場上。僕固瑒說到這裡，忽然明白了僕固懷恩的心思。

「天下再也經不起戰亂了，我僕固一門，也一樣經不起戰亂了。」僕固懷恩嘆了一聲，便不再說話。

這八年，天下州縣殘破，生靈塗炭，不知有多少人慘死於兵荒馬亂之中。百姓再也經不起折騰了。而原本是鐵勒人的僕固懷恩一門，也為大唐流了太多的血。

如果能有真正平定天下的方法，那也還是留待明日吧！

從乍一聽聞官軍收取河南河北時的狂喜中平復下來後，杜甫才慢慢地看出了大唐這尷尬的勝局。這一年，杜甫還不知道，他這一輩子再也沒有機會回到洛陽和故鄉杜陵了。

往後的幾年，杜甫總是因為種種原因，羈旅在巴蜀各地。地方軍閥又乘時而起，相互爭奪地盤。杜甫之前入了劍南節度使嚴武的幕府擔任參軍，依託嚴武，因此不得不繼續跟著嚴武做事。在成都那所簡陋的草堂裡，他又住了很長一段時間。這裡夏天溽熱，秋冬時節又變得陰冷，難以擋風，廬頂茅草還時常被秋風所破，狼狽不堪。

那時杜甫的願望，就是能有廣廈千萬間，大庇天下寒士俱歡顏，風雨不動安如山。然而這個願望，就算是在開元盛世時也未必能成，在這個動盪的年代，就更是奢望了。

嚴武病逝後，杜甫失去靠山，不得不轉輾到其他地方謀生，幾年後終

第九章　再造大唐──劍外忽傳薊北收

於下定決心買舟南下。本想直達夔門，卻因病魔纏身，一路又是蹉跎了數月。

到達夔門時，已經是深秋時分了。他登上夔州城外的白帝城高臺，登高臨眺，滿目都是蕭瑟的秋江景色。

唐平安史之亂
第三階段：史思明起兵～安史之亂評定

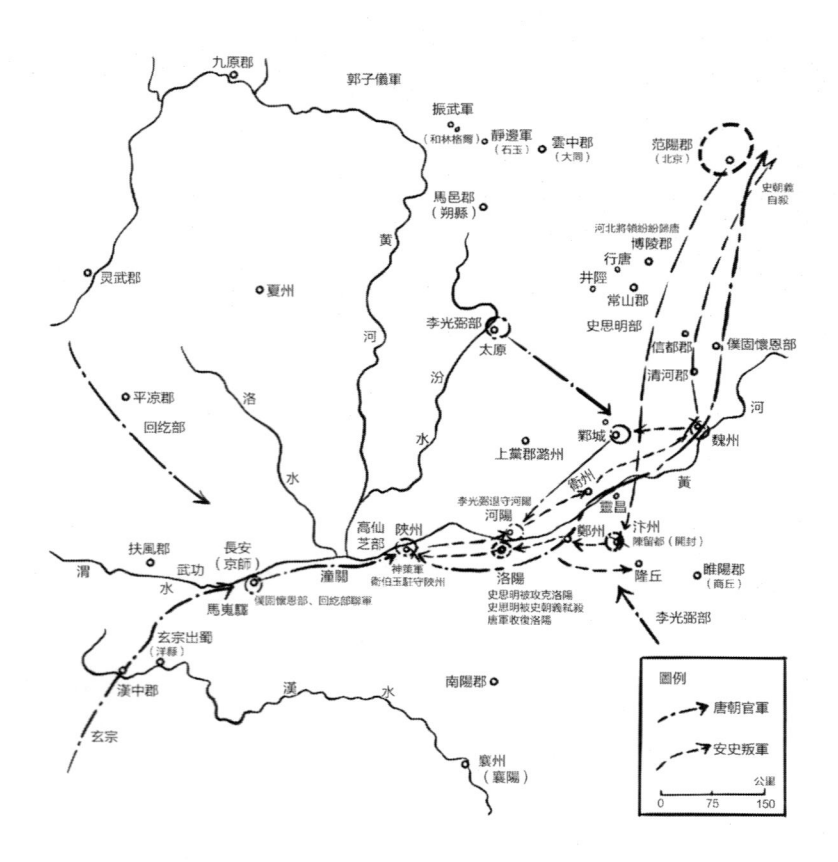

身世飄零，竟讓人腸斷至此。

他提筆寫下了那篇震鑠古今的格律。

風急天高猿嘯哀，渚清沙白鳥飛回。
無邊落木蕭蕭下，不盡長江滾滾來。
萬里悲秋常作客，百年多病獨登臺。
艱難苦恨繁霜鬢，潦倒新停濁酒杯。

寫完這首詩後不久，杜甫登上了離開的舟船。這些年的經歷已經讓他徹底看開了。縱使命運為他、為所有人帶來的都是無盡的苦難，他也要背負著這些苦難，繼續向前。

他的未來，就在永遠充滿未知的路上。

第九章　再造大唐─劍外忽傳薊北收

第十章
帝國何去 —— 征西車馬羽書急

第十章　帝國何去─征西車馬羽書急

01　皇帝的難題

可怕的安史之亂終於結束了，早已經滿目瘡痍的大唐總算有了一絲和平的希望。為了慶祝叛亂平定，唐廷下令改年號為廣德，征討史朝義有功的將領加官進爵，封賞食邑，各有等差。

可剛剛繼位不到一年的李豫，依舊笑不出來。

天下的局勢極為嚴峻，大唐原來的九百多萬戶人口，如今只剩下了不足一百五十萬戶，編戶齊民銳減到了五分之一，當年那個強盛的帝國，如今已經成了大病初癒的「東亞病夫」。既然是病夫，那誰都可以來踹一腳。安史之亂平定還不足三個月，吐蕃便大舉東征，殺入唐軍的大震關防線。

隴右、河西的防線，原有重兵把守，然而唐廷抽調了西北大部分精銳前往河北平叛，西線根本無力防禦。吐蕃輕而易舉地攻陷了蘭州、廓州、河州、鄯州、洮州、岷州、秦州、成州、渭州等地，隴右地區均為吐蕃占領。

吐蕃是唐廷的宿敵，趁著大唐生病時揮揮拳頭那也就罷了，這時連一向不敢仰視唐廷鼻息的党項羌人，也開始蠢蠢欲動，屢屢進犯關隴地區。

而李豫最放心不下的，並不是吐蕃、黨項這些外族，說實話，吐蕃再強，要是大唐集中力量認真應對，也根本沒有攻入大唐內地的機會。真正掣肘唐廷的力量、威脅大唐安全的，是那些平定安史之亂的有功將領們。諸如僕固懷恩、李光弼、郭子儀這些統御重兵的將領，都是管轄著大片州縣的節帥，對自己手下的將士說一不二。只要稍稍生出一點點不臣之心，誰也難保他們不會成為下一個安祿山、史思明。

如果說，吐蕃、党項是大唐的肘腋之患的話，那僕固懷恩、李光弼、郭子儀這些軍頭們，甚至包括剛剛投降的李寶臣、田承嗣等，則都是唐廷

01 皇帝的難題

的心腹大患。

這次平定叛亂,功勞最大的就是僕固懷恩。這些日子以來,不知有多少人向李豫揭發僕固懷恩的不臣之舉。要是檢舉僕固懷恩之輩盡是些小人,那也不算什麼,可偏偏許多揭發者都是老成持重、為朝廷立下過汗馬之功的老臣,這就讓李豫不得不好好想想僕固懷恩自己的問題了。僕固懷恩原本就是蕃將,又是回紇的登里可汗的老丈人。據說這段時間僕固懷恩與登里可汗有許多密切到不正常的來往,這更是讓李豫憂心忡忡。

他有一個可怕到不敢去想的猜疑──要是僕固懷恩勾結回紇,像安祿山、史思明那樣造反怎麼辦?如今的大唐,還要付出多少代價去平定僕固懷恩與回紇的聯盟?

如今李豫身為帝王,畢竟比不得當年還是廣平王時那樣心思單純,他不得不站在天下的角度去考慮問題,猜忌、防範手下這些桀驁不馴的將領們。

這個皇帝,實在是太難做了。

比如,當面前拿到這樣兩封各有說辭的投訴奏表時,應該怎麼做?

僕固懷恩投訴說,他護送回紇可汗返回漠北,路過太原,守衛太原的河東節度使辛雲京不僅不提供糧草物資的支持,還緊閉城門,把他們當成敵人一樣防備,甚至命令部下悄悄地盜竊他的部下和回紇人的財物。

而被告方辛雲京則反過來投訴僕固懷恩,說僕固懷恩仗著身邊有回紇大軍在,一路作威作福。回紇軍在河南河北的叛區大肆燒殺搶掠,百姓早已恨得牙癢,太原軍民自然緊閉城門,嚴加防範。僕固懷恩因此在回紇可汗面前丟了面子,惱羞成怒,帶著兵馬衝入太原城中準備擄掠。要不是辛雲京早有準備,太原城早就被洗劫一空了。

對於僕固懷恩和辛雲京各執一詞的說法,李豫頭痛不已。當他正想要

第十章　帝國何去—征西車馬羽書急

派出貼身宦官，去太原城調查一番的時候，又有兩封舉發信從河東寄了過來。一封來自經過太原的朝廷特派宦官駱奉仙，另一封來自僕固懷恩。

駱奉仙投訴道：他來到太原時，接到辛雲京報告，說僕固懷恩反形已露，所以駱奉仙便前往僕固懷恩處探視。他與僕固懷恩有舊情，僕固懷恩自己不來與駱奉仙說，卻讓他的母親來數落駱奉仙。駱奉仙為了安撫僕固懷恩，主動將纏頭彩物贈送給僕固懷恩，而僕固懷恩卻藉故悄悄藏起了駱奉仙的坐騎，顯然想要趁他不備暗害，然後興兵造反。駱奉仙發覺之後，趕忙找機會跳牆而逃。

僕固懷恩則報告了故事的另一個版本：駱奉仙在返京途中經過僕固懷恩的駐地，僕固懷恩熱情迎接，還當著自己母親的面設宴款待。酒喝到盡興時，僕固懷恩起身舞蹈，而駱奉仙則贈送了纏頭。僕固懷恩想要酬謝，便提出留駱奉仙借宿，駱奉仙堅持請求返回京師，僕固懷恩便將他的馬藏匿起來，本覺得沒有什麼，直到發覺駱奉仙已經逃走，這才追過去將駱奉仙的坐騎物歸原主。得知駱奉仙如此誣告，僕固懷恩十分生氣，請求將駱奉仙連同上一案的被告辛雲京一起處置，斬首示眾。

對李豫來說，他更相信的自然是自己的特派宦官駱奉仙這個版本的故事。回紇兵這一路聲名狼藉，這幾個月朝廷收到各式各樣的投訴，也都可以印證辛雲京的說辭。可他又不得不顧念僕固懷恩的想法，畢竟僕固氏一族滿門忠烈，為平定安史之亂，有四十六名子弟不幸殞命，僕固懷恩之女還遠嫁回紇，這次收復長安、洛陽，平定河北，僕固懷恩的功勞甚至超過了頭號中興之臣郭子儀、李光弼，這樣的老臣，李豫不得不照顧他的面子。

這個時候，真相究竟如何已經不重要了，重要的是李豫的處置態度。所以李豫沒有讓人繼續刨根究底地調查這兩件事情的情由，只是下詔，對兩邊都好言安慰，要求雙方和解。

可僕固懷恩已經與其他唐臣勢同水火，如何能和解得了？即使有機會和解，僕固懷恩只要手中握有重兵，始終是唐廷的心腹之患。

廣德元年（西元763年）九月，李豫派了出身河東名門的宰相裴遵慶前往絳州，好生慰撫僕固懷恩，裴遵慶還旁敲側擊地勸僕固懷恩來長安朝見。僕固懷恩原本答應，卻因為部將的勸說，害怕被騙到長安拘禁而拒絕了。裴遵慶退而求其次，又勸僕固懷恩派一個兒子來長安，卻同樣得到了拒絕的答覆。

節度使入京朝見皇帝，原本就是邊將節帥的本分，可不知從什麼時候起，這樣的本分卻成了過分的要求，連宰相旁敲側擊地提點都會被拒絕。原因已經很明顯了，那就是僕固懷恩擁有了足以與唐廷分庭抗禮的資本和實力，已經成了大唐的威脅。不管僕固懷恩是不是真的有不臣之心，他都已經失去了皇帝和朝廷的信任。

然而，正當李豫指揮朝臣們，小心地處理著與僕固懷恩的關係之時，西線的戰事卻一點一點緊張起來。

自從隴右失陷於吐蕃以來，原本是肅宗對抗安史叛軍大本營的鳳翔、涇州，一下子變成了抗擊吐蕃的前線。這年十月，吐蕃又一次大舉進攻涇州，涇州刺史高暉舉城投降。接著，高暉為吐蕃軍隊作嚮導，引導他們向內地深入。

李豫得知吐蕃逼近的消息時，吐蕃前鋒部隊已經到達了距離長安只有三百里的邠州（今陝西彬州），而且還在繼續前進。這個消息不僅令他震驚，還讓整個長安城都為之震駭。吐蕃到達了距離京師只有八天路程的地方，整個帝國竟一無所知？此時李輔國已死，程元振統領著皇帝的禁軍，負責處理軍務。然而程元振就像是聾了一般，在此之前絲毫沒有報告任何敵情。

出了這樣的事情，不是程元振知情不報之類的理由就能說得過去的。

第十章　帝國何去—征西車馬羽書急

李豫知道，關中的防禦體系出了問題，那些守在涇州、鳳翔的邊將們，可能早已經與吐蕃勾結在一起，背叛了大唐。

朝廷的精銳部隊剛剛在關東平定叛亂，還沒有調回。長安城只有少數神武軍，這可如何是好？

危機之下，李豫一邊緊急向各個州郡求助，要求節度使們率軍勤王；另一邊不得不重新啟用了解職賦閒在家的郭子儀，封其為關內兵馬副元帥，前往咸陽調動兵力抵禦吐蕃。

郭子儀倉促上任，手中一無人手，二無糧草，臨時招募之後，只招到了二十名騎兵跟隨，出了長安城前往咸陽，在那裡拉起防線，抵禦從涇州、邠州一路前來的吐蕃軍。

可是吐蕃並沒有按照常理出牌。涇州方向來犯的吐蕃軍竟然是用來牽制唐軍的疑兵，真正的吐蕃主力，出現在了鳳翔的方向。吐蕃大將馬重英率領吐谷渾、党項、氐、羌等各族軍隊二十多萬人，漫山遍野，前後達數十里，穿過了大唐的鳳翔防線。十月初六日，大軍從盩厔（今陝西周至縣）渡過渭河，順著秦嶺山脈向東挺進。

朝廷三年前就在鳳翔設立了節度使軍鎮，可鳳翔節度使高升自始至終都沒有傳來任何消息。只有渭北行營兵馬使呂月將，率領精銳部隊二千人擋在這二十萬大軍面前。呂月將的這兩千人擊敗了吐蕃軍的前鋒部隊，死守在盩厔。面對一百倍於己的敵軍，呂月將拚死抗擊，最終在三天後全軍覆沒。

呂月將在渭水邊的抗擊，為唐廷爭取了三天的寶貴時間。

這幾天，李豫緊急在長安招兵，整訓新兵。但吐蕃軍的來勢實在太快了，轉眼間就到了長安城外的便橋附近。長安的有生力量大多由郭子儀率領，布置在渭水北岸的咸陽，防備涇州方向的來軍，卻不曾想吐蕃大軍竟

在渭水南岸，到達了長安城外，倉促之間已無法調回了。

整個長安上下都不知所措。這幾天，唐廷十萬火急地下文書，向各軍鎮求助，可是軍鎮的節度使們一片靜默，毫無回應。

剛剛繼位便遭逢這樣的難題，李豫真是欲哭無淚，連棄考的心思都有了。這樣一道題目，只能暫且先不做了。李豫匆忙間下令出巡陝州，那裡有宦官魚朝恩、軍將衛伯玉所領的神策軍駐紮，他們是李豫所能信任的最後一點兵馬了。十月初七日，李豫匆忙帶領手下離開長安，逃往陝州。出了長安城後，眼看著隨行的官吏們越來越少，那些新招募的禁軍士卒們，也都一鬨而散。

十月初九日，吐蕃大軍浩浩蕩蕩地進了長安，吐蕃權臣恩蘭·達扎路恭和投敵的涇州刺史高暉等人立已故邠王李守禮之孫廣武王李承宏為皇帝。李承宏是章懷太子李賢的重孫，和親吐蕃的金城公主的兄弟，達扎路恭立其為帝，還設置百官，有要在長安長久經營的打算。吐蕃軍隊大肆搶劫府庫市裡的財物，焚毀居宅，長安城再度陷入一片蕭條。

李豫的皇帝車駕行到華山之下時，華州的官府也已經逃得人去樓空。十月的深秋，關中天氣涼得尤快。李豫和隨從們飢寒交迫，卻找不到地方可以安頓下來。

堂堂大唐天子，何事能窘迫至此？此時的李豫沒有禁軍，沒有大臣，沒有援軍，國家被外寇占據，天下州縣都是擁兵自重的諸侯，李豫所能控制的，竟然只有目光所及的這片小小的土地。以前他以為大唐最黑暗的日子已經過去了，此時方才知曉，黑暗之後，還有更加深邃幽暗的深淵。

此時支撐著李豫的，恐怕只有心裡殘存的一絲意志了。他是大唐的天子，就算是再難的題，也要留著血汗把它做完！

這時，東方終於傳來了馬蹄聲，一支援軍在此時趕來。那是觀軍容使

第十章　帝國何去──征西車馬羽書急

魚朝恩的部隊：「臣從陝州聽聞急報，帶領神策軍前來護駕！」

笑容終於重回李豫陰霾遍布的臉上，幾乎要崩潰的李豫這才算暫且有了容身之處。

天不亡大唐。節度使們雖然各懷鬼胎，但終究還是有忠義之人。大唐還剩下的那些力量，正在向著天子這裡匯聚。

關內副元帥郭子儀聽聞長安失陷，急忙前往陝州尋找李豫，一路收拾敗兵，整頓兵馬，集結了四千勁旅，防守在了武關。

鄜坊節度判官段秀實勸說節度使白孝德率軍前來急救國難，白孝德即日大舉南下，奔赴京畿，與關內守軍齊心協力，抗擊吐蕃。

還有長安的門閥、大族，許多都自行集結了民團，保衛這裡的田莊。無數小股民團深入敵後，騷擾吐蕃軍的後方。

「郭令公已經從商州率領大軍來了！」長安的百姓們奔走相告著。射生將王甫入城祕密糾集數百名少年，夜裡在朱雀街擊鼓吶喊，吐蕃軍隊更加惶恐不安。進入長安的吐蕃軍，本以為可以隨意搶奪一些財寶與奴隸，卻在不知不覺間，陷入了「人民戰爭」的汪洋大海。

02　向長安進軍

占據長安十五天後，吐蕃軍退回了隴右。

關中的反抗力量此起彼伏，如果吐蕃繼續留在長安的話，遲早要被唐軍切斷後路，一鍋端了。吐蕃雖然是主動退出了長安，但也是明智之舉。然而唐軍收復的長安城，已經在吐蕃軍的管理下遍地廢墟，吐蕃人燒掉了唐朝皇室的陵寢，毀壞了朝廷的府庫，京師往日的繁華已成為過眼雲煙。

而更讓皇帝李豫感到困惑的，是今後的日子怎麼過的問題。

02　向長安進軍

　　吐蕃之亂前前後後鬧了四十多天，暴露了唐廷的極度虛弱。西邊的鳳翔、涇州一觸即潰，防線如同紙糊。而關東的各個軍鎮，在這四十多天裡竟然沒有派來過一支軍隊。皇帝被吐蕃軍追得東躲西藏，關東的那些節度使們卻全都在看戲。若不是魚朝恩的神策軍幫助李豫站穩腳跟、郭子儀等關中將帥關鍵時刻站出來禦敵，那大唐就真的像過去的西晉那樣在外族的入侵下滅國了。

　　如今重新回到宮裡，朝廷已經顏面盡失。皇帝該如何收拾這攤敗局？

　　必須要有人出來承擔責任。

　　皇帝是不可能有責任的，萬一有責任，那就真是天大的問題了，要麼天崩地裂，要麼人頭滾滾，而這些都不是如今逃難到陝州的這個脆弱的朝廷所能承受的。於是，大臣們將責任全都歸咎在了程元振頭上。指責程元振隱瞞軍情，導致朝廷上下猝不及防；也正是因為程元振的倒行逆施、嫉賢妒能，才導致了朝廷的軍事指揮失靈，各路節度使軍鎮因為奸臣當道，不敢來關中勤王。總而言之，一切都是程元振的錯，唯有誅殺程元振以謝天下，同時不再向各軍鎮派遣宦官監軍，並將宦官魚朝恩統領的神策軍交由大臣管理。

　　其實在李豫心裡，情況是清清楚楚的。文臣與宦官曆來不睦，朝臣藉此來打擊宦官派系，也算是找到了機會。可撤銷監軍、罷黜宦官軍權，卻是動搖皇帝權力根本的事情。宦官是皇帝的家奴，宦官掌兵，就是代皇帝掌兵，現在要將神策軍還給外朝管理，李豫如何肯應？

　　程元振沒有及時報告吐蕃軍情，自然是有責任的，可那時京畿守軍就只有區區數千人，就算提早報告了，又能有什麼用？程元振是扶持李豫有功的宦官，如果說李輔國是肅宗李亨的影子，那程元振就是李豫的影子，李豫依靠著程元振彈壓那些桀驁不馴的將帥。只是大唐已經不是過去的大唐，李豫玩兒脫了，他本想借助程元振彈壓軍鎮，最終卻導致了各路節度

第十章　帝國何去—征西車馬羽書急

使集體罷工。

可眼下比保住程元振的命更重要的，是平息各路節度使的猜疑。如果犧牲程元振，可以緩和朝廷與地方節度使們的關係，就算李豫再不忍心，也不得不這麼做了。

十一月初二日，李豫下令降罪程元振，不過顧念他曾經有保駕之功，所以僅削去程元振的官爵，放歸田里。

長安淪陷，撕開了唐廷軍事指揮中樞的最後一片遮羞布。經過陳濤斜之戰以來的幾次作戰，朝廷的中央軍已經損失殆盡。這次皇帝出走長安，原本的神武軍逃散殆盡，朝廷終於到了無兵可用的地步。為今之計，唯有集中力量，打造一支能打勝戰、能聽指揮的中央禁軍出來。

軍隊要能打勝仗，前提是要成為一支訓練有素、經受過戰爭考驗的軍隊。以往的中央禁軍都是從長安、關中少年中招募，事實證明，這些沾染了京城浮華之氣的京中少年，一到危難關頭就經不起考驗，全都一鬨而散，內戰內行、外戰外行，是不堪其用的。所幸這次變故中，魚朝恩率領的神策軍有著出色的表現，這些隴西兵士們平時貌不起眼，一到戰鬥時，便爆發出驚人的戰鬥力。李豫和他的手下們一致認為，可以以神策軍為底子，重新打造出一支強軍來。

而軍隊必須要聽指揮，關鍵是要能聽皇帝的指揮。大唐立國以來，一直自信可以駕馭任何指揮官，不管是外族蕃將，還是高門望族，只要有能力、忠誠可靠，就可以成為皇帝的宿衛將領、親信節帥。可自安史之亂以來，諸番變故，李豫能相信的人實在不多了。不管是漢人、蕃人，還是文臣、武臣，通通都有各自的私心，有私心就會生異心，生異心就會不穩定，李豫能信的，就只有親信的宦官了。他們不能生育，又是皇帝的家奴身分，讓宦官來掌軍，終究好過其他人。

廣德元年（西元763年）十二月，李豫的車駕從陝州回到長安，隨後

下令，任命魚朝恩為天下觀軍容宣慰處置使，總管禁軍，訓練駐紮在宮禁之中的神武、神策等軍。走了程元振，又一位宦官踏上了飛黃騰達之路。

跟隨在皇帝返京隊伍中的，還有檢校刑部尚書顏真卿。他提出，皇帝應該按照祖制，先拜謁祖宗陵廟，然後再回宮。這個建議被宰相元載輕蔑地駁斥了，元載認為顏真卿迂腐、墨守陳規。顏真卿憤怒地說：「如此敗壞下去，朝廷還能經受得了嗎！」

人心遵守綱紀，而綱紀也在維繫著人心。要是連朝廷自己都不相信這一套綱紀了，又能用什麼去約束那些不守綱紀之人？

法不責眾，這次關東各州郡節度使無一人到來，朝廷沒辦法真的去追究責任，只能將程元振撤職了事。此時朝廷最忌憚、最擔心的，依然是駐守在河東的僕固懷恩。僕固懷恩在河東與留守太原的辛雲京鬧到了勢同水火的地步。兩邊一言不合，在擦槍走火中打了起來。

唐廷準備讓顏真卿擔任朔方行營宣慰使，勸說僕固懷恩入朝，既是調停，也是安撫。只要僕固懷恩來了長安，大家一起喝喝茶、聊聊天，消除一下誤會，以後僕固懷恩還是大唐的好臣子。

這時，顏真卿潑來了涼水：「僕固懷恩不可能來了。」

當初皇帝逃到陝州時，顏真卿曾建議皇帝召僕固懷恩前來勤王，朝廷上下原本就懷疑僕固懷恩有反心，當時全都不敢冒著引狼入室的風險召他前來。如果那時召了僕固懷恩，僕固懷恩尚且有可能願意共赴國難。可到了現在這樣劍拔弩張的敏感時期，除非僕固懷恩瘋了，否則斷然不敢來京。

畢竟，史書上到處都是血淋淋的例子。古往今來，韓信、竇憲、爾朱榮……多少領兵在外的大將，因為被朝廷猜疑，在宣召入京後被莫名其妙地一舉拿下。僕固懷恩雖然是蕃將，但基本的常識還是懂的。

召不來僕固懷恩，如何解決河東的困局呢？

第十章　帝國何去─征西車馬羽書急

顏真卿建議道：「陛下不如用郭子儀取代僕固懷恩，這樣可以不戰而使其臣服。」

僕固懷恩麾下將士大多數都是朔方軍。郭子儀在朔方軍中深受愛戴，威望很高。派出郭子儀去安撫朔方軍，可以將那些有叛亂風險的朔方軍重新收歸大唐的旗下。

這個建議得到了皇帝的認可。不久之後，僕固懷恩與辛雲京的矛盾再次激化，辛雲京在太原城外大敗僕固懷恩之子僕固瑒的軍隊。於是唐廷任命郭子儀為關內、河東副元帥，河中節度等使，前往河東招撫那裡的僕固懷恩。唐廷在解決朔方軍在河東的緊張局勢方面，基本是按照顏真卿的謀劃進行的。

可是顏真卿的計畫，卻並沒有說清楚一個問題 —— 朝廷該拿僕固懷恩怎麼辦？

郭子儀入河東，入得**轟轟**烈烈。

廣德二年（西元764年）二月，郭子儀任朔方節度大使，到達河中（今山西永濟）。這裡駐守的一萬雲南兵軍紀極差。郭子儀殺掉十四人，杖撻三十人，河中頓時安定，郭子儀的威名一下子傳遍了整個河東。

消息傳到了僕固懷恩軍中，將士們都說，「我們跟隨僕固懷恩，做的都是些手足相殺的事，又有何面目再見郭令公呢？」

僕固懷恩知道，這是郭子儀之計。他造出聲勢，就是為了在心理上削弱部將們的鬥志。可就算知道這是計，僕固懷恩也無計可施。郭子儀的陽謀堂堂正正，僕固懷恩的對策也只有堂堂正正地反對。可如今僕固懷恩深陷不義，所有人都說他要謀反，他又如何能堂堂正正得起來？

他本沒有反叛之心。多年以前，僕固懷恩在西域與其他部落爭鬥失敗，向東投靠了大唐。是玄宗皇帝收留了他，還任命他為大將。這些年，

02　向長安進軍

僕固懷恩不敢忘記忠義二字，帶領全族為大唐拋頭顱、灑熱血，最終平定了安史叛軍。他怎麼也沒想到，他的一片忠心，竟然無人相信，人們眾口鑠金，他竟變成叛臣，站在了大唐的另一邊。

難道這一切，只是因為僕固懷恩鐵勒族的身分？

這場安史之亂改變了太多事情，大唐對待外族原本開放的胸襟再也不會有了，安祿山、史思明的胡族，劫掠河南河北的回紇，殺入長安的吐蕃，都成了人們心中的刺，只要動一動，便會流出濃稠的血。

在僕固瑒的軍中，胡族兵與漢族兵的矛盾也隨著軍情的緊張而進一步激化。漢族兵認為諸將偏心於胡族兵，於是發動起義，殺死了主將僕固瑒。僕固瑒是僕固懷恩最得力的兒子，聽聞他的死訊，僕固懷恩悲痛不已。而這些在他麾下並肩作戰多年的子弟兵們在軍中作亂，也給了僕固懷恩沉重的打擊。

看著血淋淋的戰報，僕固懷恩心中的某一處地方，崩塌了。

這個時候，他隱隱預感到了後面可能會發生的事情，於是急忙往他母親那裡趕去，訴說了一番話語。

當僕固懷恩向母親拜了兩拜，走出家門時，母親提著刀追了出來，口中說道：「朝廷待你不薄，你竟然造反！我要為朝廷殺掉你這個叛賊，剖取你的心以向三軍謝罪！」僕固懷恩含著淚看了母親一眼，快步逃走，丟下手中的數萬唐軍將士，帶領僕固部親隨三百人渡過黃河，向朔方軍的大本營靈州而去。

那是僕固懷恩最後一次見到自己的母親。他讓母親在眾人面前說這些恩斷義絕的話，只是想讓母親與自己劃清界限，等他走後，能讓朝廷顧惜他當初的功勞，保全他的母親。僕固懷恩出走靈州後，郭子儀派人將僕固瑒的首級送到了長安。罪臣授首，群臣齊聲祝賀，而皇帝李豫卻快快不樂，

第十章　帝國何去——征西車馬羽書急

說道：「朕的恩信未及，使得功臣遭受冷落，朕深感慚愧，有什麼可慶賀的？」於是下令接僕固懷恩的母親到長安，盛情款待。可僕固懷恩的母親悶悶不樂，一個月之後便老死在了長安。壽終正寢後，皇帝又按照功臣的禮節將她埋葬。

聽說了這個故事的大臣們，對此都不免一聲長嘆。

僕固懷恩在靈武重新收拾兵馬，整頓軍備，實力有所恢復。

不久之後，唐廷發來詔書，帶來了皇帝的話：僕固懷恩在長安、河東的家小，已經被悉心照顧；僕固懷恩與皇帝的君臣情義「情實如初」，只是河北已經平定，朝廷曾經封的河北元帥、朔方節度使的職位就不便再做了，請僕固懷恩回到長安，大唐不會虧待它的功臣，皇帝所封的太保兼中書令、大寧郡王，還會繼續為他保留。

代宗初年吐蕃進攻長安路線圖

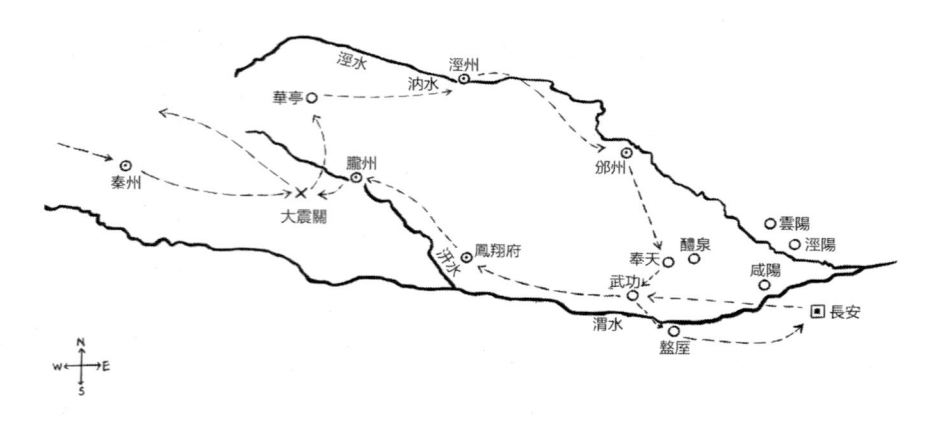

這是皇帝最後的善意了。李豫是個溫厚人，終究不願意做誅殺功臣的事情。

但是左思右想，僕固懷恩拒絕了。

原因有很多，但歸根結柢，是因為心中意難平。所謂飛鳥盡，良弓

藏，狡兔死，走狗烹，也許歷史上曾經發生過很多次，可僕固懷恩仍然嚥不下這口氣，氣惱自己竟像破鞋一樣被朝廷拋棄。

既然所有人都說他僕固懷恩要造反，那他便反一個給所有人看！

朝廷上下看輕僕固懷恩，只因為他是蕃將，他便要大家都看看清楚，天下除了他僕固懷恩，還有誰有能力同時調動大唐和蕃族的各路人馬？

這年七月，僕固懷恩糾集了回紇、吐蕃部眾十萬，再加上靈州的數萬朔方軍，十幾萬人一起大舉進突破瓶頸中，向著長安出發。

03　帝國最後的希望

廣德二年（西元 764 年）的冬天，涼州城外，大軍圍城。河西節度使楊志烈看著城外黑壓壓的吐蕃軍隊，陷入了苦思。

這年夏天，僕固懷恩串聯了回紇、吐蕃等各族聯軍協力攻唐，西境告急。作為守衛大唐河西之地的邊帥，楊志烈當即調動了五千精銳，攻擊僕固懷恩在靈州的大本營。

河西本是大唐在西境的重鎮，連接關隴和西域，阻隔突厥、回紇與吐蕃，統赤水、大鬥等八軍，以及張掖、交城、白亭三守捉，鎮中兵馬七萬三千人，乃是僅次於范陽的天下第二大軍鎮。但是安史之亂後，河西大部分兵馬被調往平叛前線，如今楊志烈派出的五千兵馬，已經是河西最後的精銳力量。

河西軍一路攻克摧沙堡、靈武城，直逼僕固懷恩老巢。僕固懷恩正督率吐蕃、回紇聯軍逼近關中，距離長安只有三百里，聽聞河西軍包圍了靈州，急忙率軍退卻，回去救援。河西軍正在靈州激烈交戰時，僕固懷恩率兩千吐蕃、渾部騎兵突然趕到，夜襲軍營。河西軍因此大敗，五千兵馬有

第十章　帝國何去—征西車馬羽書急

一半折損，退回了涼州城。

這是一場悲壯的失敗，也是名震天下的河西軍最後的輝煌。他們用慘烈的代價，換取了吐蕃、回紇聯軍退兵，解除了長安的威脅。此時的關中，只有郭子儀、魚朝恩率領關中兵馬苦戰，關東兵馬一支也沒有到來，如果不是河西出兵，逼得僕固懷恩返回，長安的危情便難以解除。

但河西軍耗盡了最後一點力量，退回的兵馬士氣低落，傷亡慘重，已經無法再堅持守城了。河西節度使楊志烈最後棄城逃往甘州，被那裡的沙陀人所殺。吐蕃趁勢攻克了涼州。

大唐與吐蕃交戰近百年，吐蕃終於得到了他們夢寐以求的河西之地。而大唐本土與安西、北庭都護府的連繫，終於就此斷絕。

僕固懷恩知道，自己已經命不久矣。

這些年沙場征戰，他曾多次親率騎兵衝鋒陷陣，身上的傷痛早已經超過了他能承受的負荷。他之所以堅持到現在，全憑自己心中的執念。

千言萬語只匯成一句話：憑什麼？

憑什麼？他戰功赫赫，為大唐奠定了平叛的勝局，立下了連郭子儀、李光弼都不能做到的功業。可就因為自己的功勞和聲望，他成了所有人懷疑的對象。他為了大局著想，將自己三個女兒都嫁給了回紇的登里可汗，因此成了可汗的岳父，卻又被懷疑與回紇私通。鬧到最後，他幾乎子孫喪盡，妻離子散，母親在長安不明不白而亡。而他的那些敵人，甚至是當年跟隨安祿山、史思明的叛臣，卻一個比一個混得好，舒舒服服地做著他們的土皇帝。

在靈州時，僕固懷恩聽說，同樣是蕃將的高麗人李光弼，也遭到了類似的命運。不止是李光弼，唐軍中所有的蕃族將領，都受到了或多或少的歧視和懷疑。在皇帝李豫出逃陝州期間，李光弼沒有奉詔趕來，或多或少

也是受到了這種氛圍的影響。再到後來，連一向敬畏李光弼的部將們，也開始甩臉色給李光弼看。他一向治軍嚴肅，全靠一股威勢貫徹軍紀，此時陷入落魄的境地之後，將士們也開始用冷言冷語挖苦他。李光弼因此越發不得志，最終憂鬱成疾，溘然長逝。他與郭子儀同為「中興二將」，是阻擋安史叛軍的中流砥柱，最後卻含恨而終，無人憐惜。

僕固懷恩與李光弼雖然關係很差，但都是一代名將，內心深處始終帶著一股英雄惜英雄的感情。將士枯骨無人問，終究是讓人嘆惋。

世上還有比這更荒謬的事情嗎？

他僕固懷恩沒有對不起任何人，而天下人卻辜負了他。

所以他要做給所有人看，讓天下人看看辜負了他的結果。他已經失去了名望、地位，失去了母親、兒女，如今的他再也沒有什麼可以失去的了。

僕固懷恩知道自己的健康狀況已經等不起了，他要在臨死之前完成這件念念不忘的事情。永泰元年（西元 765 年）九月，僕固懷恩聲稱皇帝李豫已死，再度引吐蕃、回紇、吐谷渾、党項、奴剌等部總共數十萬人，向長安進軍。

直到此時，人們才知道僕固懷恩真正的力量。除了僕固懷恩，誰還有如此威望，能驅策回紇、吐蕃這些桀驁不馴的強國為之所用？僕固懷恩成為各軍實際的盟主，吐蕃權臣尚結悉贊磨、達扎路恭從北道經涇州奔赴奉天（今陝西乾縣）；党項軍人從東道奔赴同州（今陝西大荔）；吐谷渾、奴剌的部隊從西道經鳳翔奔赴盩厔。回紇部隊則由登里可汗的弟弟合胡祿都督藥葛羅率領，跟隨在吐蕃軍之後。而僕固懷恩則親率朔方軍緊隨其後，協調各路兵馬相互配合。

當初僕固懷恩以慈悲為懷，許了田承嗣、李懷仙等人投降，和平解決安史之亂。如今再興兵戈，讓生靈塗炭，是因為僕固懷恩方寸已亂，心灰

第十章　帝國何去──征西車馬羽書急

意冷，再也不想對別人慈悲了。當然按僕固懷恩的能力，他也可以約束吐蕃、回紇各路軍隊，等到唐軍迎擊之時，雙方自然會知曉「皇帝駕崩」的說法是謠傳，到那時候，唐廷與各路蕃兵之間自然有斡旋的餘地。

只是僕固懷恩沒想到，他的身體終於扛不住了。他病倒在了行軍路上。部下們將他送回靈州休養，到了靈武附近的鳴沙，僕固懷恩只剩下了最後一口氣。彌留之際，僕固懷恩知道自己大限已至，他戎馬一生，最終將會死在這片荒僻的小村莊裡。

臣今又遭詆毀，弓藏鳥盡，信匪虛言。陛下信諸閹矯誣，何殊指鹿為馬！倘不納愚懇，且貴因循，臣實不敢保家，陛下豈能安國！

臨終前，僕固懷恩又想起了當初他上書皇帝李豫時寫下的那篇字字泣血的表文。這時他不免問自己，從中興之將變成大唐的頭號逆賊，他究竟錯在了哪裡？

想起二十二年前的天寶元年（西元742年），他跟隨父親乙李啜拔歸降大唐，唐玄宗在花萼相輝樓招待他們這些歸降的首領，賞賜甚厚。在那場極樂的盛宴上，僕固懷恩第一次領略到盛唐的錦繡繁華與天家的雍容華貴，從此心醉不已。也許從這時起，一切便錯了。

僕固懷恩死於鳴沙，皇帝李豫聽聞之後，沒有感到絲毫的愉悅，只是帶著悲憫嘆道：「僕固懷恩沒有謀反，只是為部下所誤罷了！」這一年來，雖然僕固懷恩兩次興兵，唐廷在公文中始終沒有稱其為反賊，甚至到他死後，也為他保留著功臣的名位。這也算是大唐天子對待有功之臣的最大的善意了。

但這些善意，也僅此而已，僕固懷恩終究是大唐的威脅、皇權的威脅，犧牲僕固懷恩，維護皇權穩定，這一切都不得不做。

僕固懷恩之死，也讓吐蕃失去了節制約束的力量，吐蕃因此更肆意妄

為，到處殺掠。九月十五日，吐蕃十萬大軍到達了奉天城下，京城震恐。長安一片慌亂，不知多少人捲著鋪蓋，想要逃到城外的深山之中。

正當吐蕃步步緊逼之際，大唐的援軍終於從關東而來，出現在了戰場上。

朔方節度使郭子儀、鳳翔節度使李抱玉、滑濮節度使李光進、鎮西節度使馬璘、河南節度使郝庭玉、淮西節度使李忠臣前來應戰！

當初僕固懷恩串聯吐蕃、回紇來攻之時，郭子儀便建議說，敵軍都是騎兵，進軍如飛，不可輕敵。如今唯有調集各節度使之兵，扼守關中周圍的各個要塞，方能阻擋他們攻入長安。其實，誰不知道要調集節度使來勤王呢？上次長安淪陷，不就是吃了各節度使不來勤王的虧麼？可這個建議，只有郭子儀說出來，才算是真正的一言九鼎。郭子儀在軍中威望隆重，李光進、郝庭玉等人都受過他的恩惠，只有郭子儀出面，才能勸服那些一直想要保存實力的關東節度使心甘情願地趕來。

在大唐天子的詔書與郭令公的關照之下，節度使們的援軍終於抵達了。這幾日暴雨傾盆，吐蕃軍因此無法前進。而各路唐軍也趁著這個寶貴的時機，冒雨前行，進駐各自指定的防區。

皇帝李豫宣布御駕親征，但是卻沒有說御駕親征到哪裡。有時候朝廷的說辭就是這麼模稜兩可，皇帝既可以御駕親征到奉天前線，也可以藉著親征的名頭，往後退到潼關、陝州。長安的百姓們已經在天寶十五載（西元 756 年）時領教過一次，如今聽到朝廷再次唱著御駕親征的口號，不免更加驚疑。

據說魚朝恩在皇帝面前申請，要長安全民皆兵，所有男子都穿上黑衣，加入行伍，守衛都城。可是連皇帝都可能棄城逃走，平頭百姓們如何肯去賣命？大量百姓踏上了逃命之路，跳牆的跳牆，挖地洞的挖地洞，只想快點從這裡逃出去。

第十章　帝國何去——征西車馬羽書急

　　這天朝會，皇帝沒有參加，只有魚朝恩主導會議，提議朝廷遷往河中避難。這個情景，像極了十年前，玄宗準備出逃巴蜀時的樣子。但此時的朝臣們，再不是天寶年間的那群諾諾之輩了，大臣們當頭反駁道：「敕使是要謀反嗎！如今守軍雲集，你不同心戮力抵禦敵寇，反而想匆忙脅迫天子放棄宗廟社稷，不是謀反又是什麼？」

　　魚朝恩面紅耳赤，惶惶而退。皇帝出走的事情這才算是擱置下來。

　　朝廷不能指望，皇帝不能指望，所有人的希望，都寄託在了關內副元帥郭子儀的身上。如今，也許只有他有辦法能退走吐蕃、回紇的數十萬大軍了。

　　永泰元年（西元 765 年）十月初八日，涇陽城之圍已經數日。郭子儀堅守城中，吐蕃、回紇聯軍分別在城北、城西紮營，圍而不攻。

　　郭子儀跨上戰馬，下令打開城門，只帶了幾名親衛，向著涇陽城西門外的回紇大營馳去。他要靠一己之力，勸說回紇人歸順大唐。

　　「令公三思！」諸將聽聞主帥近乎單人匹馬地前去敵營，全都上來勸阻。

　　「我意已決，不要再說了。」郭子儀揮手道。

　　「令公若是執意要去，還請選五百鐵騎，作為衛從！」

　　「不可！」郭子儀道，「此舉恰恰會害了我。」說罷策馬揚鞭，準備出城。

　　「父親！」兒子郭晞扣住馬頭，流著淚苦苦勸道，「他們回紇人都是虎狼之輩，父親乃是國之元帥。奈何要讓自己成為敵人的口中之食呢？」

　　「以後你會明白的。」郭子儀看了兒子一眼，「如今我軍寡不敵眾，真要交戰，便是我父子二人共同為國而死。到那時候，你我父子尚不足惜，危險的是國，是家！往日我與回紇關係深厚，這次和他們坦誠相言，若是幸運，回紇聽了我的勸告，那就是天下之福；倘若失敗，死的便是我一人。」說到這裡，郭子儀用只有郭晞一人聽得見的聲音低聲說道，「到那

時候，你便逃回去吧，你父已經死國，你保全自己，朝廷也不會說些什麼。」他不等郭晞回話，用馬鞭擊打兒子的手，大聲道，「去！」

郭晞手中吃痛，放開了馬頭。郭子儀胯下坐騎長嘶一聲，飛馳而出。

郭子儀帶著幾名親衛直接奔到了回紇大營前，一名親衛騎馬到回紇營門前傳話：「令公已到！」

僕固懷恩勸說吐蕃、回紇出兵時曾說郭子儀已經被魚朝恩害死。此時聽聞鼎鼎大名的郭令公親自到來，整個回紇大營都震驚了。營中一時間走動匆忙，過不多時，大隊回紇騎兵出營列陣，他們不知郭子儀這樣的陣仗，葫蘆裡究竟賣的是什麼藥，所以均是披堅執銳，緊張地戒備著。

騎兵為首一人，郭子儀認得是回紇統帥胡祿都督藥葛羅。只見藥葛羅執弓上箭，立在軍陣前列。

到了這個時候，郭子儀必須要賭一把了。

他取下兜鍪，脫下盔甲，將手中長槍隨手紮在身旁的土裡，策動戰馬，緩步走向回紇軍陣。他一人一馬，走得緩慢，每一步都像是跨過了一年時間。

回紇各部酋長相互看了一眼，確信郭子儀沒有敵意，於是道了一聲：「是了！」接著全都下馬上前，向著郭子儀納頭便拜。

郭子儀也滾鞍下馬，上前拉住藥葛羅的手，一改往日的溫和慈祥，責備道：「你們回紇有功於大唐，大唐回報你們的也不薄。為何此時背信棄義，深入大唐境內，侵略京畿諸縣，何其愚蠢！你們覺得這是在幫助僕固懷恩？可是僕固懷恩拋家棄國，對你們來說有什麼好處？如今我既然來了，也任憑你們殺，我的將士們必然誓死與你們一戰！」他如金剛怒目，聲色俱厲，一眾回紇酋長竟然為之氣奪。

藥葛羅訕訕地笑了一聲：「僕固懷恩欺騙我，說天可汗駕崩了，郭令公也已經去世，大唐沒有主人了，所以我才敢同他前來。如今我已經知道

第十章 帝國何去——征西車馬羽書急

天子在上都長安，令公又在這裡統帥軍隊，僕固懷恩又為蒼天所殺，我們這些人豈敢和令公交戰！」

「是麼？」郭子儀審視著藥葛羅的眼睛，目光威嚴，像是一位長者看著自己犯錯的孩子。藥葛羅好歹是一方統帥，在郭子儀面前，卻也抬不起頭來。

郭子儀頓了頓，繼續說道：「既如此，那有件事情需要回紇做一做。」他指了指北邊方向，那裡是吐蕃的軍營，「吐蕃暴虐，乘我國有亂，不顧舅甥之國的關係，吞噬我邊疆，焚毀掃蕩我京畿地區，他們所掠奪的財物用車裝都裝不完，馬、牛和其他牲畜前後長達數百里，散布在荒野上，這是蒼天賞賜給你們的。」他看著藥葛羅的臉上現出貪婪的神色，便繼續說道，「這不只是為了我大唐考慮，也是為你們做的謀劃。你們破了吐蕃，奪取他們的財富，沒有比這更方便的了。做不做在你們，只是機不可失啊。」

看著藥葛羅臉上現出喜色，郭子儀便知道，他大功告成了。方才出城之前，他已經讓細作探聽出了端倪——回紇與吐蕃之間，全靠僕固懷恩生前維繫關係，此時僕固懷恩去世，友誼的小船說翻便翻了。回紇與吐蕃分營而居，就是因為他們相互忌憚的緣故。

和回紇、吐蕃人打交道，不能和他們談些信義、忠孝之類的高調，而是要用實力逼得他們不敢妄為，又用利益驅策他們辦事。這一點，也是郭子儀多年累積的寶貴經驗。

果然，藥葛羅答道：「我等被僕固懷恩所誤，實在對不起令公。如今便讓我們為令公效力，擊敗吐蕃人，彌補我們的過錯。」頓了頓，藥葛羅想到了什麼，繼續道，「僕固懷恩的兒子，乃是我回紇可敦的兄弟，還請令公不要誅殺他們。」

「這個自然。」

緊張的氣氛到這裡終於鬆弛了下來。在營前對峙的回紇酋長們迎了上

來，拜見郭子儀，噓寒問暖起來。郭子儀身後的從者們也迎上去，郭子儀揮手讓他們退後，取酒與回紇酋長共飲。

斟滿美酒，藥葛羅請郭子儀先對天立誓。郭子儀將酒灑在地上，發誓說：「大唐天子萬歲！回紇可汗萬歲！兩國的將相也萬歲！誰要負約，就在陣前隕命，家族滅絕。」

他發了一個毒誓，顯示自己的誠意，然後飲下半杯酒，將酒杯遞給了藥葛羅。藥葛羅接過酒杯，也依樣灑酒祭天道：「我也如令公所誓！」

酋長們均是大喜，一場緊張的圍城，變成了歡快的酒宴。郭子儀與藥葛羅定約之後，返回了涇陽城。

歡宴的聲音傳到了吐蕃大營中，吐蕃人生出疑竇，連夜便退走了。

回紇軍與唐軍一路追擊，終於在靈臺西原（今甘肅靈臺）追上了吐蕃軍，一場大戰之後，斬首五萬，生擒萬人，俘獲士女牛馬多不勝數。

年近七旬的郭子儀，力挽狂瀾救下了長安城，救下了大唐的尊嚴。

但是這場戰爭進一步耗空了安史之亂後本來就已經一窮二白的大唐。回紇胡祿都督藥葛羅率領兩百多人的訪問團，隨同郭子儀入宮覲見皇帝。唐廷對他們不敢怠慢，前前後後賞賜了他們十萬匹絲帛，總算是盛情將藥葛羅一行歡送出境。可回紇訪問團走後，大唐的府庫裡已經空空如也了，甚至那些賞賜，很多也是從百官的俸祿當中扣下後撥給回紇使團的。

這個帝國，再也無力承受下一場風浪。

04　在新時代來臨之前

魏博節度使田承嗣又有了新的謀劃。

大曆八年（西元 773 年），他做了一件轟轟烈烈的事情，那便是為「大

第十章　帝國何去──征西車馬羽書急

燕政權」的前後四位皇帝——安祿山、安慶緒、史思明、史朝義建造祠堂，尊稱他們為「四聖」，把他們當成神一樣供著，日日燒香祭拜。

為這天下公認的四位反賊建立祠堂，田承嗣是吃定了上下兩邊的心思。對下，河北民間崇拜安祿山父子、史思明父子的大有人在。安史之亂的八年間，河北的底層百姓因為受到宣傳的影響，對安史政權並沒有惡意，相反，胡族部落認為他們是光明之神，漢族百姓則認為他們是「四星聚尾」天象預言的真命天子。迷信是最好利用的東西，為這「四聖」立廟，能夠吸引一大幫愚昧的信徒心甘情願地為田承嗣做事。

同時，田承嗣也料定朝廷不敢拿這件事情對自己開刀。

這些年，田承嗣往長安派去了不少間諜，聽說唐廷財政困難，正在休養生息，這時候自然要小心處理與河朔藩鎮的關係，防止一著不慎，再度引發戰爭。而田承嗣對魏博的軍事力量十分自信，就算唐軍來了，也未必是他們魏博軍的對手。

不出田承嗣所料，建立「四聖」的祠堂後，唐廷派來使節，好言勸說，一句重話都沒有。田承嗣的回應則非常地客氣，態度卻很明確：撤銷四聖廟可以，還請皇帝封他做一個宰相。

這一下，唐廷許久沒有回覆。也許是皇帝李豫正在強忍怒意，或者大發雷霆將田承嗣的奏表丟在地上。田承嗣對此並不擔心，他雖然與長安的那個皇帝素未謀面，但對皇帝的那點心思摸得門清。他相信，只要皇帝有大局觀，終究會幫助田承嗣實現他做宰相的願望的。

過了幾天，詔書果然下了，田承嗣被拜為檢校左僕射、守太尉、同平章事，封雁門郡王。田承嗣的小小心願，就這樣被超額滿足了。田承嗣也就順水推舟，毀掉了「四聖祠」中安史父子的靈位。

畢竟對田承嗣來說，安史父子與他的舊主之情，遠遠比不上從朝廷得

到的好處來得實在。

這些年來，朝廷似乎已經接受了河朔藩鎮的存在。成德節度使李寶臣（在今河北保定一帶），魏博節度使田承嗣（在今河北邯鄲一帶），昭義節度使薛嵩（原來的相衛節度使，駐地在今河北安陽一帶），幽州節度使李懷仙（在今北京一帶）收羅安史叛軍的餘黨，各自擁有精兵數萬人，操練軍隊，修築城池，自行任命文武官員，不向朝廷上貢賦稅。河朔藩鎮之外，還有山南東道節度使梁崇義控制襄陽附近州縣，自稱平盧、淄青節度使的李正己控制淄博、青州附近州縣，與河朔藩鎮的節度使們互相聯姻，互為表裡，遙相呼應。而朝廷一直採取的姑息政策，讓這些藩鎮成了實際上的獨立王國。這些節度使雖然稱為藩臣，但實際上僅僅是維繫朝廷與地方名義上的關係而已。

其中，田承嗣是最為老謀深算的一位。

魏博原本是河朔藩鎮中最弱的，但自歸降唐廷被封為魏博節度使以來，田承嗣便一刻也沒有閒下來，一直暗中圖謀鞏固自身，向轄境內收取重稅、整修武備、統計戶口，強拉兵丁。因此幾年之內，部眾多達十萬。田承嗣還挑選魁梧有力的戰士一萬名，充作衛兵，稱為衛兵（也稱「牙兵」）。有了這支軍隊，魏博就有了稱雄於天下的實力。

獲封王爵之後，田承嗣的腳步並沒有停下，區區魏博的州縣並不能填滿他的欲壑，他還想擁有更多更多。

大曆八年（西元773年），昭義節度使薛嵩去世，將士們推舉薛嵩十二歲的兒子薛平為繼承人，擔任節度留後之職。

這件事情，明眼人都知道不妥。

節度使乃是朝廷命官，自然是中央朝廷決定任命，既沒有藩鎮的將士「推選」這回事，也沒有父親死了兒子繼承的道理。薛嵩是當年大唐名

第十章　帝國何去─征西車馬羽書急

將薛仁貴的孫子，作為忠烈之後，薛平也不願意擔上不義之名。而且他才十二歲，自然也管不了這些桀驁不馴的兵將，所以表面答應了下來，過後他將這一職位讓給叔父薛崿，自己卻在夜裡悄悄護送父親的靈柩回歸故里。不久之後，朝廷下詔，任命薛崿為昭義軍節度留後。

這不是河朔藩鎮第一次經歷主帥更迭了。五年前，幽州節度使李懷仙被部將所殺，幾番內亂之後，原本是李懷仙部將的朱泚成了新的幽州節度使。不過幽州離魏博較遠，田承嗣那時羽翼未豐，還鞭長莫及。而昭義的轄區在相州、衛州，就在魏博的旁邊，是塊大大的肥肉。此時昭義軍換了節度使，對於田承嗣來說，就大有文章可做了。

田承嗣引誘昭義軍兵馬使裴志清舉兵作亂，驅逐了節度留後薛崿，率部歸附魏博。田承嗣又以救援為藉口，趁機襲取了相州。在田承嗣老謀深算的操作之下，昭義軍所轄的相州、衛州等四州之地，成功地併入了魏博的版圖。吞併昭義之後，田承嗣自己任命官吏，收攏了原本屬於薛嵩的精兵良馬，實力再度膨脹。

就這樣，田承嗣的魏博終於成了最強的藩鎮。

河朔藩鎮，四鎮變成了三鎮，這樣的變動引發了一連串的連鎖反應。

藩鎮之間原本相互制衡的微妙關係，被田承嗣打破了，原本在河朔稱霸的成德節度使李寶臣，以及雄踞齊魯之地的淄青節度使李正己，都與田承嗣有著種種矛盾。這種矛盾愈演愈烈，一場大戰在所難免。聽聞田承嗣抗拒朝廷，節度使們紛紛上表，請求征討。

大曆十年（西元775年）四月，唐廷終於下詔，貶田承嗣為永州刺史，並命令李寶臣、李正己與河東節度使薛兼訓、幽州節度使朱滔、昭義節度使李承昭、淮西節度使李忠臣、永平軍節度使李勉、汴宋節度使田神玉等八人派兵前往魏博，征討田承嗣。

04　在新時代來臨之前

走出安史之亂後，天下總算有了十年總體和平的時間。卻沒想到和平如此短暫，各路兵馬來往匆忙，河北百姓們還沒有從上一次的動亂中緩過來，馬上就要再度陷於戰火的邊緣。

河北的大戰終於爆發了。

田承嗣成了藩鎮們的眾矢之的，接連慘敗之後，損兵折將，原本屬於魏博鎮的德州、磁州也相繼被攻克。可田承嗣不可小覷，他長袖善舞，與實力最強的李寶臣、李正己結成了同盟，成功地挑起了討伐魏博的各藩鎮間的矛盾，戰爭向著原本預料不到的方向發展。成德軍的李寶臣在田承嗣的挑撥下，連夜襲破幽州節度使朱滔的守軍，而後向范陽進軍，但隨即被擊退，一無所獲，悻悻地回到了恆州。

最終藩鎮之間似乎達成了某種利益的交換，田承嗣繼續保有他從昭義軍吞併得來的相州、衛州。相應地，田承嗣讓出了那些被其他藩鎮攻克的州縣，李寶臣得到了滄州，李正己得到了德州。相州就是鄴城，這裡富得流油，拿滄州、德州來換取相州、衛州等昭義鎮所屬州縣，真是一筆不錯的買賣。

一場大戰，演變成了狗咬狗的互毆，黑吃黑的分贓。

這些屬於大唐的州縣，變成了藩鎮之間私相授受的籌碼。身處長安的皇帝李豫眼睜睜看著這一切，心中百般不是滋味。但他知道，現在必須要先沉住氣，因為還不到處理這些藩鎮的時候。

上天要他滅亡，就必先讓他瘋狂。

如今的藩鎮，關係雖然錯綜複雜，矛盾與利益交織，但他們都有一個共同的敵人，那就是中央朝廷。要是唐廷沉不住氣，開始對某些藩鎮下刀子，就是在逼他們變成鐵板一塊，共同對抗中央。只有慢慢分化瓦解，先等他們內部出了問題，才是解決藩鎮問題的時候。

第十章　帝國何去──征西車馬羽書急

此時李豫有更重要的事情要做，那就是整肅中央朝廷內部的秩序。朝中尚有權臣元載當朝，要先除掉他，才能一鼓作氣掌握帝國的最高權力。

從即位以來，李豫一步一步，小心地剷除唐廷中那些威脅皇權的力量。

最初，李輔國權傾朝野。李豫看出李輔國為肅宗所做的那些事情已經引發眾怒，權勢雖高，但已經失盡人心。於是他與元載密謀，派人假扮強盜，偷偷潛入李輔國宅中將其暗殺，輕而易舉地推垮了李輔國派系。

隨後，魚朝恩把持禁軍，干涉政事，懾服百官，還不把皇帝放在眼裡。李豫一邊假裝放任魚朝恩行事，一邊利用元載在朝中的影響，策劃了消滅魚朝恩的計畫。魚朝恩在一場宮廷酒宴上被發動突然襲擊，隨即被縊殺於內侍省。

如今，元載成了又一個權臣，他逼走了顏真卿、李泌等一干能臣，在朝堂上志得意滿。對於元載，李豫其實並沒有像對李輔國、魚朝恩那樣忌憚。因為元載只是文臣，並不領兵。他也是精幹之人，善於透過搜刮民脂民膏來擴充朝廷的財政收入。李豫需要這樣的聚斂之臣，好讓大唐一度資不抵債、形同破產的國庫重新充盈起來。有元載背負天下人的罵名，而唐廷得到了經濟上的實惠，何樂而不為？

只要元載不做得太過分，不至於威脅到皇帝的權威。

等到大唐的財政狀況真正好轉之後，李豫就會有所行動。到時候將所有的責任都推到元載頭上，誅殺掉元載這個「佞臣」，那長安又可以普天同慶，他李豫又是一代聖君了。

穀雨之後，在江南的湖州，顧渚山貢茶院，一場詩會正進行著。刺史顏真卿正與名士陸羽對坐，靜靜地看著陸羽用他獨創的「煎茶法」烹製一盞滋味獨到的茶。陸羽是後世所稱的「茶聖」，他烹出的茶，自有一股清雋之氣。

大唐戰亂了多年，總算在江南有了這麼一處安靜的書桌。

這幾年，顏真卿因為遭到宰相元載的排擠，離開朝堂，轉任撫州刺史、湖州刺史。與民休養生息，也是他的一樁願望。顏真卿在任上修繕水利、清理河道，原本負擔沉重的撫州、湖州，在顏真卿的治下，總算是慢慢恢復了元氣。而顏真卿奔波了半生，也好不容易有了這樣一個居所，成了風流嘯詠的文章太守。

得益於百姓們生生不息的韌性，以及大唐朝廷上下仍具有活力的政治體制，天下正在以肉眼可見的速度恢復著。所幸大唐足夠大，既有粗獷的北方，也有溫和的南方。北方雖然依舊兵甲林立，時時籠罩著戰爭的陰霾，但南方各州縣則在唐廷派出的官員們的主政下，繼續為帝國供給錢糧與財帛。

不知是有意還是無心，被稱為奸相的元載，卻做了一件好事情。他將許多像顏真卿這樣的朝廷大員派往南方，雖說是一種排擠，卻也大大維護了南方的穩定。

同樣遭到排擠的還有白衣山人李泌。肅宗死後，李泌被重新召入朝堂。但他同樣不被宰相元載喜歡，不久之後，就以檢校祕書少監、江南西道判官之職再次離開朝廷，調往江西。

有了這些中央朝廷派往南方的地方官們，江南才不至於像河北那樣，成為桀驁不馴的半獨立藩鎮；江南各個州縣也在這些精幹的朝廷官僚治下，展現出了勃勃的生機。

大曆十四年（西元779年），李豫已經五十二歲了，除了長壽的玄宗皇帝，大唐皇帝的壽命普遍只有五十多歲，李豫知道，自己已經走入了人生的盡頭。

晚年的李豫越發沉迷於佛教，他常常設壇講經，並與高僧共同祈福。之所以拜佛，也許是因為心中的執念——那個盛唐已經一去不復返了，但李豫發下過宏願，要讓大唐重新振作，再度回到往日的輝煌。

但李豫也清楚，自己是看不到那一天到來的。他所能做的，就只有為

第十章 帝國何去──征西車馬羽書急

那個新時代做好鋪陳，為大唐的復興做好自己力所能及的一切準備，富國強政，厲兵秣馬，枕戈待旦。

這一年，李豫崩逝在了長安城，世稱「代宗」。這是一個評價很高的美諡，也許是對李豫的一種表彰。在他的治下，大唐度過了最為谷底的歲月，局勢終於穩定下來，他還剷除了威脅皇權的魚朝恩、元載，並且將河朔藩鎮咄咄逼人的形勢穩定了下來。

更重要的是，大唐朝廷終於重新有了一支能打能戰的中央禁軍！

這年九月，長安城下旌旗招展，一支大軍正整齊地列著行軍的隊伍，向南方而去。

這是四千神策軍，他們將從長安出發，前往巴蜀，再繼續向南，奔赴南詔的戰場。

這一年，吐蕃與南詔合兵共十萬人，分三道入侵，聲稱要占據巴蜀之地，將這裡作為吐蕃東邊的門戶。唐廷則派出了四千神策軍，連同五千關中軍，增援巴蜀的戰場。這支軍隊將會所向披靡，在巴蜀的戰場上獲得大勝。

十年生聚，十年教訓，大唐終於訓練出了一支強大的新禁軍。

而老將郭子儀，依然駐守靈州，一次又一次地帶領朔方軍，擊破吐蕃、回紇的屢屢來襲。

這是一個黯淡的時代，相比於璀璨的盛唐，此時的大唐帝國依然在風雨中飄搖，百姓依然困苦，忍受著種種壓力無法聊生。但皇帝的雄心尚在，忠臣們的堅守尚在，那便是大唐的一息尚在。也正因為有人在這黑暗的時代中一直堅守，才讓歷史的書頁上始終留存著一息不滅的光明。

宮中聖人奏雲門，天下朋友皆膠漆。

這樣的日子，何時才能再來？

尾聲
盛世不再，舊人猶在

　　又是一個孟春時節，杜甫在荊南的一處廳堂裡，又聽到了李龜年的歌聲。

　　這麼多年過去了，李龜年的歌喉依舊洪亮，但是卻平添了一絲蒼涼。廳堂裡只有寥寥的幾位賓客，安安靜靜地聽著。一曲唱罷，廳堂間迴響起稀稀落落的掌聲。

　　安史之亂雖平，但中原依然藩鎮林立，戰亂不斷，紛紛擾擾。也許只有在長江以南這遠離紛爭的地帶，才容得下一張可以靜心寫詩的書桌，騰得出一方可以展喉清歌的廳堂。

　　杜甫的神思彷彿又回到了當年在洛陽，第一次聽到李龜年歌聲時的情景。岐王宅裡門庭若市，雕梁玉棟之間，李龜年青春年少，歌聲猶如最為名貴的綢緞，柔軟而又順滑，正如那段流金一般的歲月，讓人掀起對世間所有美好的想像。

　　一晃四十多年過去了，當時的少年，如今已是風燭殘年的老人。想那時何等意氣風發，如今只能憑軒涕泗流。

　　在大曆年間剛剛成年的年輕人，已經沒有機會見到盛唐的風華了。再過幾年，那些成長在開元盛世的子弟們也將逐漸凋零，到那時候，當年的繁華歆真的成了無人相信的夢境。後人只能在盛唐詩人的隻言片語裡，體會那一段時代了。

　　白髮蒼蒼的李龜年演唱完畢後，離開廳堂，歷經風華的年邁樂師，往往會在酣暢淋漓的表演之後選擇獨處，調整自己的內心。

尾聲　盛世不再，舊人猶在

　　那棵海棠樹枝繁葉茂，但花期已過，只要春風吹過，便是一地的落花。一陣風吹來，滿樹的海棠花瓣紛紛落下，猶如一場爛漫的雨。

　　世人並沒有太關心詩人杜甫與樂師李龜年重逢時的情景，以至於並沒有留下隻言片語。只有杜甫為李龜年所寫的一首贈詩，留給後人無盡的遐想。

　　或許——是杜甫先走上前，二人相對，行禮，坐下。

　　「尊駕還記得當年在岐王宅裡遇見的小杜否？」

　　「杜子美，杜少陵，方才在堂上，我便認出你來了。那時在洛陽，我們還在崔尚書堂前談得甚歡。沒想到一晃，已經這麼多年過去了。」

　　「是啊，四十年了。」

　　「……」

　　「這麼多年，李公無恙否？」

　　「無恙。」

　　二人相對而坐，一時間有太多話要說，卻又不知從何說起。杜甫不知道李龜年是如何輾轉來到江南的，李龜年也不知道杜甫這是準備去哪裡。但這些已經不重要了，他們都經歷過亂世的流離，都掙扎著幸運地生存了下來，也都將繼續掙扎著活下去。在這樣一個年代，做到這一切已是不易，又何必再詳加細問，揭開對方剛剛結痂不久的傷疤呢？

　　縱然是當年在洛陽時那些快樂的日子，如今也已經成為再也不忍追憶的情景。

　　海棠隨風飄落如雨，落在他們的衣袖上，二人相視而笑，都不忍心將它們拂去。

　　岐王宅裡尋常見，崔九堂前幾度聞。

　　正是江南好風景，落花時節又逢君。

「如此，那便後會有期了。」

「後會有期！」

「珍重！」

「珍重！」

二人互相道著再會，卻都明白，後會無期。

只有眼前落花繽紛的江南，年年花開花落，永遠這樣繁華交替，周而復始。

江南重逢李龜年，大約發生在 770 年的晚春。隨後的這個冬天，杜甫離開了人世。

這年入秋之後，杜甫帶著一家老小從長沙乘船去岳陽，在經過洞庭湖時，風疾加重，終於病得臥床不起。在這個陌生的他鄉，他無所依靠，只能徒勞地等待著死亡的降臨。

初冬之夜，寒風蕭瑟，冷雨飄零。杜甫蜷縮在那條破舊而潮溼的小木船裡，到了油盡燈枯的時候。

家事丹砂訣，無成涕作霖。

故鄉成了他的執念，可他終其一生，也沒能如願回到一開始的地方。

他在死後雖然被譽為「詩聖」，成了與李白同列的偉大詩人，但是在垂暮之年，杜甫依然名聲不顯，不被時人推崇，只是一個可憐潦倒的平凡老人。上天誕下這位詩人，借他的雙眼見證大唐最為輝煌燦爛的時代，然後由他之手寫下曠世的詩篇。

雨停之時，寒風吹起，搖動著昏黃的燈影。殘燭將盡，到那時候，一切都將黑暗下去。他斷斷續續地嘆息著，望著茫茫的夜色。夜空中群星靜默，等待著他的歸期。

尾聲　盛世不再，舊人猶在

　　這一天，他死了，身後是一縷屬於絢麗的盛唐的魂魄，與他一起隨風而逝。

（本書完）

唐長安城周邊形勢

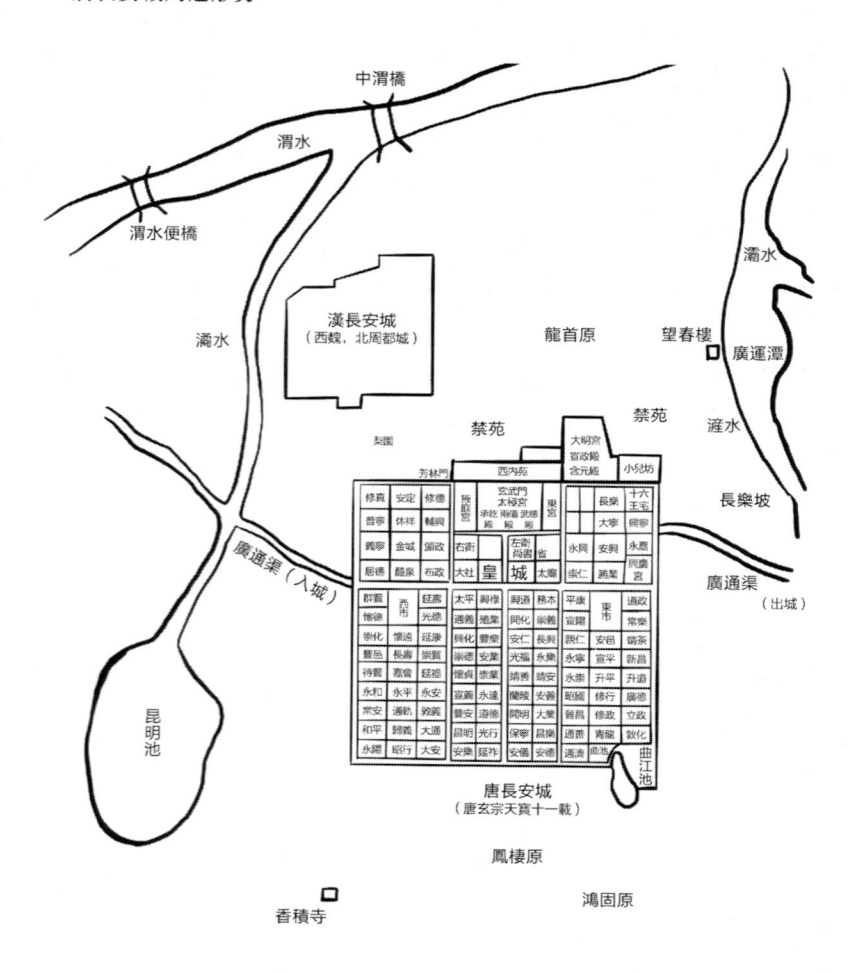

本書部分參考書目

- [五代] 劉昫等《舊唐書》
- [北宋] 歐陽脩等《新唐書》
- [唐] 李林甫等《唐六典》
- [北宋] 王欽若等《冊府元龜》
- [北宋] 司馬光《資治通鑑》、《資治通鑑考異》
- [唐] 長孫無忌等《唐律疏議》
- [唐] 張《朝野僉載》
- [唐] 劉《隋唐嘉話》
- [明] 王夫之《讀通鑑論》
- [明] 顧炎武《日知錄》
- [清] 顧祖禹《二十一史方輿紀要》
- [明] 仇兆鰲《杜詩詳註》
- 陳寅恪《唐代政治史論述稿》、《寒柳堂集》
- 呂思勉《隋唐五代史》、《二十四史讀史札記》
- 谷霽光《府兵制度考釋》
- 黃永年《六至九世紀中國政治史》
- 王仲犖《隋唐五代史》
- 王永興《唐代前期軍事史略論稿》
- 汪籛《漢唐史論稿》

本書部分參考書目

- 崔瑞德等《劍橋中國隋唐史》
- 孫繼民《唐代行軍制度研究》
- 吳宗國《唐代科舉制度研究》
- 周紹良主編《唐代墓誌彙編》、《唐代墓誌彙編續集》
- 張永祿主編《唐代長安詞典》
- 李錦繡《唐代制度史略論稿》
- 楊鴻年《隋唐兩京考》
- 王小甫《唐、吐蕃、大食政治關係史》、《盛唐時代與東北亞政局》
- 軍事科學院主編《唐代軍事史》
- 馮至《杜甫傳》
- 蒙曼《唐代前期北衙禁軍制度研究》
- 李碧妍《危機與重構：唐帝國及其地方諸侯》
- 仇鹿鳴《長安與河北之間：中晚唐的政治與文化》

附表　唐代前期大事年表

唐高祖李淵（618～626 年在位）

西元	年號	文治	武功
618 年	武德元年	李淵廢隋恭帝侑，稱帝，國號唐，是為唐高祖	驍果軍江都兵變，推宇文化及為首，殺隋煬帝。淺水原之戰，李世民大勝
619 年	武德二年		王世充廢皇泰主，稱帝，國號鄭
621 年	武德四年		洛陽虎牢之戰，唐朝一舉剿滅竇建德、王世充兩大勢力
623 年	武德六年		輔公祏起兵，不久後被剿滅
624 年	武德七年	唐廷頒行《武德律》及均田、租庸調法	
626 年	武德九年	玄武門之變，李世民殺太子建成及齊王元吉；李淵傳位李世民，是為唐太宗	東突厥深入，逼長安，唐太宗親臨渭水，與頡利可汗結便橋之盟，突厥退兵

唐太宗李世民（626～649 年在位）

西元	年號	文治	武功
627 年	貞觀元年	下令諫官入政事堂議事	李藝據涇州謀反被殺，王君廓謀反被殺，李孝常謀反被殺
628 年	貞觀二年		薛延陀首領乙失夷男受唐封為真珠毗伽可汗，建汗庭於漠北

附表　唐代前期大事年表

西元	年號	文治	武功
629年	貞觀三年	司空裴寂免官，流靜州，旋卒。李世民始御太極殿。玄奘起程赴天竺。修造大明宮	
630年	貞觀四年		李靖俘頡利可汗，東突厥滅亡
634年	貞觀八年		吐蕃贊普松贊干布遣使入貢請婚
635年	貞觀九年	唐高祖李淵崩於垂拱殿。太子承乾於東宮平決庶政	李靖大破吐谷渾，其主慕容伏允及子先後為左右所殺
636年	貞觀十年	長孫皇后崩於立政殿，太宗謂「失一良佐」	
637年	貞觀十一年	頒布貞觀律令格式	
638年	貞觀十二年	高士廉等撰《氏族志》成，又稱《貞觀氏族志》	
640年	貞觀十四年		侯君集攻克高昌，唐以其地置西州，又置安西都護府於交河城
641年	貞觀十五年	魏王李泰等撰《括地誌》成	文成公主入吐蕃，與松贊干布和親。李世敗薛延陀於諾真水
643年	貞觀十七年	太子李承乾以謀反之罪被廢，晉王李治被立為太子	
645年	貞觀十九年	玄奘取經還，抵長安	太宗征遼東，無功而還。鐵勒九姓大首領率眾降唐，薛延陀首領乙失夷男死

西元	年號	文治	武功
646 年	貞觀二十年	太宗計劃封禪泰山，但因北方有事而中止。日本開始大化改新	唐軍擊破薛延陀，於鐵勒諸部置羈縻州府
648 年	貞觀二十二年		阿史那社爾平龜茲，唐始置安西四鎮。唐赴天竺使者王玄策俘摩揭陀國王阿羅那順而歸
649 年	貞觀二十三年	太宗去世，太子李治即位，是為唐高宗	

唐高宗李治（649～683 年在位）

西元	年號	文治	武功
651 年	永徽二年	武則天再度入宮	瑤池都督阿史那賀魯叛唐，統西突厥十姓之地。大食第三任哈里發鄂圖曼遣使來唐，唐與大食的官方聯繫始此
652 年	永徽三年	唐廷頒布《永徽律》	
653 年	永徽四年	長孫無忌等完成撰修《律疏》。房遺愛、高陽公主薛萬徹等人謀反，密謀擁立荊州王李元景為帝，事情敗露	
655 年	永徽六年	廢王皇后，立武則天為皇后	
657 年	顯慶二年	改洛陽宮為東都，自此唐朝正式實行兩京制	蘇定方擒阿史那賀魯，西突厥亡。唐以其地分置崑陵、濛池二都護府，並隸安西都護
659 年	顯慶四年	詔改《貞觀氏族志》為《姓氏錄》。長孫無忌於黔州被逼自殺	

附表　唐代前期大事年表

西元	年號	文治	武功
660年	顯慶五年	李治因患風眩，武則天開始參與理政	蘇定方破百濟，擒獲百濟王等五十八人至東都，唐高宗責問後下詔釋放
661年	龍朔元年		以薩珊朝波斯王子卑路斯為波斯都督府都督
663年	龍朔三年	李義府下獄	白江口之戰，唐羅聯軍大敗倭軍，劉仁軌派人至對馬島宣諭倭國
666年	乾封元年	高宗封禪泰山，古來帝王封禪，以此為盛	高句麗淵蓋蘇文死，子男生代為莫離支，與弟男建、男產爭權
668年	總章元年		高麗內亂，唐遣李等攻滅之，俘其王高藏，以其地置安東都護府
670年	咸亨元年		吐蕃陷龜茲撥換城，大非川之戰，唐廢安西四鎮
674年	上元元年	尊皇帝為天皇，皇后為天后，武則天向高宗提出建言十二事	
675年	上元二年	太子李弘在合璧宮綺雲殿猝然離世，改立李賢為太子。是年，王勃作〈滕王閣序〉	
679年	調露元年	明崇儼被盜殺於東都	裴行儉平西突厥阿史那都支，重建安西四鎮
680年	調露二年	太子李賢因罪被廢	
682年	永淳元年		後突厥骨咄祿崛起，回紇受其壓迫，西徙甘、涼二州之間

西元	年號	文治	武功
683 年	弘道元年	高宗去世，太子李顯即位，是為唐中宗，武則天執政	

唐中宗李顯（683～684 年在位）、唐睿宗李旦（684～690 年在位）

西元	年號	文治	武功
684 年	嗣聖元年	中宗被廢，相王李旦立，是為唐睿宗，武則天執政。宰相裴炎被殺	徐敬業於揚州起兵反武則天，三個月後兵敗被殺
686 年	垂拱二年		唐軍為吐蕃所敗，安西四鎮再度失守
687 年	垂拱三年		唐大將黑齒常之敗後突厥骨咄祿於黃花堆
688 年	垂拱四年	名堂落成，號萬象神宮	琅邪王李衝起兵，隨即敗死
689 年	永昌元年		薛懷義征東突厥，在單于臺刻石記功而還
690 年	天授元年	武則天廢睿宗，稱帝，改國號為周	

武周時期（690～705 年）

西元	年號	文治	武功
691 年	天授二年	武則天幽閉李氏諸王	東突厥可汗骨咄祿死，默啜繼立
692 年	長壽元年		武則天遣王孝傑等大破吐蕃，奪回安西四鎮
693 年	長壽二年	殺皇嗣李旦的妃子劉氏、德妃竇氏，李旦幾遭誣陷	
695 年	證聖元年	薛懷義因失寵而密燒天堂，延及明堂	

附表　唐代前期大事年表

西元	年號	文治	武功
696 年	萬歲通天元年		契丹李盡忠與孫萬榮等叛唐，陷營州，攻略河北諸州
697 年	萬歲通天二年	來俊臣被殺。張易之、張昌宗兄弟入宮侍奉武則天	武周聯合突厥討伐孫萬榮
698 年	聖曆元年	廬陵王復為皇太子	唐廷置武騎團兵於河南、河北，以抗突厥
705 年	神龍元年	張柬之、崔玄暐等人發動政變，殺張易之、張昌宗，逼武則天退位，復立中宗李顯，復國號為唐	

唐中宗李顯（705～710 年在位）、殤帝李重茂（710 年在位）

西元	年號	文治	武功
706 年	神龍二年		唐與吐蕃首次會盟
707 年	景龍元年	太子李重俊發動政變，失敗被殺	
709 年	景龍三年		金城公主和親於吐蕃贊普赤德祖贊
710 年	唐隆元年 景雲元年	中宗去世，韋后臨朝，立子重茂為帝。睿宗子隆基與太平公主發動政變，殺韋后及安樂公主，逼重茂遜位，擁立睿宗	

唐睿宗李旦（710～712 年在位）

西元	年號	文治	武功
711 年	景雲二年	李旦命太子李隆基監國	後突厥可汗默啜遣使請和
712 年	景雲三年	李旦讓位為太上皇，李隆基即位，是為唐玄宗	

唐玄宗李隆基（712～756年在位）

西元	年號	文治	武功
713年	先天二年	先天政變，玄宗誅殺太平公主黨羽，執掌大權。是年，姚崇任相，獻「十事要說」	驪山講武閱兵
716年	開元四年	宋璟代姚崇為相	突厥默啜可汗被殺，突厥內亂，毗伽可汗即位
720年	開元八年	朝廷嚴禁惡錢。宋璟罷相	
725年	開元十三年	在宰相張說主導下，李隆基率領百官封禪泰山	
736年	開元二十三年	李林甫擔任宰相	
737年	開元二十五年	玄宗在同一日將太子李瑛、鄂王李瑤、光王李琚廢為庶人並殺害。次年，改立三子李璵（李亨）為太子	
745年	天寶四載	冊立楊玉環為貴妃	回紇毗伽闕可汗攻殺突厥白眉可汗，盡據其地
749年	天寶八載	府兵制徹底破壞	哥舒翰拔吐蕃石堡城，唐軍死傷數萬
751年	天寶十載	范陽、盧龍節度使安祿山兼任河東節度使	南詔戰爭爆發，唐軍大敗。 怛羅斯之戰，高仙芝率安西軍與大食勢力相遇，最終被擊敗
755年	天寶十四載		安祿山藉口討伐楊國忠而起兵叛亂
756年	天寶十五載	玄宗出逃巴蜀。太子李亨在靈武登基，是為肅宗	安祿山占領洛陽。潼關守將哥舒翰在朝廷逼迫下出兵，最終慘敗。安祿山軍占領長安

附表　唐代前期大事年表

唐肅宗李亨（756～762年在位）

西元	年號	文治	武功
757年	至德二載	玄宗回到長安。安慶緒殺死安祿山，自立為帝	香積寺之戰後，唐軍收復長安、洛陽。張巡、許遠在雍丘、睢陽抗擊叛軍一年多後，城破而亡
759年	乾元二年	史思明殺死安慶緒，自立為帝	安史叛軍與唐軍在相州展開激戰，唐軍大敗
762年	寶應元年	玄宗病逝，肅宗病重。張良娣密謀另立儲君，宦官李輔國、程元振發動政變。肅宗病逝，太子李豫繼位，是為代宗	回紇南下，在僕固懷恩勸說下協助唐軍，擊敗史朝義

唐代宗李豫（762～779年在位）

西元	年號	文治	武功
763年	廣德元年	元載擔任宰相。魚朝恩為天下觀軍容使	史朝義被殺，河朔四鎮投降，安史之亂平息。吐蕃侵入長安，代宗東逃陝州
764年	廣德二年		僕固懷恩叛歸靈州，聯合回紇、吐蕃攻入關隴
765年	永泰元年		僕固懷恩再誘胡兵入寇，死於路上。郭子儀單騎入回紇大營，說服回紇聯合
775年	大曆十年		魏博田承嗣併吞昭義軍，唐廷令命諸道兵共討田承嗣，最終無功而返
777年	大曆十二年	代宗下令誅殺元載	
779年	大曆十四年	代宗病逝，太子李適繼位，是為德宗	

長安試政：
宰相易位、朝局生變、外戚入局⋯⋯在盛唐之前，忠奸難辨！

作　　　者：	范西園
責任編輯：	高惠娟
發 行 人：	黃振庭
出 版 者：	複刻文化事業有限公司
發 行 者：	崧燁文化事業有限公司
E - m a i l：	sonbookservice@gmail.com
粉 絲 頁：	https://www.facebook.com/sonbookss
網　　　址：	https://sonbook.net/
地　　　址：	台北市中正區重慶南路一段 61 號 8 樓

8F., No.61, Sec. 1, Chongqing S. Rd., Zhongzheng Dist., Taipei City 100, Taiwan

電　　　話：	(02)2370-3310
傳　　　真：	(02)2388-1990
印　　　刷：	京峯數位服務有限公司
律師顧問：	廣華律師事務所 張珮琦律師

—版權聲明—

本書版權為樂律文化所有授權複刻文化事業有限公司獨家發行繁體字版電子書及紙本書。若有其他相關權利及授權需求請與本公司聯繫。

未經書面許可，不得複製、發行。

定　　　價：520 元
發行日期：2025 年 09 月第一版
◎本書以 POD 印製

國家圖書館出版品預行編目資料

長安試政：宰相易位、朝局生變、外戚入局⋯⋯在盛唐之前，忠奸難辨！/ 范西園著 . -- 第一版 . -- 臺北市：複刻文化事業有限公司，2025.09
面；　公分
POD 版
ISBN 978-626-428-242-0(平裝)
1.CST: 唐史 2.CST: 通俗史話
624.109　　　　114013020

電子書購買

爽讀 APP　　　臉書